張大可
韓兆琦 等注譯

# 新譯資治通鑑（二十一）

梁紀十二—十七

三民書局

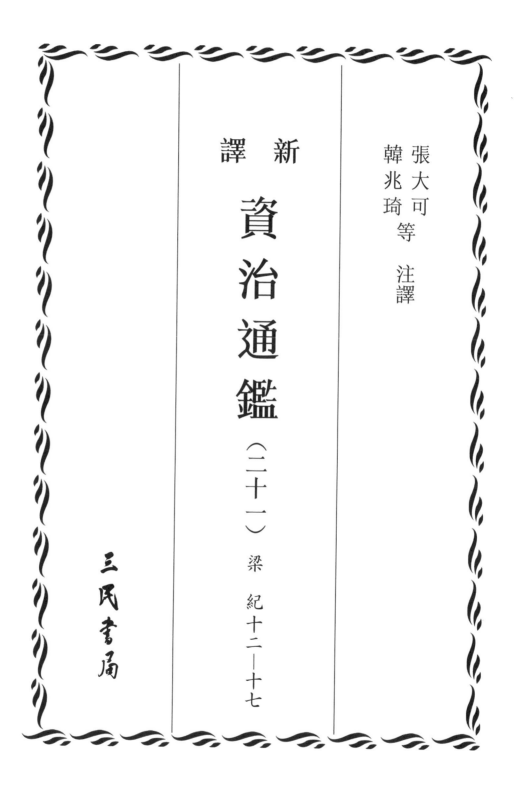

國家圖書館出版品預行編目資料

新譯資治通鑑(二十一)／張大可,韓兆琦等注譯.——
初版三刷.——臺北市：三民，2024
冊；　公分.——(古籍今注新譯叢書)

ISBN 978-957-14-6239-4（全套:精裝）
1. 資治通鑑 2. 注釋

610.23　　105022920

古籍今注新譯叢書

# 新譯資治通鑑(二十一)

注譯者｜張大可　韓兆琦等
創辦人｜劉振強
發行人｜劉仲傑
出版者｜三民書局股份有限公司(成立於1953年)

三民網路書店
https://www.sanmin.com.tw

地址｜臺北市復興北路386號　(復北門市)　(02)2500-6600
臺北市重慶南路一段61號(重南門市)　(02)2361-7511

出版日期｜初版一刷2017年1月
初版三刷2024年5月
全套不分售
ISBN｜978-957-14-6239-4

# 新譯資治通鑑 目次

## 第二十一冊

# 卷第一百五十六

## 梁紀十二

起昭陽赤奮若（癸丑 西元五三三年），盡閼逢攝提格（甲寅 西元五三四年），凡二年。

【題解】本卷記事起西元五三三到五三四年，凡二年。時當梁武帝中大通五年、六年，北魏孝武帝永熙二年、三年。此時南朝承平，無事可述，而北魏發生政權更迭的大事變，故本卷內容集中記述北魏命喪權臣的短命皇帝孝武帝一朝的事變，詳載北魏分裂為東魏、西魏兩朝的始末，為北齊、北周的興起伏筆。

### 高祖武皇帝十二

中大通五年（癸丑 西元五三三年）

春，正月辛卯❶，上祀南郊❷，大赦。

魏竇泰❸奄至❹爾朱兆❺庭，軍人因宴休惰，忽見泰軍，驚走，追破之於赤洪嶺❻，眾並降散。兆逃於窮山，命左右西河張亮❼及蒼頭❽陳山提❾斬己首以降，皆不忍。兆乃殺所乘白馬，自縊於樹。歡⑩親臨，厚葬之。慕容紹宗⑪攜爾朱榮⑫妻子及兆餘眾詣歡降，歡以義故⑬，待之甚厚。兆之在秀容⑭，左右皆密通款⑮於歡，唯張亮無啟疏⑯，歡嘉之，以為丞相府參軍⑰。

魏罷諸行臺⑱。○辛亥⑲，上祀明堂⑳。○丁巳㉑，魏主㉒追尊其父為武穆帝㉓，太妃馮氏㉔為武穆后，母李氏㉕為皇太妃。○勞州㉖刺史㉗曹鳳㉘、東荊州㉙刺史雷能勝㉚等舉城降魏。

魏侍中㉛斛斯椿㉜聞喬寧、張子期之死㉝，內不自安，與南陽王寶炬㉞、武衛將軍㉟元毗㊱、王思政㊲密勸魏主圖丞相歡。毗，遵㊳之玄孫也。舍人㊴元士弼㊵又言歡受詔不敬，帝由是不悅。椿勸帝置閤內都督㊶部曲㊷，又增武直㊸人數，自直閤已下，員別數百㊹，皆選四方驍勇者充之。帝數出遊幸，椿自部勒㊺，別為行陳㊻，由是朝政、軍謀，帝專與椿決之。帝以關中㊼大行臺㊽賀拔岳㊾擁重兵，密與相結。又出侍中㊿賀拔勝(51)為都督三荊等七州諸軍事(52)、荊州刺史[1]，欲倚勝兄弟以敵歡，歡益不悅。

侍中、司空(53)高乾(54)之在信都(55)也，遭父喪，不暇終服(56)。及孝武帝即位，表請解職行喪，詔聽解侍中，司空如故。乾雖求退，不謂遽(57)見許，既去內侍，朝政多不關預[58]，居常怏怏[59]。帝既貳[60]於歡，冀乾為己用，嘗於華林園[61]宴罷，獨留乾，謂之曰：「司空奕世忠良[62]，今日復建殊效[63]，相與雖則君臣，義同兄弟，宜共立盟約，以敦情契。」殷勤[64]逼之。乾對曰：「臣以身許國，何敢有貳？」時事出倉猝，且不謂帝有異圖，遂不固辭，亦不以啟歡。及帝置部曲，乾乃私謂所親曰：「主上不親勳賢而招集羣小，數遣元士弼、王思政往來關西與賀拔岳計議，又出賀拔勝為荊州，外示疏忌[65]，實欲樹黨[2]，令其兄弟相近，冀據有西方。禍難將作，必及於我。」乃密啟歡。歡召乾詣并州，面論時事，乾因勸歡受魏禪，歡以袖掩其口曰：「勿妄言！今令司空復為侍中，門下之事一以相委。」歡屢啟請，帝不許。乾知變難將起，密啟歡求為徐州[66]。二月辛酉[67]，以乾為驃騎大將軍[68]、開府儀同三司[69]、徐州刺史，以咸陽王坦[70]為司空。

癸未[71]，上幸同泰寺[72]，講般若經[73]，七日而罷，會者數萬人。

魏正光[74]以前，阿至羅[75]常附於魏。及中原多事，阿至羅亦叛，丞相歡招撫之，阿至羅復降，凡十萬戶。三月辛卯[76]，詔復以歡為大行臺[77]，使隨宜裁處。歡與之粟帛，議者以為徒費無益，歡不從，及經略河西[78]，大收其用。

高乾將之徐州，魏主聞其漏泄機事，乃詔丞相歡曰：「乾邕與朕私有盟約，今乃反覆兩端。」歡聞其與帝盟，亦惡之，即取乾前後數啓論時事者遣使封上。帝召乾，對歡使責之，乾曰：「陛下自立異圖，乃謂臣為反覆，人主加罪，其可辭乎？」遂賜死。帝又密敕東徐州[79]刺史潘紹業[80]殺其弟敖曹[81]，敖曹先聞乾死，伏壯士於路，執紹業，得敕書於袍領，遂將十餘騎奔晉陽[82]。歡抱其首哭曰：「天子枉害司空。」敖曹兄仲密[83]為光州刺史，帝敕青州[84]斷其歸路，仲密亦間行奔晉陽。仲密名慎，以字行。

魏太師[85]魯郡王肅[86]卒。○丙辰[87]，南平元襄王偉[88]卒。○丁巳[89]，魏以趙郡王諶[90]為太尉[91]，南陽王寶炬為太保[92]。

魏爾朱兆之入洛也，焚太常樂庫[93]，鍾磬俱盡。節閔帝[94]詔錄尚書事[95]長孫稚[96]、太常卿[97]祖瑩[98]等更造之，至是始成，命曰大成樂。

魏青州民耿翔[99]聚眾寇掠三齊[100]，膠州刺史裴粲[101]專事高談，不為防禦。夏，四月，翔掩襲州城[102]。左右白賊至，粲曰：「豈有此理！」左右又言已入州門，粲乃徐曰：「耿王[103]來，可引之聽事[104]，自餘部眾，且付城民。」翔斬之，送首來降。

五月，魏東徐州民王早[105]等殺刺史崔庠[106]，以下邳[107]來降。

六月壬申[108]，魏以驃騎大將軍[109]樊子鵠[110]為青、膠大使[111]，督濟州刺史蔡儁[112]等討耿翔。秋，七月，魏師至青州，翔棄城來奔，詔以為兗州刺史。○壬辰[113]，魏以廣陵王欣[114]為大司馬[115]，趙郡王諶為太師。庚戌[116]，以前司徒[117]賀拔允[118]為太尉。

初，賀拔岳遣行臺郎[119]馮景[120]詣晉陽，丞相歡聞岳使至，甚喜，曰：「賀拔公詎[121]憶吾邪！」與景歃血[122]，約〔3〕與岳為兄弟。景還，言於岳曰：「歡姦詐有餘，不可信也。」府司馬[123]宇文泰[124]自請使晉陽以觀歡之為人，歡奇其狀貌，曰：「此兒視瞻非常。」將留之，泰固求復命。歡既遣而悔之，發驛急追，至關[125]不及而返。泰至長安[126]，謂岳曰：「高歡所以未篡者，正[127]憚公兄弟耳，侯莫陳悅[128]之徒，非所忌也。公但潛為之備，圖歡不難。今費也頭[129]控弦之騎不下一萬，夏州刺史斛拔彌俄突[130]勝兵[131]三千餘人，靈州刺史曹泥[132]、河西流民紇豆陵伊利[133]等各擁部眾，未有〔4〕所屬。公若移〔5〕軍近隴[134]，扼其要害，震之以威，懷之以惠，可收其士馬以資吾軍。西輯[135]氐、羌，北撫沙塞[136]，還軍長安，匡輔魏室，此桓、文[137]之功〔6〕也。」岳大悅，復遣泰詣洛陽請事，密陳其狀。魏主喜，加泰武衛將軍[138]，使還報。八月，帝以岳為都督雍、華等二十州[139]諸軍事、雍州刺史，又割心前血[140]，遣使者齎以賜之。岳遂引兵西屯平涼(141)，以牧馬為名。斛拔彌俄突、紇豆陵伊利及費也頭万俟受洛干(142)、鐵勒(143)斛律沙門(144)等皆附於岳，唯曹泥附於歡。秦、南秦、河、渭四州(145)刺史同會平涼，受岳節度。岳以夏州(146)被邊要重，欲求良刺史以鎮之，眾舉宇文泰，岳曰：「宇文左丞(147)，吾左右手，何可廢也！」沈吟累日，卒表用(148)之。

九月癸酉(149)，魏丞相歡表讓王爵，不許，請分封邑十萬戶頒授勳義(150)，從之。

冬，十月庚申(151)，以尚書右僕射(152)何敬容(153)為左僕射(154)，吏部尚書(155)謝舉(156)為右僕射。

十一月癸巳(157)，魏以殷州刺史中山邸珍(158)為徐州大都督(159)、東道行臺僕射，以討下邳(160)。

十二月丁巳(161)，魏主狩於嵩高(162)。己巳(163)，幸溫湯(164)。丁丑(165)，還宮。

魏荊州刺史賀拔勝寇雍州(166)，拔下迮戍(167)，扇動諸蠻。雍州刺史廬陵王續(168)遣軍擊之，屢為所敗，漢南(169)震駭。勝又遣軍攻馮翊、安定、沔陽、酇城(170)，皆拔之。續遣電威將軍(171)柳仲禮(172)屯穀城(173)以拒之，勝攻之，不克，乃還。於是沔北(174)蕩為丘墟矣。仲禮，慶遠(175)之孫也。

魏丞相歡患賀拔岳、侯莫陳悅之彊，右丞[176]翟嵩[177]曰：「嵩能間之，使其自相屠滅。」歡遣之。歡又使長史[178]侯景[179]招撫紇豆陵伊利，伊利不從。

【章　旨】以上為第一段，著重記載北魏孝武帝內懲高歡親信高乾，外結賀拔岳、賀拔勝兄弟；高歡優撫阿至羅，拉攏與離間關中諸將，君臣雙方明爭暗鬥，北魏政權危機四伏。

【注　釋】❶辛卯　正月初二。❷祀南郊　在京城南郊舉行祭天之禮。梁制，自天監八年（西元五〇九年）開始，每隔一年的正月上辛日（某月第一次用天干辛配地支的日子，叫做上辛日），在京城建康（今江蘇南京）南郊的圜丘祭天。❸竇泰　（？—西元五三七年）字世寧，大安捍殊（今山西壽陽北）人，東魏京畿大都督，領御史中尉，爵廣阿子。高歡得力戰將。傳見《北齊書》卷十五、《北史》卷五十四。❹奄至　突然衝到。❺爾朱兆　（？—西元五三三年）複姓爾朱，字萬仁，爾朱榮從子。北魏末都督十州諸軍事，世襲并州刺史。傳見《魏書》卷七十五、《北史》卷四十八。❻赤谼嶺　山名，在今山西離石境內。❼張亮　字伯德，西河隰城（今山西汾陽）人，初事爾朱兆，拜平遠將軍。北齊時官至中領軍。傳見《北齊書》卷二十五、《北史》卷五十五。❽蒼頭　奴僕。因漢代奴僕多以青巾裹頭而得名。❾陳山提　本是爾朱兆的奴僕，仕北齊，官至特進、開府、東兗州刺史，封謝陽王。北周滅齊，因女陳月儀為周宣帝皇后，拜大將軍，封淅陽郡公。後授上柱國，進封邸國公。事跡見《北齊書》卷五十〈恩倖傳〉、《周書》卷九〈宣帝陳皇后傳〉、《北史》卷十四〈宣帝后陳氏傳〉。❿歡　高歡（？—西元五四七年），字賀六渾，祖籍勃海蓨縣（今河北景縣），後遷居懷朔鎮（今內蒙古包頭東北）。曾參加杜洛周、葛榮領導的河北大起義，後仕北魏，官至大丞相，爵勃海王。逐走魏孝武帝，扶立孝靜帝，壟斷東魏朝政長達十六年（西元五三四—五四九年）。其子高洋代魏建北齊，追尊他為高祖神武皇帝。傳見《北齊書》卷一、卷二、《北史》卷六。⓫慕容紹宗　（？—西元五四九年）複姓慕容，東魏燕郡公。平定侯景叛亂，別封永樂縣子。傳見《北齊書》卷二十、《北史》卷五十三。⓬爾朱榮　（西元四九二—五二九年）字天寶，北秀容（山西朔縣西北）人。仕北魏，官至大丞相、都督河北畿外諸軍事，爵太原王。權傾人主，終為莊帝所殺。傳見《魏書》卷七十四、《北史》卷四十八。⓭義故　受過恩惠的故舊。這裡指慕容紹宗曾力諫爾朱兆不讓高歡握有重兵，前往山東就食。兆死後，紹宗才保護爾朱榮妻子投降高歡。高歡認為他忠義可嘉，所以十分器重他。

⓮秀容　郡名，北魏置，治所秀容，在今山西忻縣西北，爾朱氏的根據地。⓯通款　向敵對一方表示通好講和。⓰啓疏　信函。⓱參軍　官名，北朝時三公、三師、大司馬、大將軍及各領軍府、護軍府、刺史府都設有此職，掌謀劃，大多由主吏的親信擔任。⓲行臺　東晉以來，代表中央處理地方特定行政區軍事要務為主的臨時性機構名。首長大多由官高權重的大臣兼領。北魏熙平元年（西元五一六年）初置，正光（西元五二〇—五二五年）末年，遍置各道行臺。至此才撤銷，但不久又恢復如初。⓳辛亥　正月二十二日。⓴明堂　古代帝王舉辦朝會、祭祀、慶賞、選士、養老、講學等大典的殿堂，用來宣揚政教。㉑丁巳　正月二十八日。㉒魏主　此指孝武帝元修（西元五一〇—五三四年），又稱出帝，北魏第十二任國君，西元五三二—五三四年在位。事詳《魏書》卷十一、《北史》卷五。㉓武穆帝　北魏廣平王元懷的謚號。傳見《魏書》卷二十二、《北史》卷十九。㉔馮氏　名不詳。㉕李氏　名不詳。㉖勞州　州名，北魏置，州治轄郡不詳。㉗刺史　官名，南北朝時期實行州、郡、縣三級地方行政機構制度，刺史是州政府長官。㉘曹鳳　人名，原梁朝人。生平不詳。㉙東荊州　州名，北魏置，治所比陽，在今河南泌陽。㉚雷能勝　原梁朝人。生平不詳。㉛侍中　官名，侍從皇帝，出入宮廷，典掌機要，在北魏有「小宰相」之稱。㉜斛斯椿　（西元四九五—五三七年）複姓斛斯，字法壽，廣牧富昌（今內蒙古東勝）人，北魏權臣，其人好亂樂禍，反覆無常。入西魏，官至太傅，封常山郡公。傳見《魏書》卷八十、《北史》卷四十九。㉝喬寧張子期之死　喬寧、張子期，兩人皆爾朱仲遠部將都督，被高歡處死。事見《魏書》卷八十〈斛斯椿傳〉。㉞寶炬　元寶炬（西元五〇七—五五一年），北魏末，封南陽王，官至太保、尚書令。後隨武帝元修到長安，拜太宰，錄尚書事。孝武帝死，即位為西魏文帝，西元五三五—五五一年在位，是個由宇文泰控制的傀儡皇帝。事詳《北史》卷五。㉟武衛將軍　武官名，掌宮中宿衛。北魏從第三品。㊱元毗　字休弼，魏宗室。高歡擅權，毗力主孝武帝出奔長安，封魏郡王。傳見《北史》卷十五。㊲王思政　太原祁（今山西祁縣）人，西魏大將軍，爵太原郡公。傳見《周書》卷十八、《北史》卷六十二。㊳遵　元遵，北魏常山王，輔佐拓跋珪建立北魏王朝。傳見《魏書》卷十五、《北史》卷十五。㊴舍人　官名，這裡實指中書舍人，中書省屬官，掌傳達詔命。北魏第六品。㊵元士弼　仕魏，官至散騎常侍。因協助斛斯椿奪高歡的權，被高歡滅族。事詳《北齊書》卷二〈神武帝紀下〉。㊶閤內都督　指御仗正副都督、直盪正副都督、直衛正副都督、直突都督等宮中禁衛武官。㊷部曲　部隊的編制單位。㊸武直　宮中值勤的武士。㊹員別數百　高歡擅權，魏孝武帝為備不測，擴充禁軍編制，武官成百增加。㊺部勒　部署約束。㊻行陳　行，行列。陳，通「陣」。此指護衛孝武帝出巡的軍陣。㊼關中　地區名，相當於今陝西中部。舊指北蕭關、南武關、東函谷關、西大散關之間的地區。㊽大行臺　任職特重的地區行臺長官稱大行臺。關中是僅次於河洛京畿的戰略要地，所以行

臺稱大行臺。㊾賀拔岳　（？—西元五三四年）複姓賀拔，字阿斗泥，神武尖山（今山西平陸北）人，北魏末，官至驃騎大將軍、侍中、尚書左僕射，封清水郡公。後與宇文泰聯合對付高歡，被侯莫陳悅所殺。傳見《魏書》卷八十、《周書》卷十四、《北史》卷四十九。㊿侍中　官名，北魏孝文帝改制後為門下省長官。掌侍從皇帝，掌璽參乘，乃至封駁、平尚書奏事等。51賀拔勝　（？—西元五四四年）字破胡，賀拔岳之兄，魏琅邪郡公，一度降梁，後投奔宇文泰，授太師，加中軍大都督。傳見《魏書》卷八十、《周書》卷十四、《北史》卷四十九。52都督三荊等七州諸軍事　三荊，即荊州、北荊州、東荊州。七州，除上述三荊外，還包括南雍州、南襄州、郢州、南郢州。都督諸軍事，官名。出征時，總管一路軍務的軍事長官，北魏置。53司空　官名，北魏三公之一，無實權，為榮譽銜。上有侍中，是加官，得以親近皇帝，參與機密。54高乾　（西元四九七—五三三年）字乾邕，勃海蓨人，北魏末封長樂郡公，因洩露孝武帝密謀剷除高歡事被賜死。傳見《北齊書》卷二十一、《北史》卷三十一。55信都　縣名，治所在今河北冀州。56終服　服盡喪期。子對父要守三年之喪。57不謂遽　不謂，沒想到。遽，立即。58關預　參與。59怏怏　因不滿而鬱悶不樂。60貳　二心，此指不信任。61華林園　宮苑名，故址在今河南洛陽東。62奕世忠良　代代相續，皆為忠良。自高允輔佐恭宗、高宗以來，勃海高氏代有名臣。詳《北史》卷三十一。63殊效　特殊功勳。64殷勤　情意懇切。65疏忌　疏遠猜忌。66徐州　州名，北魏置，治所彭城，在今江蘇徐州。67辛酉　二月初三。68驃騎大將軍　官名，北魏定制，驃騎將軍加「大」字，位在都督中外諸軍事下，諸將軍之上。69開府儀同三司　特許成立府署，自選僚屬，與三公同例。當時多以將軍或州刺史獲此名號，處理軍務。70坦　元坦，字延和，北魏獻文帝之孫。封咸陽王。傳見《魏書》卷二十一上、《北齊書》卷二十八、《北史》卷十九。71癸未　二月二十五日。72上幸同泰寺　梁武帝駕臨同泰寺。上，指梁武帝。幸，皇帝駕臨稱幸。同泰寺，寺院名，在京師建康城中。73般若經　為佛教大乘空宗的經典，全稱《大般若波羅密多經》。74正光　北魏孝明帝年號（西元五二〇—五二五年）。75阿至羅　國名，高車人所建，在今新疆吐魯番西北一帶。事詳《魏書·高車傳》。76辛卯　三月三日。77復以歡為大行臺　正月剛撤銷諸道行臺，現重新設置，以便高歡招撫阿至羅。78經略河西　指救曹泥及取万俟受洛干。河西，地區名，指山西呂梁山以西黃河兩岸地區。79東徐州　州名，北魏置，治所宿豫，在今江蘇宿遷東南。80潘紹業　（西元四八三—五三八年）名永基，字紹業，長樂廣宗（今河北威縣東）人，仕北魏，官至車騎將軍，東徐州刺史。東魏元象初卒。傳見《魏書》卷七十二、《北史》卷四十五。81敖曹　高昂（？—西元五三八年），字敖曹，高乾三弟。驍勇善戰，為高歡所倚重，任東魏軍司大都督，統七十六都督，封京兆郡公。傳見《魏書》卷五十七、《北齊書》卷二十一、《北史》卷三十一。82晉陽　縣名，縣治在今山西太原，為并州治。83仲密高慎字仲密，東魏時官至御史中尉。出任北豫州刺史時降於西魏，官至太尉。傳見《北齊書》卷二十一、《北史》卷三十一。(84)青州　州名，北魏置，治所東陽，在山東益都。高仲密想從光州州治掖縣（今山東掖縣）返回渤海老家，必須經過青州，所以孝武帝命令青州刺史截斷他的去路。(85)太師　官名，北魏三師之一，一般由功勳卓著、德行高尚的人擔任。是一個榮譽崇高但無實權的職位。(86)肅　元肅（？—西元五三三年），北魏宗室南安王元楨之孫。曾官侍中，錄尚書事。爵魯郡王。傳見《魏書》卷十九下。(87)丙辰　三月二十八日。(88)偉　蕭偉（西元四七六—五三三年），梁武帝蕭衍之弟。封南平王，諡號元襄。傳見《梁書》卷二十二、《南史》卷五十一。(89)丁巳　三月二十九日。(90)諶　元諶（？—西元五三六年），字興伯，北魏獻文帝之孫。性平和，無才識，但屢歷高位，封趙郡王。傳見《魏書》卷二十一上、《北史》卷十九。(91)太尉　官名，北魏三公之一，是榮譽銜，無實權。(92)太保　官名，北魏三師之一，位居太師、太傅下，是榮譽銜。(93)太常樂庫　太常卿所轄的樂器庫，屬太樂令管理。(94)節閔帝　即元恭（西元四九八—五三二年），北魏第十任國君，西元五三一—五三二年在位。事詳《魏書》卷十一、《北史》卷五。(95)錄尚書事　北魏尚書省長官。總理朝政。多以諸王領此銜，是實際上的宰相。(96)長孫稚　（？—西元五三五年）複姓長孫，名稚，原名冀歸，字承業，代人。北魏莊帝初，封上黨王，尋改馮翊王，後降為郡公。官至太傅，錄尚書事。後隨孝武帝西遷長安。傳見《魏書》卷二十五、《北史》卷二十二。(97)太常卿　官名，掌陵廟祭祀、禮樂儀制和天文曆算等事。北魏第三品。(98)祖瑩　（？—西元五三四年）字元珍，范陽遒（今河北淶水縣）人，以文學著稱，爵文安縣伯。傳見《魏書》卷八十二、《北史》卷四十七。(99)耿翔　人名。(100)三齊　地區名，秦漢時指齊、膠東、濟北三封國，此借指今山東大部分地區。(101)裴粲　（西元四六九—五三三年）字文亮，河東聞喜人。封舒縣子，官至驃騎大將軍、膠州刺史。為人驕豪，華而不實。傳見《魏書》卷七十一、《北史》卷四十五。(102)州城　膠州治所東武城，在今山東諸城。(103)耿王　對耿翔的尊稱。(104)聽事　廳堂。此處指刺史府正堂。(105)王早　人名。(106)崔庠　（？—西元五三三年）字文序，清河（山東臨清東）人，曾任潁川太守，頗有政績。封平原伯。傳見《魏書》卷六十七、《北史》卷四十四。(107)下邳　縣名，縣治在今江蘇睢寧西北。也是下邳郡郡治。(108)壬申　六月十五日。(109)驃騎大將軍　將軍名號。地位隆重，僅次於大將軍。北魏從一品。(110)樊子鵠　（？—西元五三五年）代郡平城（今山西大同）人，官至尚書右僕射，封南陽郡公。曾參與掃除爾朱氏餘黨有功，忠於孝武帝。傳見《魏書》卷八十、《北史》卷四十九。(111)大使　官名，是負有特殊使命的出巡官員，非常設。此次任命樊子鵠出巡青、膠二州，目的是督討耿翔起義。(112)蔡儁　（西元四九五—五三六年）廣寧石門（今山西壽陽）人，為政有才幹而性酷暴。爵烏洛縣侯。東魏初，官至揚州刺史。卒於州。傳見《北齊書》卷十九、《北史》卷五十三。(113)壬辰　七月初六。(114)廣陵王欣　元欣

(？—西元五五四年)，字慶樂，爵廣陵王。後隨孝武帝至長安，是西魏八柱國之一。傳見《魏書》卷二十一上、《北史》卷十九。[115]大司馬　官名，非常設，受委任者大多是親近權重的大臣，參與軍事。北魏第一品。[116]庚戌　七月二十四日。[117]司徒　官名，北魏三公之一，為無實權的榮譽銜。[118]賀拔允　(西元四八七—五三四年)賀拔勝之兄，字可泥，驍勇有謀略，封燕郡王。傳見《北史》卷四十九、《魏書》卷八十。[119]行臺郎　官名，行臺的侍從官員，備顧問和差遣。[120]馮景　字長明，河間武垣(今河北河間南)人，以迎孝武帝入關功，封高陽縣伯，官至散騎常侍、行臺尚書。傳見《周書》卷二十二、《北史》卷六十三。[121]詎　豈。[122]歃血　自先秦流傳下來的一種立盟儀式。立盟者或口含牲畜血，或以血塗脣，宣誓取信。[123]府司馬　官名，指賀拔岳關中大行臺府中的司馬，協助行臺處理軍府事務。[124]宇文泰　(西元五〇七—五五六年)複姓宇文，字黑獺，代郡武川鎮(今內蒙古武川)人，賀拔岳部將。岳死後，據有關中。擁立元寶炬為西魏皇帝，任大丞相，總理國政，與高歡相對抗。曾施行均田制，首創府兵制。其子宇文覺代魏建北周，追尊他為太祖文皇帝。事詳《周書》卷一、卷二、《北史》卷九。[125]關　指函谷關，自先秦以來一直是國內最重要的軍事關隘之一。關址在今河南靈寶。[126]長安　古都名，當時是雍州州治所在，在今陝西西安。[127]正　僅；只。[128]侯莫陳悅　(？—西元五三四年)複姓侯莫陳，代郡人，北魏末封白水郡公，時任都督隴右諸軍事、秦州刺史。傳見《魏書》卷八十、《周書》卷十四、《北史》卷四十九。[129]費也頭　族名，匈奴別支。[130]斛拔彌俄突　人名，一作「斛律彌俄突」，又作「解拔彌俄突」。[131]勝兵　精兵。[132]曹泥　人名。[133]紇豆陵伊利　人名，複姓紇豆陵。[134]隴　地區名，又稱隴右，在今甘肅六盤山以西、黃河以東地區。[135]輯　安定；和睦。[136]沙塞　大漠中的要塞。指安撫好北方少數民族，就鞏固了北方要塞。[137]桓文　即齊桓公、晉文公。春秋前期先後成為挾天子以令諸侯的霸主。[138]武衛將軍　將軍名號。掌宮禁宿衛。北魏從三品。北齊改為左、右衛將軍之副將，官品同。此為兼領。[139]二十州　指雍、華、東華、岐、南岐、豳、原、河、渭、涇、夏、東夏、秦、南秦、梁、南梁、東梁、巴、益、東益諸州。[140]割心前血　刺左胸取血。鮮卑習俗，以明信誓。[141]平涼　郡名，北魏置，治所鶉陰，在今甘肅華亭西。[142]万俟受洛干　複姓万俟，名洛，字受洛干，太平人，其先匈奴之別種。初隨爾朱榮，有戰功。後追隨高歡，河陰之戰，勇卻西魏軍，當時推為名將。封建昌郡公。傳見《北齊書》卷二十七、《北史》卷五十三。[143]鐵勒　族名，源出丁零人，又稱高車，或稱敕勒。[144]斛律沙門　複姓斛律。[145]四州　指秦、南秦、河、渭四州。秦州，治所上邽城，避北魏道武帝珪諱，改稱上封城，在今甘肅天水縣東。南秦，治所洛谷城，在今甘肅成縣洛谷鎮。河州，治所枹罕，在今甘肅臨夏東北。渭州，治所襄武，在今甘肅隴西縣東南。[146]夏州　州名，治所巖綠，在今陝西靖邊。[147]宇文左丞　即北周文帝宇文泰。賀拔岳任關中大行臺時，委泰任行臺左丞，領府司馬，事無巨細，由泰處理。事詳《周書》卷一〈文帝上〉。以職代名，是表示倚重的意思。(148)表用　正式上表奏請任命。(149)癸酉　九月丙戌朔，無癸酉。按，《魏書·出帝平陽王紀》作「八月」，癸酉是八月十七日。疑《通鑑》誤。(150)勳義　指跟隨高歡從信都起兵，討滅爾朱兆及其殘餘勢力有功勳的舊部下。(151)庚申　十月初五。(152)尚書右僕射　官名，尚書省副職，常兼領祠部尚書，為實際上的副相。梁十五班。(153)何敬容　（？—西元五四九年）字國禮，廬江（今安徽舒城）人，南齊時為駙馬都尉。入梁，久在尚書省任要職。侯景之亂，死於臺城中。傳見《梁書》卷三十七、《南史》卷三十。(154)左僕射　官名，尚書省副職，尚書令空缺時，由他處理省內事務。位次略高於右僕射。梁十五班。(155)吏部尚書　官名，主尚書省吏部、考功、主爵三曹，掌管全國主要官吏任免、考課、調動、封爵等事。梁十班。(156)謝舉　（？—西元五四八年）字言揚，陳郡陽夏（今河南太康）人，出身名門，三次出任梁朝吏部尚書，為當時所僅見。死於侯景之亂。傳見《梁書》卷三十七、《南史》卷二十。(157)癸巳　十一月初九。(158)邸珍　字寶安，中山上曲陽（今河北曲陽）人，初從高歡起義，拜長史。後兼尚書右僕射、大行臺。性貪暴，被百姓所殺。傳見《北齊書》卷四十七、《北史》卷八十七。(159)大都督　官名，本指全國最高軍事首腦。此指徐州一州最高軍事長官。(160)討下邳　指討伐王早義軍。(161)丁巳　十二月三日。(162)嵩高　山名，即嵩山，在今河南登封北。(163)己巳　十二月十五日。(164)溫湯　溫泉。此泉當在河南臨汝境內。(165)丁丑　十二月二十三日。(166)雍州　州名，梁僑置，治所襄陽，在今湖北襄樊。(167)下迮戍　梁軍事據點，在今襄樊北漢水與唐白河的交匯處。(168)續　蕭續（西元五〇四—五四七年），梁廬陵王，字世沂，梁武帝第五子。驍勇異常，被比做曹操之子曹彰。傳見《梁書》卷二十九、《南史》卷五十三。(169)漢南　漢水以南地區，即荊襄一帶。(170)馮翊句　皆郡名，馮翊，梁僑置，治所蘭水，在今湖北鍾祥。安定，梁僑置，治所南漳，在今湖北南漳。沔陽，梁置，治所沔陽，在今湖北沔陽南。酇城，梁置，治所陰城，在今湖北襄陽西北。(171)電威將軍　官名，梁二百四十號二十四班將軍之十一班。(172)柳仲禮　封陽泉縣侯。初隨父在雍州刺史蕭綱幕下，父隨蕭綱入居儲宮，仲禮留襄陽。侯景之亂時，抗禦有功。後轉投梁元帝，江陵失陷，客死於西魏。傳見《南史》卷三十八。(173)穀城　縣名，縣治在今湖北穀城。(174)沔北　沔水以北。沔水即漢江。(175)慶遠　柳慶遠（西元四五八—五一四年），字文和，河東解（今山西永濟東）人，官至雍州刺史，封雲杜侯。傳見《梁書》卷九、《南史》卷三十八。(176)右丞　官名，即尚書右丞，尚書令屬官。北魏從第四品。(177)翟嵩　人名。(178)長史　官名，凡丞相、三公、帶將軍銜的刺史均設長史，是他們的主要助手之一。侯景所任是丞相長史。(179)侯景　（？—西元五五二年）字萬景，朔方懷朔鎮（今內蒙古包頭東北）人，初投爾朱榮，後歸附高歡，節制河南。太清元年（西元五四七年）降梁，封為河南王。轉年，發動叛亂，攻破建康。大寶二年（西元五五一年）自立為帝，國號漢。次年敗亡。傳見《梁書》

卷五十六、《南史》卷八十。

【校記】①荊州刺史 此四字原無。據章鈺校，甲十一行本、乙十一行本、孔天胤本皆有此四字，張瑛《通鑑校勘記》同，今據補。②實欲樹黨 原作「內實樹黨」。據章鈺校，甲十一行本、乙十一行本、孔天胤本皆作「實欲樹黨」，今據改。③約 原誤作「紳」。嚴衍《通鑑補》作「約」，尚不誤，今據校正。按，《南史・馮景傳》載此事作「託岳為兄弟」。④有 原作「知」。據章鈺校，甲十一行本、乙十一行本、孔天胤本皆作「有」，張敦仁《通鑑刊本識誤》同，今從改。⑤移 原作「引」。據章鈺校，甲十一行本、乙十一行本、孔天胤本皆作「移」，今據改。⑥功 原作「舉」。據章鈺校，甲十一行本作「公」。乙十一行本、孔天胤本作「功」，張敦仁《通鑑刊本識誤》同，胡三省注云：「『舉』一作『功』。」今據改。

【語譯】高祖武皇帝十二

中大通五年（癸丑 西元五三三年）

春，正月初二日辛卯，梁武帝在京城南郊舉行祭祀典禮，大赦天下。

北魏都督竇泰偷襲爾朱兆的駐地。爾朱兆的軍隊因歲首歡宴休假，防範鬆懈，突然發現魏軍，驚慌逃竄，竇泰追擊，在赤谼嶺大敗爾朱兆，部眾都潰散投降。爾朱兆逃入深山，吩咐身邊的西河人張亮和僕從陳山提割下自己的頭顱去投降，兩人都不忍下手。爾朱兆就殺了自己所騎的白馬，吊死在樹下。高歡親自送葬哭喪，用高規格的禮儀安葬了爾朱兆。慕容紹宗帶著爾朱榮的妻子兒女和爾朱兆的殘部到高歡那裡投降，高歡因為他忠義的緣故，待他很優厚。爾朱兆在秀容時，身邊的人都暗中向高歡通好言和，只有張亮沒有書信往來，高歡很讚賞他，任用他為丞相府參軍。

北魏裁撤各地的行臺機構。〇正月二十二日辛亥，梁武帝在明堂舉行祭祀典禮。〇二十八日丁巳，北魏孝武帝追尊他的父親為武穆帝，太妃馮氏為武穆后，生母李氏為皇太妃。〇勞州刺史曹鳳、東荊州刺史雷能勝等人率領全城投降北魏。

北魏侍中斛斯椿聽說喬寧、張子期被處死，心中不安，與南陽王元寶炬、武衛將軍元毗和王思政祕密勸說孝武帝除掉丞相高歡。元毗，是元遵的玄孫。中書舍人元士弼又說高歡在接受詔命時不恭敬，孝武帝因此很不高興。斛斯椿勸說孝武帝設置宮廷都督部曲，並增加守衛宮內的武士人數，從直閣以下，增員達數百人，都是從各地挑選的勇武剛健的人來充任。孝武帝多次外出巡視，斛斯椿親自部署警衛，另外組織編隊。從此，政務、軍謀，孝武帝都專與斛斯椿裁決。孝武帝因關中大行臺賀拔岳擁有重兵，便與賀拔岳祕密相互聯結。又派出侍中賀拔勝擔任都督三荊等七州諸軍事、荊州刺史，想依靠賀拔勝、賀拔岳兄弟來對抗高歡，高歡對此更加不高興。

侍中、司空高乾在信都時，遇上父親去世，沒時間滿期服喪就去赴任。到孝武帝即位時，他上表請求辭職守喪。孝武帝下詔允許高乾辭去侍中，仍保留司空職位。高乾雖然請求身退，沒想到孝武帝會立即批准，既然離開了內侍的職務，朝政大事多不能參與，平日居家常悶悶不樂。孝武帝既然對高歡有了貳心，就希望高乾為己所用，曾經在華林園飲宴散席之後，單獨留下高乾，對他說：「司空家世代忠良，現在又建立了特殊功勳，相互之間雖是君臣，義如兄弟，應當共同訂立一個盟約，以便增進情誼。」孝武帝情意懇切地逼高乾答應。高乾回答說：「臣以身許國，怎敢有貳心？」當時事出突然，高乾也沒想到孝武帝別有用心，就沒有堅決推辭，也沒把這件事報告給高歡。等到孝武帝組建宮中侍衛親軍，高乾才對自己親近的人說：「皇上不親近功高賢能的大臣，反而招集一群小人，多次派遣元士弼、王思政往來關西與賀拔岳商議，又派賀拔勝出任荊州都督，表面上看是疏遠猜疑他，實際上想要培植黨羽，讓賀拔勝兄弟靠攏親近，希望他們控制西部地區。禍亂即將發生，一定會牽連到我。」高乾於是祕密地報告給高歡。高歡把高乾召到并州，當面討論時事，高乾趁機勸說高歡接受孝武帝禪位，自己登基。高歡用衣袖掩住高乾的嘴說道：「不要胡說！如今就讓你做侍中，門下省的事務全部委託給你了。」高歡多次上奏要求恢復高乾侍中之職，孝武帝都不批准。高乾知道禍亂將要發生，祕密致信高歡，請求外出為徐州刺史。二月初三日辛酉，任命高乾為驃騎大將軍、開府儀同三司、徐州刺史，任命咸陽王元坦為司空。

二月二十五日癸未，梁武帝駕臨同泰寺，講解《般若經》，七天才結束，與會的有數萬人。

在北魏正光年間以前，阿至羅部眾經常依附於北魏。等到中原戰亂紛繁，阿至羅也反叛了，丞相高歡對他們進行招撫，阿至羅重新投降，總計十萬戶。三月初三日辛卯，孝武帝下詔再次任用高歡為大行臺，授權他對阿至羅隨機處置。高歡送給降民一批糧食和布帛，參與議事的人認為是白白耗費財物，沒有什麼益處，但高歡沒有聽從。等到整治河西時，得到了極大的作用。

高乾即將到徐州上任，孝武帝得知他洩漏了機密，便下詔給丞相高歡說：「高乾與朕私下訂有盟約，如今又兩頭反覆。」高歡聽到高乾與孝武帝結盟，也很厭惡他，立即取出高乾前後寫來的幾封論及時政的書信密封後派人送給了孝武帝。孝武帝召見高乾，當著高歡使者的面斥責高乾。高乾說：「陛下自己別有圖謀，卻說我反覆無常，皇上要加罪給一個人，他怎能推脫呢？」高乾當即被賜死。孝武帝又祕密地下手詔給東徐州刺史潘紹業殺掉高乾的弟弟高敖曹。高敖曹在這之前聽說高乾死了，就在路途中埋伏壯士，捉住了潘紹業，從他衣領裡得到了皇上的手書，於是率領十幾個騎兵逃往晉陽。高歡抱著高敖曹的頭痛哭著說：「皇上枉殺了高乾司空。」高敖曹的哥哥高仲密任光州刺史，孝武帝敕令青州切斷高仲密回晉陽的道路，高仲密從小道也逃往了晉陽。高仲密名慎，以字行世。

北魏太師魯郡王元肅去世。○三月二十八日丙辰，梁南平元襄王蕭偉去世。○二十九日丁巳，北魏任用趙郡王元諶為太尉，南陽王元寶炬為太保。

北魏爾朱兆當初進入洛陽的時候，燒毀了太常府的樂器庫房，鐘磬等樂器全被焚毀。節閔帝元恭詔令錄尚書事長孫稚、太常卿祖瑩等人重新製造，到這時才完成，命名為〈大成樂〉。

北魏青州平民耿翔聚眾攻掠三齊，膠州刺史裴粲只會高談闊論，不設防備。夏，四月，耿翔偷襲膠州城。裴粲的身邊人員報告說賊軍到了，裴粲說：「豈有此理！」身邊的人又報告說已經進入州門。裴粲還不緊不慢地說：「耿王來了，可以把他帶到公堂來，其他部眾，暫且交給城中民眾。」耿翔殺了裴粲，把他的首級送到梁朝後投降。

五月，北魏東徐州平民王早等人殺了刺史崔庠，率下邳城向梁朝投降。

六月十五日壬申，北魏任命驃騎大將軍樊子鵠為青州、膠州大使，節制濟州刺史蔡儁等進剿耿翔。秋，七月，北魏軍隊到達青州，耿翔丟棄青州城逃往梁朝，梁武帝下詔任命他為兗州刺史。〇初六日壬辰，北魏任命廣陵王元欣為大司馬、趙郡王元諶為太師。二十四日庚戌，任命前司徒賀拔允為太尉。

當初，賀拔岳派遣行臺郎馮景到晉陽，丞相高歡聽說賀拔岳使者到來，非常高興，說：「賀拔公怎麼還想得起我呀！」高歡和馮景歃血為盟，約定和賀拔岳結為兄弟。馮景回去後，對賀拔岳說：「高歡奸詐有餘，不可信任。」府司馬宇文泰自己請求出使晉陽，以便觀察高歡的為人。高歡驚奇宇文泰的形貌，說：「這個年輕人儀表非凡。」想把他留下來。宇文泰堅決要求回覆使命。高歡遣送宇文泰走了又後悔起來，調動驛馬緊急追趕，到達函谷關也沒有追上就回來了。宇文泰到達長安，對賀拔岳說：「高歡之所以沒篡奪帝位，只是害怕您兄弟二人，侯莫陳悅之輩，並不是高歡所忌憚的。您只要暗中做好防備，除掉高歡不是難事。現今費也頭手下善射騎兵不少於一萬人，夏州刺史斛拔彌俄突有精兵三千多人，靈州刺史曹泥、河西流民紇豆陵伊利等人都各自有一幫人馬，沒有歸屬哪一邊。您若移動軍隊靠近隴右，控制要害，利用軍威來震懾他們，使用恩惠來招撫他們，可以收編他們的兵馬來壯大我軍的力量。西邊和睦氐、羌，北邊安撫大漠邊塞的胡族，回軍長安，輔佐北魏皇室，這是齊桓公、晉文公的功業啊。」賀拔岳非常高興，又差遣宇文泰到洛陽辦事，祕密地向孝武帝奏報情況。孝武帝大喜，加官宇文泰武衛將軍，讓他回去覆命。八月，孝武帝任命賀拔岳為都督雍州・華州等二十州的各項軍事、雍州刺史，又刺取心前的血，派使者帶著賜給賀拔岳。賀拔岳便領兵西行屯駐平涼，以放養軍馬為藉口。斛拔彌俄突、紇豆陵伊利，以及費也頭万俟受洛干、鐵勒斛律沙門等都依附於賀拔岳。只有曹泥依附高歡。秦州、南秦州、河州、渭州等四州刺史同在平涼會合，接受賀拔岳的節制。賀拔岳認為夏州是邊防要地，想找一個優秀的刺史來鎮守他，大家舉薦宇文泰，賀拔岳說：「宇文左丞是我的左右手，怎能讓他離開！」賀拔岳沉默思考了好幾天，最終還是上奏孝武帝任用了宇文泰。

九月癸酉日，北魏丞相高歡上表辭王爵，孝武帝沒有允許，請求把自己的封邑十萬戶賞給追隨他的有功人員，孝武帝同意了。

冬，十月初五日庚申，梁朝任命尚書省右僕射何敬容為左僕射，吏部尚書謝舉為尚書省右僕射。

十一月初九日癸巳，北魏任命殷州刺史中山人邸珍為徐州大都督、東道行臺僕射，由他來討伐下邳。

十二月初三日丁巳，北魏孝武帝在嵩高山狩獵。十五日己巳，臨幸溫泉。二十三日丁丑，回到宮中。

北魏荊州刺史賀拔勝進犯梁朝雍州，攻克了下迮戍，煽動諸蠻。雍州刺史廬陵王蕭續派兵出擊，多次被賀拔勝打敗，漢水以南地區震恐。賀拔勝又派兵攻打馮翊、安定、沔陽、酇城，全都攻佔了。蕭續派遣電威將軍柳仲禮駐紮穀城，抗擊魏軍，賀拔勝攻打柳仲禮，沒能取勝，這才撤退。這場戰爭，沔陽以北地區動盪，成為一片廢墟。柳仲禮，是柳慶遠的孫子。

北魏丞相高歡擔心賀拔岳、侯莫陳悅勢力強大，尚書右丞翟嵩說：「我能離間兩人，讓他們自相屠殺。」高歡派遣他去辦這件事。高歡又派丞相長史侯景招撫紇豆陵伊利，紇豆陵伊利不肯聽從。

## 六年（甲寅　西元五三四年）

春，正月壬辰❶，魏丞相歡擊伊利於河❷西，擒之，遷其部落於河東。魏主讓之曰：「伊利不侵不叛，為國純臣，王忽伐之，詎有一介行人❸先請之乎？」

魏東梁州❹民夷❺作亂，二月，詔以行東雍州事❻豐陽泉企❼討平之。企世為商、洛❽豪族，魏世祖❾以其曾祖景言❿為本縣令，封丹水侯，使其子孫襲之。

壬戌⓫，魏大赦。◯癸亥⓬，上耕藉田⓭，大赦。◯魏永寧浮圖⓮災⓯，觀者皆哭，聲振城闕。

魏賀拔岳將討曹泥，使都督⓰武川趙貴⓱至夏州與宇文泰謀之，泰曰：「曹泥孤城阻遠，未足為憂。侯莫陳悅貪而無信，宜先圖之。」岳不聽，召悅會於高平⑱，與共討泥。悅既得翟嵩之言，乃謀取岳。岳數與悅宴語，長史武川雷紹⑲諫，不聽。岳使悅前行，至河曲⑳，悅誘岳入營坐，論軍事，悅陽稱㉑腹痛而起，其壻元洪景㉒拔刀斬岳。岳左右皆散走，悅遣人諭之云：「我別受旨，止取一人，諸君勿怖。」眾以為然，皆不敢動。而悅心猶豫，不即撫納，乃還入隴，屯水洛城㉓。岳眾散還平涼，趙貴詣悅請岳尸葬之，悅許之。岳既死，悅軍中皆相賀，行臺郎中㉔薛憕㉕私謂所親曰：「悅才略素寡，輒害良將，吾屬今為人虜矣，何賀之有？」憕，真度㉖之從孫也。

岳眾未有所屬，諸將以都督武川寇洛㉗年最長，推使總諸軍。洛素無威略，不能齊眾，乃自請避位。趙貴曰：「宇文夏州㉘英略冠世，遠近歸心，賞罰嚴明，士卒用命，若迎而奉之，大事濟矣。」諸將或欲南召賀拔勝，或欲東告魏朝，猶豫未[1]決。都督盛樂㉙杜朔周㉚曰：「遠水不救近火，今日之事，非宇文夏州無能濟者，趙將軍議是也。朔周請輕騎告哀，且迎之。」眾乃使朔周馳至夏州召泰。

泰與將佐賓客共議去留，前太中大夫㉛潁川韓褒㉜曰：「此天授也，又何疑乎？侯莫陳悅，井中蛙耳，使君㉝往，必擒之。」眾以為「悅在水洛，去平涼不遠，若已有賀拔公之眾，則圖之實難，願且留以觀變。」泰曰：「悅既害元帥㉞，若自應乘勢直據平涼，而退屯[2]水洛，吾知其無能為也。夫難得易失者，時也。若不早赴，眾心將離。」

夏州首望㉟都督彌姐元進㊱陰謀應悅，泰知之，與帳下都督高平蔡祐㊲謀執之，祐曰：「元進會當反噬，不如殺之。」泰曰：「汝有大決㊳。」乃召元進等入計事，泰曰：「隴賊逆亂，當與諸人戮力討之，諸人似有不同者，何也？」祐即被甲持刀直入，瞋目謂諸將曰：「朝謀夕異，何以為人？今日必斷姦人首！」舉坐皆叩頭曰：「願有所擇。」祐乃叱元進，斬之，并誅其黨，因與諸將同盟討悅。泰謂祐曰：「吾今以爾為子，爾其以我為父乎？」

泰與帳下輕騎馳赴平涼，令杜朔周帥眾先據彈箏峽㊴。時民間惶懼，逃散者多，軍士爭欲掠之，朔周曰：「宇文公方伐罪弔[3]民，柰何助賊為虐乎？」撫而遣之，遠近悅附。泰聞而嘉之。朔周本姓赫連，曾祖庫多汗避難改焉，泰命復其舊姓，名之曰達。

丞相歡使侯景招撫岳眾，泰至安定㊵遇之，謂曰：「賀拔公雖死，宇文泰尚存，卿何為者？」景失色曰：「我猶箭耳，唯人所射。」遂還。

泰至平涼，哭岳甚慟，將士皆悲喜。

歡復使侯景與散騎常侍㊶代郡張華原㊷、義寧太守太安王基㊸勞泰，泰不受，欲劫留之，曰：「留則共享富貴，不然，命在今日。」華原曰：「明公欲脅使者以死亡，此非華原所懼也。」泰乃遣之。基還，言泰雄傑，請及其未定擊滅之。歡曰：「卿不見賀拔、侯莫陳乎？吾當以計拱手取之。」

魏主聞岳死，遣武衛將軍元毗慰勞岳軍，召還洛陽，并召侯莫陳悅。毗至平涼，軍中已奉宇文泰為主，悅既附丞相歡，不肯應召。泰因元毗上表稱：「臣岳忽罹非命，都督寇洛等令臣權掌㊹軍事。奉詔召岳軍入京，今高歡之眾已至河東㊺，侯莫陳悅猶在水洛，士卒多是西人，顧戀鄉邑，若逼令赴闕，悅躡㊻其後，歡邀㊼其前，恐敗國殄民，所損更甚。乞少賜停緩，徐事誘導，漸就東引。」魏主乃以泰為大都督，即統岳軍。

初，岳以東雍州刺史李虎㊽為左廂大都督㊾，岳死，虎奔荊州，說賀拔勝使收岳眾，勝不從。虎聞宇文泰代岳統眾，乃自荊州還赴之，至閿鄉㊿，為丞相歡別將所獲，送洛陽。魏主方謀取關中，得虎甚喜，拜衛將軍(51)，厚賜之，使就泰。虎，歆(52)之玄孫也。

泰與悅書，責以「賀拔公有大功於朝廷。君名微行薄，賀拔公薦君為隴右行臺。又高氏專權，君與賀拔公同受密旨，屢結盟約，而君黨附國賊，共危宗廟，口血未乾[53]，匕首已發。今吾與君皆受詔還闕，今日進退，唯君是視：君若下隴東邁，吾亦自北道同歸[54]；若首鼠兩端[55]，吾則指日相見。」

魏主問泰以安秦、隴之策，泰表言：「宜召悅授以內官[56]，或處以瓜、涼一藩[57]，不然，終為後患。」

原州刺史史歸[58]素為賀拔岳所親任，河曲之變，反為悅守。悅遣其黨王伯和、成次安[59]將兵二千助歸鎮原州[60]，泰遣都督侯莫陳崇[61]帥輕騎一千襲之。崇乘夜將十騎直抵城下，餘眾皆伏於近路。歸見騎少，不設備。崇即入，據城門，高平令[62]隴西李賢[63]及弟遠、穆[64]在城中，為崇內應。於是，中外鼓譟，伏兵悉起，遂擒歸及次安、伯和等歸于平涼。泰表崇行原州事。三月，泰引兵擊悅，至原州，眾軍畢集。

夏，四月癸丑朔[65]，日有食之。

魏南秦州刺史隴西李弼[66]說侯莫陳悅曰：「賀拔公無罪而公害之，又不撫納其眾，今奉宇文夏州以來，聲言為主報讎，此其勢不可敵也，宜解兵謝之[4]。不然，必及禍。」悅不從。

宇文泰引兵上隴，留兄子導[67]為都督，鎮原州。泰軍令嚴肅，秋毫無犯，百姓大悅。軍出木峽[5]關[68]，雪深二尺，泰倍道兼行，出其不意。悅聞之，退保略陽[69]，留萬人守水洛，泰至，水洛即降。泰遣輕騎數百趣[70]略陽，悅退保上邽[71]，召李弼與之拒泰。弼知悅必敗，陰遣使詣泰，請為內應。悅棄州城[72]，南保山險，弼謂所部曰：「侯莫陳公欲還秦州，汝輩何不裝束？」弼妻，悅之姨也，眾咸信之，爭趣上邽。弼先據城門以安集之，遂舉城降泰，泰即以弼為秦州刺史。其夜，悅出軍將戰，軍自驚潰。悅性猜忌，既敗，不聽左右近己，與其二弟并子及謀殺岳者七八人棄軍迸走[73]，數日之中，盤桓往來，不知所趣。左右勸向靈州[74]依曹泥，悅從之，自乘騾，令左右皆步從，欲自山中趣靈州。宇文泰使原州都督賀拔穎[75]追之，悅望見追騎，縊死於野。

泰入上邽，引薛憕為記室參軍[76]。收悅府庫，財物山積，泰秋毫不取，皆以賞士卒。左右竊一銀甕以歸，泰知而罪之，即剖賜將士。

悅黨豳州[77]刺史孫定兒[78]據州不下，有眾數萬，泰遣都督中山劉亮[79]襲之。定兒以大軍遠，不為備。亮先豎一纛[80]於近城高嶺，自將二十騎馳入城。定兒方置酒，眾[6]猝見亮至，駭愕，不知所為，亮麾兵斬定兒，遙指城外纛，命二騎曰：「出召大軍！」城中皆懾服，莫敢動。

先是，故氐王楊紹先[81]乘魏亂逃歸武興[82]，復稱王。涼州刺史李叔仁[83]為其民所執，氐、羌、吐谷渾所在蜂起，自南岐[84]至瓜、鄯[85]，跨州據郡者不可勝數。宇文泰令李弼鎮原州，夏州刺史拔也惡蚝[86]鎮南秦州，渭州刺史可朱渾道元[87]鎮渭州[88]，衛將軍趙貴行秦州事，徵豳、涇、東秦、岐[89]四州之粟以給軍。楊紹先懼，稱藩送妻子為質。

夏州長史于謹[90]言於泰曰：「明公據關中險固之地，將士驍勇，土地膏腴。今天子在洛，迫於羣兇，若陳明公之懇誠，筭時事之利害，請都關右[91]，挾天子以令諸侯，奉王命以討暴[7]亂，此桓、文之業，千載一時也！」泰善之。

丞相歡聞泰定秦、隴，遣使甘言厚禮以結之，泰不受，封其書，使都督濟北張軌[92]獻於魏主。斛斯椿問軌曰：「高歡逆謀，行路皆知之，人情所恃，唯在西方，未知宇文何如賀拔？」軌曰：「宇文公文足經國，武能定亂。」椿曰：「誠如君言，真可恃也。」

魏主命泰發二千騎鎮東雍州[93]，助為勢援，仍命泰稍引軍而東。泰以大都督武川梁禦[94]為雍州刺史，使將步騎五千前行。先是，丞相歡遣其都督太安韓軌[95]將兵一萬據蒲反[96]以救侯莫陳悅，雍州刺史賈顯度[97]以舟迎之。梁禦見顯度，說使從泰，顯度即出迎禦，禦入據長安。

魏主以泰為侍中、驃騎大將軍、開府儀同三司、關西大都督、略陽縣公，承制封拜[98]。泰乃以寇洛為涇州刺史，李弼為秦州刺史，前略陽太守張獻[99]為南岐州刺史。南岐州刺史盧待伯[100][8]不受代，泰遣輕騎襲而擒之。

【章　旨】以上為第二段，寫宇文泰乘亂崛起，據有關中。

【注　釋】❶壬辰　正月初九日。❷河　指苦水河，在今寧夏境內，於吳忠入黃河。❸行人　使者。❹東梁州　州名，治所金城，在今陝西安康。❺民夷　漢民與少數民族的合稱。《魏書》卷十一作「夷民」，則指當地少數民族。❻行東雍州事　即代行東雍州刺史職事。❼泉企　（？—西元五三七年）一作泉仚。字思道，上洛豐陽（今陝西山陽）人，北魏孝武帝初，官至車騎將軍。為對抗高歡，魏帝命其為洛州刺史，授車騎大將軍。西魏初，進爵上洛郡公。傳見《周書》卷四十四、《北史》卷六十六。❽商洛　皆縣名，商縣治在今陝西丹鳳，洛縣為上洛縣之省稱，縣治在今陝西商州。❾魏世祖　即太武帝拓跋燾（西元四〇八—四五二年），北魏第三任國君，西元四二四—四五二年在位。事詳《魏書》卷四、《北史》卷二。❿景言　泉景言，人名，曾任北魏建節將軍。見《周書》卷四十四〈泉企傳〉。⓫壬戌　二月初九日。⓬癸亥　二月初十日。⓭藉田　專指古代帝王於春耕前，象徵性地親翻農田的典禮，含有勸民務農的意思。藉田上收穫的莊稼，供宗廟祭祀用。梁初藉田，依宋齊之舊，時為正月，梁天監十二年始改為二月。⓮永寧浮圖　洛陽永寧寺塔。⓯災　此指火災。⓰都督　官名，軍中領兵或管理雜務的軍官。⓱趙貴　（？—西元五五七年）字元貴，天水南安（今甘肅西和北）人，北魏時以軍功授武賁中郎將。從賀拔岳平關中，賜爵魏平縣伯。後為西魏八柱國之一，賜姓乙弗氏。北周時，位至大冢宰，進封楚國公。傳見《周書》卷

十六、《北史》卷五十九。⑱高平　郡名，魏置，治所在今寧夏固原。⑲雷紹　字道宗，武川鎮人，西魏渭州刺史，封昌國伯。傳見《北史》卷四十九。⑳河曲　地區名，在今寧夏吳忠至靈武一帶黃河多曲之處。㉑陽稱　詭稱。㉒元洪景　人名。㉓水洛城　城名，在今甘肅莊浪東南。㉔行臺郎中　官名，職同行臺郎。㉕薛憕　字景猷，故籍河東汾陰（今山西萬榮南），至曾祖時，移居襄陽。有文才，西魏孝文帝時，官至中書侍郎，爵夏陽縣伯。傳見《周書》卷三十八、《北史》卷三十六。㉖真度　薛真度，北魏時曾任大司農卿，封敷西伯。傳見《魏書》卷六十一、《北史》卷三十九。㉗寇洛　（西元四八七—五三九年）上谷昌平（今北京市昌平）人。父延壽，北魏文成帝和平年間鎮武川，因而移居武川。洛仕西魏，爵京兆郡公，任華州刺史。傳見《周書》卷十五、《北史》卷五十九。㉘宇文夏州　即北周太祖文皇帝宇文泰，時任夏州刺史。㉙盛樂　古城名，在今內蒙古和林格爾西北，北魏早期都城，亦是北魏宗室祖先園陵區所在地。㉚杜朔周　即赫連達（？—西元五七三年），字朔周，盛樂人，曾祖庫多汗因避難而將赫連姓氏改為姓杜。朔周有勇有謀，東拒高歡，南奪梁朝漢中之地，屢建功勳。位至柱國，進封樂川郡公。傳見《周書》卷二十七、《北史》卷六十五。㉛太中大夫　官名，秦、漢時為皇帝侍從官，掌議論國政。南北朝時多用以安置退免大臣，或為加官、兼官，無職掌。㉜韓褒　（？—西元五七二年）字弘業，其先潁川潁陽（今河南許昌西南）人，徙居昌黎。歷任六州刺史，理政有方，頗得民心。封三水縣公。傳見《周書》卷三十七、《北史》卷七十。㉝使君　對州郡長官的尊稱。㉞元帥　軍中主帥，此指賀拔岳。㉟首望　當地第一大族。㊱彌姐元進　人名。彌姐，羌族的複姓。㊲蔡祐　（西元五〇四—五五七年）字承先，故籍陳留圉（今河南杞縣南），曾祖時遷居高平。官至大將軍，封懷寧郡公，賜姓大利稽氏。傳見《周書》卷二十七、《北史》卷六十五。㊳大決　能處理大事。㊴彈箏峽　地名，在今寧夏固原境內。因風吹過峽口水面發出的聲響如同彈箏的聲音而得名。又叫都盧峽。㊵安定　縣名，縣治在今甘肅涇川縣北。也是涇州和安定郡的治所。㊶散騎常侍　官名，隨侍皇帝左右，規諫過失，以備顧問。是一個名譽頗高，又常預國政的職務。北魏從第三品。㊷張華原　字國滿，代郡人。高歡親信，官至兗州刺史。傳見《北齊書》卷四十六、《北史》卷八十六。㊸王基　（西元四七八—五四二年）太安狄那（山西壽陽北）人。高歡平爾朱兆，以基為都督，除義寧太守。傳見《北齊書》卷二十五、《北史》卷八十六。㊹權掌　因變故暫且執掌。㊺河東　指苦水河以東。㊻躡　追蹤。㊼邀　設伏阻擊。㊽李虎　唐高祖李淵的祖父。西魏八柱國之一，封隴西開國郡公。㊾左廂大都督　官名，魏晉南北朝尚左，此是關中大行臺的主要將領。㊿閿鄉　縣名，縣治在今河南靈寶西。(51)衛將軍　官名，二品將軍，略低於驃騎、車騎將軍。(52)歆　李歆（？—西元四二〇年），字士業，隴西狄道人。西涼王，西元四一七—四二〇年在位。後被沮渠蒙遜所滅。傳見《魏書》卷九十九、《北史》卷一百。(53)口血未乾歃血為盟還沒完，口角沾的血都沒乾。54自北道同歸　宇文泰軍駐紮在平涼，即隴山之北。如果奔赴洛陽，必取道涇州，所以稱北道。55首鼠兩端　猶豫不決。喻指侯莫陳悅在魏孝武帝與高歡之間舉棋不定，腳踏兩條船。56授以內官　改任無實權的朝官，含剝奪侯莫陳悅軍權之意。57處以瓜涼一藩　安置侯莫陳悅在瓜州、涼州做一個藩臣。瓜、涼，皆州名，瓜州治所在今甘肅敦煌西，涼州治所武威，在今甘肅武威。藩，藩臣。這裡指讓侯莫陳悅做一個邊將，離開西北軍事要地，遠置邊地，即使叛變，也無傷大局。58史歸　人名。59王伯和成次安　兩人名。60原州　州名，治所高平城，在今寧夏固原。61侯莫陳崇　(?—西元五六三年)字尚樂，代郡武川(今內蒙古武川縣)人，入西魏為八柱國之一，封梁國公。傳見《周書》卷十六、《北史》卷六十。62令　官名，一縣行政之長。大縣稱令，小縣稱長。63李賢　(西元五〇二—五六九年)字賢和，隴西成紀(今甘肅秦安)人，官至大將軍，封河西郡公。傳見《周書》卷二十五、《北史》卷五十九。64遠穆　兩人名，李遠、李穆。李遠(西元五〇七—五五七年)，字萬歲，位至柱國大將軍，封陽平郡公。傳見《周書》卷二十五、《北史》卷五十九。李穆(西元五一九—五八六年)，字顯慶，入隋為太師，爵申國公。傳見《隋書》卷三十七。65癸丑朔　四月初一。66李弼　(西元四九四—五五七年)字景和，本貫遼東襄平(今遼寧遼陽)，西魏時改隴西成紀。入西魏為八柱國之一，北周孝閔帝時，進封趙國公。傳見《周書》卷十五、《北史》卷六十。67導　宇文導(西元五一一—五五四年)，字菩薩，宇文泰兄子。仕西魏，拜大將軍，封章武郡公。傳見《周書》卷十、《北史》卷五十七。68木峽關　關口名，在今甘肅平涼西南。69略陽　郡名，治所隴城，在今甘肅秦安隴城鎮。70趣　同「趨」。趨向。這裡是直指目標之意。71上邽　縣名，縣治在今甘肅天水縣。該縣是秦隴地區的交通樞紐，秦州治所，兵家必爭之地。72州城　即上邽。73迸走　落荒而逃。74靈州　州名，治所薄骨律鎮，在今寧夏靈武西南。75賀拔穎　人名。76記室參軍　官名，掌起草文書，參議軍事。多設於諸王、三公及高級將領的府中，是主要親信屬吏之一。77豳州　州名，治所定安，在今甘肅寧縣。78孫定兒　人名。79劉亮　(西元五〇八—五四七年)本名道德，中山(今河北定縣)人，以功被宇文泰賜名亮，並賜姓侯莫陳。仕西魏，官至東雍州刺史，爵長廣郡公。傳見《周書》卷十七、《北史》卷六十五。80纛　黑色大軍旗。81楊紹先　(?—西元五三五年)氐人首領，魏末自稱王，曾於天監五年(西元五〇六年)被北魏軍所俘。故此處稱他乘魏亂逃歸武興，復稱王。傳見《魏書》卷一百一、《周書》卷四十九、《北史》卷九十六。82武興　縣名，縣治在今陝西略陽。83李叔仁　隴西(今甘肅隴西)人，仕北魏，封陳郡公，官梁州刺史。後企圖降東魏被殺。傳見《北史》卷三十七。84南岐　州名，治所梁泉，在今陝西寶雞西南。85鄯　鄯州，州名，治所西都，在今青海樂都。86拔也惡蚝　複姓拔也，回紇族人。87可朱渾道元　(?—西元五五九年)複姓可朱渾，名元，字道元，自稱遼東人，從曾祖護野肱還居懷朔鎮。從小與高歡為友。東魏時官至車騎大將軍。入北齊，封扶風王。傳見《北齊書》卷二十七、《北史》卷五十三。(88)渭州　州治襄武縣，在今甘肅隴西縣西南。(89)涇東秦岐　皆州名，涇州，治所臨涇，在今甘肅鎮原南。東秦州，後改作北華州，治所杏城，在今陝西黃陵西南。岐州，治所雍城，在今陝西鳳翔南。(90)于謹　（西元四九三—五六八年）字思敬，河南洛陽人，入西魏為八柱國之一。入北周，官至大宗伯，與李弼、侯莫陳崇參議朝政，為耆老重臣。封燕國公。傳見《周書》卷十五、《北史》卷二十三。(91)關右　地區名，即關中，又稱關西。(92)張軌　（西元五〇一—五五五年）字元軌，濟北臨邑（山東東阿）人，西魏末，官至車騎大將軍、度支尚書。傳見《周書》卷三十七、《北史》卷七十。(93)東雍州　州名，治所鄭縣，在今陝西華縣。(94)梁禦　（？—西元五三八年）字善通，祖籍安定，後遷居武川，改姓紇豆陵氏。西魏時，官至尚書右僕射，封廣平郡公。傳見《周書》卷十七、《北史》卷五十九。(95)韓軌　（？—西元五五三年）字百年，太安狄那人，仕東魏，官至中書令、司徒。齊受禪，封安德郡王。傳見《北齊書》卷十五、《北史》卷五十四。(96)蒲反　縣名，縣治在今山西永濟西。(97)賈顯度　中山無極（今河北無極）人。仕北魏，官至尚書左僕射，加驃騎大將軍、開府儀同三司。孝武帝末，轉雍州刺史。傳見《魏書》卷八十、《北史》卷四十九。(98)承制封拜　以皇帝名義直接委任軍府和關西地區州、郡、縣各級官吏。承制，官制術語。意謂以皇帝名義發號施令。(99)張獻　人名。(100)盧侍伯　人名。

**【校　記】**[1]末　原作「不」。據章鈺校，甲十一行本、乙十一行本、孔天胤本皆作「未」，今據改。[2]屯　原作「據」。據章鈺校，甲十一行本、乙十一行本皆作「屯」，張敦仁《通鑑刊本識誤》同，今據改。[3]弔　原作「討」。據章鈺校，甲十一行本、乙十一行本、孔天胤本皆作「弔」，張敦仁《通鑑刊本識誤》同，今據改。[4]宜解兵謝之　原作「宜解兵以謝之」。據章鈺校，甲十一行本、乙十一行本、孔天胤本皆無「以」字，張敦仁《通鑑刊本識誤》同，今據刪。[5]峽　原作「狹」。據章鈺校，胡三省注云「『狹』當作『峽』」，孔天胤本同，張敦仁《通鑑刊本識誤》同，今據改。按，《新唐書·地理志》原州平高縣西南有木峽關。[6]眾　原無此字。據章鈺校，甲十一行本、乙十一行本、孔天胤本皆有此字，今據補。[7]暴　原作「叛」。據章鈺校，甲十一行本、乙十一行本皆作「暴」，今據改。[8]盧侍伯　原作「盧侍伯」。據章鈺校，孔天胤本作「盧侍伯」，張敦仁《通鑑刊本識誤》同，今據改。按，《周書·文帝紀上》、《魏書·盧玄傳附盧溥傳》、《北史·盧玄傳附盧叔彪傳》皆作「盧」。

**【語　譯】**六年（甲寅　西元五三四年）

春，正月初九日壬辰，北魏丞相高歡在苦水河西攻打紇豆陵伊利，捉住了他，遷徙伊利的部落到苦水河東。北魏孝武帝斥責高歡說：「紇豆陵伊利不侵擾不反叛，是魏國的忠臣，你突然攻伐他，曾有一個使者先來請示嗎？」

北魏東梁州居民叛亂，二月，孝武帝詔令行東雍州事豐陽人泉企進討，平定叛亂。泉企世世代代都是商、洛地區的大豪族，魏世祖拓跋燾任用泉企的曾祖泉景言為商洛縣令，封為丹水侯，讓他的子孫世襲爵位。

二月初九日壬戌，北魏大赦天下。○初十日癸亥，梁武帝親耕藉田，大赦天下。○北魏永寧寺佛塔失火，看到這場火災的人都痛哭，哭聲振動都城。

北魏賀拔岳將討伐曹泥，派遣都督武川人趙貴到夏州與宇文泰謀劃征討之事。宇文泰說：「曹泥據守一座邊遠的孤城，不值得憂慮。侯莫陳悅貪婪又無信義，應當首先除掉他。」賀拔岳沒有聽從，宣召侯莫陳悅到高平相會，和他一起討伐曹泥。侯莫陳悅聽了翟嵩的讒言後，就謀劃除掉賀拔岳。賀拔岳多次與侯莫陳悅宴會交談，長史武川人雷紹諫阻，賀拔岳沒有聽從。賀拔岳讓侯莫陳悅為先鋒，到達河曲。侯莫陳悅引誘賀拔岳到他的軍營中坐下，商議軍事，侯莫陳悅假稱肚子痛站起來，他的女婿元洪景抽刀殺了賀拔岳。賀拔岳身邊的人四散逃走，侯莫陳悅派人告知他們說：「我另受皇上旨令，只殺賀拔岳一人，諸君不要害怕。」眾人信以為真，都不敢動。但侯莫陳悅心裡猶豫，沒有及時安撫收編賀拔岳的部眾，就回到隴州，駐軍水洛城。賀拔岳的部眾零散回到平涼，趙貴到侯莫陳悅駐地請求取回賀拔岳的遺體安葬，侯莫陳悅同意了。賀拔岳死後，侯莫陳悅軍中都互相慶賀，行臺郎中薛憕私下對親近的人說：「侯莫陳悅才能謀略素來低下，隨便殺害良將，我們這些人將要成為人家的俘虜了，有什麼可慶賀的？」薛憕，是薛真度的姪孫。

賀拔岳的部眾沒有了頭領，諸將因都督武川人寇洛年齡最長，就推舉他統帥諸軍。寇洛一向沒有威望謀略，不能統一部眾，就自動請求讓賢。趙貴說：「夏州刺史宇文泰，才略當今第一，遠近的人都歸心於他，賞罰嚴明，士兵樂意效命，如果請他來擁戴他為統帥，大事就成功了。」諸將有的想到南方去請賀拔勝，有的想向東報告北魏朝廷，猶豫沒有決斷。都督盛樂人杜朔周說：「遠水不救近火，今天的事，沒有宇文泰成不了功，趙貴將軍的建議是正確的。請允許我杜朔周騎快馬去向宇文泰告喪，同時迎接他來。」眾人於是派杜朔周馳往夏州去請宇文泰。

宇文泰與部將賓客共同商議是否去平涼，前太中大夫潁川人韓褒說：「這是天賜良機，有什麼可疑慮的？侯莫陳悅，井底之蛙而已，使君前往，一定能擒獲他。」大家認為「侯莫陳悅在水洛城，距離平涼不遠，如果他已收編了賀拔岳的部眾，除掉他就很困難，希望暫時留下觀察時局變化。」宇文泰說：「侯莫陳悅既然殺害了元帥，自然應乘機直接佔據平涼，而他卻退屯水洛城，我料定他沒有什麼作為。難得到而容易喪失的就是時機，如果不早去接收，賀拔岳的部眾將會人心渙散。」

夏州第一大戶都督羌人彌姐元進密謀響應侯莫陳悅，宇文泰知道這一情況，與軍中都督高平人蔡祐商量捉拿元進。蔡祐說：「元進肯定會反咬一口，不如幹掉他。」宇文泰說：「你能決斷大事。」於是召元進等人到軍帳議事，宇文泰說：「隴州逆賊叛亂，我應與各位齊心合力討伐，各位中好像有人不贊同，這是為什麼呢？」蔡祐立即身披鎧甲、手執大刀，逕直闖進來，睜大眼睛對諸將說：「早上謀劃的事，傍晚就生異心，還怎麼做人？今天一定要砍掉內奸的頭！」所有在座的人都磕頭說：「希望把內奸揪出來。」蔡祐於是喝斥元進，殺了他，並消滅了他的黨羽，於是與諸將共同盟誓討伐侯莫陳悅。宇文泰對蔡祐說：「我今天把你當做兒子，你能把我當做父親嗎？」

宇文泰與軍中輕騎兵馳赴平涼，令杜朔周率領部眾搶先佔據彈箏峽。當時平民百姓惶恐不安，逃離的人多，士兵趁機搶掠。杜朔周說：「宇文大人正在討伐罪人，拯救百姓，怎能助賊為虐呢？」於是安撫百姓，遣送他們回去，遠近的人都真心歸附。宇文泰得知這一情況，稱讚杜朔周。杜朔周本姓赫連，曾祖庫多汗避難改姓杜，宇文泰下令恢復他的舊姓，給他取名叫做達。

丞相高歡派侯景招撫賀拔岳的部眾，宇文泰到達安定遇到侯景，對侯景說：「賀拔公雖然死了，宇文泰還在，你是幹什麼的？」侯景變了臉色說：「我好比是一枝箭，聽憑別人發射罷了。」於是回去了。

宇文泰到了平涼，非常悲痛地哭弔賀拔岳，將士們都又悲又喜。

高歡又派侯景與散騎常侍代郡人張華原、義寧太守太安人王基慰勞宇文泰。宇文泰不接受，想扣留這些人，說：「留下來就共享富貴，否則，你們的性命就到今天為止。」張華原說：「大人想用死來逼迫使者，這不是我張華原所害怕的。」宇文泰就遣返了他們。王基回去後，說宇文泰雄勇傑出，請趁他立腳未穩時消滅他。高歡說：「你沒看到賀拔岳與侯莫陳悅的下場嗎？我定會用計謀不費力氣地取他的性命。」

北魏孝武帝得知賀拔岳已死，派武衛將軍元毗慰勞賀拔岳的軍眾，並召他們回洛陽，同時召回侯莫陳悅。元毗到了平涼，軍隊裡已推舉宇文泰為主帥，侯莫陳悅已經依附丞相高歡，不願意調回洛陽。宇文泰託元毗上奏孝武帝說：「大臣賀拔岳突然遭到謀殺，都督寇洛等人讓我暫時掌管軍務。奉詔命調賀拔岳軍進京，而今高歡的軍隊已到達河東，侯莫陳悅還在水洛城，賀拔岳的士兵大多是苦水河西部人，留戀自己的故鄉，如果逼迫他們進京，侯莫陳悅在後追擊，高歡在前面攔截，恐怕會敗亂國家，禍害百姓，遭受的損失更大。請允准稍事停留整頓，慢慢進行開導，逐漸將部眾引向東部。」北魏孝武帝於是任命宇文泰為大都督，統率賀拔岳的軍隊。

當初，賀拔岳任用東雍州刺史李虎為左廂大都督，賀拔岳死後，李虎逃奔荊州，勸說賀拔勝使他收編賀拔岳的部眾，賀拔勝不聽從。李虎得知宇文泰代理賀拔岳統率部眾，就從荊州返回前往投奔宇文泰，到達閿鄉縣時被丞相高歡的部將抓獲，送往洛陽。北魏孝武帝正在謀劃奪取關中，得到李虎非常高興，授予他衛將軍之職，優厚賞賜，派他到宇文泰身邊。李虎，是李歆的玄孫。

宇文泰致書侯莫陳悅，斥責說「賀拔岳大人對國家有大功。你名聲小，德行薄，賀拔岳大人推薦你為隴右行臺。另外高歡專權，你與賀拔岳大人共受皇上密旨，多次訂立盟約，而你卻勾結國賊，共同危害宗廟，歃血盟誓沾在嘴角的血都沒乾，匕首就出了手。現今我與你都奉命回京城，今天是進還是退，完全看你自己。你如果撤離隴山東進，我也從北邊出發與你同回京城，假若你猶豫不決，心懷二意，我立即與你兵戎相見。」

北魏孝武帝徵詢宇文泰安定秦隴地區的策略，宇文泰上表說：「應當召回侯莫陳悅授予他朝官，要不然就委任到瓜州、涼州做一個藩臣。不這樣，終將是禍患。」

原州刺史史歸一向被賀拔岳信任，河曲事變，反而替侯莫陳悅守衛。侯莫陳悅派他的黨羽王伯和、成次安率領兩千人協助史歸鎮守原州。宇文泰派遣都督侯莫陳崇率領一千輕騎兵去襲擊原州。侯莫陳崇趁夜色帶領十個騎兵直抵原州城下，其餘部眾都埋伏在附近路邊。史歸見騎兵很少，不設防備。侯莫陳崇當即入城，佔領城門，高平縣令隴西人李賢和他的弟弟李遠、李穆在城內，當侯莫陳崇的內應。就這樣城內城外擊鼓吶喊，伏兵全部奮起，就抓獲了史歸以及成次安、王伯和等回到平涼。宇文泰上表推薦侯莫陳崇代行原州政務。三月，宇文泰率軍進攻侯莫陳悅，到達原州，各路部隊齊集。

夏，四月初一日癸丑，發生日蝕。

北魏南秦州刺史隴西人李弼勸說侯莫陳悅說：「賀拔岳大人沒有罪過而你殺害了他，又沒有收編他的部眾，現今他們推舉宇文泰為統帥而來，聲言為主子報仇，這樣的氣勢是不可戰勝的，你應當交出兵權向他們謝罪。不這樣，一定會大禍臨頭。」侯莫陳悅不聽從。

宇文泰率軍向隴山進發，留下姪兒宇文導為都督鎮守原州。宇文泰軍令嚴明，秋毫無犯，百姓非常高興。軍隊出木峽關後，雪厚二尺，宇文泰日夜兼程，出乎侯莫陳悅意料。侯莫陳悅得到消息，退守略陽，只留一萬人守水洛城。宇文泰到達，水洛城立即投降。宇文泰派遣輕騎數百人奔赴略陽，侯莫陳悅退守上邽，調李弼來和自己一同抵抗宇文泰。李弼知道侯莫陳悅必敗，暗中遣使到宇文泰那裡，請求為內應。侯莫陳悅放棄上邽城，向南扼守山中險要。李弼對自己所屬部眾說：「侯莫陳悅大人想要回秦州，你們為何不整理行裝？」李弼的夫人是侯莫陳悅妻子的姐妹，士兵們都聽信李弼，爭相趕赴上邽城。李弼搶先守住城門安定回城士兵，於是全城將士都投降了宇文泰，宇文泰當即委任李弼為秦州刺史。當晚，侯莫陳悅率軍將出戰，軍心驚駭，不戰自潰。侯莫陳悅生性猜忌，打了敗仗，不讓身邊親近的人靠近自己，和兩個弟弟、自己的兒子以及謀殺賀拔岳的七八個人丟棄部眾，落荒而逃。幾天之中，在山中轉來轉去，不知逃向哪裡。身邊的人勸他逃向靈州依附曹泥，侯莫陳悅聽從了，自己騎騾子，讓身邊的人步行跟隨，想從山中奔赴靈州。宇文泰派原州都督賀拔穎追擊他，侯莫陳悅望見追騎，就在荒野中吊死了。

宇文泰進入上邽城，引進薛憕為記室參軍。沒收侯莫陳悅的府庫，財物堆積如山，宇文泰秋毫不取，全部用來賞賜士兵。他身邊的人偷了一個銀甕回來，宇文泰知道後嚴懲了這個人，當即剖開銀甕分給了將士。

侯莫陳悅的黨羽豳州刺史孫定兒據守州城不投降，有部眾幾萬。宇文泰派遣都督中山人劉亮襲擊孫定兒。孫定兒因宇文泰的大軍離州城尚遠，沒有設防。劉亮首先在靠近州城的高地上豎起一面大旗，親自帶領二十個騎兵奔馳進城。孫定兒正擺酒宴，大家突然看到劉亮到來，非常驚駭，不知所措。劉亮揮刀殺了孫定兒，遙指城外大旗，命令兩個騎兵說：「出城叫大軍進城！」城中守軍都畏懼威勢而屈服，沒有人敢妄動。

此前，原來的氐王楊紹先趁北魏混亂時逃回武興，重新稱王。涼州刺史李叔仁被當地平民扣押，氐、羌、吐谷渾各族在所居地紛紛起事，從南岐州到瓜州、鄯州，跨州據郡的反叛者不可勝數。宇文泰命令李弼鎮守原州，夏州刺史拔也惡蚝鎮守南秦州，渭州刺史可朱渾道元鎮守渭州，衛將軍趙貴代行秦州政務，徵調豳州、涇州、東秦州、岐州四州的糧餉供給軍隊。楊紹先害怕了，自稱藩臣，送老婆兒子做人質。

夏州長史于謹對宇文泰進言說：「明公據有關中險固之地，將士驍勇，土地肥美。當今皇上在洛陽，被群兇逼迫，如果述說你對皇上的忠誠，計算好目前時局的利害，請求遷都關中，借重天子的威名來號令諸侯，奉行王命討伐暴亂，這就是齊桓公、晉文公的事業，千載難逢啊！」宇文泰非常贊同。

丞相高歡得知宇文泰平定了秦隴，派遣使者用甜言蜜語和厚重禮品結交宇文泰，宇文泰不肯接受，密封了高歡送的書信，派都督濟北人張軌送給孝武帝。斛斯椿問張軌說：「高歡叛逆朝廷，路人皆知，人們都把希望寄託在西方，不知宇文泰比起賀拔岳來怎麼樣？」張軌說：「宇文泰文足治國，武能定亂。」斛斯椿說：「真如你所說，確實可以依靠了。」

北魏孝武帝命令宇文泰派出兩千騎兵鎮守東雍州，增強救援京都的形勢，又命令宇文泰帶領軍隊稍稍東移。宇文泰委派大都督武川人梁禦為雍州刺史，讓他率領步騎五千人為前鋒。在這之前，丞相高歡派遣他的都督太安人韓軌領兵一萬人據守蒲反救援侯莫陳悅，雍州刺史賈顯度派船迎接他。梁禦見到賈顯度，勸他追隨宇文泰，賈顯度當即出城迎接梁禦，梁禦就佔領了長安。

北魏孝武帝任用宇文泰為侍中、驃騎大將軍、開府儀同三司、關西大都督，封略陽縣公，可以皇帝名義任命官爵。宇文泰就任命寇洛為涇州刺史，李弼為秦州刺史，前略陽太守張獻為南岐州刺史。南岐州刺史盧侍伯不接受張獻替代自己，宇文泰派遣輕騎襲擊並抓獲了盧侍伯。

侍中封隆之❶言於丞相歡曰：「斛斯椿等今在京師，必構禍亂。」隆之與僕射孫騰❷爭尚魏主妹平原公主❸，公主歸❹隆之，騰泄其言於椿，椿以白帝。隆之懼，逃還鄉里，歡召隆之詣晉陽。會騰帶仗入省❺，擅殺御史，懼罪，亦逃就歡。領軍❻婁昭❼辭疾歸晉陽。帝以斛斯椿兼領軍，改置都督及河南、關西諸刺史。華山王鷙❽在徐州，歡使大都督邸珍奪其管鑰。建州刺史韓賢❾、濟州刺史蔡儁，皆歡黨也。帝省建州❿以去賢，使御史舉儁罪，以汝陽王叔昭⓫代之。歡上言：「儁勳重，不可解奪。汝陽懿德，當受大藩。臣弟永寶⓬，猥任定州⓭，宜避賢路。」帝不聽。五月丙子⓮，魏主增置勳府庶子⓯，廂別六百人⓰。又增騎官，廂別二百人。

魏主欲伐晉陽，辛卯⓱，下詔戒嚴，云「欲自將伐梁」。發河南諸州兵，大閱於洛陽，南臨洛水，北際邙山⓲，帝戎服與斛斯椿臨觀之。六月丁巳⓳，魏主密詔丞相歡，稱「宇文黑獺、賀拔勝頗有異志，故假稱南伐，潛為之備，王亦宜共為形援。讀訖燔之。」歡表以為：「荊、雍⑳將有逆謀，臣今潛勒兵馬三萬，自河東㉑渡，又遣恆州刺史庫狄干㉒等將兵四萬自來違津㉓渡，領軍將軍婁昭等將兵五萬以討荊州，冀州刺史尉景㉔等將山東㉕兵七萬、突騎五萬以討江左㉖，皆勒所部，伏聽處分㉗。」帝知歡覺其變，乃出歡表，命[1]羣臣議之，欲止歡軍。歡亦集并州僚佐㉘共議，還以表聞，仍云：「臣為嬖佞㉙所間，陛下一旦賜疑。臣若敢負陛下，使身受天殃，子孫殄絕。陛下若垂信赤心，使干戈不動，佞臣一二人願斟量廢出。」

丁卯㉚，帝使大都督源子恭㉛守陽胡㉜，汝陽王暹守石濟㉝，又以儀同三司賈顯智㉞為濟州刺史，帥豫州刺史斛斯元壽㉟東趣濟州。元壽，椿之弟也。蔡儁不受代，帝愈怒。辛未㊱，帝復錄洛中文武議意以答歡，且使舍人溫子昇㊲為敕賜歡曰：「朕不勞尺刃，坐為天子，所謂生我者父母，貴我者高王㊳。今若無事背王，規相攻討，則使身及子孫，還如王誓㊴。近慮宇文為亂，賀拔應之，故戒嚴，欲與王俱為聲援。今觀其所為，更無異迹。東南不賓，為日已久，今天下戶口減半，未宜窮兵極武。朕既闇昧，不知佞人為誰。頃高乾之死，豈獨朕意？王忽對昂言兄枉死，人之耳目何易可輕！如聞庫狄干語王云『本欲取懦弱者為主，無事立此長君，使其不可駕御。今但作十五日行40，自可廢之，更立餘者。』如此議論，自是王間動人41，豈出佞臣之口？去歲封隆之叛，今年孫騰逃去，不罪不送，誰不怪王？王若事君盡誠，何不斬送二首？王雖啟云『西去』，而四道俱進42，或欲南度洛陽，或欲東臨江左，言之者猶應自怪，聞之者寧能不疑？王若晏然居北，在此雖有百萬之眾，終無圖彼之心；王若舉旗南指，縱無匹馬隻輪，猶欲奮空拳而爭死。朕本寡德，王已立之，百姓無知，或謂實可。若為他人所圖，則彰朕之惡，假令還為王殺，幽辱齏粉43，了無遺恨。本望君臣一體，若合符契44，不圖今日分疏45至此！」

中軍將軍46王思政言於魏主曰：「高歡之心，昭然可知。洛陽非用武之地，宇文泰乃心王室，今往就之，還復舊京，何慮不克？」帝深然之，遣散騎侍郎47河東柳慶48見泰於高平，共論時事。泰請奉迎輿駕，慶復命，帝復私謂慶曰：「朕欲向[2]荊州，何如？」慶曰：「關中形勝，宇文泰才略可依。荊州地非要害，南迫梁寇，臣愚未見其可。」帝又問閤內都督宇文顯和49，顯和亦勸帝西幸。時帝廣徵州郡兵，東郡太守河東裴俠50帥所部詣洛陽，王思政問曰：「今權臣擅命，王室日卑，柰何？」俠曰：「宇文泰為三軍所推，居百二之地51，所謂己操戈矛，寧肯授人以柄？雖欲投之，恐無異避湯入火[52]也。」思政曰：「然則如何而可？」俠曰：「圖歡有立至之憂，西巡有將來之慮，且至關右徐思其宜耳。」思政然之，乃進俠於帝，授左中郎將[53]。

初，丞相歡以為[3]洛陽久經喪亂，欲遷都於鄴[54]，帝曰：「高祖定鼎河、洛[55]，為萬世之基，王既功存社稷，宜遵太和[56]舊事。」歡乃止。至是復謀遷都，遣三千騎鎮建興[57]，益河東及濟州兵，擁諸州和糴[58]粟，悉運入鄴城。帝又敕歡曰：「王若厭伏人情[59]，杜絕物議[60]，唯有歸河東之兵，罷建興之戍，送相州[61]之粟，追濟州之軍，使蔡儁受代，邸珍出徐，止戈散馬，各事家業。脫須糧廩[62]，別遣轉輸，則讒人結舌，疑悔不生，王高枕太原，朕垂拱[63]京洛矣。王若馬首南向，問鼎輕重[64]，朕雖不武[65]，為社稷宗廟之計，欲止不能。決在於王，非朕能定，為山止簣[66]，相為惜之。」歡上表極言宇文泰、斛斯椿罪惡。

帝以廣寧太守廣寧任祥[67]兼尚書左僕射加開府儀同三司，祥棄官走，渡河，據郡[68]待歡。帝乃敕文武官北來者任其去留，遂下制書數歡咎惡，召賀拔勝赴行在所[69]。勝以問太保掾[70]范陽盧柔[71]，柔曰：「高歡悖逆，公席卷赴都，與決勝負，生死以之，上策也。北阻魯陽[72]，南并舊楚[73]，東連兗、豫[74]，西引關中，帶甲百萬，觀釁而動，中策也。舉三荊之地，庇身於梁，功名皆去，下策也。」勝笑而不應。

帝以宇文泰兼尚書僕射，為關西大行臺，許妻以馮翊長公主[75]，謂泰帳內都督秦郡楊荐[76]曰：「卿歸語行臺，遣騎迎我。」以荐為直閤將軍。泰以前秦州刺史駱超[77]為大都督，將輕騎一千赴洛，又遣荐與長史宇文測[78][4]出關候接。

丞相歡召其弟定州刺史琛使守晉陽，命長史崔暹[79]佐之。暹，挺[80]之族孫[5]也。歡勒兵南出，告其眾曰：「孤以爾朱擅命，建大義於海內，奉戴主上，誠貫幽明[81]，橫為斛斯椿讒搆[82]，以忠為逆，今者南邁，誅椿而已。」以高敖曹為前鋒。宇文泰亦移檄[83]州郡，數歡罪惡，自將大軍發高平，前軍屯弘農[84]。賀拔勝軍于汝水[85]。

秋，七月己丑[86]，魏主親勒兵十餘萬屯河橋[87]，以斛斯椿為前驅，陳於邙山之北。椿請帥精騎二千夜度河掩其勞弊[88]，帝始然之，黃門侍郎[89]楊寬[90]說帝曰：「高歡以臣伐君，何所不至？今假兵於人，恐生他變。椿若度河，萬一有功，是滅一高歡，生一高歡矣。」帝遂敕椿停行，椿歎曰：「頃熒惑入南斗[91]，今上信左右間搆[92]，不用吾計，豈天道乎？」宇文泰聞之，謂左右曰：「高歡數日行八九百里，此兵家所忌，當乘便擊之。而主上以萬乘[93]之重，不能度河決戰，方緣津[94]據守。且長河萬里，捍禦為難，若一處得度，大事去矣。」即以大都督趙貴為別道行臺，自蒲坂[6]濟，趣并州[95]，遣大都督李賢將精騎一千赴洛陽。

帝使斛斯椿與行臺長孫稚、大都督潁川王斌之[96]鎮虎牢[97]，行臺長孫子彥[98]鎮陝[99]，賈顯智、斛斯元壽鎮滑臺[100]。斌之，鑒[101]之弟。子彥，稚之子也。歡使相州刺史竇泰趣滑臺，建州刺史韓賢趣石濟。竇泰與顯智遇於長壽津[102]，顯智陰約降於歡，引軍退。軍司[103]元玄[104]覺之，馳還，請益師。帝遣大都督侯幾紹[105]赴之，戰於滑臺東，顯智以軍降，紹戰死。北中郎將[106]田怙[107]為歡內應，歡潛軍至野王[108]，帝知之，斬怙。歡至河北十餘里，再遣使口申誠款，帝不報。丙午[109]，歡引軍渡河。

魏主問計於羣臣，或欲奔梁，或云南依賀拔勝，或云西就關中，或云守洛口[110]死戰，計未決。元斌之與斛斯椿爭權，棄椿還，紿帝云：「高歡兵已至！」丁未[111]，帝遣使召椿還，遂帥南陽王寶炬、清河王亶[112]、廣陽王湛[113]以五千騎宿於瀍西[114]南陽王別舍，沙門[115]惠臻[116]負璽持千牛刀[117]以從。眾知帝將西出，其夜，亡者過半，亶、湛亦逃歸。湛，深[118]之子也。武衛將軍雲中獨孤信[119]單騎追帝，帝歎曰：「將軍辭父母，捐妻子而來，『世亂識忠臣』，豈虛言也？」戊申[120]，帝西奔長安，李賢遇帝于崤中[121]。己酉[122]，歡入洛陽，舍於永寧寺，遣領軍婁昭等追帝，請帝東還。長孫子彥不能守陝，棄城走。高敖曹帥勁騎追帝至陝西[123]，不及。帝鞭馬長鶩[124]，糗[125]漿[126]乏絕，三二日間，從官唯飲澗水。至湖城[127]，有王思村民以麥飯壺漿獻帝，帝悅，復一村十年[128]。至稠桑[129]，潼關[130]大都督毛鴻賓[131]迎獻酒食，從官始解飢渴。

八月甲寅[132]，丞相歡集百官謂曰：「為臣奉主，匡救危亂，若處不諫爭，出不陪從，緩則耽寵[133]爭榮，急則委之逃竄，臣節安在？」眾莫能對，兼尚書左僕射辛雄[134]曰：「主上與近習[135]圖事，雄等不得預聞。及乘輿西幸，若即追隨，恐跡同佞黨；留待大王，又以不從蒙責，雄等進退無所逃罪。」歡曰：「卿等備位大臣，當以身報國，羣佞用事，卿等嘗有一言諫爭乎？使國家之事一朝至此，罪欲何歸？」乃收雄及開府儀同三司叱列延慶[136]、兼吏部尚書崔孝芬[137]、都官尚書[138]劉廞[139]、兼度支尚書[140]天水楊機[141]、散騎常侍元士弼，皆殺之。孝芬子司徒從事中郎[142]猷[143]間行入關，魏主使以本官奏門下事[144]。歡推司徒清河王亶為大司馬，承制決事，居尚書省。

宇文泰使趙貴、梁禦帥甲騎二[7]千奉迎，帝循河西行，謂禦曰：「此水東流，而朕西上，若得復見洛陽，親謁[8]陵廟，卿等功也。」帝及左右皆流涕。泰備儀衛迎帝，謁見於東陽驛(145)，免冠流涕曰：「臣不能式遏寇虐(146)，使乘輿播遷(147)，臣之罪也。」帝曰：「公之忠節，著於遐邇。朕以不德，負乘致寇(148)，今日相見，深用厚顏。方以社稷委公，公其勉之！」將士皆呼萬歲。遂入長安，以雍州廨舍(149)為宮，大赦。以泰為大將軍(150)、雍州刺史兼尚書令(151)，軍國之政，咸取決焉。別置二尚書，分掌機事，以行臺尚書(152)毛遐(153)、周惠達(154)為之。時軍國草創，二人積糧儲，治器械，簡士馬(155)，魏朝賴之。泰尚馮翊長公主，拜駙馬都尉(156)。

先是，熒惑入南斗，去而復還，留止六旬(157)。上以諺云「熒惑入南斗，天子下殿走」，乃跣(158)而下殿以禳(159)之，及聞魏主西奔，慚曰：「虜亦應天象邪！」

己未(160)，武興王楊紹先為秦、南秦二州刺史。

辛酉(161)，魏丞相歡自追迎魏主。戊辰(162)，清河王亶下制大赦。歡至弘農，九月癸巳(163)[9]，使行臺僕射元子思(164)帥侍官迎帝。己酉(165)，攻潼關，克之，擒毛鴻賓，進屯華陰長城(166)，龍門都督(167)薛崇禮以城降歡。

賀拔勝使長史元穎(168)行荊州事，守南陽(169)，自帥所部西赴關中。至淅陽(170)，聞歡已屯華陰，欲還，行臺左丞崔謙(171)曰：「今帝室顛覆，主上蒙塵(172)，公宜倍道兼行，朝於行在，然後與宇文行臺同心勠力，唱舉大義，天下孰不望風響應？今捨此而退，恐人人解體，一失事機，後悔何及。」勝不能用，遂還。

歡退屯河東，使行臺尚書[10]長史薛瑜[173]守潼關，大都督庫狄溫[174]守封陵[175]，築城於蒲津[176]西岸，以薛紹宗[177]為華州刺史，使守之，以高敖曹行豫州事。歡自發晉陽，至是凡四十啓，魏主皆不報。歡乃東還，遣行臺侯景等引兵向荊州，荊州民鄧誕[178]等執元穎以應景。賀拔勝至，景逆擊之，勝兵敗，帥數百騎來奔。

魏主之在洛陽也，密遣閤內都督河南趙剛[179]召東荊州刺史馮景昭[180]帥兵入援，兵未及發，魏主西入關。景昭集府中文武議所從，司馬[181]馮道和[182]請據州待北方[183]處分。剛曰：「公宜勒兵赴行在所。」久之，更無言者。剛抽刀投地曰：「公若欲為忠臣，請斬道和；如欲從賊，可速見殺！」景昭感悟，即帥眾赴關中。侯景引兵逼穰城[184]，東荊州民楊祖歡[185]等起兵應之[11]，以其眾邀景昭於路，景昭戰敗，剛沒蠻[186]中。

冬，十月，丞相歡至洛陽，又遣僧道榮[187]奉表於孝武帝曰：「陛下若遠賜一制[188]，許還京洛，臣當帥勒文武，式清[189]宮禁；若返正無日，則七廟[190]不可無主，萬國須有所歸，臣寧負陛下，不負社稷。」帝亦不答。歡乃集百官耆老[191]，議所立，時清河王亶出入已稱警蹕[192]，歡醜之，乃託以「孝昌[193]以來，昭穆失序[194]，永安[195]以孝文為伯考[196]，永熙[197]遷孝明於夾室，業喪祚短[198]，職此之由。」遂立清河[12]世子善見[199]為帝，謂亶曰：「欲立王，不如立王之子。」亶不自安，輕騎南走，歡追還之。丙寅[200]，孝靜帝即位於城東北[201]，時年十一，大赦，改元天平[202]。

魏宇文泰進軍攻潼關，斬薛瑜，虜其卒七千人，還長安，進位大丞相。東魏行臺薛脩義[203]等度河據楊氏壁[204]。魏司空參軍河東薛端[205]糾帥村民擊卻東魏兵[13]，復取楊氏，丞相泰遣南汾州刺史蘇景恕[206]鎮之。

丁卯[207]，以信武將軍[208]元慶和[209]為鎮北將軍[210]，帥眾伐東魏。

初，魏孝武帝[14]既與丞相歡有隙，齊州刺史侯淵[211]、兗州刺史樊子鵠、青州刺史東萊王貴平[212]陰相連結，以觀時變，淵亦遣使通於歡所。及孝武帝入關，清河王亶承制，以汝陽王暹[213]為齊州刺史。暹至城西，淵不時納。城民劉桃符[214]等潛引暹入城[215]，淵帥騎出走，妻子部曲悉為暹所虜。行及廣里[216]，會承制以淵行青州事。歡遺淵書曰：「卿勿以部曲單少，憚於東行，齊人澆薄[217]，唯利是從，齊州尚能迎汝陽王，青州豈不能開門待卿也？」淵乃復東，暹歸其妻子部曲。貴平亦不受代，淵襲高陽郡[218]，克之，置累重[219]於城中，自帥輕騎遊掠於外。貴平使其世子帥眾攻高陽，淵夜趣東陽，見州民餽糧者，紿[220]之曰：「臺軍[221]已至，殺戮殆盡。我，世子之人也，脫走還城，汝何為復往？」聞者皆棄糧走。比曉，復謂行人曰：「臺軍昨夜已至高陽，我是前鋒，今至此，不知侯公竟在何所。」城民恟懼，遂執貴平出降。戊辰[222]，淵斬貴平，傳首洛陽。

庚午[223]，東魏以趙郡王諶[224]為大司馬，咸陽王坦為太尉，開府儀同三司高盛[225]為司徒，高敖曹為司空。坦，樹[226]之弟也。

丞相歡以洛陽西逼西魏，南近梁境，乃議遷鄴，書下三日即行。丙子[227]，東魏主發洛陽，四十萬戶狼狽就道。收百官馬，尚書丞、郎已上非陪從者[228]，盡令乘驢。歡留後部分[229]，事畢，還晉陽。改司州為洛州[230]，以尚書令元弼為洛州刺史，鎮洛陽。以行臺尚書司馬子如[231]為尚書左僕射，與右僕射高隆之[232]、侍中高岳[233]、孫騰[234]留鄴，共知朝政[235]。詔以遷民貲產未立，出粟一百三十萬石以賑之。

十一月，兗州刺史樊子鵠據瑕丘以拒東魏，南青州刺史大野拔[236]帥眾就之。

庚寅[237]，東魏主至鄴，居北城相州之廨，改相州刺史為司州牧，魏郡太守為魏尹[238]。是時，六坊[239]之眾從孝武帝西行者不及萬人，餘皆北徙，並給常廩，春秋賜帛以供衣服，乃於常調[240]之外，隨豐稔之處，折絹糴粟[241]以供國用。

十二月，魏丞相泰遣儀同李虎、李弼、趙貴擊曹泥於靈州。

閏月，元慶和克瀨鄉[242]而據之。

魏孝武帝閨門無禮[243]，從妹不嫁者三人，皆封公主。平原公主明月[244]，南陽王寶炬之同產也，從帝入關，丞相泰使元氏諸王取明月殺之。帝不悅，或時彎弓，或時椎案[245]，由是復與泰有隙。癸巳[246]，帝飲酒遇酖[247]而殂[248]。泰與羣臣議所立，多舉廣平王贊[249]。贊，孝武之兄子也。侍中濮陽王順[250]，於別室垂涕謂泰曰：「高歡逼逐先帝，立幼主以專權，明公宜反其所為。廣平沖幼[251]，不如立長君而奉之。」泰乃奉太宰[252]南陽王寶炬而立之。順，素[253]之玄孫[15]也。殯孝武帝於草堂佛寺，諫議大夫[254]宋球[255]慟哭嘔血，漿粒不入口者數日，泰以其名儒，不之罪也。

魏賀拔勝之在荊州也，表武衛將軍獨孤信為大都督。東魏既取荊州，魏以信為都督三荊州諸軍事、尚書右僕射、東南道行臺、大都督、荊州刺史以招懷之。蠻酋樊五能[256]攻破淅陽郡以應魏，東魏西荊州[257]刺史辛纂[258]欲討之，行臺郎中李廣[259]諫曰：「淅陽四面無民，唯一城之地，山路深險，表裏羣蠻。今少遣兵則不能制賊，多遣則根本[260]虛弱。脫[261]不如意，大挫威名，人情一去，州城難保。」纂曰：「豈可縱賊不討？」廣曰：「今所憂在心腹，何暇治疥癬[262]？聞臺軍不久應至，公但約勒屬城，使完壘撫民以待之，雖失淅陽，不足惜也。」纂不從，遣兵攻之，兵敗，諸將因亡不返。

城民密召獨孤信。信至武陶[263]，東魏遣恆農[264]太守田八能[265]帥羣蠻拒信於淅陽，又遣都督張齊民[266]以步騎三千出信之後。信謂其眾曰：「今士卒不滿千人，首尾受敵，若還擊齊民，則土民[267]謂[16]我退走，必爭來邀我，不如進擊八能，破之，齊民自潰矣。」遂擊破八能，乘勝襲穰城。辛纂勒兵出戰，大敗，還趣城，門未及闔，信令都督武川楊忠[268]為前驅，忠叱門者曰：「大軍已至，城中有應，爾等求生，何不避走！」門者皆散。忠帥眾入城，斬纂以徇[269]，城中懾服。信分兵定三荊。居半歲，東魏高敖曹、侯景將兵奄至城下，信兵少不敵，與楊忠皆來奔。

【章　旨】以上為第三段，詳載北魏分裂始末，孝武帝不武，滅狼未果，反落虎口，既喪性命，更葬送了北魏政權。

【注　釋】❶封隆之　（西元四八五—五四五年）字祖裔，小名皮，勃海蓨人，助高歡剷除爾朱氏，因此官拜侍中，封安德郡公，是高歡的主要心腹謀臣之一。四為侍中，官至尚書右僕射。傳見《魏書》卷三十二、《北齊書》卷二十一、《北史》卷二十四。❷孫騰　（西元四八一—五四八年）字龍雀，咸陽石安（今陝西涇陽）人，高歡心腹。東魏末官至太保。傳見《北齊書》卷十八、《北史》卷五十四。❸平原公主　魏京兆王元愉女，名明月。魏孝武帝從妹，時寡居。事詳《北史》卷五十四

〈孫騰傳〉、《北齊書》卷十八同傳。❹歸　古時女子出嫁稱歸。此處意謂想嫁給封隆之。❺帶仗入省　指孫騰帶著甲杖進入禁省。按制度，除皇帝特許外，臣民一律不許帶杖入省。❻領軍　官名，掌禁軍，主宿衛宮殿。北魏二品中。❼婁昭　字菩薩，代郡平城人，高歡妻皇后的弟弟。正直有謀，北魏末授領軍將軍，封濮陽郡公。死於定州刺史任。傳見《北齊書》卷十五、《北史》卷五十四。❽鷙　元鷙（?—西元五四〇年），字孔雀，北魏華山王。曾助爾朱兆奪取洛陽。東魏時，官至大司馬，加侍中。傳見《魏書》卷十四、《北史》卷十五。❾韓賢　字普賢，廣寧石門人，北魏孝武帝初累遷中軍將軍、光祿大夫，出為建州刺史。東魏初，曾任洛州刺史。傳見《北齊書》卷十九、《北史》卷五十二。❿省建州　撤銷建州。建州，州名，治所高都，在今山西晉城市。是從晉陽到洛陽的必經之地。魏孝武帝此舉，既想驅逐高歡黨羽，又想切斷高歡南下之路。⓫叔昭　元暹，字叔昭，一作叔照。北魏景穆帝之孫。莊帝時，封汝陽王，以貪暴著稱。東魏孝靜帝時，官至侍中、錄尚書事。傳見《魏書》卷十九上、《北史》卷十七。⓬永寶　即高琛，字永寶，一作元寶。魏南趙郡公，歷官驃騎大將軍、散騎常侍、御史中丞。傳見《北齊書》卷十三、《北史》卷五十一。⓭定州　州名，治所盧奴，在今河北定州。⓮丙子　五月壬午朔，無丙子。《魏書》卷十一作「丙戌」，是五月五日。疑《通鑑》誤。⓯勳府庶子　宮中宿衛，出自勳貴子弟。⓰廂別六百人　禁軍以廂為編制單位，此指每廂增勳貴子弟六百人。⓱辛卯　五月十日。⓲邙山　山名，在今河南洛陽北。⓳丁巳　六月初六。⓴荊雍　荊州、雍州之省稱，此處用以指代賀拔勝、宇文泰。當時賀拔勝任荊州刺史，宇文泰控制雍州之地。㉑河東　郡名，治所蒲阪，在今山西永濟北。㉒庫狄干　複姓庫狄，善無（今山西右玉）人，高歡妹夫，官至太師，威重當朝，封章武郡王。傳見《北齊書》卷十五、《北史》卷五十四。㉓來違津　黃河渡口，在今大同西。過河後可直指夏州。㉔尉景　字士真，善無人，高歡姐夫，歷官太傅、驃騎大將軍，封長樂郡公。傳見《北齊書》卷十五、《北史》卷五十四。㉕山東　地區名，指崤山以東地區。又稱關東。㉖江左　地區名，指蕪湖、南京以東，長江以南地區。古人敘地理位置，以東為左，以西為右。此專指梁朝。㉗處分　吩咐；調遣。㉘并州僚佐　時高歡建大丞相府於并州晉陽，此并州僚佐實指丞相府官員。㉙嬖佞　受寵幸的善於巧言獻媚的人。此指孝武帝身邊的親信。㉚丁卯　六月十六日。㉛源子恭　（?—西元五三八年）字靈順，西平樂都（今青海樂都）人，北魏孝武帝時，官至吏部尚書，封新城縣子。後任高歡府軍司。傳見《魏書》卷四十一、《北史》卷二十八。㉜陽胡　城名，在今山西垣曲。㉝石濟　即古棘津，在今河南延津東北。㉞賈顯智　即賈智，賈顯度之弟。魏義陽縣公，曾擒爾朱世隆兄弟。後投靠高歡。傳見《魏書》卷八十、《北史》卷四十九。㉟斛斯元壽　斛斯椿之弟。北魏孝武帝時爵桑乾縣公，除豫州刺史。傳見《北史》卷四十九。㊱辛未　六月二十日。㊲溫子昇　（?—西元五四七年）字鵬舉，太原人，博學多聞，文章清婉，北魏末詔書多由他起草。傳見《魏書》卷八十五、《北史》卷八十三。㊳高王　即勃海王高歡。㊴王誓　即高歡前文所述「身受天殃，子孫殄絕」的誓辭。這裡魏孝武帝引用，表示與高歡一樣信任對方。㊵十五日行　指從晉陽出兵到洛陽，只需十五天。㊶勳人　有功勳的部下。㊷四道俱進　指河東、來違津及婁昭、尉景四路兵馬。婁昭、尉景兩路皆南指洛陽，河東、來違津兩路則牽制宇文泰使不得東下。㊸虀粉　粉身碎骨。㊹若合符契　如驗明的符信一樣相吻合。符契，即符節。古代朝廷用作憑證的信物。符以竹、木或金屬為材料，上書文字，部分為二，各執其一，使用時以兩片相合無誤為驗。㊺分疏　分離疏遠。㊻中軍將軍　官名，北魏時與鎮軍、撫軍合稱三將軍，從第二品。㊼散騎侍郎　官名，與散騎常侍共同評判尚書的奏事。北魏第五品上。㊽柳慶　（西元五一七—五六六年）字更興，解人，隨孝武帝西遷，位至尚書左僕射。入北周，任司會中大夫，爵平齊縣公。傳見《周書》卷二十二、《北史》卷六十四。㊾宇文顯和　（西元四九八—五五四年）北魏孝武帝時官冠軍將軍、閤內都督，封城陽縣公。遷朱衣直閤、閤內大都督，改封長廣縣公。西魏時官至車騎大將軍，儀同三司。傳見《周書》卷四十、《北史》卷五十七。㊿裴俠　（？—西元五五九年）字嵩和，河東解人，西魏時，以清廉奉公著稱，號獨立君。入周，爵清河縣公。傳見《周書》卷三十五、《北史》卷三十八。(51)百二之地　意謂形勢險要的地方，用兵足以以少勝多。百二，《漢書》蘇林注作百分之二解釋，以為是秦兵二萬可敵諸侯百萬之眾的意思。(52)避湯入火　比喻魏孝武帝避開高歡挾制，又入宇文泰籠中。(53)左中郎將　官名，主左署郎，輪流值勤於殿內。北魏從第四品。(54)鄴　縣名，縣治在今河北臨漳西南。(55)高祖定鼎河洛　指北魏孝文帝拓跋宏遷都洛陽事。孝文帝（西元四六七—四九九年），北魏第六代國君，廟號高祖，西元四七一—四九九年在位。初由馮太后臨朝，推行了三長制和均田制。親政後，遷都洛陽，加速鮮卑族的漢化。事詳《魏書》卷七、《北史》卷三。定鼎，定都。河、洛，指洛陽，處於黃河之南，洛水之北。(56)太和　孝文帝年號（西元四七七—四九九年）。(57)建興　郡名，治所高都，在今山西晉城市西北。(58)和糴　高歡所創徵收軍糧之制。名為官民議價交易，以充軍糧。實則按戶攤派，限期逼取。為害百姓，甚於賦稅。(59)厭伏人情　使人心信服。(60)物議　眾人的評論。(61)相州　州名，治所鄴縣。(62)脫須糧廩　如果需要糧米。脫，假若；如果。(63)垂拱　垂衣拱手，原意是指無為而治，這裡是指不妄動干戈。(64)問鼎輕重　典出《左傳》宣公三年，楚子向周定王使者王孫滿詢問周鼎的輕重大小，隱含取而代之的威脅。以後便用此語比喻篡奪天下的企圖。(65)不武　缺少武略。此為謙詞，謂不足以顯示威武。(66)為山止簣　典出《論語・子罕》。只差一竹筐的土，不能堆成土山。如果應該停止，我便停止。(67)任祥　（西元四九四—五三八年）字延敬，廣寧（今山西沁水縣）人，北魏西河縣公。後追隨高歡，歷任侍中、大都督、徐州刺史。傳見《北齊書》卷十九、《北史》卷五十三。(68)據郡　佔據廣寧郡，治所在沁水。(69)行在所　帝王所在之地。(70)太保掾　官名，太保屬下的文吏。(71)盧柔　字子剛，范陽涿人，西魏時，位至中書監，而常典機密。入周，進位開府儀同三司。傳見《魏書》卷四十七、《周書》卷三十二、《北史》卷三十。(72)魯陽　郡名，治所山北，在今河南魯山縣。(73)舊楚　地區名，指今湖北江陵一帶。春秋戰國時期是楚郢都所在，所以稱舊楚。(74)兗豫　兩州名，兗州，治所瑕丘，在今山東兗州東北，豫州，治所懸瓠，在今河南汝南縣。(75)馮翊長公主　（？—西元五四一年）魏孝武帝之妹。傳見《周書》卷九、《北史》卷十四。(76)楊荐　字承略，秦郡寧夷（今陝西禮泉東北）人，西魏驃騎大將軍。入周，官至大司徒，封南安郡公。傳見《周書》卷三十三、《北史》卷六十九。(77)駱超　人名。(78)宇文測　（西元四九九—五四六年）字澄鏡，西魏廣川縣公。歷守汾州、綏州，東魏、突厥不敢犯界。傳見《周書》卷二十七、《北史》卷五十七。(79)崔暹　（？—西元五五九年）字季倫，博陵安平（今河北安平）人，歷官御史中尉、度支尚書。高歡親信。傳見《魏書》卷五十七、《北齊書》卷三十、《北史》卷三十二。(80)挺　北魏光州刺史崔挺（西元四四五—五〇三年）。《魏書》卷五十七載，崔暹是崔挺族子崔穆之子。《北齊書》、《北史》均同。(81)誠貫幽明　一片赤誠，人神共知。幽，暗，指神靈。明，指人間。(82)讒搆　以讒言相陷害。(83)移檄　發布聲討高歡的文告。移，將公文發往平行機關。檄，用於徵召、曉諭、申討的文書。(84)弘農　縣名，縣治在今河南靈寶北。(85)汝水　水名，在河南中部地區。賀拔勝駐軍於北汝河附近的河南襄城。(86)己丑　七月初九日。(87)河橋　橋名，約在今河南孟州西南至孟津東北一帶的黃河之上，是守衛洛陽的軍事要地。(88)掩其勞弊　偷襲遠來疲憊的高歡軍隊。(89)黃門侍郎　官名，侍從皇帝，傳達詔命。北魏第四品。(90)楊寬　（？—西元五六一年）字景仁，一作蒙仁，弘農華陰（今陝西華陰）人，從魏孝武帝入關，封華山郡公。入周，官至大將軍。以清簡著稱。傳見《魏書》卷五十八、《周書》卷二十二、《北史》卷四十一。(91)熒惑入南斗　火星運行到斗宿星區。熒惑，星名，即火星。南斗，星名，即斗宿。古時以熒惑為罰星，斗宿為天廟，火星運行到斗宿星區，以為是「天子下殿走」的徵兆。(92)間搆　離間陷害。(93)萬乘　周王畿地方千里，可出兵車一萬輛。後據此作為帝王的代稱。(94)緣津　憑藉渡口。(95)趣并州　進逼并州。并州治晉陽，是高歡老巢。宇文泰此舉，想攻其必救，斷其退路，以減輕洛陽的壓力。(96)斌之　元斌之，北魏文成帝之曾孫，爵潁川王。孝武帝入關，斌之降梁，後返長安，位尚書令。傳見《魏書》卷二十、《北史》卷十九。(97)虎牢　關名，軍事重鎮，在今河南滎陽汜水鎮。(98)長孫子彥　名俊，字子彥，從魏孝武帝入關，封高平郡公，位儀同三司。仕西魏為尚書令，官至太子太傅。傳見《魏書》卷二十五、《北史》卷二十二。(99)陝　縣名，縣治在今河南陝縣。(100)滑臺　城名，在今河南滑縣東，為河南四鎮之一。(101)鑒　元鑒，魏安樂王。字長文。曾官相州刺史、尚書左僕射。傳見《魏書》卷二十、《北史》卷十九。(102)長壽津　黃河渡口，在今河南滑縣東北。(103)軍司　官名，即軍師，避司馬師諱而改。輔佐主帥統領軍隊，負責匡正、監察主帥。(104)元玄　人名。北魏宗室常山王遵的後代，字彥道。從孝武帝入關，封陳郡王，位儀同三司。傳見《魏書》卷十五、《北史》卷十五。(105)侯幾紹　人名，複姓侯幾。(106)北中郎將　官名，護軍府屬將。(107)田怙　人名。(108)野王　縣名，縣治在今河南沁陽。(109)丙午　七月二十六日。(110)洛口　洛水入黃河河口，在今河南鞏縣東北。(111)丁未　七月二十七日。(112)亶　元亶，爵清河王。東魏孝靜帝元善見之父。事跡略見《魏書》卷二十二〈汝南王悅傳〉。(113)湛　元湛，字士深，魏莊帝初襲爵廣陽王。東魏時官至侍中。傳見《魏書》卷十八、《北史》卷十六。(114)瀍西　瀍水之西。水源出洛陽西北，東南向流入洛水。(115)沙門　出家修行的僧人。(116)惠臻　僧人法名。(117)千牛刀　天子的防身刀。(118)深　即元淵，唐人避高祖諱而改。字智遠，北魏廣陽忠武王。被葛榮所殺。傳見《魏書》卷十八、《北史》卷十六。(119)獨孤信　（西元五〇三—五五七年）本名如願，字期彌頭，雲中（今山西原平）人，後移居武川。西魏八柱國之一，北周衛國公。傳見《周書》卷十六、《北史》卷六十一。(120)戊申　七月二十八日。(121)崤中　地區名，即崤山之中，主峰在河南靈寶。(122)己酉　七月二十九日。(123)陝西　陝縣以西。(124)長騖　長途急馳。(125)糗　將米或麥炒熟或熬熟，再經晾曬而成的乾糧。(126)漿　飲料。(127)湖城　縣名，縣治在今河南靈寶東。(128)復一村十年　免除全村十年的賦稅和徭役。(129)稠桑　驛站名，在湖城西。(130)潼關　關名，在今陝西潼關縣北。(131)毛鴻賓　北地三原（今陝西三原西北）人。仕北魏，拜西兗州刺史，轉南青州刺史。後孝武帝令其鎮潼關。傳見《北史》卷四十九。(132)甲寅　八月四日。(133)耽寵　沉溺於爭寵。(134)辛雄　（？—西元五三四年）字世賓，隴西狄道（今甘肅臨洮）人。仕北魏，累遷度支尚書、吏部尚書，兼侍中。後為高歡所殺。傳見《魏書》卷七十七、《北史》卷五十。(135)近習　近身習見之人。指皇帝的寵信近臣。(136)叱列延慶　（？—西元五三四年）複姓叱列，代西部人，魏北海郡公，孝武帝時任中軍大都督。後被高歡殺害。傳見《魏書》卷八十、《北史》卷四十九。(137)崔孝芬　（？—西元五三四年）字恭梓，博陵安平人，有文才，善談論。北魏孝武帝初，官至儀同三司，兼吏部尚書。後與辛雄等並為高歡所殺。傳見《魏書》卷五十七、《北史》卷三十二。(138)都官尚書　官名，尚書省重要官員，主持都官、二千石、比部、水部、膳部五曹事務。北魏第三品。(139)劉廞　（？—西元五三四年）字景興，彭城（今江蘇徐州）人。北魏孝武帝初，除散騎常侍，遷驃騎大將軍、國子祭酒。不久又兼都官尚書。孝武入關，高歡至洛，廞被殺。傳見《魏書》卷五十五、《北史》卷四十二。(140)度支尚書　官名，尚書省重要官員，主持度支、倉部、左戶、右戶、金部、庫部六曹事務。北魏第三品。(141)楊機　（？—西元五三四年）字顯略，天水冀人，北魏孝武帝時，除度支尚書。後與辛雄等並為高歡所殺。傳見《魏書》卷七十七、《北史》卷五十。(142)從事中郎　官名，三公僚屬，掌糾察及處理文書。北魏第五品。(143)猷　崔猷（？—西元五八四年），字宣猷，博陵安平人，歷事北魏、西魏、北周、隋四朝十三帝。傳見《魏書》卷五十七、《周書》卷三十五、《北史》卷三十二。144以本官奏門下事　凡門下省事，由崔猷以從事中郎的本官身分上奏，以表示孝武帝的優寵。145東陽驛　驛站名，在陝西臨潼東。146式遏寇虐　語出《詩・大雅・民勞》，意謂阻止壞人作惡為虐。147乘輿播遷　皇帝流離失所。乘輿，皇帝所乘的車，代指皇帝。148負乘致寇　小人居君子之位，招致盜賊篡奪。此孝武帝自謙之辭。149廨舍　官署。此指雍州刺史辦公署。150大將軍　官名，時位在三公之上。多由權臣擔任。北魏第一品。151尚書令　官名，典掌機密，綜理政務。在魏晉南北朝時期是實際上的宰相。北魏第二品。152行臺尚書　官名，處理行臺內機密文書事宜。153毛遐　字鴻遠，北地三原人，毛鴻賓之兄。任俠有謀，官至西魏驃騎大將軍。傳見《北史》卷四十九。154周惠達　（？—西元五四四年）字懷文，章武文安（河北文安北）人，西魏文安縣公，官至尚書右僕射，儀同三司。禮樂儀制多由他改定。傳見《周書》卷二十二、《北史》卷六十三。155簡士馬　挑選軍士和戰馬。156駙馬都尉　官名，與公主成婚者，按例授此職，無實際職責。157旬　十天。158跣　赤腳。古代請罪時的禮俗。159禳　祭禱以求消災。160己未　八月初九。161辛酉　八月十一日。162戊辰　八月十八日。163癸巳　九月十三日。164元子思　字眾念，魏安定縣子。傳見《魏書》卷十四、《北史》卷十五。165己酉　九月二十九日。166華陰長城　戰國時期魏長城遺跡，在華陰境內。舊華陰縣治，在今陝西華陰。167龍門都督　官名，黃河龍門口的鎮守武官，轄地在今山西河津。168元穎　人名，《北史》卷十九〈汝南王悅傳〉作「潁」。汝南王元悅的兒子。北魏孝明帝末年，國內大亂，與父俱奔梁，後死於江東。169南陽　郡名，治所宛城，在今河南南陽。170淅陽　縣名，縣治在今河南淅川縣東南。171崔謙　（？—西元五六九年）字士遜，博陵安平人。仕西魏，官至驃騎大將軍、儀同三司。北周時，遷荊州總管、荊州刺史，爵武康郡公。傳見《周書》卷三十五、《北史》卷三十二。172蒙塵　蒙受風塵之苦，專指皇帝蒙難，此指孝武帝逃亡於途中。173薛瑜　人名，《魏書》卷四十二作「薛長瑜」；《周書》卷一作「薛瑾」；《北史》卷五同《魏書》，卷九同《周書》，卷六則同《北齊書》作「薛瑜」。未詳孰是。其人東魏天平中為征東將軍、洛州刺史。174庫狄溫　人名。175封陵　關名，即風陵關，在今山西永濟南風陵渡。176蒲津　即蒲阪的黃河渡口。177薛紹宗　人名。178鄧誕　人名。179趙剛　字僧慶，河南洛陽人，曾鎮守潁川，屢破東魏軍。官至驃騎大將軍、光祿卿。入周，封浮陽郡公。傳見《周書》卷三十三、《北史》卷六十九。180馮景昭　人名。181司馬　官名，時諸將軍府、校尉府、行臺內、刺史及邊郡郡衙中均設有此職，掌軍務謀劃。182馮道和　人名。183北方　指高歡。184穰城　縣名，縣治在今河南鄧州，時為荊州治所。185楊祖歡　人名。186蠻　族名，泛指南方各族。此指泌陽河流域的蠻族。187道榮　僧侶的法號。188一制　一紙制書。189式清　打掃乾淨。式，發語詞。190七廟　即天子宗廟，包括太祖及三昭、三穆共七祖的廟位。在此喻指國家。[191]耆老　元老。[192]警蹕　帝王出入時，禁絕行人的戒嚴儀式。元亶自以為當繼承帝位，因此擅自使用此儀。[193]孝昌　魏孝明帝年號（西元五二五—五二七年）。[194]昭穆失序　古代宗法制度中，確立始祖後，按世系左昭右穆，共七世，列於宗廟祭祀。北魏諸帝多不是嫡系子繼承帝位，各尊自己的父祖，所以廟主多變。[195]永安　魏孝莊帝年號（西元五二八—五三〇年）。此代指孝莊帝。[196]伯考　伯父。孝莊帝尊其父彭城王元勰為文穆皇帝，入七廟，號肅宗。以伯父孝文帝為伯考。[197]永熙　魏孝武帝年號（西元五三二—五三四年）。此代指孝武帝。因孝明帝是孝武帝的堂兄，依禮兄弟不得入宗廟，因而遷廟主牌位於側夾室供奉。[198]業喪祚短　大業淪喪，享國日短。[199]世子善見　嫡長子元善見。世子，繼承爵位的兒子，一般是嫡長子。善見，即元善見（西元五二四—五五一年），清河王元亶之長子東魏孝靜帝，西元五三四—五五〇年在位。事詳《魏書》卷十二、《北史》卷五。按，元善見是清河王元懌的孫子。元懌和孝明帝父宣武帝同是孝文帝的兒子，所以元善見和孝明帝如同父子。他即位後，明帝廟主可以重入宗廟，這樣昭穆的次序就又順了。[200]丙寅　十月十七日。[201]城東北　洛陽城東北。[202]天平　孝靜帝年號（西元五三五—五三七年）。從此東、西魏分立。[203]薛脩義　（西元四七八—五五四年）字公讓，河東汾陰（今山西萬榮西南）人，北齊太子太保，正平郡公。傳見《北齊書》卷二十、《北史》卷五十三。[204]楊氏壁　胡三省以為是華陰楊氏避亂時所建的壁壘，在今陝西韓城至華陰之間。[205]薛端　字仁直，河東汾陰人，本名沙陀。西魏時曾任吏部尚書。入周，封文城郡公。傳見《周書》卷三十五、《北史》卷三十六。[206]蘇景恕　名讓，字景恕。宇文泰為丞相，引為府屬，甚被親待，出為衛將軍、南汾州刺史。傳見《周書》卷三十八、《北史》卷六十三。時汾州在東魏境內，所以宇文泰僑置南汾州於楊氏壁委任蘇景恕鎮守。[207]丁卯　十月十八日。[208]信武將軍　官名，南朝梁置，為五德將軍之一。梁武帝天監七年定為武職二十四班中的十五班。[209]元慶和　景穆帝之子，汝陰王元天賜的孫子。任東豫州刺史時降梁，梁武帝封他為魏王，後以戰敗流放到合浦（今廣西合浦）。傳見《魏書》卷十六、《北史》卷十七。[210]鎮北將軍　官名，梁天監七年列為八鎮將軍之一，定為武職二十四班中之二十二班。是鎮守建康以北地區的重要將領。[211]侯淵　神武尖山（今山西神池北）人，北魏孝明帝末，六鎮飢亂，淵隨杜洛周南下寇掠，此後反覆無常，而無法在北方立足，死於投奔梁朝的路上。傳見《魏書》卷八十、《北史》卷四十九。[212]貴平　元貴平，北魏莊帝初，封東萊王，為孝武帝所信任。官至驃騎大將軍、青州刺史。傳見《魏書》卷十九下。[213]暹　元暹，字叔照，北魏莊帝時，封汝陽王，任秦州刺史。治州以兇暴嗜殺著稱。東魏孝靜帝時，官至侍中、錄尚書事。傳見《魏書》卷十九上、《北史》卷十七。[214]劉桃符　人名。[215]入城　進入齊州州治歷城，在今山東濟南。[216]廣里　里名，在今山東長清境內。[217]澆薄　風俗浮薄。[218]高陽郡　此指代治所高陽，在今河北高陽東。[219]累重　指侯淵的家屬和財產，以及軍用物資。220紿　欺騙；說謊。221臺軍　東魏政府軍。222戊辰　十月十九日。223庚午　十月二十一日。224諶　元諶，字興伯，北魏趙郡王。東魏初，任大司馬。傳見《魏書》卷二十一上、《北史》卷十九。225高盛　（？—西元五三六年）渤海蓨人，高歡從叔祖。從高歡起兵信都，位至太尉，封廣平郡公。傳見《魏書》卷三十二、《北齊書》卷十四、《北史》卷五十一。226樹　元樹，字秀和，魏鄴王。《梁書》卷三十九〈元樹傳〉作「字君立」。北魏近屬。投降梁朝，梁武帝任命他為鎮西將軍、郢州刺史。魏孝武帝時，率軍伐魏，失敗被俘，死於魏。傳見《魏書》卷二十一上、《北史》卷十九。227丙子　十月二十七日。228非陪從者　不是陪同皇帝的從二品以上的官員。尚書丞郎，從二品。229留後部分　留在後面處理善後事宜。部分，部署；處置。230改司州為洛州　漢時京都所在稱司隸校尉部，所以自晉朝以來首都所在的州就被稱作司州。孝文帝遷都洛陽，於太和十七年（西元四九三年）改洛州為司州。現在遷都到鄴城，相州稱作司州，洛州於是恢復舊名。231司馬子如（西元四八八—五五一年）字遵業，河內溫（今河南溫縣）人，高歡親信，東魏鄴都四貴之一。官至尚書令，封陽平郡公。入齊，任至太尉。傳見《北齊書》卷十八、《北史》卷五十四。232高隆之　（西元四九四—五五四年）字延興，本姓徐，高平金鄉（今山東金鄉）人，高歡親信，東魏鄴都四貴之一，常居尚書省。入齊，封平原王，後被高洋逼死。傳見《魏書》卷三十二、《北齊書》卷十八、《北史》卷五十四。233高岳　（西元五一二—五五五年）字洪略，高歡從父弟。入齊，封清河王。後遭高歸彥陷害而死。傳見《魏書》卷三十二、《北齊書》卷十三、《北史》卷五十一。234孫騰　（西元四八一—五四八年）字龍雀，咸陽石安（今陝西涇陽）人，東魏鄴都四貴之一。屢掌機密，封咸陽郡公。傳見《北齊書》卷十八、《北史》卷五十四。235共知朝政　指司馬子如、高隆之、高岳、孫騰等四人共掌朝政。此四人為高歡親信，號鄴都四貴。236大野拔　人名，複姓大野，一作達野。237庚寅　十一月十一日。238魏尹　魏郡太守。從漢制改京都所在郡太守一職為尹。239六坊　魏宮中宿衛軍士分為六坊。240常調　正常額定徵收的戶調和粟租。戶年交帛二匹、絮二斤、絲一斤、粟二十石。241折絹糴粟　用絹折價購買糧食。242瀕鄉　鄉名，在今河南鹿邑境內。243閨門無禮　指叔伯兄妹間淫亂。244明月　元明月，孝武帝堂妹，時封平原公主。245椎案　用椎捶擊桌案，反映盛怒的樣子。246癸巳　閏十二月十五日。247酖　毒酒。248殂　死亡。孝武帝被宇文泰派人毒死。249贊　元贊，封廣平王。250順　元順，字敬叔，西魏濮陽王。以善射著稱。位侍中，後出任秦州刺史。傳見《北史》卷十五。251沖幼　年紀幼小。252太宰　官名，名為百官之長，實為無實權的榮譽銜。253素　元素，北魏常山王元遵之子。襲父爵。北魏世祖時，拜內都大官。傳見《魏書》卷十五、《北史》卷十五。254諫議大夫　官名，掌侍從勸諫。北魏從四品。255宋球　人名。256樊五能　人名，一作樊大能。257西荊州　州名，即荊州，因治所穰城在東荊州之西而得名。258辛纂　（？—

西元五三四年）字伯將，隴西狄道人。東魏初，官至兼尚書、南道行臺、西荊州刺史。傳見《魏書》卷七十七、《北史》卷五十。[259]李廣　字弘基，范陽人，有文才。仕東魏，兼御史，修國史，官至侍御史。傳見《北齊書》卷四十五、《北史》卷八十三。[260]根本　比喻事物的本源或關鍵部分。此處指州城穰城。[261]脫　倘若；如果。[262]疥癬　皮膚病。此指淅陽蠻夷叛亂。與州城難保這一心腹大患相比，叛亂就如身上長疥瘡長皮癬一樣，無足輕重。[263]武陶　不詳所在。胡三省以為是「武關」之誤，是當時關中的南門戶，在今陝西丹鳳東南。[264]恆農　即弘農，魏避拓跋弘諱而改。[265]田八能　人名。[266]張齊民　人名。[267]土民　指淅陽城中的土著居民。[268]楊忠　（西元五〇七－五六八年）小名奴奴，弘農華陰人，因先祖楊元壽移居神武郡殊頹縣（今山西壽陽北），所以自稱武川人氏。隋文帝楊堅之父，北周隨國公。傳見《周書》卷十九、《北史》卷十一。[269]徇　殺人示眾。

**【校　記】**[1]命　原作「令」。據章鈺校，甲十一行本、乙十一行本、孔天胤本皆作「命」，今據改。[2]向　據章鈺校，孔天胤本作「往」。[3]為　原無此字。據章鈺校，甲十一行本、乙十一行本、孔天胤本皆有此字，今據補。[4]宇文測　原作「宇文側」。據章鈺校，甲十一行本、乙十一行本、孔天胤本皆作「宇文測」，今據改。按，《周書·宇文測傳》、《北史·廣川公測傳》皆作「宇文測」。[5]族孫　原作「子」。據章鈺校，甲十一行本、乙十一行本、孔天胤本皆作「族孫」，張敦仁《通鑑刊本識誤》同，今據改。按，《魏書·崔挺傳附崔纂傳》，纂為挺族子，暹為纂兄穆子，則暹於挺當為族孫。[6]坂　原作「反」。張瑛《通鑑校勘記》作「坂」，當是，今據改。按，《周書·文帝紀上》、《北史·太祖文帝紀》皆作「坂」。[7]二　張敦仁《通鑑刊本識誤》作「一」。按，《北史·孝武帝紀》作「二」，未知孰是。[8]謁　原作「詣」。據章鈺校，甲十一行本、乙十一行本、孔天胤本皆作「謁」，張敦仁《通鑑刊本識誤》同，今據改。[9]癸巳　張瑛《通鑑校勘記》作「乙巳」。按，《魏書·出帝紀》：「九月癸巳，以衛大將軍、河南尹元子思為使持節、行臺僕射……率左右侍官迎車駕。」當作「癸巳」。[10]尚書　原無此二字。據章鈺校，甲十一行本、乙十一行本、孔天胤本皆有此二字，張敦仁《通鑑刊本識誤》同，今據補。按，《北齊書·神武帝紀下》、《北史·高祖神武帝紀》皆有此二字。[11]應之　原無此二字。據章鈺校，甲十一行本、乙十一行本、孔天胤本皆有此二字，張敦仁《通鑑刊本識誤》、張瑛《通鑑校勘記》同，今據補。[12]清河　原作「清河王」。據章鈺校，甲十一行本、乙十一行本、孔天胤本皆無「王」字，熊羅宿《胡刻資治通鑑校字記》同，今據刪。[13]兵　原無此字。據章鈺校，甲十一行本、乙十一行本、孔天胤本皆有此字，今據補。[14]帝　原無此字。據章鈺校，甲十一行本、乙十一行本、孔天胤本皆有此字，今據補。[15]玄

孫　原作「曾孫」。據章鈺校，乙十一行本作「玄孫」，今從改。按，《北史・常山王遵傳》遵子素，素子忠，忠子盛，盛子懋，懋子順，則順為素玄孫。⑯調　原作「必調」。據章鈺校，甲十一行本、乙十一行本、孔天胤本皆無「必」字，張敦仁《通鑑刊本識誤》同，今據刪。

【語　譯】侍中封隆之對丞相高歡進言說：「斛斯椿等現在京師，一定會製造禍亂。」封隆之與僕射孫騰爭娶孝武帝的妹妹平原公主，公主將嫁給封隆之，孫騰就把封隆之對高歡說的話洩露給斛斯椿，斛斯椿告訴了孝武帝。封隆之害怕了，逃回鄉里，高歡就召封隆之到晉陽。正好孫騰帶兵器進入臺省，擅自殺死御史，害怕被治罪，也逃到高歡那裡。領軍婁昭以生病為由辭職投奔晉陽。孝武帝任命斛斯椿兼任領軍之職，又更換了都督以及河南、關西各州的刺史。華山王元鷙在徐州，高歡派大都督邸珍奪取了他掌管的城門鑰匙。建州刺史韓賢、濟州刺史蔡儁，都是高歡的黨羽。孝武帝裁建州以免除韓賢的職務，讓御史揭發蔡儁的罪過，用汝陽王元叔昭取代蔡儁。高歡上奏說：「蔡儁功勳卓著，不應當解除他的職務。汝陽王德高望重，應當擔任大州的長官。臣的弟弟高永寶，忝任定州刺史，應該讓位給賢才。」孝武帝不聽從。五月丙子日，北魏孝武帝增設勳府庶子，左右廂各六百人。又增設騎官，左右廂各二百人。

北魏孝武帝將討伐晉陽，五月初十日辛卯，下令戒嚴，說「要親自掛帥討伐梁朝」。徵發河南各州的部隊，在洛陽進行盛大的檢閱，向南臨近洛水，向北靠近邙山，孝武帝穿戎裝與斛斯椿一起親臨閱兵。六月初六日丁巳，孝武帝密令丞相高歡，假稱「宇文黑獺、賀拔勝懷有野心，所以假稱南伐，暗中做準備，你也應當一同做好援助的形勢。讀完詔令立即燒掉它。」高歡上表認為：「荊州賀拔勝、雍州宇文泰將要反叛，我即日暗中調遣兵馬三萬，從河東西渡，另派恆州刺史庫狄干等領兵四萬從來違津渡河，領軍將軍婁昭等領兵五萬討伐荊州，冀州刺史尉景等率領山東兵七萬、突騎五萬討伐江東，各路都指揮所領部眾，恭候皇上吩咐。」孝武帝知道高歡已經覺察了自己的變動，於是拿出高歡的表文，讓群臣討論，想阻止高歡的軍隊。高歡也集合并州僚屬共同商議，仍寫成表文上奏，還是說：「我高歡被小人離間，陛下一下子懷疑我。我如果敢辜負陛下，就讓我自身受到上天的懲罰，還斷子絕孫。陛下如能信任我的赤膽忠心，免動干戈，希望把那一兩個奸臣小人酌量趕走。」

六月十六日丁卯，孝武帝令大都督源子恭守陽胡，汝陽王元暹守石濟，又任命儀同三司賈顯智為濟州刺史，率領豫州刺史斛斯元壽東赴濟州。斛斯元壽，是斛斯椿的弟弟。蔡儁不接受賈顯智代替自己，孝武帝更加震怒。二十日辛未，孝武帝再次命人抄錄洛陽城中文武百官商議的意見回覆高歡，並且命舍人溫子昇擬寫詔令給高歡，說：「朕沒有動用一件兵刃，坐當天子，可以說生我的是父母，使我尊貴的是你勃海王高歡。現今如果我無事生非背離你高王，打算攻伐你，那就讓我和子孫受你的誓詞一樣的懲罰。近來擔憂宇文泰作亂，賀拔勝呼應他，所以戒嚴，想和你互為聲援。現今觀察宇文泰等人的行動，沒有反叛跡象。東南方不順服，時間已久，現今天下戶口減半，不宜濫用武力。朕生性愚昧，不知道你說的奸臣是誰。不久前高乾之死，哪裡只是朕的意思？你突然對高昂說他哥哥死得冤枉，人的耳目哪能這樣容易被矇騙！朕還聽到庫狄干說你高王說『本想立一個懦弱的人為皇上，卻無意中立了這個比廢帝元朗年長的皇上，致使不可控制。現在只需出兵半月，就可廢除皇上，另立他人。』像這樣的議論，自是你高王身邊的勳貴傳出的，怎麼會是出自奸臣之口？去年封隆之反叛，今年孫騰逃離，你不治罪，不送回，誰不責怪你？你若事君盡忠，為什麼不殺掉兩人將首級送到京城？你雖然上奏說是『西征』，可是四路俱進，有的想南渡向洛陽，有的想東臨江南，說話的人自己應感到奇怪，聽的人哪能不懷疑？你如果安靜地居住在晉陽，朕這裡雖然有百萬大軍，始終不會有算計你的心思；你若帶兵南下，朕即使沒有一匹馬一輛車，仍然想要赤手空拳抗爭到死。朕本來德薄，你高王已經擁立了，百姓沒有識見，有的還說朕不錯。如果朕被別的人趕下臺，那就顯示朕有罪過，如果朕是被你所殺，即使受盡侮辱，粉身碎骨，也絲毫沒有怨恨。本來指望君臣團結，如同一體，若合符契，沒料到今天竟疏遠到如此的地步！」

中軍將軍王思政對孝武帝進言說：「高歡的野心，清楚明白，人人知曉。洛陽不是用武的地方，宇文泰心向王室，現今前往依靠他，日後收復洛陽，何愁不成功呢？」孝武帝十分贊同，派遣散騎侍郎河東人柳慶到高平會見宇文泰，共同商量時事。宇文泰請求迎接孝武帝，柳慶回京報告，孝武帝又私下對柳慶說：「朕打算到荊州去依靠賀拔勝，怎麼樣？」柳慶說：「關中地形險要，宇文泰的才能和膽略可以依靠。荊州不是要害之地，南邊靠近梁朝，臣下愚笨看不到往荊州的好處。」孝武帝又問閤內都督宇文顯和。宇文顯和也勸孝武帝西入關中。當時孝武帝廣為徵調州郡軍隊，東郡太守河東人裴俠率領部眾往洛陽，王思政問裴俠說：「當今權臣專斷，皇室威望一天天下降，怎麼辦？」裴俠說：「宇文泰得到全軍擁護，佔據險固有利的地方，這好比是自己抓住了戈矛，怎麼願意將戈矛的柄交給別人呢？雖然想去靠他，恐怕與避開沸水又投入火坑沒有區別。」王思政說：「既然這樣，那怎麼樣才可以呢？」裴俠說：「除掉高歡立刻有禍患，西入關中有將來的憂慮，不如暫且到關中，慢慢考慮下一步怎麼做才好。」王思政認為有道理，就把裴俠推薦給孝武帝，孝武帝授予他左中郎將。

當初，丞相高歡認為洛陽久經戰亂，想遷都到鄴城。孝武帝說：「高祖定都河、洛，為萬世的根基，高王既然建立了穩定國家的大功，應當遵守太和年間的規矩。」高歡這才罷休。到了這時，又圖謀遷都，派遣三千騎兵鎮守建興，增加河東和濟州的守軍，聚集各州徵集的糧食，全部運進鄴城。孝武帝下敕令對高歡說：「高王想要平息民憤，杜絕人們的非議，只有調回河東的兵馬，撤除建興的防務，將鄴城的糧食送來京師，追回濟州的增援軍隊，讓蔡儁接受調職命令，邸珍離開徐州，放下武器，解散兵馬，各自經營自己的家事。如果需要糧食，另外派人轉運。這樣，說你壞話的人就會閉嘴，懷疑和後悔都不會發生，大王就可在太原高枕無憂，朕也就在京師洛陽安心垂手了。大王如果揮兵向南，圖謀篡位，朕雖然不威武，為國家和宗廟考慮，就是想罷休也是不可能的。決定權在於大王你，不是朕能夠決定的。這好比壘山，就差一筐土了，朕和你都會很遺憾。」高歡上表極力數說宇文泰、斛斯椿的罪惡。

孝武帝任用廣寧太守廣寧人任祥兼尚書左僕射加開府儀同三司，任祥棄官逃走，渡過黃河，佔據廣寧郡城等待高歡。孝武帝就發布敕令，從北方來的文武百官聽憑自願去留，並頒下詔書列舉高歡罪惡，召賀拔勝赴行在所。賀拔勝詢問太保掾范陽人盧柔，盧柔說：「高歡叛逆，明公率領全部將士趕往京都，與他決一勝負，獻出生命也在所不辭，這是上策。北邊據險魯陽，南邊吞併從前楚國的地方，東邊連結兗州、豫州，西邊結盟關中，百萬大軍，瞄準機會而動，這是中策。拿整個三荊地盤，去托身梁朝，功業與名譽全都沒了，這是下策。」賀拔勝笑而不答。

孝武帝任命宇文泰兼尚書僕射，為關西大行臺，許諾把馮翊長公主給他為妻，對宇文泰帳內都督秦郡人楊荐說：「你回去對宇文行臺說，派騎兵來迎接我。」任命楊荐為直閤將軍。宇文泰任命前秦州刺史駱超為大都督，率領輕騎一千人趕往洛陽，又派遣楊荐與長史宇文測出關等候接駕。

丞相高歡召他的弟弟定州刺史高琛守衛晉陽，命長史崔暹輔佐他。崔暹，是崔挺的族孫。高歡指揮軍隊向南進發，通告部眾說：「我因爾朱氏不受節制，在海內伸張正義，擁立皇上，赤誠之心，人神共知，橫遭斛斯椿讒言陷害，忠心被視為叛逆，現今向南進軍，只不過是誅除斛斯椿罷了。」命高敖曹為先鋒。宇文泰也向各州郡發布文告，列舉高歡罪惡，親自率領大軍從高平出發，前鋒屯駐弘農。賀拔勝駐軍於汝水。

秋，七月初九日己丑，北魏孝武帝親自指揮十餘萬大軍屯駐河橋，命斛斯椿為前鋒，列陣於邙山之北。斛斯椿請求率領精銳騎兵兩千人夜晚渡過黃河襲擊疲弊的敵人，孝武帝起初贊同，黃門侍郎楊寬勸說孝武帝：「高歡以臣伐君，哪有不準備周全的？現在把兵權交給別人，恐怕發生其他變故。斛斯椿如果渡過河去，萬一有功，那就是滅了一個高歡，又生出另一個高歡了。」孝武帝於是敕令斛斯椿停止行動。斛斯椿歎息說：「近來熒惑星進入南斗，現今皇上聽信身邊人挑撥離間，不用我的計謀，難道是天道嗎？」宇文泰得知這一消息，對身邊的人說：「高歡幾天行軍八九百里，這是兵家最忌諱的，應當趁機襲擊他。而皇上因為皇帝的尊貴，不能渡河決戰，才憑藉渡口據守。況且長河萬里，防守很難，如果有一處渡河成功，大事就完了。」立即命大都督趙貴為別道行臺，從蒲坂渡河，奔赴并州，派遣大都督李賢率領精騎一千人趕赴洛陽。

孝武帝派斛斯椿與行臺長孫稚、大都督潁川王元斌之鎮守虎牢關，行臺長孫子彥鎮守陝城，賈顯智、斛斯元壽鎮守滑臺。元斌之，是元鑒的弟弟。長孫子彥，是長孫稚的兒子。高歡命相州刺史竇泰趕赴滑臺，建州刺史韓賢趕赴石濟。竇泰與賈顯智在長壽津相遇。賈顯智暗中與竇泰約定投降高歡，領兵後撤。軍司元玄覺察了，飛馬返回，請求增援。孝武帝派大都督侯幾紹前往，與竇泰在滑臺東面交戰，賈顯智率軍投降，侯幾紹戰死。北中郎將田怙為高歡內應，高歡悄悄率軍至野王，孝武帝得知田怙為內奸，處死田怙。高歡到黃河北岸十幾里的地方，再次派使者向孝武帝口頭申訴他的忠心，孝武帝不回應。七月二十六日丙午，高歡帶領軍隊渡河。

北魏孝武帝向群臣徵詢對策，有的主張投奔梁朝，有的說往南依靠賀拔勝，有的說西入關中，有的說守住洛口決一死戰，計謀沒有確定。元斌之與斛斯椿爭權，丟下斛斯椿跑了回來，欺騙孝武帝說：「高歡的軍隊已經到了！」七月二十七日丁未，孝武帝派使者召回斛斯椿，於是率領南陽王元寶炬、清河王元亶、廣陽王元湛與五千騎兵留宿在瀍水西岸南陽王的別墅中，僧人惠臻背著玉璽手提千牛刀隨從。大家都知道皇上即將向西出發，當夜，逃亡的人超過半數，元亶、元湛也跑回洛陽。元湛，是元深的兒子。武衛將軍雲中人獨孤信單騎追隨孝武帝，孝武帝歎息說：「將軍告辭父母，丟下妻兒趕來，『亂世識忠臣』，哪裡是假話啊？」二十八日戊申，孝武帝西奔長安，李賢在崤山中遇到孝武帝。二十九日己酉，高歡進入洛陽，宿於永寧寺，派遣領軍婁昭等人追趕孝武帝，請他返回洛陽。長孫子彥沒能守住陝城，棄城逃走。高敖曹率領精騎追孝武帝到了陝城西邊，沒有追上。孝武帝快馬加鞭，長途跋涉，缺食乏飲，兩三天裡，隨從官員只能喝山澗泉水。到達湖城，王思村有村民拿麥米飯和開水獻給孝武帝，孝武帝很高興，免除這個村十年的賦役。到了稠桑，潼關大都督毛鴻賓迎接並進獻酒食，隨從官員才解除了飢渴。

八月初四日甲寅，丞相高歡招集百官對他們說：「作為臣子，侍奉君主，拯救危難，如果在朝不諫爭，出巡不陪從，和平時就爭奪榮寵，危難時拋棄皇帝逃竄，為臣子的節操到哪裡去了？」眾人無言以對。兼尚書左僕射辛雄說：「皇上與寵信的近臣議定大事，我辛雄這樣的人無權過問，等到皇上離京西去，如果馬上追隨，恐怕行跡如同奸臣黨羽；留下來等待大王，卻又因不隨從而蒙受斥責，我們進退都無法逃避罪責。」高歡說：「卿等職任大臣，應當以身報國，那些奸臣專權，卿等曾說過一句諫爭皇上的話嗎？造成朝廷政局一旦到這等地步，想把罪責推給誰？」於是拘捕了辛雄以及開府儀同三司叱列延慶、兼吏部尚書崔孝芬、都官尚書劉廞、兼度支尚書天水人楊機、散騎常侍元士弼，將他們全部處死。崔孝芬的兒子司徒從事中郎崔獻走小道逃入關中，孝武帝讓他任原職在門下省辦事。高歡推薦司徒清河王元亶為大司馬，以皇上名義處理政事，在尚書省辦公。

宇文泰派趙貴、梁禦率領鐵甲騎兵二千人迎接聖駕，孝武帝沿著黃河西行，對梁禦說：「這水向東流，朕卻往西走，如果能重見洛陽，親往祭奠陵廟，是卿等的功勞啊。」孝武帝及身邊的人都流淚了。宇文泰備好儀仗衛隊迎接孝武帝，在東陽驛拜見皇上，摘下帽子流著眼淚說：「臣下沒能遏止叛賊肆虐，致使皇上顛沛流離，是臣的罪過。」孝武帝說：「你的忠貞節操，顯揚遠近，朕由於寡德，招致賊寇，今天與你相見，十分慚愧。朕正要把國家大事託付給你，你要努力啊！」將士都高呼萬歲。於是進入長安，以雍州官衙為宮殿，大赦天下。任命宇文泰為大將軍、雍州刺史兼尚書令，軍國大政都由宇文泰裁決。另設立兩個尚書，分別掌管機要之事，由行臺尚書毛遐、周惠達兩人分任。當時軍政庶務剛剛開辦，兩人儲備糧食，修造兵器，精選士卒馬匹，北魏政權就靠這兩人。宇文泰娶馮翊長公主為妻，被任命為駙馬都尉。

先前，熒惑星進入南斗星區，離開了又回來，停留了六十天。梁武帝因諺語說「熒惑入南斗，天子下殿走」，就光著腳走下宮殿用以消災祈福，等到得知北魏孝武帝西奔，慚愧地說：「胡虜也應驗天象嗎！」

八月初九日己未，武興王楊紹先擔任秦州、南秦州兩州刺史。

八月十一日辛酉，北魏丞相高歡親自趕去迎接孝武帝。十八日戊辰，清河王元亶下令大赦天下。高歡到達弘農。九月十三日癸巳，高歡派行臺僕射元子思帶領侍從官迎請孝武帝。二十九日己酉，高歡進攻潼關，攻克了潼關，生擒毛鴻賓，進軍駐屯華陰長城，龍門都督薛崇禮舉城投降高歡。

賀拔勝派長史元穎代理荊州事務，守衛南陽，自己率領所統部隊西赴關中。到達淅陽，得知高歡已屯駐華陰，打算回軍，行臺左丞崔謙說：「現今皇室顛覆，皇上出逃，明公應當日夜兼程，趕到皇上所在的地方朝拜，然後與宇文行臺同心協力，高舉大義的旗幟，天下的人誰不聞風響應呢？如今要放棄這一義舉而撤退，恐怕人人都會離散，一旦失去這機會，後悔哪來得及。」賀拔勝沒能採納，就退還荊州了。

高歡退回河東駐紮，派行臺尚書長史薛瑜守潼關，大都督庫狄溫守封陵，在蒲津西岸築城，任命薛紹宗為華州刺史，讓他駐守這座新城，任命高敖曹代理豫州事務。高歡自從晉陽出發，到這時已向孝武帝上書四十封，孝武帝都沒回答。高歡就向東撤回，派遣行臺侯景等領兵攻向荊州，荊州平民鄧誕等抓獲元穎以響應侯景。賀拔勝到達荊州，侯景迎擊他，賀拔勝兵敗，率領數百騎兵投奔梁朝。

北魏孝武帝在洛陽時，祕密派遣閤內都督河南人趙剛徵召東荊州刺史馮景昭率兵入援，兵還沒有來得及出發，孝武帝就西入關中了。馮景昭聚集府中文武官員商議投靠誰，司馬馮道和請求據守州城等待高歡處置。趙剛說：「明公應當指揮軍隊趕往皇上所在的地方。」過了很久，再沒有說話的人。趙剛抽出戰刀丟在地上說：「明公想要做忠臣，請殺馮道和；如果想依附叛賊，趕快殺我趙剛！」馮景昭深受感動，醒悟過來，立即率部趕往關中。侯景領兵逼近穰城，東荊州平民楊祖歡等拉起隊伍接應侯景，利用他的部眾在半路上截擊馮景昭，馮景昭戰敗，趙剛逃入南蠻。

冬，十月，丞相高歡到達洛陽，又派僧人道榮上表孝武帝說：「陛下如果遠賜一份詔書給我，答應返回京都洛陽，臣當率領文武百官，清掃宮殿迎接；如果返回遙遙無期，那麼七廟不能沒有主人，天下諸侯必須有所歸附，臣寧願辜負陛下，也不能辜負國家。」孝武帝仍然不作回答。高歡就召集百官和元老，討論應當擁立誰為新君。當時清河王元亶出入宮禁已經按皇帝的禮儀戒備，高歡厭惡他，就藉口說「從孝昌年間以來，宗廟的輩分亂了秩序，孝莊帝把孝文帝當做伯父祭奠，孝武帝把孝明帝靈位遷入宗廟側室，皇業淪喪，皇上在位時間短暫，都是皇位繼承人輩分不對造成的。」於是擁立清河王元亶的嫡長子元善見為帝，對元亶說：「想立大王你為帝，還不如立你兒子。」元亶惶恐不安，輕裝快馬南逃，高歡把他追了回來。十七日丙寅，孝靜帝在洛陽城東北角築壇即位，時年十一歲。大赦天下，改元天平。

西魏宇文泰進軍攻打潼關，殺死薛瑜，俘獲他的士卒七千人，回到長安，晉升為大丞相。東魏行臺薛脩義等渡過黃河佔領楊氏壁。西魏司空參軍河東人薛端率領村民擊退東魏軍，又奪取楊氏壁。丞相宇文泰派南汾州刺史蘇景恕鎮守楊氏壁。

十月十八日丁卯，梁武帝任命信武將軍元慶和為鎮北將軍，率軍討伐東魏。

當初，北魏孝武帝與丞相高歡有矛盾，齊州刺史侯淵、兗州刺史樊子鵠、青州刺史東萊王元貴平暗中相結，以觀時局變化，侯淵還派使者與高歡處聯絡。等到孝武帝入關，清河王元亶代理朝政，派汝陽王元暹為齊州刺史，元暹到了齊州城西，侯淵不及時接納。城民劉桃符等悄悄帶領元暹進入城中，侯淵率領騎兵逃走，妻兒和部屬都被元暹俘虜。侯淵走到廣里，剛好碰到元亶任命侯淵代理青州政務。高歡給侯淵寫信說：「你不要因為手中兵少害怕東行，齊地的百姓輕浮，唯利是圖，齊州人尚且能夠迎接汝陽王，青州人豈能不開門等待你？」侯淵才又東行，元暹歸還他的妻兒部屬。青州的元貴平不接受替代，侯淵就襲擊高陽郡，佔領了郡城，把家室及輜重安置在城中，自己則率領輕騎在城外巡邏擄掠。元貴平派他的長子領兵攻打高陽城，侯淵在當夜奔赴東陽，看到運送軍糧的州民，就欺騙他們說：「朝廷的軍隊已經來了，把我們的青州兵差不多殺完了。我是元貴平世子的人，僥倖逃了回來，你們為什麼還前去？」聽到這話的民夫丟下糧食逃跑了。到天快亮時，侯淵又對行人說：「朝廷軍隊昨夜已進了高陽城，我們是前鋒，今天到了這裡，不知侯淵究竟在哪裡。」東陽城民惶恐害怕，於是綁押著元貴平出來投降。十月十九日戊辰，侯淵殺了元貴平，把他的人頭送到洛陽。

十月二十一日庚午，東魏任命趙郡王元諶為大司馬，咸陽王元坦為太尉，開府儀同三司高盛為司徒，高敖曹為司空。元坦，是元樹的弟弟。

丞相高歡因洛陽西邊逼近西魏，南邊緊靠梁朝邊境，於是建議遷都鄴城，命令下達三天就行動。十月二十七日丙子，東魏孝靜帝從洛陽出發，四十萬戶平民倉促上路。收走文武百官的馬匹，尚書丞、郎以上官員不是陪侍皇上的人只許騎毛驢。高歡留在後面指揮，遷都事完，才返回晉陽。改司州為洛州，任命尚書令元弼為洛州刺史，鎮守洛陽。任命行臺尚書司馬子如為尚書左僕射，與右僕射高隆之、侍中高岳、孫騰留在鄴城，共掌朝政。孝靜帝頒布詔書，因洛陽遷到鄴城的平民家業還沒有恢復，發放一百三十萬石糧食救濟他們。

十一月，兗州刺史樊子鵠佔據瑕丘用以抵抗東魏，南青州刺史大野拔率部投奔了他。

十一月十一日庚寅，東魏孝靜帝到達鄴城，居住在北城相州官衙，改相州刺史為司州牧，魏郡太守為魏尹。這時，隨從孝武帝西行的六坊衛隊不到一萬人，其餘的都遷到鄴城，都給予常年的俸祿，春秋兩季還要賞賜布帛供他們製作衣服，就在法定的賦調之外，從年成豐收的地方用綢緞折價購買糧食供給國家使用。

十二月，西魏丞相宇文泰派遣儀同李虎、李弼、趙貴在靈州攻打曹泥。

閏十二月，梁將元慶和攻佔了東魏瀨鄉。

西魏孝武帝在宮中失禮亂倫，有三個堂妹沒有嫁人，都封為公主。平原公主元明月，是南陽王元寶炬的同胞妹妹，跟隨孝武帝入關，丞相宇文泰指使元氏諸王把明月抓出宮來殺了。孝武帝心中不滿，有時拉弓箭，有時用椎捶擊桌子，因此又與宇文泰產生了矛盾。閏十二月十五日癸巳，孝武帝喝酒被毒死。宇文泰與群臣商議擁立誰當新皇帝，多數大臣舉薦廣平王元贊。元贊，是孝武帝哥哥的兒子。侍中濮陽王元順在別室流著眼淚對宇文泰說：「高歡逼走已故皇帝，擁立幼主以便專權，明公應當與高歡的做法相反。廣平王年幼，不如擁立一個年長的皇上。」宇文泰於是擁立太宰南陽王元寶炬為皇帝。元順，是元素的玄孫。孝武帝的靈柩被安放在草堂佛寺，諫議大夫宋球慟哭吐血，多天水飯不沾。宇文泰因宋球是一位有名的儒士，沒有加罪他。

賀拔勝在荊州時，上表推薦武衛將軍獨孤信為大都督。東魏攻佔荊州後，西魏任命獨孤信為都督三荊州軍政事務、尚書右僕射、東南道行臺、大都督、荊州刺史，以便招撫荊州軍民。

荊州蠻族酋長樊五能攻破淅陽郡策應西魏軍，東魏西荊州刺史辛纂打算征討樊五能，行臺郎中李廣諫阻說：「淅陽四面沒有居民，只有一座孤城，山路幽深艱險，山裡山外都是蠻人，現今如果派兵少了，難以制服蠻賊，派兵多了，那麼州城空虛。萬一出乎意料，大損威名，人心一失去，州城就難保了。」辛纂說：「怎麼能放任賊寇而不征討？」李廣說：「現今憂慮的是心腹之患，哪有功夫去治皮毛瘡疥？聽說朝廷軍隊不久就要來到，明公只須責令所屬各城，讓他們加強壁壘安撫民眾等待援兵，雖然丟了淅陽，不值得可惜。」辛纂不聽從，派兵攻打淅陽，兵敗，諸將趁機逃亡不再回來。

荊州城百姓暗中召請獨孤信。獨孤信到達武陶，東魏派遣恆農太守田八能率領蠻兵在淅陽阻擋獨孤信，又派遣都督張齊民率領步騎三千人繞到獨孤信的後面。獨孤信對他的部眾說：「現今我軍不滿千人，又腹背受敵，如果回過頭來攻擊張齊民，那麼當地土民會認為我們是退走，必定爭著來截擊我們，還不如進擊樊八能，打敗了樊八能，張齊民軍就自然潰散。」於是進擊打敗了樊八能，乘勝襲擊穰城。辛纂整兵出戰，大敗逃往州城，城門還來不及關上，獨孤信令都督武川人楊忠為前鋒，楊忠喝斥城門衛兵說：「大軍已到，城中有內應，你們要活命，還不趕快逃走！」守門衛士全都逃散。楊忠率眾入城，殺死辛纂懸首示眾。城中軍民都嚇得服服貼貼。獨孤信兵分三路平定了三荊州。過了半年，東魏高敖曹、侯景率軍突然到達州城下，獨孤信兵少不敵，和楊忠一起投奔了梁朝。

【研　析】本卷所記述的西元五三三至五三四年間的主體內容是：統治黃河流域一個世紀的北魏王朝，經過一系列動盪，最終走向末路，分裂為兩個對峙的政權。在河北世家大族支持下的高歡，終於消滅了北方部落酋豪爾朱氏，繼承了爾朱氏的全部政治遺產，坐鎮晉陽，以六鎮餘眾出為軍事支撐，遙控洛陽朝廷。他所擁立的北魏皇帝孝武帝元脩，秉承拓跋氣質，並非柔弱易與之輩，表示「縱無匹馬隻輪，猶欲奮空拳而爭死」，誓不做傀儡，並著力組建禁衛部隊，籠絡爾朱氏執政數年間在關隴、河南培育的地方勢力人物，以圖自保。結果，高歡挾大軍渡過黃河，元脩逃奔長安，託庇於關隴軍團，《魏書》中稱他為「出帝」。高歡另立元善見為皇帝，遷都鄴城，均各稱「魏」，以示自己為正統政權。南方已年過七十的梁武帝，陶醉於佛教提供的心理安寧，對北方亂局顯然無動於衷，不僅沒有趁火打劫，向北擴張，而且對於河南、山東願意投附的地方勢力，亦全無接應之舉，任其興滅。新一輪三國鼎立的時代來臨之際，南方似乎已決意退出決定華夏命運的競爭。

卷中所述史事，以下兩個問題值得思考。

其一，高乾之死的深層原因

在高歡與孝武帝元脩的政治角力中，最先死去的是位至司空的高乾。如前卷所述，當爾朱榮發動河陰之變，控制洛陽政權後，渤海郡人高乾與其弟高昂等，聯合渤海封氏、趙郡李氏等河北漢族世家大族，舉兵據冀州，與爾朱氏為敵。後高歡奉爾朱榮之命率部前往鎮壓，於太行山口停軍半年之久，高乾親自會見高歡，與之達成擁戴皇室、共滅爾朱氏的盟約，使高歡兵不血刃地進入信都，並在韓陵之戰中，一舉殲滅爾朱氏。韓陵之戰，如無高乾之弟高昂率世族武裝拼死力戰，勝負尚未可知。高歡從爾朱氏的附庸，一躍而成為挾天子以令諸侯的權臣，高乾兄弟功不可沒。高歡的族屬，史學界還未達成一致的認識，或認為他本出鮮卑，或認為他是高麗國人入魏者，而東魏北齊時高歡及其後代以渤海高氏自居，亦有不少學者支持。但無論如何，高歡入據河北之初，必須借助高乾兄弟的政治影響與軍事支持，則是確定無疑的。而高乾兄弟在河北的政治、軍事影響力，以及河北大族武裝擁戴洛陽政權的政治取向，對於業已控制洛陽政權並與皇帝元脩發生衝突的高歡來說，又是一種潛在的威脅，也是確定無疑的。

高歡居晉陽遙控朝政，最初以高乾為侍中，作為門下省長官，就近監視皇帝元脩，掌握朝廷一舉一動。但當高乾表示要為父親完成喪事時，高歡居然答應了，高乾因此「鬱鬱不得志」，亦說明高歡對高乾並不信任。因而元脩打算擺脫高歡的控制時，設私宴相請，不惜自降身分，稱「相與雖則君臣，義同兄弟，宜共立盟約，以敦情契」。元脩試圖達成的「盟約」，自然針對高歡，高乾竟然未將這一重大情況在第一時間報告給高歡，更屬政治上不可靠的行為。他後來給高歡的祕密報告，即所謂「密啟」，竟被高歡全部封送元脩，借元脩之手將其處死。高乾之死，是高歡業已掌控全局之後，巧妙清洗河北大族的第一個步驟。因而當高歡與元脩矛盾激化時，元脩在給高歡的文件中稱：「頃高乾之死，豈獨朕意？王忽對（乾弟高）昂言兄枉死，人之耳目何易可輕！」也就是說，高歡為暫時安撫勇武有力的高昂，並讓其在自己與元脩的對抗中出力，稱其兄死得冤枉，不過是掩耳盜鈴的伎倆，高乾實是死於高歡之手，有目共睹。這預示著後來的高氏政權與河北世家大族的關係，將會十分緊張。

其二，年輕的宇文泰在短短兩年間成長為掌政關隴的重臣

高歡滅爾朱氏之後掌控全局後，關隴軍團的動向成了最為關切的問題。當時關隴軍團主將為賀拔岳，他及其部下將領，基本上出自北魏北方軍鎮中的武川鎮，史學家陳寅恪先生即稱之為武川軍團。賀拔是當時高歡在北鎮當普通士兵時需要仰視的豪族，且賀拔岳在政治、軍事資歷上，屬於高歡的前輩，因而當賀拔岳的

使節前來拜會時，高歡會興奮異常地說「賀拔公詎憶吾邪！」而通過來使與賀拔岳結為兄弟，以其此時權勢則已屬低就，目的還是籠絡關隴軍隊以為己用，同時亦希望通過賀拔岳，影響賀拔岳之兄、其時以南道大行臺身分主持今河南西南部軍政的賀拔勝。而賀拔岳的司馬亦即軍事參謀宇文泰請求親自到晉陽觀察情況，返回後提出了決定關隴軍團命運的意見：揮軍隴右，收納各自為政的部族與地方武裝，「西輯氐、羌，北撫沙塞，還軍長安，匡輔魏室。」賀拔岳遂主動與洛陽聯絡，元脩自是大喜過望，委以關隴二十州軍政大權，宇文泰出任原州這一「要重」之地的刺史，從一個軍事參謀一躍而成主政一方的大員，時年二十六歲。

賀拔岳被侯莫陳悅殺害後，部將群龍無首，趙貴等推舉年輕且資歷淺的宇文泰為首領，理由是宇文泰「英略冠世，遠近歸心，賞罰嚴明，士卒用命。」宇文泰亦能不負重望，拒絕元脩率眾至洛陽的命令，揮師隴上，誅殺侯莫陳悅，為賀拔岳復仇。並使這支軍隊氣象一新：「軍令嚴肅，秋毫無犯，百姓大悅。」很快將關隴各地置於自己的控制之下。《周書》卷一〈文帝紀上〉說宇文泰「身長八尺，方顙廣額，美鬚髯，髮長委地，垂手過膝」，「面有紫光，人望而敬畏之」，雖不無誇張，自是儀表堂堂。當高歡第一次見到宇文泰時，「奇其狀貌」，稱「此兒視瞻非常」，儼然以長輩自居。但不到一年時間，高歡便不得不屈尊向「此兒」遣使，「甘言厚禮以結之」，卻遭到宇文泰拒絕。年輕的宇文泰，決心與高歡對壘。

宇文泰能夠脫穎而出，可人的儀表自然會起一定的作用，而如張軌所稱頌：「宇文公文足經國，武能定亂。」具備文武才幹才是最為重要原因。他面對堆積如山財物，能作到「秋毫不取，皆以賞將士」，其親近偷拿一銀甕，竟加以治罪，「剖賜將士」。武將不貪財，「賞罰嚴明」方能治軍嚴整，「軍令嚴肅」而「士卒用命」。這與當時一般武將的行為有別，亦有別於任憑「勳貴」剝奪百姓的高歡。宇文泰能做到這一點，與其有相當的文化修養不無關係。《周書》卷十一〈宇文護傳〉記有一事，說北鎮騷亂，宇文泰與親人流落到河北，附於叛軍領袖葛榮。在北鎮軍人對於洛陽朝廷重視文治、重用文人的政策極為反感的背景下，時年十八歲的宇文泰居然請了一個姓成的老師，教姪子宇文護等小兒讀儒家經書。他主政關隴後，甚至在軍中開辦夜校，要求身邊工作人員白天辦公，晚間入學學習。對文化的重視，是宇文泰與北鎮出身的武人們最不一致的地方，也應是他謀略超越眾人而被推舉的重要原因，這也必將影響到西魏政權的政治、軍事建設。

西元五二三年末，三國鼎立局面形成。南方的梁武帝是一個七十餘歲、迷戀上佛教的老翁，黃河中下游廣大地區的實際統治者是年近四十而喜弄權術的高歡，關隴的執政者則是未到而立之年、治軍嚴明又重視儒學教育的宇文泰。比較而言，東魏地盤最大，梁朝文化上優越，而西魏地小、國窮、文化落後。但優勢最終要向宇文泰一方傾斜。

# 卷第一百五十七

## 梁紀十三

起旃蒙單閼（乙卯 西元五三五年），盡彊圉大荒落（丁巳 西元五三七年），凡三年。

【題解】本卷記事起西元五三五到五三七年，凡三年。時當梁武帝大同元年、二年、三年，西魏文帝大統元年、二年、三年，東魏孝靜帝天平二年、三年、四年。南朝梁武帝無所作為，南朝無事，修好北方。本卷主要載述東西魏初分，權臣當政，各立新君傀儡，高歡與宇文泰內修政理，外示用武，兩次大戰形成勢均力敵的過程。

### 高祖武皇帝十三

大同元年（乙卯 西元五三五年）

春，正月戊申朔❶，大赦，改元。○是日，魏文帝即位於城西❷，大赦，改元大統❸，追尊父京兆王❹為文景皇帝，妣楊氏❺為皇后。

魏渭州刺史可朱渾道元先附侯莫陳悅，悅死，丞相泰攻之，不能克，與盟而罷。道元世居懷朔❻，與東魏丞相歡善，又母兄皆在鄴，由是常與歡通。泰欲[1]擊之，道元帥所部三千戶西北度烏蘭津❼抵靈州，靈州刺史曹泥資送至雲州❽。歡聞之，遣資糧迎候，拜車騎大將軍❾。

道元至晉陽，歡始聞孝武帝之喪，啟請舉哀❿制服⓫。東魏主使羣臣議之，太學博士⓬潘崇和⓭以為君遇臣不以禮則無反服⓮，是以湯之民不哭桀，周武之民不服紂。國子博士⓯衛既隆⓰、李同軌⓱議以為高后⓲於永熙⓳離絕未彰⓴，宜為之服。東魏從之。

魏驍騎大將軍、儀同三司李虎等招諭費也頭之眾，與之共攻靈州，凡四旬，曹泥請降。

己酉㉑，魏進丞相略陽公泰為都督中外諸軍㉒、錄尚書事、大行臺，封安定王，泰固辭王爵及錄尚書，乃封安定公。以尚書令斛斯椿為太保，廣平王贊為司徒。

乙卯㉓，魏王立妃乙弗氏㉔為皇后，子欽㉕為皇太子。后仁恕節儉，不妒忌，帝甚重之。

稽胡㉖劉蠡升，自孝昌㉗以來，自稱天子，改元神嘉，居雲陽谷㉘，魏之邊境常被其患，謂之「胡荒㉙」。壬戌㉚，東魏丞相歡襲擊，大破之。

勃海世子澄㉛通於歡妾鄭氏㉜，歡歸，一婢告之，二婢為證，歡杖澄一百而幽㉝之，婁妃㉞亦隔絕不得見。歡納魏敬宗㉟之后爾朱氏㊱，有寵，生子浟㊲，歡欲立之。澄求救於司馬子如。子如入見歡，偽為不知者，請見婁妃，歡告其故，子如曰：「消難㊳亦通子如妾，此事正可掩覆。妃是王結髮婦，常以父母家財奉王。王在懷朔被杖，背無完皮，妃晝夜供侍。後避葛賊㊴，同走并州，貧困，妃然馬矢，自作靴。恩義何可忘也？夫婦相宜，女配至尊㊵，男承大業㊶。且婁領軍㊷之勳，何宜搖動？一女子如草芥，況婢言不必信邪！」歡因使子如更鞫㊸之。子如見澄，尤㊹之曰：「男兒何意畏威自誣？」因教二婢反其辭，脅告者自縊，乃啟歡曰：「果虛言也。」歡大悅，召婁妃及澄。妃遙見歡，一步一叩頭，澄且拜且進，父子、夫婦相泣，復如初。歡置酒曰：「全我父子者，司馬子如也！」賜之黃金百三十斤。

甲子㊺，魏以廣陵王欣為太傅，儀同三司万俟壽洛干㊻[2]為司空。○己巳㊼，東魏以丞相歡為相國㊽，假黃鉞㊾，殊禮，固辭。

東魏大行臺尚書司馬子如帥大都督竇泰、太州(50)刺史韓軌等攻潼關，魏丞相泰軍于霸上(51)。子如與軌回軍，從蒲津宵[3]濟(52)，攻華州(53)。時脩城未畢，梯倚城外，比曉，東魏人乘梯而入。刺史王羆(54)臥未起[4]，聞閤外匈匈(55)有聲，袒身露髻(56)徒跣，持白梃(57)大呼而出，東魏人見之驚卻。羆逐至東門，左右稍集，合戰，破之，子如等遂引去。

二月辛巳(58)，上祀明堂。○壬午(59)，東魏以咸陽王坦為太傅，西河王悰(60)為太尉。○東魏使尚書右僕射高隆之發十萬夫撤洛陽宮殿，運其材入鄴。○丁亥(61)，上耕藉田。

東魏儀同三司婁昭等攻兗州，樊子鵠使前膠州刺史嚴思達守東平(62)，昭攻拔之。遂引兵圍瑕丘，久不下，昭以水灌城。己丑(63)，大野拔見子鵠計事，因斬其首以降。始，子鵠以眾少，悉驅老弱為兵，子鵠死，各散走。諸將勸婁昭盡捕誅之，昭曰：「此州不幸，橫被殘賊，跂望官軍以救塗炭，今復誅之，民將誰訴？」皆捨之。

戊戌(64)，司州刺史陳慶之伐東魏，與豫州刺史堯雄(65)戰，不利而還。

三月辛酉(66)，東魏以高盛為太尉，高敖曹為司徒，濟陰王暉業(67)為司空。

東魏丞相歡偽與劉蠡升約和，許以女妻其太子。蠡升不設備，歡舉兵襲之。辛酉，蠡升北部王[68]斬蠡升首以降，餘眾復立其子南海王[69]。歡進擊，擒之，俘其皇后、諸王、公卿以下四百餘人，華、夷五萬餘戶。

壬申[70]，歡入朝于鄴，以孝武帝后妻彭城王韶[71]。○魏丞相泰以軍旅未息，吏民勞弊，命所司斟酌古今可以便時適治者，為二十四條新制，奏行之。

泰用武功蘇綽[72]為行臺郎中，居歲餘，泰未之知也，而臺中皆稱其能，有疑事皆就決之。泰與僕射周惠達論事，惠達不能對，請出議之。出，以告綽，綽為之區處[73]，惠達入白之，泰稱善，曰：「誰與卿為此議者？」惠達以綽對，且稱綽有王佐之才，泰乃擢綽為著作郎[74]。泰與公卿如昆明池[75]觀漁，行至漢故倉池[76]，顧問左右，莫有知者。泰召綽問之，具以狀對。泰悅，因問天地造化之始，歷代興亡之迹，綽應對如流。泰與綽並馬徐行，至池，竟不設網罟[77]而還。遂留綽至夜，問以政事，臥而聽之。綽指陳為治之要，泰起，整衣危坐[78]，不覺膝之前席[79]，語遂達曙不厭。詰朝[80]，謂周惠達曰：「蘇綽真奇士，吾方任之以政。」即拜大行臺左丞，參典機密，自是寵遇日隆。綽始制文案程式朱出[81]、墨入[82]及計帳[83]、戶籍之法，後人多遵用之。

東魏以封延之[84]為青州刺史，代侯淵。淵既失州任而懼，行及廣川[85]，遂反，夜襲青州南郭[86]，劫掠郡縣。夏，四月，丞相歡使濟州刺史蔡儁討之。淵部下多叛，淵欲南奔，於道為賣漿者[87]所斬，送首於鄴[5]。

元慶和攻東魏城父[88]，丞相歡遣高敖曹帥三萬人趣項[89]，竇泰帥三萬人趣城父，侯景帥三萬人趣彭城[90]，以任祥為東南道行臺僕射，節度[91]諸軍。

五月，魏加丞相泰柱國[92]。

元慶和引兵逼東魏南兗州[93]，東魏洛州刺史韓賢拒之。

六月，慶和攻南頓[94]，豫州刺史堯雄破之。

秋，七月甲戌[95]，魏以開府儀同三司念賢[96]為太尉，万俟壽洛干為司徒，開府儀同三司越勒肱[97]為司空。

益州刺史鄱陽王範[98]、南梁州刺史樊文熾[99]合兵圍晉壽[100]，魏東益州刺史傅敬和[101]來降。範，恢[102]之子。敬和，豎眼[103]之子也。

魏下詔數高歡二十罪，且曰：「朕將親總六軍，與丞相掃除凶醜。」歡亦移檄於魏，謂宇文黑獺、斛斯椿為逆徒，且言「今分命諸將，領兵百萬，刻期[104]西討。」

東魏遣行臺元晏[105]擊元慶和。○或告東魏司空濟陰王暉業與七兵尚書[106]薛琡[107]貳於魏，八月辛卯[108]，執送晉陽，皆免官。

甲午[109]，東魏發民七萬六千人作新宮於鄴，使僕射高隆之與司空胄曹參軍[110]辛術[111]共營之，築鄴南城周二十五里。術，琛[112]之子也。

趙剛自蠻中往見東魏東荊州刺史趙郡李愍[113]，勸令附魏，愍從之，剛由是得至長安。丞相泰以剛為左光祿大夫[114]。剛說泰召賀拔勝、獨孤信等於梁，泰使剛來請之。

九月丁巳[115]，東魏以開府儀同三司襄城王旭[116]為司空。

冬，十月，魏太師上黨文宣王[117]長孫稚卒。○魏秦州刺史王超世，丞相泰之內兄也，驕而黷貨[118]，泰奏請加法，詔賜死。

十一月丁未[119]，侍中、中衛將軍[120]徐勉[121]卒。勉雖骨鯁[122]不及范雲[123]，亦不阿意苟合，故梁世言賢相者稱范、徐云。

癸丑[124]，東魏主祀圜丘[125]。

甲午[126]，東魏閶闔門[127]災。門之初成也，高隆之乘馬遠望，謂其匠曰：「西南獨高一寸。」量之果然。太府卿[128]任忻集[129]自矜其巧，不肯改。隆之恨之，至是譖於丞相歡曰：「忻集潛通西魏，令人故燒之。」歡斬之。

北梁州刺史蘭欽[130]引兵攻南鄭[131]，魏梁州刺史元羅[132]舉州降。

東魏以丞相歡之子洋[133]為驃騎大將軍、開府儀同三司，封太原公。洋內明決而外如不慧[134]，兄弟及眾人皆嗤鄙之，獨歡異之，謂長史薛琡曰：「此兒識慮過吾。」幼時，歡嘗欲觀諸子意識，使各治亂絲，洋獨抽刀斬之，曰：「亂者必斬！」又各配兵四出，使都督彭樂[135]帥甲騎偽攻之，兄澄等皆怖橈[136]，洋獨勒眾與樂相格，樂免冑言情，猶擒之以獻。

初，大行臺右丞楊愔[137]從兄岐州刺史幼卿[138]，以直言為孝武帝所殺，愔同列郭秀[139]害其能，恐之曰：「高王欲送卿於帝所。」愔懼，變姓名逃於田橫島[140]。久之，歡聞其尚在，召為太原公開府司馬。頃之，復為大行臺右丞。

十二月甲午[141]，東魏文武官量事給祿[142]。

魏以念賢為太傅，河州刺史梁景叡[143]為太尉。

是歲，鄱陽[144]妖賊鮮于琛[145]改元上願，有眾萬餘人。鄱陽內史[146]吳郡陸襄[147]討擒之，按治黨與，無濫死者。民歌之曰：「鮮于平後善惡分，民無枉死賴陸君。」

柔然[148]頭兵可汗[149]求婚於東魏，丞相歡以常山王[150]妹為蘭陵公主[151]，妻之。柔然數侵魏，魏使中書舍人[152]庫狄峙[153]奉使至柔然，與約和親，由是柔然不復為寇。

【章旨】以上為第一段，記西元五三五年史事，重點載述西魏、東魏鞏固政權的軍政措施，西魏宇文泰起用蘇綽，東魏高歡起用次子高洋，並與柔然結約和親以安寧北疆。這一年，東魏、西魏與梁朝三方交錯發生邊境摩擦，但無大的戰事。

【注釋】❶戊申朔　正月初一。❷魏文帝即位於城西　西魏文帝，即元寶炬，諡號文。城西，長安城西。用北魏登基禮，先於西郊祭天，然後即位。❸大統　西魏文帝年號（西元五三五—五五一年）。❹京兆王　即元愉。❺妣楊氏　妣，亡母。楊氏，東郡人，不詳所出。❻懷朔　軍鎮名，北魏六大軍鎮之一，在今內蒙古固陽西南。❼烏蘭津　黃河渡口，在今甘肅靖遠境內。❽雲州　州名，初名朔州，此時寄治并州，治所在今山西祁縣西。❾車騎大將軍　官名，位在都督中外諸軍事下，與驃騎大將軍同居諸將之上。從第一品。❿舉哀　哭喪。⓫制服　穿孝服。⓬太學博士　官名，掌太學教學。從七品。⓭潘崇和　人名。⓮反服　已脫離君臣關係的臣子為舊君服喪。潘崇和所說不反服的依據，出自《禮記・檀弓》和《孟子》。⓯國子博士　官名，掌國子學的教學。從五品。⓰衛既隆　人名，疑即《北史》中的衛冀隆。⓱李同軌　（西元五〇〇—五四六年）趙郡高邑（今河北高邑東南）人，通經學，明佛理，曾任著作郎。傳見《魏書》卷三十六、《北史》卷三十三。⓲高后　高歡長女，魏孝武帝皇后。孝武西奔，高后留在鄴都未走。⓳永熙　北魏孝武帝年號，此處用以代指孝武帝。⓴離絕未彰　並未正式解除夫妻關係。㉑己酉　正月初二。㉒都督中外諸軍　官名，全國武裝最高首腦。從第一品。㉓乙卯　正月初八。㉔乙弗氏　（西元五一〇—五四〇年）河南洛陽人，吐谷渾族。後被悼后郁久閭氏逼死。傳見《北史》卷十三。㉕欽　元欽，西魏廢帝，文帝之長子。西元五五二—五五四年在位。為宇文泰所廢。事詳《北史》卷五。㉖稽胡　族名，一作步稽落，是南匈奴人後裔。㉗孝昌　北魏明帝年號（西元五二五—五二七年）。㉘雲陽谷　地區名，地處今東起山西離石，西至陝西子長，約方圓七八百里的山谷地帶。㉙胡荒　稽胡人侵擾中原，如同先秦荒服以外不化之民，所以被稱作「胡荒」。㉚壬戌　正月十五日。㉛勃海世子澄　即高澄（西元五二〇—五四八年），勃海王高歡長子。北齊受東魏禪，追諡澄為文襄皇帝。事詳《北齊書》卷三、《北史》卷六。㉜鄭氏　即馮翊太妃，名大車，原魏廣平王妃。東魏都鄴後，被高歡納為妃。傳見《北史》卷十四。㉝幽　祕密囚禁。㉞婁妃　（西元五〇一—五六二年）齊神武明皇后，高歡嫡妻，名昭君，性寬厚儉約，明斷有識。事詳《北齊書》卷九、《北史》卷十四。㉟魏敬宗　北魏孝莊帝元子攸（西元五〇七—五三〇年），廟號敬宗。㊱爾朱氏　爾朱榮之女，一度為尼。入齊，為彭城太妃，被文宣帝所害。事見《北史》卷十四。㊲漵　高漵（西元五三三—五六四年），字子深，高歡第五子。北齊天寶初，封彭城王。傳見《北齊書》卷十、《北史》卷五十一。㊳消難　司馬消難，司馬子如長子，為人反覆無常，先後在東魏、北齊、北周、陳、隋諸朝為官。傳見《北齊書》卷十八、《周書》卷二十一、《北史》卷五十四。㊴葛賊　指北魏末河北聚眾起事的首領葛榮，自號齊王。㊵女配至尊　至尊，最高貴的地位。此處指皇帝。高歡長女是孝武帝皇后，次女是孝靜帝皇后，都是婁妃所生。㊶男承大業　指世子高澄，將繼承父業。㊷婁領軍　即婁妃之弟婁昭，時任領軍將軍，掌宿衛。傳見《北齊書》卷十五。㊸鞫　審訊。㊹尤　責怪。㊺甲子　正月十七日。㊻万俟壽洛干　即万俟受洛干。姓万俟，名洛，字受洛干，隨北魏孝武帝入關，除尚書左僕射。東魏初，封建昌郡公，遷領軍將軍。傳見《北史》卷五十三。㊼己巳　正月二十二日。㊽相國　官名，即總領百官的宰輔大臣，魏晉南北朝時期非常設。擔任此職的，都是權臣，地位高於丞相。㊾假黃鉞　假，特賜。黃鉞，用黃金為飾的斧子，是帝王的儀仗。凡特賜擁有黃鉞儀仗的大臣，可代表皇帝決定征伐事宜。㊿太州　即泰州，州名，治所蒲阪，在山西永濟西。胡三省注以為是「秦州」之誤，恐非。(51)霸上　地名，護衛長安的軍事要地，在今陝西西安東。(52)宵濟　夜渡。(53)華州　州名，治所華山，在今陝西華縣。(54)王羆　（？—西元五四一年）字熊羆，京兆霸城（今陝西西安東北）人，性剛直忠勇，鎮守河東，東魏不敢犯界。傳見《周書》卷十八、《北史》卷六十二。(55)訩訩　喧譁的聲音。(56)露髻　沒戴帽子，露出頭頂的髮結。(57)白梃　大白木杖。(58)辛巳　二月四日。(59)壬午　二月五日。(60)悰　元悰，字魏慶，襲爵西河王。東魏孝靜帝時累遷太尉、錄尚書事、司州牧、青州刺史。傳見《魏書》卷十九、《北史》卷十七。(61)丁亥　二月十日。(62)東平　郡名，治所范縣，在今河南范縣。(63)己丑　二月十二日。(64)戊戌　二月二十一日。(65)堯雄　（？—西元五四二年）字休武，上黨長子（今山西長子東）人，屢任豫州刺史，威震西魏，爵平城縣公。傳見《魏書》卷四十二、《北史》卷二十七。(66)辛酉　三月十五日。(67)暉業　元暉業（？—西元五五一年），爵濟陰王。歷位司空、太尉，錄尚書事。齊初，降封美陽縣公，官開府儀同三司、特進。曾撰魏藩王家世為《辨宗室錄》一書。傳見《魏書》卷十九上、《北史》卷十七。(68)北部王　稽胡劉蠡升所封，名不詳。(69)南海王　劉蠡升第三子封號。(70)壬申　三月二十六日。(71)彭城王韶　元韶（？—西元五五九年），字世胄，襲父爵彭城王。歷位太尉、侍中、錄尚書事、司州牧、特進、太傅。齊初降爵為縣公。後被高洋餓斃。傳見《魏書》卷二十一下、《北齊書》卷二十八、《北史》卷十九。(72)蘇綽　（西元四九五—五四六年）字令綽，京兆武功（今陝西武功）人，官西魏度支尚書、領著作、兼司農卿。傳見《周書》卷二十三、《北史》卷六十三。(73)區處　條分縷析，逐一妥善處理。[74]著作郎　官名，掌編纂國史，擬寫文書。[75]昆明池　池名，漢武帝在京都長安所造的人工湖，故址在今陝西西安西南。[76]倉池　池名，故址在今陝西西安未央宮遺址西。[77]網罟　捕魚的網具。[78]整衣危坐　正襟端坐，表示嚴肅端莊的姿態。[79]膝之前席　宇文泰被蘇綽的談論深深吸引，不知不覺身子在所坐的席上前移，靠近蘇綽。古人跪坐，身向前移，膝蓋必先動。[80]詰朝　第二天清早。[81]朱出　政府下達的文書用紅筆書寫。[82]墨入　指地方或中央官員上呈的文書用墨筆書寫。[83]計帳　地方作出第二年的賦役預算報告，上報度支省，供中央政府制定財政規劃時參考，並作為來年年底考核的依據。[84]封延之　（西元四八七—五四〇年）字祖業，封隆之的弟弟。仕東魏，封郟城縣子，行渤海郡事，除青州刺史。傳見《魏書》卷三十二、《北齊書》卷二十一。[85]廣川　縣名，縣治在今河北景縣西南廣川鎮。[86]南郭　州城的南外城。[87]賣漿者　賣酒的人。[88]城父　縣名，縣治在今安徽亳州東南。[89]項　縣名，縣治在今河南項城市。[90]彭城　縣名，縣治在今江蘇徐州。[91]節度　掌控調度。[92]柱國　官名，柱國大將軍的簡稱。西魏初最高軍事統帥。後成為一種勳望爵銜，授與望實俱重的大臣共八人，號八柱國，以宇文泰為首。[93]南兗州　州名，治所譙城，在今安徽亳州。[94]南頓　縣名，縣治在今河南項城市西。[95]甲戌　七月三十日。[96]念賢　（?—西元五三九年）字蓋盧，初封屯留縣伯，北魏孝武帝時進爵安定郡公。西魏文帝時拜太尉，轉太師、大將軍。官至兼錄尚書事。傳見《周書》卷十四、《北史》卷四十九。[97]越勒肱　人名，出於鮮卑的越勒部，因以為姓。[98]鄱陽王範　蕭範（?—西元五五〇年），梁鄱陽王，字世儀，梁武帝之姪。侯景之亂時，恚餓而死。傳見《梁書》卷二十二、《南史》卷五十二。[99]樊文熾　南陽湖陽人。曾任梁散騎常侍、益州刺史，封新蔡縣侯。傳附見《陳書》卷三十一、《南史》卷六十七。[100]晉壽　縣名，縣治在今四川廣元。[101]傅敬和　北魏孝莊帝時曾官益州刺史。傳見《魏書》卷七十、《北史》卷四十五。[102]恢　蕭恢（西元四七六—五二六年），梁鄱陽忠烈王，字弘達，梁武帝之弟。傳見《梁書》卷二十二、《南史》卷五十二。[103]豎眼　傅豎眼，清河人，歷任北魏益州、梁州、岐州刺史，頗得民心。傳見《魏書》卷七十、《北史》卷四十五。[104]刻期　限定日期。[105]元晏　東魏孝靜帝初曾任吏部尚書，後出為瀛洲刺史。家富藏書。傳見《北史》卷十五。[106]七兵尚書　官名，北魏時置。轄左中兵、右中兵、左外兵、右外兵、騎兵、別兵、都兵七曹。第三品。[107]薛琡　（?—西元五五〇年）字曇珍，代人。北魏時累遷吏部郎中。東魏初，官七兵尚書。入周，官至兼尚書右僕射。傳見《魏書》卷四十四、《北史》卷二十五。[108]辛卯　八月十七日。[109]甲午　八月二十日。[110]冑曹參軍　官名，主治甲冑兵器，是司空屬官。[111]辛術　（西元五〇〇—五五九年）字懷哲，隴西狄道人，仕東魏，官至東徐州刺史。入齊，曾任吏部尚書。傳見《魏書》卷七十七、《北齊書》卷三十八、《北史》卷五十。[112]琛　辛琛，字僧貴。仕北魏，官至南梁太守。傳見《魏書》卷七十七、《北史》卷五十。[113]李愍　（？—西元五三五年）字魔憐，趙郡柏人（河北隆堯西）人。北魏孝武帝初除太府卿。後累官南荊州刺史、東荊州刺史，加散騎常侍。傳見《北齊書》卷二十二。[114]左光祿大夫　官名，掌顧問應對。二品。[115]丁巳　九月十四日。[116]襄城王旭　元旭，字顯和，北魏莊帝時，封襄城郡王，東魏末，位至大司馬。傳見《魏書》卷十九下。[117]上黨文宣王　長孫稚爵上黨王，謚號文宣。[118]黷貨　貪汙受賄。[119]丁未　十一月五日。[120]中衛將軍　官名，梁四中將軍之一。地位顯要，專授在京城任職的官員，為武職二十四班中的二十三班。[121]徐勉　（西元四六六—五三五年）字修仁，東海郯（今山東郯城縣北）人，仕梁，官至侍中、尚書僕射、中衛將軍。屢掌機密。傳見《梁書》卷二十五、《南史》卷六十。[122]骨鯁　剛直。[123]范雲（西元四五一—五〇三年）字彥龍，南鄉舞陰（河南泌陽西北）人，久居梁尚書省，官至尚書右僕射，頗有政聲。封霄城侯。傳見《梁書》卷十三、《南史》卷五十七。[124]癸丑　十一月十一日。[125]圜丘　祭天之壇。[126]甲午　十一月癸卯朔，無甲午。十二月有甲午，已見下文，此不當出。《魏書》作「甲寅」，是十一月十二日。《通鑑》誤。[127]閶闔門　皇宮正南門。[128]太府卿　官名，掌庫藏財物及營造等事。三品。[129]任忻集　人名，《北齊書》、《北史》均作「任集」。[130]蘭欽　字休明，中山魏昌人。性果決，屢立戰功，官至梁安南將軍、廣州刺史，封曲江縣公。傳見《梁書》卷三十二、《南史》卷六十一。[131]南鄭　縣名，縣治在今陝西南鄭東。[132]元羅　字仲綱，北魏道武帝後裔。東魏孝靜帝初，降梁，封南郡王。後北還，爵江陽王，改封固道郡公。傳見《魏書》卷十六、《北史》卷十六。[133]洋　高洋（西元五二九—五五九年），字子進，高歡第二子，北齊第一君文宣帝，西元五五〇—五五九年在位。事詳《北齊書》卷四、《北史》卷七。[134]外如不慧　表面看好像愚笨。[135]彭樂　（？—西元五五一年）字興，安定人，東魏時，累遷司徒，齊初官太尉，封陳留王，以謀反誅。傳見《北史》卷五十三。[136]怖橈　恐怖慌亂。[137]楊愔　（西元五一一—五六〇年）字遵彥，小名秦王，弘農華陰人，北齊重臣。傳見《魏書》卷五十八、《北齊書》卷三十四、《北史》卷四十一。[138]幼卿　即楊稚卿，避唐諱改作「幼卿」。傳見《魏書》卷五十八。[139]郭秀　范陽涿人，事高歡，封壽陽伯。恃寵貪賄。傳見《北齊書》卷五十、《北史》卷九十二。[140]田橫島　因漢初田橫曾隱居於島上而得名。在今山東即墨東北海中。一說在今江蘇連雲港市東雲臺山附近。[141]甲午　十二月二十二日。[142]量事給祿　根據所任職事的輕重程度發給相應的俸祿。[143]梁景叡　即梁覽，字景叡，金城人。北魏孝明帝時，歷涼州、河州刺史，吐谷渾不敢犯境。孝武帝時封安德郡公。傳見《北史》卷四十九。[144]鄱陽　郡名，治所鄱陽，在今江西鄱陽東。[145]鮮于琛　一作「鮮于琮」。因修道法而被稱為妖賊。事見《梁書》卷二十七〈陸襄傳〉。[146]內史　官名，諸侯國民政長官，職同郡守。時鄱陽郡為鄱陽國。[147]陸襄　（西元四八〇—五四九年）字師卿，吳郡吳（今江蘇蘇州）人，梁餘干縣侯。死於侯景之亂。傳見《梁書》卷二十七、《南史》卷四十八。148柔然　族名，出於東胡，又稱蠕蠕、茹茹、芮芮等。149頭兵可汗　即阿那瓌，柔然頭領。此次為他的兒子庵羅辰求婚。事見《北史》卷九十八〈蠕蠕傳〉。150常山王　即元騭。151蘭陵公主　原封樂安公主。152中書舍人　官名，是中書省屬官，主管文書。153庫狄峙　（？—西元五七〇年）本姓段，先祖從遼東遷居到代郡。西魏初，官中書舍人。遷黃門侍郎。以功拜大將軍，安豐郡公。入周，官至少師。傳見《周書》卷三十三、《北史》卷六十九。

【校　記】1欲　據章鈺校，乙十一行本作空格。2壽洛干　據章鈺校，乙十一行本「壽」作「受」，胡三省注云：「『壽洛干』即『受洛干』。」下同。3宵　據章鈺校，甲十一行本、乙十一行本皆作「霄」，張敦仁《通鑑刊本識誤》、熊羅宿《胡刻資治通鑑校字記》同。4臥未起　原作「臥尚未起」。據章鈺校，甲十一行本、乙十一行本、孔天胤本皆無「尚」字，今據刪。5鄴　據章鈺校，孔天胤本「鄴」下有「下」字。

【語　譯】高祖武皇帝十三

大同元年（乙卯　西元五三五年）

春，正月初一日戊申，梁武帝大赦天下，改年號。○這一天，西魏文帝元寶炬在長安城西即皇帝位，大赦天下，改年號為大統，追尊他的父親京兆王元愉為文景皇帝，母親楊氏為皇后。

北魏渭州刺史可朱渾道元先依附侯莫陳悅，悅死後，西魏丞相宇文泰進攻道元，未能攻下渭州，就與道元訂立盟約而退軍。可朱渾道元祖上世代居住在懷朔，道元與東魏丞相高歡交好，而且母親、兄長都在鄴城，因此經常與高歡聯絡。宇文泰想攻擊他，可朱渾道元率領部屬三千戶向西北渡過烏蘭津進抵靈州，靈州刺史曹泥給他錢糧護送到雲州。高歡得到報告，派人帶上錢糧前去迎接，授道元為車騎大將軍。

可朱渾道元到達晉陽，高歡才知道北魏孝武帝的死訊，隨即啟奏請求為孝武帝辦理喪事穿孝服。東魏孝靜帝召集群臣商議這件事，太學博士潘崇和認為君主對臣下不以禮相待，那麼已脫離君臣關係的臣子不必為舊君主服喪，因此，商湯王的百姓不為夏桀王哭喪，周武王的百姓不為紂王穿喪服。國子博士衛既隆、李同軌商議認為高皇后與孝武帝斷絕關係並沒有公開，還是應該為孝武帝服喪。東魏孝靜帝採納了他們的意見。

西魏驍騎大將軍、儀同三司李虎等招降了費也頭的部眾，與他們一同攻打靈州，總計四十天，曹泥請求投降。

正月初二日己酉，西魏晉升丞相略陽公宇文泰為都督中外諸軍事、錄尚書事、大行臺，封安定王，宇文泰堅決辭去王爵和錄尚書事，於是封為安定公。任命尚書令斛斯椿為太保，廣平王元贊為司徒。

正月初八日乙卯，西魏文帝冊立妃子乙弗氏為皇后，兒子元欽為皇太子。乙弗皇后仁慈寬厚，節約勤儉，沒有妒忌之心，文帝非常敬重她。

稽胡人劉蠡升，自孝昌年間以來，就自稱天子，改年號為神嘉，居住在雲陽谷，東魏的邊境經常遭受他的騷擾，人們稱為「胡荒」。正月十五日壬戌，東魏丞相高歡襲擊他們，大獲全勝。

勃海王高歡的世子高澄與高歡的妾鄭氏私通，高歡回來後，一個婢女告訴了高歡，兩個婢女作證，高歡打了高澄一百棍並把他關押起來，高澄的生母婁妃也被隔絕不得與高歡相見。高歡收納北魏敬宗的皇后爾朱氏，非常寵愛，生了兒子高浟，高歡想立他為世子。高澄向司馬子如求救。司馬子如進王府拜見高歡，裝作不知道這事，請求看望婁妃，高歡告訴了原委，司馬子如說：「我的兒子司馬消難也和我的妾私通，這種事只能掩蓋。婁妃是大王的結髮妻，曾拿父母家的錢財資助大王。大王在懷朔時遭杖責，背部沒有完好的皮膚，婁妃日夜守護你。後來躲避葛榮，一起逃到并州，貧窮困頓，婁妃燒馬糞，做飯，親自製靴子。這恩義哪能忘記呢？你們夫妻天生一對，所生女兒為皇后，男兒繼承大業。再說婁妃弟弟婁領軍的功勳，哪宜於搖動？一個女人就像一棵小草，何況婢女的話也不一定可信！」高歡就讓司馬子如重新審問。司馬子如見到高澄，責備他說：「男子漢怎麼可以畏懼威嚴就給自己潑髒水呢？」司馬子如於是指使作證的兩個婢女推翻自己的證辭，威逼告發的那個婢女上吊自殺，這才向高歡報告說：「果然是不實之詞。」高歡非常高興，召見婁妃和高澄。婁妃遠遠看見高歡，走一步磕一次頭，高澄邊下拜邊前行，父子、夫婦哭成一團，和好如初。高歡擺酒宴，說：「成全我父子關係的人，就是你司馬子如啊！」賞賜給他黃金一百三十斤。

正月十七日甲子，西魏任命廣陵王元欣為太傅，儀同三司万俟壽洛干為司空。○二十二日己巳，東魏任命丞相高歡為相國，可使用黃金裝飾的大斧作儀仗，享受特殊的禮儀，高歡堅決推辭。

東魏大行臺尚書司馬子如率領大都督竇泰、太州刺史韓軌等進攻潼關，西魏丞相宇文泰駐軍於霸上。司馬子如和韓軌調轉軍隊，從蒲津夜渡黃河，進攻華州。當時，修築華州城沒有完工，梯子還倚靠在城牆外，天剛亮時，東魏軍人登梯入城。刺史王羆睡覺沒有起床，聽到官衙外人聲嘈雜，來不及穿衣戴帽，光著身子，露著髮髻，赤著雙腳，拿著白木棍，大叫著出來，東魏軍人見到他，驚慌後退。王羆追到東城門，部下也漸漸聚集，雙方交戰，大敗東魏軍，司馬子如等於是帶兵離去。

二月初四日辛巳，梁武帝在明堂舉行祭祀典禮。○初五日壬午，東魏任命咸陽王元坦為太傅、西河王元悰為太尉。○東魏委派尚書右僕射高隆之徵發十萬民伕拆毀洛陽宮殿，將拆下的建築材料運入鄴城。○初十日丁亥，梁武帝舉行親耕藉田典禮。

東魏儀同三司婁昭等進攻兗州，樊子鵠派前任膠州刺史嚴思達鎮守東平，婁昭攻克了東平。於是帶兵包圍瑕丘，因久攻不下，婁昭引水灌城。二月十二日己丑，大野拔進見樊子鵠商議事務，藉機砍了樊子鵠的頭顱出降東魏。當初，樊子鵠因為部眾少，驅趕全城老少都當兵，樊子鵠死後，這些人一哄而散。東魏諸將勸婁昭將這些人全部抓來殺掉，婁昭說：「這座州城已不幸，橫遭摧殘傷害，人們都踮起腳尖盼望官兵把他們從水深火熱中拯救出來，如今再誅殺他們，那老百姓將向誰訴說呢？」就將他們全部釋放了。

二月二十一日戊戌，梁朝司州刺史陳慶之討伐東魏，與東魏豫州刺史堯雄交戰，未能取勝而還。

三月十五日辛酉，東魏任命高盛為太尉，高敖曹為司徒，濟陰王元暉業為司空。

東魏丞相高歡假意與稽胡王劉蠡升訂盟講和，許諾把女兒嫁給劉蠡升的太子為妻。劉蠡升不設置防備，高歡發兵偷襲他。三月十五日辛酉，劉蠡升的部下北部王砍了劉蠡升的頭顱投降高歡，劉蠡升的殘部又立了他的兒子南海王為皇帝。高歡進兵攻擊，抓住了南海王，俘虜了他的皇后、諸王、公卿以下共四百多人，華、夷民眾五萬餘戶。

三月二十六日壬申，高歡到鄴都朝見孝靜帝，把孝武帝皇后嫁給彭城王元韶為妻。○西魏丞相宇文泰因戰事未息，官民都疲勞窮困，就指示有關部門參考適合於當今政治的古今治國措施，制定成二十四條新法令，上奏給孝靜帝批准後執行。

宇文泰任用武功人蘇綽為行臺郎中，過了一年多，宇文泰還不瞭解他，可是行臺衙門中的人都稱讚蘇綽的才能，有疑難的事都找蘇綽決斷。宇文泰與僕射周惠達商議大事，周惠達拿不出對策，就請求外出找人討論。周惠達走出相府，把事情原委告訴了蘇綽，蘇綽為他做了分析解答，周惠達進入相府向宇文泰報告，宇文泰叫好，說：「是誰為你做出這樣的解答？」周惠達說是蘇綽，並且稱讚蘇綽有輔佐君王的才幹，宇文泰就提拔蘇綽為著作郎。宇文泰與公卿大臣到昆明池賞魚，走到漢代的舊倉池時，宇文泰回頭問身邊的人，沒有人知道倉池的歷史。宇文泰召見蘇綽詢問，蘇綽把倉池的興衰情況一一做了回答。宇文泰非常高興，接著詢問天地萬物的來歷，歷代興亡的軌跡，蘇綽對答如流。宇文泰與蘇綽並馬緩行，到了昆明池，居然沒有撒魚網就返回了。宇文泰便留下蘇綽直到夜晚，向他徵詢軍國大事，自己躺在睡榻上聽。蘇綽分析陳述治理國家的要領，宇文泰起身，整理好衣襟，端正的坐聽，不知不覺雙膝移到了坐席前端靠近了蘇綽，兩人一直交談到天亮還不滿足。第二天早上，宇文泰對周惠達說：「蘇綽真是一個奇才，我決定把國家的政事委任給他。」立即任命蘇綽為大行臺左丞，參掌機密，從這時起蘇綽日益受到宇文泰的寵信。蘇綽創制了文書案卷的程序格式，政府批文和下達的文書用紅筆書寫，下級上報的文書用墨筆書寫，以及計帳、戶籍等方面的法規，後人大多沿用它。

東魏任命封延之為青州刺史，取代侯淵。侯淵失去刺史職位後心裡害怕，走到廣川就反叛了，連夜襲擊青州城南的外城，搶劫掠奪附近的郡縣。夏，四月，丞相高歡派濟州刺史蔡儁征討侯淵。侯淵部下大多叛逃，侯淵想南逃梁朝，在半道被賣酒的人殺死，把他的頭顱送到了鄴城。

梁朝元慶和攻打東魏城父，丞相高歡派高敖曹率領三萬人奔赴項城，竇泰率領三萬人奔赴城父，侯景率領三萬人奔赴彭城，任命任祥為東南道行臺僕射，統一指揮各支軍隊。

五月，西魏加官丞相宇文泰為柱國大將軍。

梁朝元慶和率兵進逼東魏南兗州，東魏洛州刺史韓賢抵抗他。

六月，元慶和進攻南頓城，豫州刺史堯雄打敗了他。

秋，七月三十日甲戌，西魏任命開府儀同三司念賢為太尉，万俟壽洛干為司徒，開府儀同三司越勒肱為司空。

梁朝益州刺史鄱陽王蕭範、南梁州刺史樊文熾合兵包圍西魏晉壽城，西魏東益州刺史傅敬和投降梁朝。蕭範，是蕭恢的兒子。傅敬和，是傅豎眼的兒子。

西魏文帝下詔書列舉高歡二十條罪，並且說：「朕將親自率領大軍，與宇文泰丞相一起掃除兇惡的群醜。」高歡也向西魏發布討伐的檄文，稱宇文黑獺、斛斯椿為叛逆兇徒，並且說「現今分派各位將領，率兵百萬，限定日期向西討伐。」

東魏派行臺元晏反擊元慶和。〇有人告發東魏司空濟陰王元暉業與七兵尚書薛琡有二心，與西魏勾結。八月十七日辛卯，兩人被抓到晉陽，都免了職。

八月二十日甲午，東魏徵發民伕七萬六千人在鄴城修築新皇宮，委派僕射高隆之與司空冑曹參軍辛術共同負責營建，修築鄴南城周長二十五里。辛術是辛琛的兒子。

趙剛從蠻中出發去見東魏東荊州刺史趙郡人李愍，勸他歸附西魏，李愍聽從了，趙剛因此得以到達長安。丞相宇文泰任命趙剛為左光祿大夫。趙剛勸說宇文泰從梁朝招回賀拔勝、獨孤信等，宇文泰就派趙剛到梁朝召請兩人。

九月十四日丁巳，東魏任命開府儀同三司襄城王元旭為司空。

冬，十月，西魏太師上黨文宣王長孫稚去世。〇西魏秦州刺史王超世，是丞相宇文泰的妻兄，驕橫貪汙，宇文泰奏請按法律治罪，西魏文帝下詔賜死。

十一月初五日丁未，梁朝侍中、中衛將軍徐勉去世。徐勉雖然剛直不如范雲，但也從不阿諛奉承，所以在梁代說到賢相，人們就稱范雲、徐勉。

十一月十一日癸丑，東魏孝靜帝在圜丘舉行祭天典禮。

甲午日，東魏鄴城皇宮閶闔門發生火災。這座宮門剛建成的時候，高隆之騎馬遠望，對修建的工匠說：「門的西南角高出了一寸。」丈量它果然是這樣。太府卿任忻集自誇宮門建築精巧，不肯改動。高隆之懷恨在心，到這時，高隆之對丞相高歡誣陷任忻集說：「任忻集暗中勾結西魏，派人故意燒了宮門。」高歡殺了任忻集。

梁朝北梁州刺史蘭欽領兵攻打西魏南鄭縣城，西魏梁州刺史元羅率領州城軍民投降。

東魏任命丞相高歡的兒子高洋為驃騎大將軍、開府儀同三司，封太原公。高洋內心精明果斷而外表就如同愚笨的人，兄弟們以及許多人都嗤笑看不起他，只有高歡特別器重他，對丞相長史薛琡說：「這孩子的見識和能力超過了我。」在孩提時，高歡曾經想考察幾個兒子的智商，就讓他們各自整理一團亂絲，只有高洋拔出佩刀斬斷亂絲，說：「混亂的東西就一定斬決！」高歡又給孩子們各自配備軍隊拉出城去，派都督彭樂帶領鐵甲騎兵假意圍攻他們，高洋的哥哥高澄他們都驚慌失措，只有高洋指揮部眾與彭樂格鬥，彭樂脫下甲冑說明情況，高洋仍然捉住他進獻高歡。

當初，大行臺右丞楊愔的堂兄岐州刺史楊幼卿，因為直言進諫被孝武帝殺害，楊愔同僚郭秀妒忌他的才能，就恐嚇楊愔說：「高歡王爺想把你送到孝武帝那裡。」楊愔害怕，就變姓埋名逃到田橫島。過了很久，高歡知道楊愔還健在，就把他召回任命為太原公開府司馬。不久，重新任命他為大行臺右丞。

十二月二十二日甲午，東魏文武百官依據任職的輕重給以相應的俸祿。

西魏任命念賢為太傅，河州刺史梁景叡為太尉。

這一年，梁朝鄱陽郡的妖賊鮮于琛改年號上願，有部眾一萬多人。鄱陽內史吳郡人陸襄征討並擒獲了他，查處同黨，沒有濫殺一個人。老百姓歌頌他說：「鮮于平後善惡分，民無枉死賴陸君。」

柔然頭兵可汗向東魏求婚，丞相高歡封常山王元騭的妹妹為蘭陵公主，出嫁頭兵可汗為妻。柔然多次侵擾東魏，東魏派中書舍人庫狄峙出使到柔然，與柔然結約和親，從此柔然不再侵擾東魏。

二年（丙辰　西元五三六年）

春，正月辛亥❶，魏祀南郊，改用神元皇帝❷配。

甲子❸，東魏丞相歡自將萬騎襲魏夏州，身不火食❹，四日而至，縛矟❺為梯，夜入其城，擒刺史斛拔俄彌突，因而用之，留都督張瓊❻將兵鎮守，遷其部落五千戶以歸。

魏靈州刺史曹泥與其壻涼州刺史普樂劉豐❼復叛，降東魏，魏人圍之，水灌其城，不沒者四尺。東魏丞相歡發阿至羅三萬騎徑度靈州，繞出魏師之後，魏師退。歡帥騎迎泥及豐，拔其遺戶❽五千以歸，以豐為南汾州刺史。

東魏加丞相歡九錫❾，固讓而止。

上為文帝❿作皇基寺以追福，命有司求良材。曲阿⓫弘氏⓬自湘州⓭買巨材東下，南津校尉⓮孟少卿欲求媚於上，誣弘氏為劫而殺之，沒其材以為寺。

二月乙亥⓯，上耕藉田。

東魏勃海世子澄，年十五，為大行臺、并州刺史，求入鄴輔朝政，丞相歡不許，丞相主簿⓰樂安孫搴⓱為之請，乃許之。丁酉⓲，以澄為尚書令，加領軍、京畿大都督。魏朝雖聞其器識，猶以年少期之。既至，用法嚴峻，事無凝滯，中外震肅。引并州別駕[19]崔暹為左丞、吏部郎[20]，親任之。司馬子如、高季式[21]召孫搴劇飲，醉甚而卒。丞相歡親臨其喪。子如叩頭請罪，歡曰：「卿折我右臂，為我求可代[1]者。」子如舉中書郎[22]魏收[23]，歡以收為主簿。收，子建[24]之子也。他日，歡謂季式曰：「卿飲殺我孫主簿，魏收治文書不如我意，司徒嘗稱一人謹密者[25]為誰？」季式以司徒記室[26]廣宗陳元康[27]對，曰：「是能夜中闇書[28]，快吏[29]也。」召之，一見，即授大丞相功曹[30]，掌機密，遷大行臺都官郎[31]。時軍國多務，元康問無不知。歡或出，臨行，留元康在後，馬上有所號令九十餘條，元康屈指數之，盡能記憶。與功曹平原趙彥深[32]同知機密，時人謂之陳、趙。而元康勢居趙前，性又柔謹，歡甚親之，曰：「如此人，誠難得，天賜我也。」彥深名隱，以字行。

東魏丞相歡令阿至羅逼魏秦州刺史万俟普[33]，歡以眾應之。

三月戊申[34]，丹楊陶弘景[35]卒。弘景博學多藝能，好養生之術。仕齊[36]為奉朝請[37]，棄官，隱居茅山[38]。上早與之遊，及即位，恩禮甚篤，每得其書，焚香虔受。屢以手敕招之，弘景不出。國家每有吉凶征討大事，無不先諮之，月中[39]嘗有數信，時人謂之「山中宰相」。將沒，為詩曰：「夷甫[40]任散誕，平叔[41]坐論空[42]。

豈悟昭陽殿[43]，遂作單于宮[44]！」時士大夫競談玄理，不習武事，故弘景詩及之。

甲寅[45]，東魏以華山王鷙為大司馬。◯魏以涼州刺史李叔仁[46]為司徒，万俟洛[47]為太宰。

夏，四月乙未[48]，以驃騎大將軍、開府同三司之儀[49]元法僧[50]為太尉。

尚書右丞考城江子四[51]上封事，極言政治得失，五月癸卯[52]，詔曰：「古人有言，『屋漏在上，知之在下。』朕有過失，不能自覺，江子四等封事所言，尚書可時加檢括，於民有蠹患者，宜速詳啓。」

戊辰[53]，東魏高盛卒。◯魏越勒肱卒。

魏秦州刺史万俟普與其子太宰洛、豳州刺史叱干寶樂[54]、右衛將軍破六韓常[55]及督將三百人奔東魏，丞相泰輕騎追之，至河北[56]千餘里，不及而還。

秋，七月庚子[57]，東魏大赦。

上待魏降將賀拔勝等甚厚，勝請討高歡，上不許。勝等思歸，前荊州大都督撫寧史寧[58]謂勝曰：「朱异[59]言於梁主無不從，請厚結之。」勝從之。上許勝、寧及盧柔[60]皆北還，親餞之於南苑。勝懷上恩，自是見鳥[2]獸南向者皆不射之。行至襄城，東魏丞相歡遣侯景以輕騎邀之，勝等棄舟自山路逃歸[61]，從者凍餒，道死者太半。既至長安，詣闕謝罪，魏主執勝手歔欷[62]曰：「乘輿播越，天也，非卿之咎。」丞相泰引盧柔為從事中郎，與蘇綽對掌機密。

九月壬寅[63]，東魏以定州刺史侯景兼尚書右僕射、南道行臺，督諸將入寇。○魏以扶風王孚[64]為司徒，斛斯椿為太傅。

冬，十月乙亥[65]，詔大舉伐東魏。東魏侯景將兵七萬寇楚州[66]，虜刺史桓和，進軍淮上，南、北司二州刺史陳慶之[67]擊破之，景棄輜重走。十一月己亥[68]，罷北伐之師。

魏復改始祖神元皇帝為太祖，道武皇帝為烈祖[69]。

十二月，東魏以并州刺史尉景為太保。○壬申[70]，東魏遣使請和，上許之。○東魏清河文宣王亶卒。○丁丑[71]，東魏丞相歡督諸軍伐魏，遣司徒高敖曹趣上洛，大都督竇泰趣潼關。○癸未[72]，東魏以咸陽王坦為太師。

是歲，魏關中大饑，人相食，死者什七八。

【章　旨】以上為第二段，記西元五三六年史事。本年著重寫東魏高歡勢力的勃興，其大事有高歡用人、親征西魏、世子高澄初露頭角，以及加九錫的預演。南朝梁武帝優禮北方降人，以及梁與東魏的邊境戰事。

【注釋】❶辛亥　正月九日。❷神元皇帝　北魏始祖拓跋力微。傳見《魏書》卷一、《北史》卷一。北魏自太和十六年（西元四九二年）起，以太祖道武皇帝拓跋珪配祀南郊。至此西魏改用遠祖。❸甲子　正月二十二日。❹身不火食　不埋鍋作飯，全吃乾糧。❺稍　長矛。❻張瓊　字連德，代人。仕北魏，歷官汲郡太守、河內太守、濟州刺史、汾州刺史。東魏天平中鎮夏州。傳見《北齊書》卷二十、《北史》卷五十三。❼劉豐　（？—西元五四九年）字豐生，普樂（今寧夏靈武）人，果毅超人，屢立戰功。北魏封山鹿縣公，入東魏，官至南汾州刺史，後戰死於長社。傳見《北齊書》卷二十七、《北史》卷五十三。❽拔其遺戶　救出曹泥所轄靈州戰後餘生的民戶。❾九錫　古代帝王為尊禮國家重臣所賜的九件物品，即車馬、衣服、樂則（編鐘等成套樂器）、朱戶（紅門）、納陛（登升殿堂的臺階）、虎賁（衛士）、弓矢、斧鉞、秬鬯（用於祭祀的黑米酒）。自漢獻帝賜曹操九錫以後，成為舊王朝行將衰亡，權臣或其子孫即將篡位的例行程式。❿文帝　蕭順之，梁武帝之父。南齊臨湘縣侯，歷官侍中、衛尉、領軍將軍、丹楊尹。卒於齊代，梁武帝即位後，追尊為文皇帝。⓫曲阿　縣名，縣治在今江蘇丹陽。⓬弘氏　姓弘，名不詳。⓭湘州　州名，治所臨湘，在今湖南長沙。⓮南津校尉　官名，梁普通六年（西元五二五年）於南州津（今安徽當塗西北）置校尉，以扼守采石磯這一軍事要地。⓯乙亥　二月四日。⓰丞相主簿　官名，典領丞相府文書，參與機要。⓱孫搴　（？—西元五三六年）字彥舉，樂安人，有才薄行。仕東魏，官至左光祿大夫，加散騎常侍。傳見《北齊書》卷二十四、《北史》卷五十五。⓲丁酉　二月二十六日。⓳別駕　官名，州刺史的佐史，因常別乘一車隨刺史出巡而得名。⓴吏部郎　官名，吏部尚書的屬官。掌官吏銓選調動事務，四品。㉑高季式　（？—西元五五三年）字子通，高乾的四弟。東魏時官王衛尉卿。入周，封乘氏縣子。傳見《北齊書》卷二十一、《北史》卷三十一。㉒中書郎　官名，中書省屬官。掌起草詔令，從四品。㉓魏收　（西元五〇六—五七二年）字伯起，小字佛助，鉅鹿下曲陽（今河北晉州）人，史學家。人輕薄而有史才，歷北魏、東魏、北齊三朝，均預修國史，撰成《魏書》凡一百三十卷。傳見《魏書》卷一百四、《北齊書》卷三十七、《北史》卷五十五。㉔子建　魏子建（西元四七一—五三三年），字敬忠，北魏東益州刺史，官遷至驃騎大將軍。傳見《魏書》卷一百四、《北史》卷五十六。㉕謹密者　謹慎細密的人。㉖司徒記室　官名，司徒屬官，掌草擬章表文檄等文書事。㉗陳元康　（西元五〇七—五四九年）字長猷，廣宗人，東魏時，事高歡，屢掌機密，參與決策。高澄遇刺時，同被害。傳見《北齊書》卷二十四、《北史》卷五十五。㉘闇書　能在黑暗中書寫。㉙快吏　快捷幹練的官吏。㉚大丞相功曹　官名，以考察登記丞相府官吏勞績為主要職責。㉛大行臺都官郎　官名，輔佐行臺督理軍事。㉜趙彥深　（西元五〇七—五七六年）自稱南陽宛人趙熹之後，自高祖起定居平原（今山東平原縣南）。本名隱，避齊廟諱，以字行。常典機密，任尚書令，封宜陽王。傳見《北齊書》卷三十八、《北史》卷五十五。㉝万俟普　万俟壽洛干之父。東魏河西郡公。官至太尉、朔州刺史。傳見《北齊書》卷二十七、《北史》卷五十三。㉞戊申　三月七日。㉟陶弘景　（西元四五六—五三六年）字通明，丹陽秣陵（今江蘇江寧南秣陵關）人，博聞多識，性好著述。後隱居為道士，謚貞白先生。傳見《梁書》卷五十一、《南史》卷七十六。㊱齊　南齊。㊲奉朝請　閒散官員，無實職，多由勳戚、名士充任。㊳茅山　山名，在江蘇西南部句容及金壇境內。㊴月中　一月之中。㊵夷甫　王衍字夷甫，琅邪臨沂人。以清談著稱，西晉重臣。官至太尉，為石勒所害。傳見《晉書》卷四十三。㊶平叔　何晏字平叔，南陽宛人。曹魏正始年間，任中書，掌選舉。後為司馬宣王所殺。為曹魏著名玄學家。㊷坐論空　尚清談。㊸昭陽殿　梁朝宮殿名。侯景攻下梁京師建康，居昭陽殿。㊹遂作單于宮　隱指梁朝腐敗，京師建康將被北方少數民族之人所佔領。㊺甲寅　三月十三日。㊻李叔仁　隴西人，西魏陳郡公、車騎大將軍。後密謀降東魏，事發被誅。傳見《魏書》卷七十三、《北史》卷三十七。㊼万俟洛　即万俟壽洛干。㊽乙未　四月二十五日。㊾開府同三司之儀　官名，梁置，位在開府儀同三司下。㊿元法僧　（西元四五四—五三六年）北魏江陽王元鍾葵之子，普通五年（西元五二四年）降梁，曾一度被立為魏主。傳見《梁書》卷三十九。51江子四　（？—西元五四八年）濟陽考城（今河南民權東）人，性剛烈。侯景圍建康，子四與兄子一、子五衝陷敵營而死。傳見《梁書》卷四十三、《南史》卷六十四。52癸卯　五月三日。53戊辰　五月二十八日。54叱干寶樂　人名，複姓叱干。55破六韓常　人名，複姓破六韓，附化人，匈奴單于的後裔。仕東魏，屢遷車騎大將軍、開府，封平陽公。官至太保、滄州刺史。56河北　指龍門（今山西河津）、西河（今陝西韓城、合陽一帶）沿黃河地區之北。57庚子　七月初一。此處疑脫「朔」字。58史寧　（？—西元五六三年）字永和，建康表氏（今甘肅高臺西）人，北魏直閤將軍，孝武帝入關，一度降梁。歸長安後，出任涼州刺史，威服西羌、吐谷渾，大破柔然，封安政郡公。傳見《周書》卷二十八、《北史》卷六十一。59朱异　（西元四八三—五四九年）字彥和，吳郡錢塘（今浙江杭州）人，長期執掌機密，為梁武帝寵臣。傳見《梁書》卷三十八、《南史》卷六十二。60盧柔　字子剛，范陽涿人。西魏黃門侍郎、中書監。為宇文泰所親重，與蘇綽同掌機密。傳見《魏書》卷四十七、《周書》卷三十二、《北史》卷三十。61自山路逃歸　胡三省注認為賀拔勝等當從三鴉（今河南南召、魯山兩縣交界處）登陸進山，取道武關（今陝西丹鳳東南）而入關中。62歔欷　抽噎聲。63壬寅　九月四日。64扶風王孚　元孚，字秀和，北魏太武帝曾孫。從孝武帝入關，位至太傅，封扶風王。傳見《魏書》卷十八、《北史》卷十六。65乙亥　十月八日。66楚州　州名，治所楚城，在今安徽鳳陽。67陳慶之　（西元四八四—五三九年）字子雲，義興國山（江蘇宜興西南）人，北魏內亂，慶之曾送元顥北上，奪取洛陽，威震北魏。後敗歸，封永興縣侯。官至南北司二州刺史。傳見《梁書》卷三十二、《南史》卷六十一。68己亥 十一月二日。69道武皇帝為烈祖 北魏太祖拓跋珪。孝文帝太和十五年（西元四九一年）改烈祖為太祖，恢復舊廟號。傳見《魏書》卷二。70壬申 十二月六日。71丁丑 十二月十一日。72癸未 十二月十七日。

【校 記】1代 原作「伐」。據章鈺校，甲十一行本、乙十一行本、孔天胤本皆作「代」，熊羅宿《胡刻資治通鑑校字記》同，今據改。2鳥 原作「禽」。據章鈺校，甲十一行本、乙十一行本、孔天胤本皆作「鳥」，今據改。

【語 譯】二年（丙辰 西元五三六年）

春，正月初九日辛亥，西魏在長安城南郊舉行祭祀典禮，改用遠祖神元皇帝拓跋力微配享宗廟。

正月二十二日甲子，東魏丞相高歡親自率領一萬騎兵偷襲西魏夏州，自己帶頭不燒火做飯，四天就到達了夏州城，捆綁長矛接成雲梯，夜晚攻入城中，抓獲了刺史斛拔俄彌突，繼續留用他，留下都督張瓊帶兵鎮守，遷移了斛拔俄彌突的部落五千戶而返回。

西魏靈州刺史曹泥和他的女婿涼州刺史普樂人劉豐再次反叛，投降東魏，西魏人圍攻他們，引水灌靈州城，城牆只剩四尺高、沒有淹沒。東魏丞相高歡徵調阿至羅三萬騎兵逕直越過靈州，繞到西魏軍隊的後面，西魏軍撤退。高歡率領騎兵迎接曹泥和劉豐，將靈州剩餘的五千戶民眾隨軍遷回，任命劉豐為南汾州刺史。

東魏給丞相高歡加九錫，高歡堅決推辭而作罷。

梁武帝為先父文帝建造皇基寺祈福，詔令有關部門收購上等木材。曲阿人弘氏從湘州採購了巨大的木材沿江東運，南津校尉孟少卿想向皇上獻媚，就誣陷弘氏是強盜，把他殺了，沒收了他的木材獻給皇上建造寺廟。

二月初四日乙亥，梁武帝舉行親耕藉田典禮。

東魏勃海王世子高澄，十五歲，任大行臺、并州刺史，請求進入鄴都輔佐朝政，丞相高歡不同意，丞相府主簿樂安人孫搴替高澄請求，高歡才同意了。二月二十六日丁酉，任命高澄為尚書令，加官領軍將軍、京畿大都督。東魏朝廷雖然聽說他很有器量和識見，但仍然認為他還是個少年。高澄上任後，用法嚴峻，辦事乾淨利落，朝廷內外震驚肅敬。高澄帶來并州別駕崔暹為左丞、吏部郎，親近信任他。

司馬子如、高季式召孫搴暢飲，孫搴醉酒過度而死。丞相高歡親臨孫搴喪禮，司馬子如磕頭請罪，高歡說：「你折斷了我的右臂，要為我找一個可以代替的人。」司馬子如推薦中書郎魏收，高歡任命魏收為主簿。魏收，是魏子建的兒子。有一天，高歡對高季式說：「你用飲酒殺了我的孫主簿，魏收處理文書不合我的心意，司徒高敖曹曾經說有個辦事謹慎細密的人，是誰？」高季式用高司徒的記室廣宗人陳元康來回應，說：「這個人能在夜間摸黑寫字，是一個辦事快捷幹練的官吏。」高歡召見陳元康，見一面就授給他大丞相功曹之職，掌管機密事務，升遷為大行臺都官郎。當時軍國政務繁雜，陳元康有問必答，沒有不知道的。高歡有次外出，臨走時，留陳元康在後方，高歡在馬背上下達九十多條命令，陳元康屈指數來，一條一條全都能記憶。陳元康和功曹平原人趙彥深共同掌管機密，當時人並稱兩人為陳、趙。而陳元康的地位在趙彥深之上，他的個性又柔順謹慎，高歡非常親近他，說：「像這樣的人，真是難得，這是上天賜給我的啊。」趙彥深，名叫隱，以表字稱呼於世。

東魏丞相高歡派阿至羅進逼西魏秦州刺史万俟普，高歡又另派軍隊策應他。

三月初七日戊申，梁朝丹楊人陶弘景去世。陶弘景學識淵博，多才多藝，愛好養生之術。在齊朝擔任奉朝請，拋棄官職，隱居茅山。梁武帝早就與他交好，等到當了皇帝，對待陶弘景的恩惠和禮遇非常優厚，每次得到陶弘景的書信，都要焚香恭敬地接受。多次親筆寫信召請陶弘景，陶弘景始終不出山。朝廷每當有吉凶和征討的大事，沒有不事先諮詢他的，一個月內往往要通好幾次信，當時人稱陶弘景為「山中宰相」。陶弘景臨死，作詩說：「夷甫任散誕，平叔坐論空。豈悟昭陽殿，遂作單于宮！」當時的士大夫競相談論玄學義理，不練習軍事，因此陶弘景的詩觸及這種情況。

三月十三日甲寅，東魏任命華山王元鷙為大司馬。○西魏任命涼州刺史李叔仁為司徒，万俟洛為太宰。

夏，四月二十五日乙未，梁朝任命驃騎大將軍、開府同三司之儀元法僧為太尉。

梁尚書右丞考城人江子四向皇上上祕密諫章，極力論述國家政治的得失。五月初三日癸卯，梁武帝下詔說：「古人有這樣的話，『屋漏在上，知之在下。』朕有過錯，不能自己覺察，江子四等人密章所說的情況，尚書可時時調查，對百姓有害的事，應該及時詳細上報。」

五月二十八日戊辰，東魏高盛去世。〇西魏越勒肱去世。

西魏秦州刺史万俟普和他的兒子太宰万俟洛、豳州刺史叱干寶樂、右衛將軍破六韓常，以及督將三百多人投奔東魏，丞相宇文泰率領輕裝騎兵追趕他們，追到黃河以北一千多里，沒有追上就回來了。

秋，七月初一日庚子，東魏大赦天下。

梁武帝對待北魏降將賀拔勝等人十分優厚，賀拔勝請求討伐高歡，梁武帝不同意。賀拔勝等人想回北方，前荊州大都督撫寧人史寧對賀拔勝說：「朱异說的話，梁武帝沒有不聽從的，請你好好結交他。」賀拔勝聽從了。梁武帝允許賀拔勝、史寧，以及盧柔都回到北方，親自在南苑設宴送行，賀拔勝感念梁武帝的恩德，從此看到向南去的鳥獸都不射殺。賀拔勝等人走到襄城，東魏丞相高歡派侯景用輕騎兵截擊他們，賀拔勝等人棄船，從山間小路逃歸長安，跟隨的人又凍又餓，在路上死的有大半。到了長安後，進宮請罪，西魏文帝拉著賀拔勝的手流淚歎息說：「皇帝逃難，這是天意，不是你的過錯。」丞相宇文泰引用盧柔為從事中郎，與蘇綽一同掌管機密。

九月初四日壬寅，東魏任命定州刺史侯景兼尚書右僕射、南道行臺，統領眾將侵犯梁朝。〇西魏任命扶風王元孚為司徒，斛斯椿為太傅。

冬，十月初八日乙亥，梁武帝下詔大舉討伐東魏。東魏侯景領兵七萬進犯楚州，俘獲楚州刺史桓和，進軍淮上，梁朝南、北兩司州刺史陳慶之打敗侯景，侯景丟棄輜重逃走。十一月初二日己亥，梁朝撤回北伐的軍隊。

西魏又重新把始祖神元皇帝改稱為太祖，把道武皇帝改稱為烈祖。

十二月，東魏任命并州刺史尉景為太保。〇初六日壬申，東魏派使臣到梁朝請求和好，梁武帝同意了。〇東魏清河文宣王元亶去世。〇十一日丁丑，東魏丞相高歡督率諸將討伐西魏，又派司徒高敖曹趕赴上洛，大都督竇泰趕赴潼關。○十七日癸未，東魏任命咸陽王元坦為太師。

這一年，西魏關中大饑荒，人吃人，死的人佔了七八成。

三年（丁巳　西元五三七年）

春，正月，上祀南郊，大赦。

東魏丞相歡軍蒲坂，造三浮橋，欲度河。魏丞相泰軍廣陽❶，謂諸將曰：「賊掎❷吾三面，作浮橋以示必度，此欲綴❸吾軍，使竇泰得西入耳。歡自起兵以來，竇泰常為前鋒，其下多銳卒，屢勝而驕，今襲之，必克，克泰，則歡不戰自走矣。」諸將皆曰：「賊在近，捨而襲遠，脫有蹉跌❹，悔何及也！不如分兵禦之。」丞相泰曰：「歡再攻潼關❺，吾軍不出灞上，今大舉而來，謂吾亦當自守，有輕我之心，乘此襲之，何患不克？賊雖作浮橋，未能徑度，不過五日，吾取竇泰必矣！」行臺左丞蘇綽、中兵參軍❻代人達奚武❼亦以為然。庚戌❽，丞相泰還長安，諸將意猶異同。丞相泰隱其計，以問族子直事郎中❾深❿，深曰：「竇泰，歡之驍將，今大軍攻蒲坂，則歡拒守而泰救之，吾表裏受敵，此危道也。不如選輕銳潛出小關⓫，竇泰躁急，必來決戰，歡持重未即救，我急擊泰，必可擒也。擒泰則歡勢自沮，回師擊之，可以決勝。」丞相泰喜曰：「此吾心也。」乃聲言欲保隴右。辛亥⑫，謁魏王而潛軍東出，癸丑旦⑬，至小關。竇泰猝聞軍至，自風陵度，丞相泰出馬牧澤⑭，擊竇泰，大破之，士眾皆盡，竇泰自殺，傳首長安。丞相歡以河冰薄，不得赴救，撤浮橋而退，儀同代人薛孤延⑮為殿⑯，一日之中[1]斫十五刀折⑰，乃得免。丞相泰亦引軍還。

高敖曹自商山⑱轉鬬而進，所向無前，遂攻上洛⑲。郡人泉岳及弟猛略與順陽人杜窋等謀翻城應之，洛州刺史泉企知之，殺岳及猛略。杜窋走歸敖曹，敖曹以為鄉導而攻之。敖曹被流矢，通中者三⑳，殞絕㉑良久，復上馬，免冑巡城。企固守旬餘，二子元禮、仲遵㉒力戰拒之，仲遵傷目，不堪復戰，城遂陷。企見敖曹曰：「吾力屈，非心服也。」敖曹以杜窋為洛州刺史。敖曹創甚，曰：「恨不見高季式㉓[2]作刺史。」丞相歡聞之，即以季式為濟州刺史。

敖曹欲入藍田關㉔，歡使人告曰：「竇泰軍沒，人心恐動，宜速還，路險賊盛，拔身可也㉕。」敖曹不忍棄眾，力戰，全軍而還，以泉企、泉元禮自隨，泉仲遵以傷重不行。企私戒二子曰：「吾餘生無幾，汝曹才器足以立功，勿以吾在東，遂虧臣節。」元禮於路逃還。泉、杜雖皆為土豪，鄉人輕杜而重泉。元禮、仲遵陰結豪右，襲峃，殺之，魏以元禮世襲洛州刺史。

二月丁亥[26]，上耕藉田。◯己丑[27]，以尚書左僕射何敬容為中權將軍[28]，護軍將軍[29]蕭淵藻[30]為左僕射，右僕射謝舉[31]為右光祿大夫[32]。◯魏槐里[33]獲神璽[34]，大赦。

三月辛未[35]，東魏遷七帝神主[36]入新廟，大赦。◯魏斛斯椿卒。

夏，五月，魏以廣陵王欣為太宰，賀拔勝為太師。

六月，魏以扶風王孚為太保，梁景叡為太傅，廣平王贊為太尉，開府儀同三司武川王盟[37]為司空。

東魏丞相歡遊汾陽[38]之天池[39]，得奇石，隱起成文曰「六王三川」。以問行臺郎中陽休之[40]，對曰：「六者，大王之字[41]；王者，當王天下。河、洛、伊為三川，涇、渭、洛[42]亦為三川。大王若受天命，終應奄有[43]關、洛。」歡曰：「世人無事常言我反，況聞此乎？慎勿妄言！」休之，固[44]之子也。行臺郎中中山杜弼[45]承間[46]勸歡受禪[47]，歡舉杖擊走之。

東魏遣兼散騎常侍李諧[48]來聘，以吏部郎盧元明[49]、通直侍郎[50]李業興[51]副之。諧，平[52]之孫。元明，昶[53]之子也。秋，七月，諧等至建康[54]，上引見，與語，應對如流。諧等出，上目送之，謂左右曰：「朕今日遇勍敵[55]。卿輩常[3]言北間全無人物，此等何自而來！」是時鄴下言風流者，以諧及隴西李神儁[56]、范陽盧元明、北海王元景[57]、弘農楊遵彥[58]、清河崔贍[59]為首。神儁名挺，寶[60]之孫。元景名昕，憲[61]之曾孫也。皆以字行。贍，㥄[62]之子也。

時南、北通好，務以俊乂[63]相誇，銜命[64]接客，必盡一時之選[65]，無才地[66]者不得與焉。每梁使至鄴，鄴下為之傾動，貴勝子弟盛飾聚觀，禮贈優渥，館門成市[67]。宴日，高澄常使左右覘[68]之，一言制勝，澄為之拊掌[69]。魏使至建康亦然。

獨孤信求還北，上許之。信父母皆在山東[70]，上問信所適，信曰：「事君者不敢顧私親而懷貳心。」上以為義，禮送甚厚。信與楊忠皆至長安，上書謝罪。魏以信有定三荊之功，遷驃騎大將軍，加侍中、開府儀同三司，餘官爵如故。丞相泰愛楊忠之勇，留置帳下。

魏宇文深勸丞相泰取恆農。八月丁丑[71]，泰帥李弼等十二將伐東魏，以北雍州刺史于謹為前鋒，攻盤豆[72]，拔之。戊子[73]，至恆農。庚寅[74]，拔之，擒東魏陝州刺史李徽伯[75]，俘其戰士八千。

時河北[76]諸城多附東魏，左丞楊檦[77]自言父猛[78]嘗為邵郡[79]白水[80]令，知其豪傑，請往說之，以取邵郡，泰許之。檦乃與土豪王覆憐等舉兵，收邵郡守程保及縣令四人，斬之。表覆憐為郡守，遣諜說諭東魏城堡，旬月之間，歸附甚眾。東魏以東雍州刺史司馬恭鎮正平[81]，司空從事中郎聞喜裴邃[82]欲攻之，恭棄城走，泰以楊檦行正平郡事。

上修長干寺阿育王塔[83]，出佛爪髮舍利[84]。辛卯[85]，上幸寺，設無礙食[86]，大赦。

九月，柔然為魏侵東魏三堆[87]，丞相歡擊之，柔然退走。

行臺郎中杜弼以文武在位多貪汙，言於丞相歡，請治之。歡曰：「弼來，我語爾：天下貪汙，習俗已久。今督將家屬[88]多在關西，宇文黑獺常相招誘，人情去留未定。江東[89]復有一[4]吳翁[90]蕭衍，專事衣冠禮樂，中原士大夫望之以為正朔[91]所在。我若急正綱紀，不相假借，恐督將盡歸黑獺，士子悉奔蕭衍，人物流散，何以為國？爾宜少待，吾不忘之。」

歡將出兵拒魏，杜弼請先除內賊。歡問內賊為誰，弼曰：「諸勳貴掠奪百姓者是也。」歡不應，使軍士皆張弓注矢，舉刀，按矟，夾道羅列，命弼冒出[92]其間，弼戰慄流汗。歡乃徐諭之曰：「矢雖注不射，刀雖舉不擊，矟雖按不刺，爾猶亡魄失膽。諸勳人身犯鋒鏑，百死一生，雖或貪鄙，所取者大，豈可同之常人也？」弼乃頓首謝不及。

歡每號令軍士，常令丞相屬[93]代郡張華原宣旨，其語鮮卑則曰：「漢民是汝奴，夫為汝耕，婦為汝織，輸汝粟帛，令汝溫飽，汝何為陵之[94]？」其語華人[95]則曰：「鮮卑是汝作客[96]，得汝一斛粟、一匹絹，為汝擊賊，令汝安寧，汝何為疾之？」

時鮮卑共輕華人，唯憚高敖曹。歡號令將士，常鮮卑語，敖曹在列，則為之華言[97]。敖曹返自上洛，歡復以為軍司、大都督，統七十六都督。以司空侯景為西道大行臺，與敖曹及行臺任祥、御史中尉[98]劉貴[99]、豫州刺史堯雄、冀州刺史万俟洛同治兵於虎牢。敖曹與北豫州刺史鄭嚴祖[100]握槊[101]，貴召嚴祖，敖曹不時遣[102]，枷其使者。使者曰：「枷則易，脫則難。」敖曹以刀就枷刎之，曰：「又何難！」貴不敢校[103]。明日，貴與敖曹坐，外白治河役夫多溺死，貴曰：「一錢漢[104]，隨之死[105]。」敖曹怒，拔刀斫貴，貴走出還營，敖曹鳴鼓會兵，欲攻之，侯景、万俟洛共解諭，久之乃止。敖曹嘗詣相府，門者不納，敖曹引弓射之，歡知而不責。

閏月甲子[106]，以武陵王紀[107]為都督益、梁等十三州諸軍事、益州刺史。

東魏丞相歡將兵二十萬自壺口[108]趣蒲津，使高敖曹將兵三萬出河南。時關中饑，魏丞相泰所將將士不滿萬人，館穀[109]於恆農五十餘日，聞歡將濟河，乃引兵入關，高敖曹遂圍恆農。歡右長史薛琡言於歡曰：「西賊連年饑饉，故冒死來入陝州[110]，欲取倉粟。今敖曹已圍陝城，粟不得出，但置兵諸道，勿與野戰，比及麥秋[111]，其民自應餓死，寶炬、黑獺何憂不降！願勿度河。」侯景曰：「今茲舉兵，形勢極大，萬一不捷，猝難收斂。不如分為二軍，相繼而進，前軍若勝，後軍全力；前軍若敗，後軍承之。」歡不從，自蒲津濟河。

丞相泰遣使戒華州刺史王羆，羆語使者曰：「老羆當道臥，貉子那得過！」歡至馮翊[112]城下，謂羆曰：「何不早降？」羆大呼曰：「此城是王羆冢，死生在此。欲死者來。」歡知不可攻，乃涉洛，軍於許原[113]西。

泰至渭南，徵諸州兵，皆未會。欲進擊歡，諸將以眾寡不敵，請待歡更西以觀其勢。泰曰：「歡若至長安，則人情大擾，今及其遠來新至，可擊也。」即造浮橋於渭，令軍士齎三日糧，輕騎度渭，輜重自渭南夾渭而西。冬，十月壬辰[114]，泰至沙苑[115]，距東魏軍六十里。諸將皆懼，宇文深獨賀。泰問其故，對曰：「歡鎮撫河北，甚得眾心，以此自守，未易可圖。今懸師渡河，非眾所欲，獨歡恥失竇泰，愎諫(116)而來，所謂忿兵(117)，可一戰擒也。事理昭然，何為不賀？願假深一節(118)，發王羆之兵邀其走路(119)，使無遺類。」泰遣須昌縣公達奚武覘歡軍，武從三騎，皆效歡將士衣服，日暮，去營數百步下馬，潛聽得其軍號，因上馬歷營，若警夜者，有不如法，往往撻之，具知敵之情狀而還。

歡聞泰至，癸巳(120)，引兵會之。候騎告歡軍且至，泰召諸將謀之，開府儀同三司李弼曰：「彼眾我寡，不可平地置陳，此東十里有渭曲(121)，可先據以待之。」泰從之，背水東西為陳，李弼為右拒，趙貴為左拒，命將士皆偃戈於葦中，約聞鼓聲而起。晡時(122)，東魏兵至渭曲，都督太安斛律羌舉(123)曰：「黑獺舉國而來，欲一死決，譬如猘狗(124)，或能噬人。且渭曲葦深土濘，無所用力，不如緩與相持，密分精銳徑掩長安，巢穴既傾，則黑獺不戰成擒矣。」歡曰：「縱火焚之，何如？」侯景曰：「當生擒黑獺以示百姓，若眾中燒死，誰復信之？」彭樂盛氣請鬭，曰：「我眾賊寡，百人擒一，何憂不克！」歡從之。東魏兵望見魏兵少，爭進擊之，無復行列。兵將交，丞相泰鳴鼓，士皆奮起，于謹等六軍與之合戰，李弼等[5]帥鐵騎橫擊之，東魏兵中絕為二，遂大破之。李弼弟櫆(125)，身小而勇，每躍馬陷陳，隱身鞍甲之中，敵見皆曰：「避此小兒！」泰歎曰：「膽決如此，何必八尺之軀！」征虜將軍武川耿令貴(126)殺傷多，甲裳盡赤，泰曰：「觀其甲裳，足知令貴之勇，何必數級！」彭樂乘醉深入魏陳，魏人刺之，腸出，內之復戰。丞相歡欲收兵更戰，使張華原以簿(127)歷營點兵，莫有應者，還，白歡曰：「眾盡去，營皆空矣！」歡猶未肯去。阜城侯斛律金(128)曰：「眾心離散，不可復用，宜急向河東。」歡據鞍未動，金以鞭拂馬，乃馳去。夜，度河，船去岸遠，歡跨橐駝就船，乃得度。喪甲士八萬人，棄鎧仗十有八萬。丞相泰追歡至河上，選留甲士二萬餘人，餘悉縱歸。都督李穆曰：「高歡破膽矣，速追之，可獲。」泰不聽。還軍渭南，所徵之兵甫至，乃於戰所人植柳一株以旌武功。

侯景言於歡曰：「黑獺新勝而驕，必不為備，願得精騎二萬，徑往取之。」歡以告婁妃，妃曰：「設如其言，景豈有還理？得黑獺而失景，何利之有？」歡乃止。

魏加丞相泰柱國大將軍，李弼等[6]十二將(129)皆進爵增邑有差。○高敖曹聞歡敗，釋恆農，退保洛陽。

己酉(130)，魏行臺宮景壽等向洛陽，東魏洛州大都督韓賢擊走之。州民韓木蘭作亂，賢擊破之。一賊匿戶間，賢自按檢收鎧仗，賊欻起[131]斫之，斷脛而卒。

魏復遣行臺馮翊王季海[132]與獨孤信將步騎二萬趣洛陽，洛州刺史李顯趣三荊，賀拔勝、李弼圍蒲坂。

東魏丞相歡之西伐也，蒲坂民敬珍[133]謂其從祖兄祥[134]曰：「高歡迫逐乘輿，天下忠義之士皆欲傳[7]刃[135]於其腹。今又稱兵西上，吾欲與兄起兵斷其歸路，此千載一時也。」祥從之，糾合鄉里，數日，有眾萬餘。會歡自沙苑敗歸，祥、珍帥眾邀之，斬獲甚眾。賀拔勝、李弼至河東，祥、珍帥猗氏[136]等六縣十餘萬戶歸之。丞相泰以珍為平陽[137]太守，祥為行臺郎中。

東魏秦州刺史薛崇禮守蒲坂，別駕薛善[138]，崇禮之族弟也，言於崇禮曰：「高歡有逐君之罪，善與兄忝[139]衣冠緒餘[140]，世荷國恩，今大軍已臨，而猶為高氏固守，一旦城陷，函首送長安，署為逆賊，死有餘愧，及今歸款，猶為愈也。」崇禮猶豫不決。善與族人斬關納魏師，崇禮出走，追獲之。丞相泰進軍蒲坂，略定汾、絳[141]，凡薛氏預開城之謀者，皆賜五等爵。善曰：「背逆歸順，臣子常節，豈容闔門大小俱叨[142]封邑？」與其弟慎[143]固辭不受。

東魏行晉州[144]事封祖業[145]棄城走，儀同三司薛脩義追至洪洞[146]，說祖業還守。

祖業不從。脩義還據晉州，安集固守。魏儀同三司長孫子彥[147]引兵至城下，脩義開門伏甲以待之，子彥不測虛實，遂退走。丞相歡以脩義為晉州刺史。

獨孤信至新安[148]，高敖曹引兵北度河。信逼洛陽，洛州刺史廣陽王湛棄城歸鄴，信遂據金墉城[149]。孝武帝[8]之西遷也，散騎常侍河東裴寬[150]謂諸弟曰：「天子既西，吾不可以東附高氏。」帥家屬逃於大石嶺[151]。獨孤信入洛，乃出見之。時洛陽荒廢，人士流散，惟河東柳虯[152]在陽城[153]，裴諏之[154]在潁川[155]，信俱徵之，以虯為行臺郎中，諏之為開府屬。

東魏潁州長史賀若統[156]執刺史田迄[157]，舉城降魏，魏都督梁迴[9]入據其城。前通直散騎侍郎鄭偉[158]起兵陳留[159]，攻東魏梁州[160]，執其刺史鹿永吉[161]。前大司馬從事中郎崔彥穆[162]攻滎陽[163]，執其太守蘇淑[164]，與廣州長史劉志[165]皆降於魏。偉，先護[166]之子也。丞相泰以偉為北徐州刺史，彥穆為滎陽太守。

十一月，東魏行臺任祥帥督將堯雄、趙育、是云寶[167]攻潁川，丞相泰使大都督宇文貴、樂陵公遼西怡峯[168]將步騎二千救之。軍至陽翟[169]，雄等軍已去潁川三十里，祥帥眾四萬繼其後。諸將咸以為彼眾我寡，不可爭鋒。貴曰：「雄等謂吾兵少，必不敢進。彼與任祥合兵攻潁川，城必危矣。若賀若統陷沒，吾輩坐此何為？今進據潁川，有城可守，又出其不意，破之必矣！」遂疾趨，據潁川，背城為陳以待。雄等至，合戰，大破之，雄走，趙育請降，俘其士卒萬餘人，悉縱遣之。任祥聞雄敗，不敢進，貴與怡峯乘勝逼之，祥退保宛陵[170]，貴追及，擊之，祥軍大敗。是云寶殺其陽州刺史那椿，以州[171]降魏。魏以貴為開府儀同三司，是云寶、趙育為車騎大將軍。

都督杜陵韋孝寬[172]攻東魏豫州，拔之，執其行臺馮邕。孝寬名叔裕，以字行。

丙子[173]，東魏以驃騎大將軍、儀同三司万俟普為太尉。○司農[174]張樂皋[175]等聘于東魏。

十二月，魏行臺楊白駒與東魏陽州刺史段粲戰於蓼塢[176]，魏師敗績。

魏荊州刺史郭鸞攻東魏東荊州刺史清都慕容儼[177]，儼晝夜拒戰，二百餘日，乘間出擊鸞，大破之。時河南諸州多失守，唯東荊獲全。

河間邢磨納[178]、范陽盧仲禮[179]、仲禮從弟仲裕[180]等皆起兵海隅[181]以應魏。

東魏濟州刺史高季式有部曲千餘人，馬八百匹，鎧仗皆備。濮陽[182]民杜靈椿等為盜，聚眾近萬人，攻城剽野，季式遣騎三百，一戰擒之，又擊陽平賊路文徒[183] [10] 等，悉平之。於是遠近肅清。或謂季式曰：「濮陽、陽平[184]乃畿內之郡，不奉詔命，又不侵境，何急而使私軍185遠戰？萬一失利，豈不獲罪乎？」季式曰：「君何言之不忠也？我與國家同安共危，豈有見賊而不討乎？且賊知臺軍猝不能來，又不疑外州有兵擊之，乘其無備，破之必矣。以此獲罪，吾亦無恨。」

【章　旨】以上為第三段，記西元五三七年史事。本年大事東西魏兩次大規模會戰，都是勢強的東魏高歡先發制人進討西魏，但高歡恃眾而驕，均未抓住戰機而失敗；西魏宇文泰籌策妙算，以弱勝強，以少勝眾，積極應戰而獲勝。西魏擴張，東魏縮小，一漲一消而近於勢均力敵。這一年，梁朝通好東魏。

【注　釋】❶廣陽　縣名，縣治在今陝西臨潼北。❷掎　牽制。❸綴　吸引住。❹蹉跌　失足跌倒，以比喻出現差錯。❺再攻潼關　此前高歡於永熙三年（西元五三四年）、大統元年（西元五三五年）二攻潼關，這是第三次進攻。❻中兵參軍　官名，王公軍府屬官，掌本府中兵曹，備府主諮詢。❼達奚武　（西元五〇四—五七〇年）複姓達奚，字成興，代人，善騎射，屢立戰功，西魏文帝時，進位大將軍，封高陽郡公。入周，拜柱國，進封鄭國公。官至太傅。傳見《周書》卷十九、《北史》卷六十五。❽庚戌　正月十四日。❾直事郎中　官名，即尚書直事郎中，尚書省屬官，位在諸曹郎之上。❿深　宇文深（？—西元五六八年），字奴干，性鯁直，有謀略，受宇文泰器重，常參與籌劃軍政大事。入周，封安化縣公，官至司會中大夫。傳見《周書》卷二十七、《北史》卷五十七。⓫小關　關名，在潼關北邊。⓬辛亥　正月十五日。⓭癸丑旦　正月十七日凌晨。⓮馬牧澤　地名，在潼關北邊的古桃林塞，那裡水草豐澤，是放牧軍馬的地方，因而得名。⓯薛孤延　複姓薛孤，一作薩孤，代（今河北蔚縣）人，驍勇善戰，常任前鋒。東魏時，以功封平秦郡公。入齊，別賜爵都昌縣公，拜太子太傅。傳見《北齊書》卷十九、《北史》卷五十三。⓰為殿　押後。⓱十五刀折　拼死抗擊宇文泰追兵，接連砍斷了十五把刀。⓲商山　山名，在今陝西商州東南。⓳上洛　郡名，治所上洛城，在今陝西商州。⓴通中者三　有三支箭射穿軀體。㉑殞絕　死亡。此作昏死解。㉒元禮仲遵　泉元禮，少有志氣，好弓馬。仕西魏，官至車騎大將軍。泉仲遵，一名恭。仕西魏，爵上洛郡公，官至左衛將軍、金州刺史。傳見《周書》卷四十四、《北史》卷六十六。㉓高季式　高敖曹的弟弟。㉔藍田關　關名，即嶢關，在今陝西藍田。㉕拔身可也　一人脫身就可以了。㉖丁亥　二月二十二日。㉗己丑　二月二十四日。㉘中權將軍　將軍名號，南朝梁天監六年置，僅授予在京師任職的官員，為天監七年所定武職二十四班之二十三班。㉙護軍將軍　官名，掌監督京師以外諸軍，權任頗重。梁十五班。㉚蕭淵藻　（西元四八三—五四九年）字靖藝，梁武帝之姪，封西昌縣侯，官至尚書左僕射、侍中、中書令，頗受梁武帝器重。侯景之亂，絕食死。傳見《梁書》卷二十三、《南史》卷五十一。㉛謝舉　（？—西元五四八年）字言揚，陳郡陽夏人，仕梁，官至侍中、尚書令。與何敬容齊名。傳見《梁書》卷三十七、《南史》卷二十。㉜右光祿大夫　官名，是散官，無職事，以供顧問。梁十六班。㉝槐里　縣名，縣治在今陝西興平東南。㉞神璽　疑是漢代帝王八璽之一。此璽以鎮中國，藏而不用。㉟辛未　三月丙申朔，無辛未。《魏書·孝靜帝紀》、《北史·孝靜帝紀》均作「四月辛未」，則是四月六日。《通鑑》誤。㊱七帝神主　道武、明元、太武、文成、獻文、孝文、宣武七帝的廟主牌位。㊲武川王盟　武川王元盟（？—西元五四五年），字子仵，祖居樂浪（今朝鮮平壤），後移居武川。西魏長樂郡公、太傅。傳見《周書》卷二十、《北史》卷六十一。㊳汾陽　縣名，縣治在今山西靜樂西。㊴天池　在管涔山上，湖面方一里有餘。在今山西寧武西南。㊵陽休之　（西元五〇七—五八二年）字子烈，右北平無終（今天津市薊縣）人，東魏末，官至中軍將軍兼侍中。仕齊，封燕郡王。入北周，進位上開府，官和州刺史。傳見《魏書》卷七十二、《北齊書》卷四十二、《北史》卷四十七。㊶六者二句　高歡字賀六渾，有「六」字。㊷洛　此洛水為關中之北洛河，源出陝北白于山，南至華陰入渭水。㊸奄有　擁有。㊹固　陽固，字敬安，北魏洛陽令。性剛直不阿，居官清廉。傳見《魏書》卷七十二、《北史》卷四十七。㊺杜弼　（西元四九一—五五九年）字輔弼，中山曲陽（今河北曲陽）人，高歡親信，典掌機密，封定陽縣侯。入齊，以定策功，別封長安縣伯。傳見《北齊書》卷二十四、《北史》卷五十五。㊻承間　趁機。㊼受禪　指接受東魏主禪讓帝位。㊽李諧　字虔和，頓丘人。北魏彭城侯，位至大司農。傳見《魏書》卷六十五、《北史》卷四十三。㊾盧元明　字幼章，范陽涿人。博覽群書，性好玄理。東魏孝靜帝時，曾官散騎常侍，監修起居注。傳見《魏書》卷四十七、《北史》卷三十。㊿通直侍郎　官名，即通直散騎侍郎，集書省官員掌侍從諭議。從五品。(51)李業興　上黨長子（今山西長子）人。東魏時官至國子祭酒、太原太守，是有名學者。傳見《魏書》卷八十四、《北史》卷八十一。(52)平　李平，字曇定，北魏武邑郡公。歷任中書令、吏部尚書，掌處機密十餘年，名噪一時。傳見《魏書》卷六十五、《北史》卷四十三。(53)昶　盧昶，字叔達，仕北魏，曾任黃門侍郎、散騎常侍、吏部尚書等職，中庸守職，無創見。傳見《魏書》卷四十七、《北史》卷三十。(54)建康　梁都城，在今江蘇南京。(55)勍敵　勁敵。(56)李神儁　即李挺（西元四七八—五四一年），小名提，隴西狄道人。北魏千乘縣侯，累遷散騎常侍、驃騎大將軍、儀同三司。東魏時官至侍中。傳見《魏書》卷三十九、《北史》卷一百。(57)王元景　即王昕（？—西元五五九年），北海劇（今山東昌樂）

人，德行學業，為人師表。北齊時曾任祕書監。傳見《魏書》卷三十三、《北齊書》卷三十一、《北史》卷二十四。58楊遵彥 即楊愔。59崔瞻 （西元五一九—五七二年）《北齊書》作崔瞻。字彥通。仕北齊，襲爵武城公，官至驃騎大將軍、銀青光祿大夫。傳見《北齊書》卷二十三、《北史》卷二十四。60寶 李寶（西元四〇七—四五九年），魏敦煌公。傳見《魏書》卷三十九、《北史》卷一百。61憲 王憲（西元三七八—四六六年），魏北海公。傳見《北史》卷二十四。62悛 崔悛（西元四九四—五五四年），字長孺，清河東武城人，北魏武城縣公。傳見《魏書》卷六十九、《北齊書》卷二十三、《北史》卷二十四。63俊乂 有才德的人士。64銜命 奉命出使。65盡一時之選 選用當時最傑出的人才。66才地 才幹和門第。67館門成市 客館門外，人群攢集，如同集市。68覘 窺視。69拊掌 擊掌，含叫好的意思。70山東 地區名，泛指崤山以東、長江以北地區。又稱作關東。此指東魏。71丁丑 八月十四日。72盤豆 城名，在今河南靈寶境內。73戊子 八月二十五日。74庚寅 八月二十七日。75李徽伯 即李裔（？—西元五三七年），字徽伯，趙郡平棘（今河北趙縣）人，東魏固安縣伯，陝州刺史。傳見《魏書》卷三十六、《北史》卷三十三。76河北 黃河以北。此專指今晉南地區。77楊檦 字顯進，正平高涼（今山西新絳西南）人，西魏肥如侯，建州刺史，鎮守正平，屢立戰功。後軍敗降北齊。傳見《周書》卷三十四、《北史》卷六十九。78猛 楊猛，曾任過縣令。79邵郡 郡名，治所陽胡城，在今山西垣曲。80白水 縣名，縣治在今山西垣曲。81正平 郡名，治所正平，在今山西新絳。82裴邃 河東聞喜人，西魏澄城縣子，安東將軍、銀青光祿大夫。傳見《周書》卷三十七、《北史》卷三十八。83長干寺阿育王塔 佛寺名，在今江蘇南京秦淮河南。84出佛爪髮舍利 出土佛指甲、頭髮和身骨舍利子。事詳《南史》卷七十八〈扶南傳〉。85辛卯 八月二十八日。86無礙食 即無遮食，意思是開佛法大會，向到場的所有僧眾施捨齋飯。87三堆 縣名，縣治在今山西靜樂。88督將家屬 指可朱渾道元、万俟普、劉豐生諸部下大將的親屬。89江東 泛指三國時吳國孫氏政權轄地。90吳翁 蕭衍轄地與孫吳略同，故歡戲稱他為吳翁。91正朔 正為一年之始，朔是一月之始，都是夏曆的專用語。於此比喻中華正統。92冒出 突然出現。93丞相屬 官名，丞相府各曹副主管。94陵之 欺侮他們。95華人 指漢族人。96作客 雇工。97華言 漢族語言。98御史中尉 官名，原稱御史中丞，北魏時置此官，用來督察百官。99劉貴 （？—西元五三九年）秀容陽曲（今山西陽曲西南）人，爾朱榮親信，北魏敷城縣公。後轉投高歡，以嚴酷著稱。傳見《北齊書》卷十九、《北史》卷五十三。100鄭嚴祖 滎陽開封人。輕躁薄行，東魏孝靜帝初官鴻臚卿。傳見《北史》卷三十五。101握槊 傳自西域少數民族的賭博遊戲，如同「雙陸」一類。102不時遣 不立即遣回。103不敢校 不敢計較。104一錢漢 說漢族人賤，不值一錢。105隨之死 隨便他們死，不必管。106甲子 閏九月二日。107武陵王紀 蕭紀（西元五〇八—五五三年），字世詢，梁武帝第八子，封武陵王。侯景之亂，紀稱帝於蜀。與其兄梁元帝蕭繹爭國，戰敗而死。傳見《梁書》卷五十五、《南史》卷五十三。[108]壺口　山名，在今山西吉縣西。[109]館穀　旅居就食。[110]陝州　州名，治所陝城，在今河南陝縣。[111]麥秋　指夏曆四月。[112]馮翊　郡名，治所高陵，在今陝西高陵。[113]許原　地名，在今陝西富平西南。[114]壬辰　十月一日。[115]沙苑　地名，在今陝西大荔南、渭水與洛水之間。[116]愎諫　不聽勸諫。[117]忿兵　因忿怒而草率發兵。[118]一節　一軍令憑證。節，符節。[119]走路　退路。[120]癸巳　十月二日。[121]渭曲　地名，渭水彎道處，在今陝西大荔東南。[122]晡時　黃昏時分。[123]斛律羌舉　複姓斛律，名羌舉，太安（今山西壽陽西）人，世任部落酋長。仕東魏，歷任清州、東夏州刺史，封密縣侯。傳見《北齊書》卷二十、《北史》卷五十三。[124]猘狗　瘋狗。[125]檦　李檦（？—西元五六四年），字靈傑，本貫遼東襄平，西魏時改作隴西成紀人，膽略過人。西魏驃騎大將軍，封封山縣公。入周，進爵汝南郡公。傳見《周書》卷十五、《北史》卷六十。[126]耿令貴　即耿豪（西元五一六—五五〇年），本名令貴，鉅鹿（今河北晉州）人，兇悍狂傲，仕西魏，以軍功位至侍中、驃騎大將軍、開府儀同三司。宇文泰每優容相待。傳見《周書》卷二十九、《北史》卷六十六。[127]簿　花名冊。[128]斛律金　（西元四五八—五三七年）字阿六敦，朔州敕勒部（在今內蒙古黑河流域）人，性敦直，善騎射。隨高歡起義於信都，屢立戰功，封石城郡公。入齊，封咸陽郡王，位左丞相。傳見《北齊書》卷十七、《北史》卷五十四。[129]十二將　即李弼、獨孤信、梁禦、趙貴、于謹、若干惠、怡峯、劉亮、王德、侯莫陳崇、李遠、達奚武等人。[130]己酉　十月十八日。[131]欻起　突然躍起。[132]季海　元季海，字元泉，北魏宗室。隨孝武帝入關，封馮翊王，位中書令，遷司空。傳見《北史》卷十五。[133]敬珍　字國寶，河東蒲坂人，位至絳州刺史。傳見《周書》卷三十五。[134]祥　敬祥，拜龍驤將軍，領相里防主。傳見《周書》卷三十五。[135]傳刃　插入刀子。傳，同「剸」。[136]猗氏　縣名，縣治在今山西臨猗。[137]平陽　郡名，治所白馬城，在今山西臨汾西南。[138]薛善　字仲良，河東汾陰（今山西萬榮西南）人，北魏官至司農少卿，封博平縣公。入周，位至少傅。傳見《周書》卷三十五、《北史》卷三十六。[139]忝　愧為。自謙之詞。[140]衣冠緒餘　意為士大夫末尾，謙詞。[141]汾絳　皆州名。汾，南汾州，治所文城，在今山西吉縣。絳，絳州，治所玉壁，在今山西稷山縣。[142]叨　辱承。謙稱。[143]慎　薛慎，字佛護，有文才，善草書。西魏時任宇文泰行臺學師，數年後任禮部郎中，拜膳部下大夫。入周，封淮南縣子，出任湖州刺史。傳見《周書》卷三十五、《北史》卷三十六。[144]晉州　州名，治所白馬城，在今山西臨汾。[145]封祖業　（西元四八七—五四〇年）名延之，字祖業，封隆之的弟弟。有吏才。仕東魏，封郟縣子，曾官青州刺史。傳見《魏書》卷三十二、《北齊書》卷二十一、《北史》卷二十四。[146]洪洞　縣名，縣治在今山西洪洞。[147]長孫子彥　複姓長孫，本名儁。北魏孝武帝入關，封高平郡公，位儀同三司。西魏大統中，官至太子太傅。傳見《北史》卷二十二。⑭新安　縣名，縣治在今河南澠池縣東。⑭金墉城　城名，在今河南洛陽東，俗稱阿斗城。⑮裴寬　字長寬，河東聞喜（今山西聞喜）人，西魏車騎大將軍。入周，爵夏陽縣子。任沔州刺史時，被陳人所擒，死於建康。傳見《周書》卷三十四、《北史》卷三十八。⑮大石嶺　山名，在今河南伊川縣西南。⑮柳虯　（西元五〇一—五五四年）字仲盤，《周書》本傳作仲蟠。河東解（今山西運城西南解州鎮）人，仕西魏，封美陽縣男。官至祕書監，加車騎大將軍、儀同三司。傳見《周書》卷三十八、《北史》卷六十四。⑮陽城　縣名，縣治在今河南登封東南。⑮裴諏之　字士正，河東聞喜人。博聞強記，號「洛陽遺彥」。傳見《魏書》卷八十八、《北齊書》卷三十五、《北史》卷三十八。⑮潁川　郡名，治所潁陰，在今河南許昌。⑮賀若統　複姓賀若，代人，東魏潁州長史，降西魏，拜散騎常侍、兗州刺史，封當陽縣公。傳見《周書》卷二十八、《北史》卷六十八。⑮田迄　《魏書》、《北齊書》、《周書》均作「田迅」。疑《通鑑》誤。⑮鄭偉　（西元五一五—五七一年）字子直，小名闍提，滎陽開封（今河南開封西南）人，爾朱氏作亂，一度隨父降梁。北魏孝武帝西遷，隱居鄉里。後歸從宇文泰，屢立戰功，任中軍將軍，封襄城郡公。傳見《周書》卷三十六、《北史》卷三十五。⑮陳留　郡名，治所浚儀，在今河南開封西北。⑯梁州　州名，治所大梁城，在今河南開封西北。⑯鹿永吉　即鹿悆，字永吉，濟陰乘氏（今山東菏澤）人，北魏時爵定陶縣侯，官至金紫光祿大夫，兼尚書右僕射。傳見《魏書》卷七十九、《北史》卷四十六。⑯崔彥穆　（？—西元五八一年）以字行，清河東武城（今河北清河縣西）人，有才學，被時人譽為王佐之才。投西魏，轉入宇文泰幕府，兼掌文翰。入周，位上大將軍、襄州總管，爵東郡公。傳見《周書》卷三十六、《北史》卷六十七。⑯滎陽　縣名，縣治在今河南滎陽。也是滎陽郡郡治。⑯蘇淑　字仲和，武邑（今河北武邑）人，東魏晉陽男，歷任滎陽、中山太守，是當時著名的循吏。傳見《魏書》卷八十八、《北史》卷八十六。⑯劉志　（？—西元五七〇年）本名思，宇文泰賜名志，弘農華陰人，入周，封魯公，任刑部中大夫，執法公允。傳見《周書》卷三十六。⑯先護　鄭先護，北魏平昌郡公。被爾朱仲遠所害。傳見《魏書》卷五十六、《北史》卷三十五。⑯趙育是云寶　皆人名。趙育，西魏車騎大將軍。是云寶，西魏大將軍、涼州刺史，封洞城郡公。死於與吐谷渾人的戰鬥。並見《周書》卷十九〈宇文貴傳〉。⑯怡峯　（西元五〇〇—五四九年）原姓默台，字景阜，遼西人，以驍勇聞名。西魏車騎大將軍、開府儀同三司，爵樂陵郡公。傳見《周書》卷十七、《北史》卷六十五。⑯陽翟　縣名，縣治在今河南禹州。⑰宛陵　縣名，當作苑陵，縣治在今河南新鄭東北。⑰州　即陽州，州名，治所宜陽，在今河南宜陽。⑰韋孝寬　（西元五〇九—五八〇年）本名叔裕，以字行，京兆杜陵（今陝西西安東南）人，西魏名將，爵建忠郡公。入周，位柱國，封鄖國公。定滅北齊之策。傳見《周書》卷三十一、《北史》卷六十四。⑰丙子十一月十五日。(174)司農　官名，司農卿之省稱，南朝梁置，為十二卿之一，掌國家農業、倉儲、宮廷供給事務，十一班。(175)張樂皋　梁朝使者。《魏書》卷六十九、卷八十五、卷九十八與《北史》卷八十三、《南史》卷七均作「張皋」。疑「樂」字是衍文。又胡三省注認為「司農」下有脫文，當是。(176)蓼塢　塢壁名，在今陝西潼關北。(177)慕容儼　（？—西元五七〇年）字恃德，清都成安人，通兵法，工騎射。東魏時以戰功除膠州刺史。入北齊，爵義安王，出為光州刺史。傳見《北齊書》卷二十、《北史》卷五十三。(178)邢磨納　人名，一作摩納。(179)盧仲禮　名禮，字仲禮。(180)仲裕　《魏書》和《北史》均作「盧景裕，字仲孺」，疑《通鑑》誤。景裕小字白頭，好經學，世號居士。以《周易》注傳世。傳見《魏書》卷八十四、《北史》卷三十。(181)海隅　沿海地區。此指河間郡，即今河北獻縣一帶，范陽郡即今河北涿州，均屬濱海地區。(182)濮陽　郡名，治所鄄城，在今山東鄄城縣北。(183)路文徒　人名。(184)陽平　郡名，治所館陶，在今河北館陶。(185)私軍　高季式部曲由他私人供衣食軍械，對他本人效忠，不用政府糧餉，所以稱私軍。

【校　記】[1]之中　原無此二字，據章鈺校，甲十一行本、乙十一行本、孔天胤本皆有此二字。張敦仁《通鑑刊本識誤》、張瑛《通鑑校勘記》同，今據補。[2]高季式　原無「高」字。據章鈺校，甲十一行本、乙十一行本、孔天胤本皆有此字，今據補。[3]常　原作「嘗」。據章鈺校，甲十一行本、乙十一行本、孔天胤本皆作「常」，今據改。[4]一　原無此字。據章鈺校，甲十一行本、乙十一行本、孔天胤本皆有此字，今據補。[5]等　原無此字。據章鈺校，甲十一行本、乙十一行本、孔天胤本皆有此字，今據補。[6]等　原無此字。據章鈺校，甲十一行本、乙十一行本、孔天胤本皆有此字，張敦仁《通鑑刊本識誤》同，今據改。[7]傳　原作「剸」。據章鈺校，甲十一行本、乙十一行本皆作「傳」，今據改。[8]孝武帝　原無「帝」字。據章鈺校，甲十一行本、乙十一行本、孔天胤本皆有此字，今據補。[9]梁迴　原作「梁迴」。據章鈺校，甲十一行本、乙十一行本、孔天胤本皆作「梁迴」，張敦仁《通鑑刊本識誤》同，今據改。按，《魏書・孝靜帝紀》作「梁回」。[10]文徒　嚴衍《通鑑補》改作「叔文」。按，《北齊書・高乾傳附高季式傳》作「文徒」。

【語　譯】三年（丁巳　西元五三七年）

春，正月，梁武帝在南郊舉行祭祀典禮，大赦天下。

東魏丞相高歡駐軍蒲坂，建造三座浮橋，想要渡過黃河。西魏丞相宇文泰駐軍廣陽，對諸將說：「敵人從三個方面牽制我們，建造浮橋表示必渡黃河，這是想吸引住我軍，使竇泰能從西面進攻我軍。高歡自從起兵以來，竇泰經常充當前鋒，他的部下有很多精銳的士兵，多次打勝仗而驕橫，現今偷襲他們，一定能取勝。打敗了竇泰，那麼高歡就不戰自退了。」諸將都說：「敵人就在近處，我軍捨近而襲擊遠敵，萬一有了失誤，後悔哪來得及！不如分兵抵擋他們。」丞相宇文泰說：「高歡前兩次進攻潼關，我軍沒有離開灞上，現今大舉而來，認為我軍仍然自守，有輕視我軍的心理，趁這個時機偷襲他，哪能不打勝仗呢？敵人雖然建造了浮橋，但還不能立即渡河，不超過五天時間，我一定能捉獲竇泰！」行臺左丞蘇綽、中兵參軍代人達奚武也認為是這樣。正月十四日庚戌，丞相宇文泰回到長安，諸將的意見仍然不一致。丞相宇文泰隱瞞自己的計謀，故意詢問宗族姪兒直事郎中宇文深，宇文深說：「竇泰，是高歡的勇將，現今我們大軍進攻蒲坂，那麼高歡堅守不出，而竇泰救援他，我軍腹背受敵，這是最危險的道路。不如挑選輕裝的精銳部隊偷偷從小關出去，竇泰驕橫急躁，一定來決戰，高歡老成持重不會立即救援，我軍迅速攻擊竇泰，一定可以抓獲他。抓獲了竇泰，那麼高歡的氣勢自然衰落，我軍回頭攻擊他，定能取勝。」丞相宇文泰高興地說：「這正是我的主意。」於是揚言要死守隴右。十五日辛亥，宇文泰拜見西魏文帝，然後悄悄率軍從東面出發，十七日癸丑凌晨，到達小關。竇泰突然聽說西魏軍到來，從風陵渡過黃河，丞相宇文泰從馬牧澤出擊，進攻竇泰，大獲全勝，竇泰全軍覆沒而自殺，他的首級送到長安。丞相高歡因河冰薄，不能趕赴救援，撤浮橋退軍，儀同代人薛孤延擔任後衛，一天之內砍壞了十五把戰刀，才得以逃脫。丞相宇文泰也率軍返還長安。

高敖曹從商山且戰且進，所向無敵，直攻到上洛城，上洛郡人泉岳和他弟弟泉猛略與順陽人杜窋等商議翻出城去接應高敖曹，洛州刺史泉企知道這件事，就殺了泉岳和泉猛略。杜窋逃走歸附了高敖曹。高敖曹用杜窋為嚮導進攻上洛城。高敖曹遇到流矢，三枝箭射穿了他的身體，昏死了好長時間，又上馬，脫了甲冑巡察州城。泉企堅守州城十多天，他的兩個兒子泉元禮、泉仲遵努力抵抗敵軍，仲遵傷了眼睛，無法繼續戰鬥，州城於是陷落了。泉企見到高敖曹說：「我兵力衰弱而敗，不是內心服你。」高敖曹任命杜窋為洛州刺史。高敖曹傷勢轉重，說：「我遺憾見不到我弟弟高季式做刺史。」丞相高歡得知此事，立即任用高季式為濟州刺史。

高敖曹想攻入藍田關，高歡派人告諭說：「竇泰全軍覆沒，人心恐怕動搖，應當迅速撤回，路途險阻，敵軍勢盛，你能脫身就可以了。」高敖曹不忍心丟下部隊，奮力交戰，保全了軍隊，撤了回來，把泉企、泉元禮帶在身邊，泉仲遵因為傷勢太重沒有隨行。泉企私下告誡兩個兒子說：「我剩下的日子不多了，你們的才能器識足以建立功業，不要因為我在東魏，就喪失了做臣子的節操。」泉元禮在路途中逃回。泉、杜兩姓雖然都是上洛的土著大姓，但家鄉人都看輕杜氏而敬重泉氏。泉元禮、泉仲遵暗中交結富豪大姓，襲擊杜窋，殺了他。西魏讓泉元禮世襲洛州刺史。

二月二十二日丁亥，梁武帝舉行親耕藉田典禮。〇二十四日己丑，梁朝任命尚書左僕射何敬容為中權將軍，護軍將軍蕭淵藻為左僕射，右僕射謝舉為右光祿大夫。〇西魏槐里縣發現神璽，因而大赦天下。

三月辛未日，東魏把七位已故皇帝的靈位移進新廟，大赦天下。〇西魏斛斯椿去世。

夏，五月，西魏任命廣陵王元欣為太宰，賀拔勝為太師。

六月，西魏任命扶風王元孚為太保，梁景叡為太傅，廣平王元贊為太尉，開府儀同三司武川王元盟為司空。

東魏丞相高歡遊汾陽的天池，揀到奇石，隱隱約約顯現文字「六王三川」。高歡詢問行臺郎中陽休之，陽休之回答說：「六就是大王的字，王就是應當統治天下。黃河、洛水、伊川為三川，涇水、渭水、洛水也是三川。大王如果稟承天命，最終應該擁有關中、河洛。」高歡說：「當世的人沒有事就經常說我反叛朝廷，何況聽到你這一番話？你千萬不要亂說！」陽休之，是陽固的兒子。行臺郎中中山人杜弼乘機會勸高歡受禪，高歡舉起手杖趕走了他。

東魏派遣兼散騎常侍李諧出使梁朝，任命吏部郎盧元明、通直侍郎李業興兩人為副使。李諧，是李平的孫子。盧元明，是盧昶的兒子。秋，七月，李諧等人到達建康，梁武帝接見，與他們說話，應答如流。李諧等走出朝堂，梁武帝目送他們，對身邊的人說：「朕今天遇上勁敵了，你們經常說北方完全沒有有才德的人，這幾個人是從哪來的呢！」當時人說到鄴城風流人物，都以李諧，以及隴西人李神儁、范陽人盧元明、北海人王元景、弘農人楊遵彥、清河人崔贍為首。李神儁，名挺，是李寶的孫子。王元景，名昕，是王憲的曾孫。他們都以表字稱呼於世。崔贍，是崔㥄的兒子。

當時，南北兩朝友好往來，競相以擁有人才而誇耀，奉命出使和接待來賓，定要挑選當時最傑出的人才，沒有才氣和門地的人是不能參與的。每當梁朝使者到了鄴城，鄴城都為之轟動，貴族子弟都打扮得非常漂亮聚在一起觀看，贈送禮品十分優厚，使者下榻的客館，門前成了街市。舉行宴會的日子，高澄常派出身邊的人觀察，有一句妙語佔了上風，高澄就為他鼓掌叫好。東魏的使者到了建康，也是這樣。

獨孤信請求回到北方，梁武帝同意了。獨孤信的父母都在東魏，梁武帝問獨孤信回到哪裡，獨孤信說：「侍奉國君的人不敢顧及私親而有兩心。」梁武帝認為獨孤信忠義，送給他很貴重的禮品。獨孤信與楊忠都回到了長安，上書請罪。西魏因獨孤信有安定三荊的功勞，晉升他為驃騎大將軍，加官侍中、開府儀同三司，以前擔任的官爵照舊不變。丞相宇文泰深愛楊忠的勇敢，把他留在自己身邊。

西魏宇文深勸丞相宇文泰奪取恆農郡，八月十四日丁丑，宇文泰率領李弼等十二將討伐東魏，任命北雍州刺史于謹為前鋒，進攻盤豆城，攻下了該城。二十五日戊子，到達恆農。二十七日庚寅，攻下了恆農，抓獲東魏陝州刺史李徽伯，還俘虜了他的戰士八千人。

當時黃河北岸多數州城都依附東魏，西魏丞相左丞楊檦自稱他的父親楊猛曾經做過邵郡白水縣縣令，瞭解當地的豪傑，請求前往遊說他們，以便奪取邵郡，宇文泰同意了。楊檦就與土豪王覆憐等拉起一支軍隊，抓獲了邵郡郡守程保以及縣令等四人，全都殺了。楊檦上表推薦王覆憐為邵郡郡守，派出間諜遊說東魏的城邑，不到一月的時間，歸附的人很多。東魏任命東雍州刺史司馬恭鎮守正平，西魏司空從事中郎聞喜人裴邃打算進攻司馬恭，司馬恭丟下州城逃走了，宇文泰任命楊檦代行正平郡政事。

梁武帝修建長干寺阿育王塔，出土了佛的爪髮和舍利。八月二十八日辛卯，梁武帝到長干寺，舉行無遮大會，大赦天下。

九月，柔然為策應西魏而侵犯東魏的三堆，丞相高歡反擊柔然，柔然退走。

東魏行臺郎中杜弼因在職文武大臣許多人貪汙，向丞相高歡稟報，請求懲治他們。高歡說：「杜弼你過來，我告訴你：天下為官的人貪汙，成為習俗已經很久了。現今帶兵將領的家屬大多在關西，宇文黑獺經常引誘招降他們，人心的去留都沒有確定。而江東又有一個老頭蕭衍，成天搞儒家衣冠禮樂，中原的士大夫人心嚮往，認為那兒才是正統王朝。我們如果急於整肅法紀，毫不寬容，恐怕武將都將歸附宇文黑獺，文臣士大夫們全都投奔蕭衍，文武人才都流失了，用什麼治理國家？你應當稍稍等待，我不會忘記這件事。」

高歡準備出兵抗擊西魏，杜弼請求先清除內賊。高歡問內賊是誰，杜弼回答說：「那些掠奪百姓的各位功臣貴族就是。」高歡不接話，而讓軍士們都張滿弓箭，舉起戰刀，握著長矛，夾道排列，命令杜弼突然從中間穿過，杜弼發抖流汗。高歡才慢慢開導他說：「弓箭拉滿沒射出，戰刀高舉沒砍下，長矛拿著沒刺擊，你已經失魂喪膽。各位功臣貴族親身冒犯鋒鏑，百死一生，雖然有的人貪婪鄙陋，但可取之處是主要方面，豈能等同常人？」杜弼這才磕頭謝罪，表示自己的不足。

高歡每次向士兵發布命令，經常讓丞相屬代郡人張華原傳達，他對鮮卑人講話就說：「漢民是你們的奴僕，男人替你們耕種，婦女替你們紡織，供給你們糧食布帛，讓你們穿暖吃飽，你們為什麼欺陵他們？」對漢人講話則說：「鮮卑人是你們的雇工，得了你們一斛糧食，一匹絹帛，替你們打擊賊寇，讓你們得到安寧，你們為什麼恨他們？」

當時鮮卑人普遍看不起漢民，唯獨敬畏高敖曹。高歡對將士發布命令，經常用鮮卑語，高敖曹在隊列，就為了他而改用漢語。高敖曹從上洛回來，高歡仍任命他為軍司、大都督，統領七十六個都督。任命司空侯景為西道大行臺，與高敖曹以及行臺任祥、御史中尉劉貴、豫州刺史堯雄、冀州刺史万俟洛一起在虎牢訓練軍隊。高敖曹與北豫州刺史鄭嚴祖玩握槊遊戲，劉貴召喚鄭嚴祖，高敖曹沒有及時讓鄭嚴祖離去，還用木枷鎖住劉貴的使者。使者說：「給我戴枷容易，脫枷就難了。」高敖曹用戰刀在木枷上砍掉了使者的人頭，說：「這有什麼難處！」劉貴不敢和高敖曹計較。第二天，劉貴與高敖曹共坐，外邊報告說修治黃河的民伕許多人被淹死，劉貴說：「不值一錢的漢民，隨他死去。」高敖曹大怒，拔刀砍劉貴，劉貴逃出回到自己的軍營，高敖曹擊鼓聚集部隊，打算進攻劉貴，侯景、万俟洛一起勸說，很長時間才罷休。高敖曹曾經到相府，門衛不讓進，高敖曹拉弓射門衛，高歡知道了但沒有責備。

閏九月初二日甲子，梁朝任命武陵王蕭紀為都督益州・梁州等十三州諸軍事、益州刺史。

東魏丞相高歡率軍二十萬從壺口直奔蒲津，派高敖曹率兵三萬到黃河以南。當時關中發生饑荒，西魏丞相宇文泰率領的將士不足一萬人，在恆農駐紮就食五十多天，得知高歡將要渡過黃河，於是率兵進入關中，高敖曹趁勢包圍恆農。高歡右長史薛琡對高歡說：「西魏連年災荒，所以冒死來進入陝州，想奪取庫存糧食。如今高敖曹已經圍困了陝城，糧食無法運出，只要我們派兵防守在各處要道，不要與西魏軍在曠野作戰，等到麥秋時候，西魏民眾自然就餓死了，何愁元寶炬、宇文黑獺不投降！希望不要渡過黃河。」侯景說：「這次出兵，規模很大，萬一打不了勝仗，匆忙中很難收拾局面，不如分為兩軍，前後相接行進，前軍如果取得勝利，後軍全力追擊；如果前軍打了敗仗，後軍繼續戰鬥。」高歡不聽從，從蒲津渡過黃河。

西魏丞相宇文泰派人告誡華州刺史王羆，王羆告訴使者說：「我老羆在路當中橫臥，狐貉哪能通得過！」高歡進軍到馮翊城下，對王羆說：「為何不早投降？」王羆大喊著說：「這座城是王羆的墳墓，是死是活都在這裡，想死的就上來。」高歡知道不能進攻，就渡過洛水，駐軍許原西邊。

宇文泰到達渭水南岸，徵調各州兵馬，都沒有集中。宇文泰想進攻高歡，眾將認為寡不敵眾，請求等高歡再往西進以後，看形勢再做決定。宇文泰說：「高歡如果到達長安，就會人心驚慌，如今趁他們從遠方剛剛到來，是可以進攻的。」當天就在渭水造浮橋，下令軍隊帶上三天的糧食，用輕裝騎兵渡過渭水，輜重沿渭水南岸夾渭水西進。冬，十月初一日壬辰，宇文泰到達沙苑，距離東魏軍六十里。西魏軍眾將領都非常恐懼，只有宇文深一人慶賀。宇文泰問宇文深慶賀的原因，宇文深回答說：「高歡鎮撫黃河以北，很得人心，憑著這一優勢自保，不容易征服他。如今他孤軍渡河，不是他部眾想做的事，只有高歡以損失了竇泰為恥，不聽勸諫而來，這正是在氣頭上出兵，可一戰就活捉他。這道理是明擺著的，為什麼不慶賀呢？希望丞相授我一個符節，去徵調王羆的軍隊，切斷高歡的退路，使他們一個也活不了。」宇文泰派遣須昌縣公達奚武偵察高歡軍，達奚武帶領三個騎兵，都仿效高歡軍隊的服裝，太陽下山的時候，他們行進到離敵營數百步的地方下馬，偷聽到了敵人的口令，然後上馬巡視敵軍營壘，就像巡夜的人，遇上不守軍規的敵方士兵，往往鞭打一頓，把敵情摸得一清二楚才返回。

高歡得知宇文泰到來，十月初二日癸巳，便領兵與他交戰。偵察騎兵報告說高歡軍即將到達，宇文泰召集眾將商議對策，開府儀同三司李弼說：「敵眾我寡，不能在平地布陣，這裡的東邊十里有個地方叫渭曲，可以搶先佔據等待敵軍到來。」宇文泰聽從了，背靠渭水向東西布下陣勢，李弼為右陣拒敵，趙貴為左陣拒敵，命令將士都埋伏在蘆葦中，約定聽到鼓聲就奮起殺敵。黃昏時分，東魏兵到達渭曲，都督太安人斛律羌舉說：「宇文黑獺率領西魏全國的兵力而來，想決一死戰，就像一條瘋狗，有時也能咬人。況且渭曲蘆葦茂密，地上泥濘，無法施展力量，不如緩慢與他相持，祕密派出一支精銳軍隊直接偷襲長安，一旦敵人的巢穴摧毀了，那麼不用交戰，宇文黑獺就成俘虜了。」高歡說：「放火焚燒他，怎麼樣？」侯景說：「應當活捉宇文黑獺給老百姓看，如果在眾人中燒死了，誰還相信呢？」彭樂氣盛，請求出戰，說：「我眾敵寡，一百人抓一個，何愁不勝！」高歡聽從了。東魏兵看見西魏兵少，爭先攻擊西魏兵，亂了隊形。雙方兵士將要接觸，丞相宇文泰擂響戰鼓，西魏伏兵都奮起戰鬥，于謹等眾軍與他們合戰，李弼等人率領鐵騎攔腰攻擊東魏兵，東魏兵被切斷成為兩部分，於是大敗東魏兵。李弼的弟弟李檦身材矮小而勇猛，每次躍馬衝入敵陣，藏身在鞍甲之中，東魏兵見了他都說：「快躲開這小子！」宇文泰讚歎說：「膽量和意志如此，何必要八尺高的身軀！」征虜將軍武川人耿令貴殺傷多人，甲冑衣裳都被血染紅了。宇文泰說：「看他的甲冑衣裳，就足以知道耿令貴的勇敢了，何必計算他取敵首級的數量！」彭樂乘醉衝入敵陣，西魏軍刺他，腸子流了出來，他把腸子塞進肚子繼續戰鬥。丞相高歡想收攏部隊重新戰鬥，派張華原按花名冊到各營清點兵士，沒有應聲的人，就返回向高歡報告說：「兵眾全跑了，營盤都空了！」高歡仍然不肯撤離。阜城侯斛律金說：「士兵的心都渙散了，不可再用，應當盡快去往河東。」高歡坐在馬鞍上不動，斛律金用鞭打馬，這才奔馳而去。夜晚，渡河，船離岸很遠，高歡騎駱駝去上船，才渡過了黃河。損失甲士八萬人，丟棄的鎧甲兵仗十八萬件。

西魏丞相宇文泰追擊高歡直到黃河邊，從俘虜中選留了甲士兩萬多人，其餘的全都放他們回去了。都督李穆說：「高歡已經嚇破了膽，迅速追擊，可以活捉他。」宇文泰沒有聽從。班師回到渭南，徵調的士兵才剛剛到達，於是就在打仗的地方每人栽一棵柳樹用以表彰這次勝利。

侯景對高歡說：「宇文黑獺剛打了勝仗而驕傲，一定不設防備，我願率領精銳騎兵兩萬，直接前去活捉他。」高歡把侯景的話告訴了婁妃，婁妃說：「假如真像侯景說的那樣，侯景哪有回來的道理？得到宇文黑獺而丟了侯景，有什麼利益呢？」高歡於是制止了侯景出兵。

西魏給宇文泰加官柱國大將軍，李弼等十二個將領都進封爵位和增加食邑各有等次。〇高敖曹得知高歡失敗，解除了對恆農的包圍，退回洛陽。

十月十八日己酉，西魏行臺宮景壽等攻向洛陽，東魏洛州大都督韓賢打退了宮景壽。洛州州民韓木蘭趁機叛亂，韓賢打敗了韓木蘭。有一個叛賊藏在屍體中，韓賢親自檢查收拾鎧仗，藏匿的叛賊突然跳起砍殺韓賢，韓賢因小腿被砍斷而死。

西魏又派行臺馮翊王元季海與獨孤信率領步騎兩萬趕赴洛陽，洛州刺史李顯趕赴三荊，賀拔勝、李弼圍攻蒲坂。

東魏丞相高歡討伐西魏的時候，蒲坂平民敬珍對他的族兄敬祥說：「高歡逼走了孝武帝，天下忠義的士人都想把刀子刺進他的肚子。如今他又向西魏大舉進兵，我想和兄長起兵切斷他的歸路，這是千載難逢的機會啊。」敬祥聽從了，兩人聚結鄉里，幾天就有一萬多人。恰遇高歡從沙苑敗逃回來，敬祥、敬珍率領兵眾截擊高歡，殺死和俘虜了高歡的許多將士。賀拔勝、李弼到了河東，敬祥、敬珍率領猗氏等六縣十餘萬戶民眾歸降了他們。丞相宇文泰任用敬珍為平陽太守，敬祥為行臺郎中。

東魏秦州刺史薛崇禮鎮守蒲坂，別駕薛善，是薛崇禮的堂弟，對薛崇禮說：「高歡有驅逐國君的罪行，我薛善與兄長愧為士族的後代，世代蒙受國家恩惠，如今西魏大軍已到，我們還在替高歡堅守城池，一旦城破，我們的頭顱被砍下裝在匣子裡送往長安，定罪名為叛國賊，就是死了也仍有慚愧，趁現在投降，還不算晚啊。」薛崇禮猶豫不決，薛善與族人劈開了城門，接納西魏軍，崇禮出城逃跑，被追捕抓獲。丞相宇文泰進兵蒲坂，平定了汾州、絳州，凡是薛氏參與了謀劃打開城門的人，都賜給五等爵。薛善說：「背叛反賊歸順朝廷，是臣子應有的節操，豈能全族大小都蒙受封邑？」他和弟弟薛慎堅決推辭，不肯接受。

東魏代理晉州刺史封祖業棄城逃走，儀同三司薛脩義追到洪洞縣，勸說封祖業回到晉州守城。封祖業沒有聽從。薛脩義回來據有晉州，整頓兵馬固守。西魏儀同三司長孫子彥領軍到了城下，薛脩義打開城門埋伏甲士等待他，長孫子彥不知虛實，就撤退了。丞相高歡任命薛脩義為晉州刺史。

獨孤信到新安時，高敖曹率兵向北渡過黃河。獨孤信逼近洛陽，洛州刺史廣陽王元湛丟下洛陽逃回鄴城，獨孤信於是佔據了金墉城。孝武帝向西遷移的時候，散騎常侍河東人裴寬對幾個弟弟說：「天子既然西去，我們不可以留在東邊依附高氏。」就帶著家屬逃到了大石嶺。獨孤信進入了洛陽，這才出來相見。當時洛陽荒廢，名人士族都流散了，只有河東人柳虯留在陽城，裴諏之留在潁川，獨孤信把他們都徵召出來，任用柳虯為行臺郎中，裴諏之為開府屬。

東魏潁州長史賀若統抓捕了刺史田迄，全城投降西魏，西魏都督梁迴進駐潁州城，原通直散騎侍郎鄭偉在陳留起兵，攻打東魏的梁州，擒獲了梁州刺史鹿永吉。原大司馬從事中郎崔彥穆攻打滎陽，擒獲了滎陽太守蘇淑，與廣州長史劉志一同投降西魏。鄭偉，是鄭先護的兒子。丞相宇文泰任用鄭偉為北徐州刺史，崔彥穆為滎陽太守。

十一月，東魏行臺任祥帥領督將堯雄、趙育、是云寶進攻潁川，丞相宇文泰派大都督宇文貴、樂陵公遼西人怡峯率領步騎兩千人救援潁川，援軍到陽翟，堯雄等軍已距離潁川只有三十里路，而任祥率領四萬大軍緊隨其後。西魏眾將領都認為敵眾我寡，不可迎敵交戰。宇文貴說：「堯雄等認為我軍兵少，一定不敢前進。他與任祥合兵攻打潁川，潁川城就危險了。如果賀若統城破身亡，我們停留在這裡幹什麼？現今進據潁川，有城可守，又出其不意，打敗東魏兵是肯定的！」於是急速前行，佔據了潁川，背靠州城布陣以待。堯雄等到達潁川，兩軍交戰，大敗東魏軍，堯雄逃走，趙育請求投降，俘獲東魏將士一萬餘人，全部釋放了。任祥得知堯雄兵敗，不敢進軍，宇文貴與怡峯乘勝進逼任祥，任祥退保宛陵，宇文貴追上了任祥，攻擊他，任祥軍大敗。是云寶殺了東魏陽州刺史那椿，帶領陽州軍民投降西魏。西魏任命宇文貴為開府儀同三司，是云寶、趙育為車騎大將軍。

都督杜陵人韋孝寬攻打東魏豫州，佔領了豫州，抓獲了東魏行臺馮邕。韋孝寬，名叔裕，以表字行世。

十一月十五日丙子，東魏任命驃騎大將軍、儀同三司万俟普為太尉。○梁朝司農張樂皐等出使東魏。

十二月，西魏行臺楊白駒與東魏陽州刺史段粲在蓼塢交戰，西魏軍大敗。

西魏荊州刺史郭鸞攻打東魏東荊州刺史清都人慕容儼，慕容儼日夜抵禦作戰，兩百多天，抓住機會出擊郭鸞，大敗西魏軍。當時東魏黃河以南各州城大多失守，只有東荊州得到保全。

河間人邢磨納、范陽人盧仲禮、盧仲禮的堂弟盧仲裕等都在沿海地區起兵響應西魏。

東魏濟州刺史高季式有親兵一千多人，戰馬八百匹，鎧甲兵器齊備。濮陽平民杜靈椿等當強盜，聚眾近萬人，攻佔城池，洗劫鄉野，高季式派遣三百騎兵，一戰抓獲了杜靈椿，又攻擊陽平的叛賊路文徒等，全部平定了他們。這樣一來，京畿遠近都安定了下來。有人對高季式說：「濮陽、陽平都是京畿內的郡縣，我們沒有接到皇帝討伐的詔令，盜賊又沒有侵犯我們濟州邊境，為什麼急急忙忙派出親兵遠出作戰？萬一打了敗仗，豈不招來罪責？」高季式說：「你怎麼說出這樣不忠的話啊？我和主公有福同享有難同當，哪有看到了盜賊而不征討的？況且盜賊明知政府軍倉猝間來不了，又認為外州的軍隊不來征討，我趁其不備，一定可以打敗他。因此獲得罪責，我也沒有什麼遺憾。」

【研　析】西元五三五至五三七年，南方的梁朝開始行用「大同」年號，這明顯帶有強烈的文化理想，而非政治、軍事追求。南方「士大夫競談玄理，不習武事」，在道教領袖陶弘景看來，是相當危險的事情，擔心西晉時士大夫談玄論道而亡國的悲劇即將重演。不過，在東魏執政者高歡看來，梁武帝蕭衍「制禮作樂」，發揮其文化上的優勢，「中原士大夫望之以為正朔所在」，殺傷力不可輕視。但對於高歡來說，宇文泰立元寶矩為皇帝，年號「大統」，不僅造成北魏政權事實上的分裂，而且宣示自己政權的正統性，才是首先得解決的問題。他不斷拉攏今鄂爾多斯、寧夏乃至青海草原的部族勢力，給西魏造成麻煩，並成功地與北方草原主復興的柔然實現「和親」。在一切準備妥當之後，關中發生大饑荒，「人相食，死者什七八」，更給高歡提供了難得的機會，於是在西元五三六年底至次年一年時間中，連續發起兩次大規模的軍事行動，試圖將宇文泰的政權扼殺於搖籃之中。

潼關之戰、沙苑之戰，充分顯示了宇文泰傑出的軍事才能。西元五三七年春天，東魏三路大軍西侵，高歡自率主力在山西西南擺出揮兵越過黃河、直下關中的態勢，其連襟竇泰率萬餘人進攻潼關，而勇將高昂率三萬人迂迴至商洛，兵指藍田關。任何一路得手，將會造成長安告急的嚴重局面。宇文泰採取「任你八方來，我自一面去」的策略，率不足萬人的部隊，奔襲輕敵冒進的竇泰部，於潼關附近將其全部殲滅，竇泰自殺。結果其他二路捲甲而逃。潼關之戰後，宇文泰率部出潼關，攻佔弘農，河南西南部地方勢力紛紛倒戈投誠，迫使高歡再次率大軍西進，宇文泰利用高歡狐疑持重的心理，率部於渭河北岸的沙苑預設伏擊陣地，高歡部下輕敵冒進，無復陣列，加上李弼率領的重裝騎兵橫衝敵陣，將其一分為二。結果高歡「喪甲士八萬人，棄鎧仗十有八萬」，不僅未能消滅宇文泰，反而給他提供了精銳士卒與裝備。此後雙方的戰爭將圍繞洛陽、河東局部地區的爭奪而展開，西魏已無亡國之虞，東、西魏對峙局面最終形成。

東、西魏對峙之初，東魏無論在版圖、軍事與經濟勢力、文化與人才等方面，相對於西魏，均有不可比擬的優勢。唐初政治家魏徵曾評價說：「控帶遐阻，西苞汾、晉，南極江、淮，東盡海隅，北漸沙漠，六國之地，我獲其五，九州之境，彼分其四。料甲兵之眾寡，校帑藏之虛實，折衝千里之將，帷幄六奇之士，比二方之優劣，無等級以寄言。」但最初強大的高氏政權並沒有壓服宇文泰集團，反而是宇文氏政權日漸強大，消滅高氏政權，重新統一北方，並為隋朝統一全國奠定基礎。本卷敘述的一些史實，可以使我們探尋雙方強弱易位的某些因素。

東、西魏創立之初，皇帝儘管都還姓元，但實際的統治者無疑分別是高歡與宇文泰。毫無疑問，政權的創立者，也會給這一政權創立之後數代的發展打下深刻的烙印。因而從本卷關於高歡執政方式的一些敘述中，我們可以大體瞭解東魏政權的基本面貌。

高歡本為懷朔鎮一戍兵，後因儀表出眾，被當地一個部落首領家的女兒看中，娶得富妻婁氏，「常以父母家財」相奉，才混得像個人物，但仍「被杖，背無完皮。」出身不能決定一切，但畢竟可以影響其看問題的方式。在當時北鎮武人當道、教育不興的大環境下，出身底層的高歡，文化或者說知識大體局限於生活環境習得與個人閱歷，治國興邦之道當無從涉及。他利用富妻提供的財物「結奔走之友」，在魏末北鎮武人暴動的機會，因多謀善變的個人品質，從爾朱氏手中獲得六鎮餘從的支配權，並在河北世家大族的支持下對爾朱氏倒戈一擊，成功地成為東魏的執政者。但不僅軍事上在與勢力弱小的宇文泰一方對壘時屢吃敗仗，統治策略也乏善可陳。

東魏創立之後，北鎮武人成為軍政大員，他們被視為新政權的「勳貴」。但除了能在戰場上拼命外，大體上都鄙陋無文。如鮮卑人斛律敦，因「敦」字實在難寫，改做筆畫較少的「金」字，仍寫不好，有人用「築屋」給他講解該字的寫法，才寫得像個樣子；敕勒人庫狄干，要在公文上簽名，「干」字這一豎，總是從下往上寫，被人取笑為「逆上穿錐」。這批鮮卑化的「勳貴」，挾北鎮時期產生的對於漢人的仇視心理，「共輕華人」。當有人向「勳貴」之一的劉貴報告整治黃河的民伕溺死過多時，他竟然稱「一錢漢，隨之死」，即是典型事例。對於東魏政權的總人口來說，北鎮武人畢竟是極少的一部分，高歡理應嚴加約束，一視同仁，以實現穩定的統治。但他「號令將士，常鮮卑語，(高)敖曹在列，則為之華言」，情感上更偏愛於鮮卑人。「語鮮卑則曰：『漢民是汝奴，夫為汝耕，婦為汝織，輸汝粟帛，令汝溫飽，汝何為陵之？』其語華人則曰：『鮮卑是汝作客，得汝一斛粟、一匹絹，為汝擊賊，令汝安寧，汝何為疾之？』」更可笑的是，當杜弼請求對「諸勳貴掠奪百姓者」加以懲治時，他竟讓武人在杜弼面前拔刀弄劍，嚇他個半死，並稱：「諸勳人身犯鋒鏑，百死一生，雖或貪鄙，所取者大，豈可同之常人也！」一支跋扈囂張、欺壓百姓的軍隊，打勝仗是偶然的，打敗仗則是必然的；一個擁有並借重於這種軍隊的政權，其難長久也是必然的。

宇文泰出身於武川上層，如我們在上卷分析中所說，他應具有相當的漢文化修養，儘管唐代史家劉知幾在《史通》一書中，反覆稱說宇文泰對華夏文化的瞭解可能比高歡還要差，但我們有足夠的理據證明劉知幾確實是搞錯了。西魏初創時期，對於宇文泰來說，最最緊迫的任務是軍事上抵禦高歡的進攻，保持政權的存在。但就是在這樣的局勢下，宇文泰也開始認真思考治國方略了，他對蘇綽的相知與重用，亦因於此。

蘇綽在宇文泰下面做中低級官員已過一年，辦事能力人所共知，並被稱為「有王佐之才」，即輔佐君王成就大業的人才。或許是宇文泰太過忙亂，或許一個中下級官員還不在他物色人才的視野中，他知道人們的評介，竟未十分注意。在一次捕魚休閒的途中，因蘇綽對於長安城掌故的熟悉而受到他的肯定，「因問天地造化之始，歷代興亡之迹。」蘇綽均能對答如流。宇文泰竟因此放棄觀賞捕魚活動，與蘇綽深談。先是「臥而聽之」，隨著談話深入，宇文泰起身「整衣危坐，不覺膝之前席，語遂達曙不厭」。遂決心「任之以政」。這一天一夜的深入交談，其歷史影響比劉備與諸葛亮的「隆中對」更為深遠。蘇綽給宇文泰講述的具體內容不見記錄，其表達的關於為政的核心思想，《通鑑》恰恰忽略不載，《周書》卷二十三《蘇綽傳》幸而保存，那就是「指陳帝王之道，兼述申韓之要」。也就是說，要以儒家思想作為治國核心，結合法家的治國方略，建設一個道合風同的社會，實現富國強兵。談話得看對象，否則言者諄諄，聽者藐藐，蘇綽的談論能深深的觸動宇文泰，當然是因現實的需要，但也表明宇文泰的接受與認知能力。否則，不免像杜弼那樣，招來一頓羞辱。高歡也在物色人才，並對趙彥深一見心儀，但他要的只是聽命自己敏於操辦具體事務的人，而不是大政方針的制定者。

# 卷第一百五十八

## 梁紀十四

起著雍敦牂（戊午　西元五三八年），盡閼逢困敦（甲子　西元五四四年），凡七年。

【題解】本卷載述西元五三八到五四四年，共七年間南北朝史事。時當梁武帝大同四年到十年，西魏文帝大統四年到十年，東魏孝靜帝元象元年、興和元年、二年、三年、四年、武定元年、二年。重點仍是寫東西兩魏爭戰，勢均力敵，進一步鞏固了北方的分裂形勢。其間東西兩魏著手整頓吏治，改革政治，檢括戶口，休養息民，出現了一些新氣象。梁朝無大事記述，梁武帝例行祭天、大赦、親耕籍田，無所作為，政治腐敗，交趾小小豪民的邊境反叛，不僅久征不下，而且顛倒是非，枉殺良將，梁朝呈現衰敗勢頭。

### 高祖武皇帝十四

大同四年（戊午　西元五三八年）

春，正月辛酉朔❶，日有食之。○東魏碭郡❷獲巨象，送鄴。丁卯❸，大赦，改元元象❹。

二月己亥❺，上耕藉田。

東魏大都督善無賀拔仁❻攻魏南汾州，刺史韋子粲❼降之，丞相泰滅子粲之族。東魏大行臺侯景等治兵於虎牢，將復河南諸州，魏梁迥、韋孝寬、趙繼宗❽皆棄城西歸。侯景攻廣州❾數旬[1]，未拔，聞魏救兵將至，集諸將議之，行洛州事❿盧勇⓫請進觀形勢。乃帥百騎至大隗山⓬，遇魏師。日已暮，勇多置幡旗於樹顛，夜，分騎為十隊，鳴角直前，擒魏儀同三司程華，斬儀同三司王征蠻而還。廣州守將駱超⓭[2]遂以城降東魏，丞相歡以勇行廣州事。勇，辯⓮之從弟也。於是南汾、潁、豫、廣四州復入東魏。

初，柔然頭兵可汗始得返國，事魏盡禮⓯。及永安⓰以後，雄據北方，禮漸驕倨⓱，雖信使不絕，不復稱臣。頭兵嘗至洛陽，心慕中國，乃置侍中、黃門等官。後得魏汝陽王⓲典籤⓳淳于覃，親寵任事，以為祕書監，使典文翰。及兩魏分裂，頭兵轉不遜，數為邊患。魏丞相泰以新都關中，方有事山東，欲結婚以撫之，以舍人元翌⓴女為化政公主，妻頭兵弟塔寒。又言於魏主，請廢乙弗后，納頭兵之女㉑。甲辰㉒，以乙弗后為尼，使扶風王孚迎頭兵女為后。頭兵遂留東魏使者元整㉓，不報其使。

三月辛酉㉔，東魏丞相歡以沙苑之敗，請解大丞相，詔許之。頃之，復故㉕。柔然送悼后㉖於魏，車七百乘，馬萬匹，駝二千頭。至黑鹽池㉗，遇魏所遣鹵簿㉘儀衛。柔然營幕，戶席皆東向㉙，扶風王孚請正南面㉚，后曰：「我未見魏主，固柔然女也。魏仗南面，我自東向。」丙子㉛，立皇后郁久閭氏。丁丑㉜，大赦。以王盟為司徒。丞相泰朝于長安，還屯華州。

夏，四月庚寅㉝，東魏高歡朝于鄴，壬辰㉞，還晉陽。

五月甲戌㉟，東魏遣兼散騎常侍鄭伯猷㊱來聘。

秋，七月，東魏荊州刺史王則㊲寇淮南㊳。

癸亥㊴，詔以東冶徒㊵李胤之㊶得如來舍利，大赦。

東魏侯景、高敖曹等圍魏獨孤信于金墉，太師歡帥大軍繼之。景悉燒洛陽內外官寺民居，存者什二三。魏主㊷將如洛陽拜園陵㊸，會信等告急，遂與丞相泰俱東，命尚書左僕射周惠達輔太子欽守長安，開府儀同三司李弼、車騎大將軍達奚武帥千騎為前驅。

八月庚寅㊹，丞相泰至穀城㊺，侯景等欲整陳以待其至，儀同三司太安莫多婁貸文[46]請帥所部擊其前鋒，景等固止之。貸文勇而專，不受命，與可朱渾道元以千騎前進，夜，遇李弼、達奚武於孝水[47]。弼命軍士鼓譟，曳柴揚塵，貸文走，弼追斬之，道元單騎獲免，悉俘其眾送恆農。

泰進軍瀍東[48]，侯景等夜解圍去。辛卯[49]，泰帥輕騎追景至河上，景為陳，北據河橋[50]，南屬邙山[51]，與泰合戰。泰馬中流矢驚逸[52]，遂失所之[53]。泰墜地，東魏兵追及之，左右皆散，都督李穆下馬，以策抶[54]泰背罵曰：「籠東[55]軍士！爾曹主[3]何在，而獨留此？」追者不疑其貴人，捨之而過。穆以馬授泰，與之俱逸。

魏兵復振，擊東魏兵，大破之。東魏兵北走。京兆忠武公[56]高敖曹，意輕泰，建旗蓋[57]以陵陳，魏人盡銳[58]攻之，一軍皆沒，敖曹單騎走投河陽[59]南城[60]。守將北豫州刺史高永樂[61]，歡之從祖兄子也，與敖曹有怨，閉門不受。敖曹仰呼求繩，不得，拔刀穿闔[62]未徹[63]而追兵至。敖曹伏橋下，追者見其從奴持金帶，問敖曹所在，奴指示之。敖曹知不免，奮頭[64]曰：「來！與汝開國公[65]。」追者斬其首去。高歡聞之，如喪肝膽，杖高永樂二百，贈敖曹太師、大司馬、太尉。泰賞殺敖曹者布絹萬段，歲歲稍與之，比及周亡，猶未能足。魏又殺東魏西兗州刺史宋顯[66]等，虜甲士萬五千人，赴河死者以萬數。

初，歡以万俟普尊老[67]，特禮之，嘗親扶上馬。其子洛免冠稽首[68]曰：「願出死力以報深恩。」及邙山之戰，諸軍北度橋，洛獨勒兵不動，謂魏人曰：「万俟受洛干在此，能來可來也！」魏人畏之而去，歡名其所營地為回洛。

是日，東、西魏置陳既大，首尾懸遠[69]，從旦至未[70]，戰數十合，氛霧四塞，莫能相知。魏獨孤信、李遠居右，趙貴、怡峯居左，戰並不利。又未知魏主及丞相泰所在，皆棄其卒先歸。開府儀同三司李虎、念賢等為後軍，見信等退，即與俱去。泰由是燒營而歸，留儀同三司長孫子彥守金墉。

王思政下馬，舉長矟左右橫擊，一舉輒踣[71]數人。陷陳既深，從者盡死，思政被重創，悶絕[72]，會日暮，敵亦收兵。思政每戰常著破衣弊甲，敵不知其將帥，故得免。帳下督雷五安於戰處哭求思政，會其已蘇，割衣裹創，扶思政上馬，夜久，始得還營。

平東將軍蔡祐[73]下馬步鬬，左右勸乘馬以備倉猝，祐怒曰：「丞相愛我如子，今日豈惜生乎？」帥左右十餘人合聲大呼，擊東魏兵，殺傷甚眾。東魏圍之十餘重，祐彎弓持滿，四面拒之。東魏人募厚甲長刀者直進取之，去祐可三十步，左右勸射之，祐曰：「吾曹之命，在此一矢，豈可虛發？」將至十步，祐乃射之，應弦而倒。東魏兵稍卻，祐徐引還。

魏主至恆農，守將[74]已棄城走，所虜降卒[75]在恆農者相與閉門拒守，丞相泰攻拔之，誅其魁首數百人。

蔡祐追及泰於恆農，夜，見泰，泰曰：「承先，爾來，吾無憂矣。」泰驚不得寢，枕祐股，然後安。祐每從泰戰，常為士卒先，戰還，諸將皆爭功，祐終無所言。泰每歎曰：「承先口不言動，我當代其論敘。」泰留王思政鎮恆農，除侍中、東道行臺。

魏之東伐也[4]，關中留守兵少，前後所虜東魏士卒散在民間，聞魏兵敗，謀作亂。李虎等至長安，計無所出，與太尉王盟、僕射周惠達等奉太子欽出屯渭北。百姓互相剽掠，關中大擾。於是沙苑所虜東魏都督趙青雀、雍州民于伏德等遂反，青雀[5]據長安子城[76]，伏德保咸陽[77]，與咸陽太守慕容思慶各收降卒以拒還兵。長安大城民相帥以拒青雀，日與之戰。大都督侯莫陳順[78]擊賊，屢破之，賊不敢出。順，崇之兄也。

扶風公王羆鎮河東，大開城門，悉召軍士謂曰：「今聞大軍失利，青雀作亂，諸人莫有固志。王羆受委於此，以死報恩。有能同心者可共固守；必恐城陷，任自出城。」眾感其言，皆無異志。

魏主留閿鄉[6]。丞相泰以士馬疲弊，不可速進，且謂青雀等烏合，不能為患，曰：「我至長安，以輕騎臨之，必當面縛。」通直散騎常侍[79]吳郡陸通[80]諫曰：「賊逆謀久定，必無遷善之心，蜂蠆[81]有毒，安可輕也？且賊詐言東寇將至，今若以輕騎臨之，百姓謂為信然[82]，益當驚擾。今軍雖疲弊，精銳尚多，以明公之威，總大軍以臨之，何憂不克？」泰從之，引兵西入。父老見泰至，莫不悲喜，士女相賀。華州刺史宇文導引兵襲[7]咸陽，斬思慶，禽伏德，南度渭，與泰會，攻青雀，破之。太保梁景睿以疾留長安，與青雀通謀，泰殺之。

東魏太師歡自晉陽將七千騎至孟津，未濟，聞魏師已遁，遂濟河，遣別將追魏師至崤，不及而還。歡攻金墉，長孫子彥棄城走，焚城中室屋俱盡，歡毀金墉而還。

東魏之遷鄴也，主客郎中[83]裴讓之[84]留洛陽，獨孤信之敗也，讓之弟諏之隨丞相泰入關，為大行臺倉曹郎中。歡囚讓之兄弟五人[85]，讓之曰：「昔諸葛亮兄弟，事吳、蜀各盡其心，況讓之老母在此，不忠不孝，必不為也。明公推誠待物，

歡皆釋之。

物亦歸心；若用猜忌，去霸業遠矣。」

九月，魏主入長安，丞相泰還屯華州。○東魏大都督賀拔仁擊邢磨納、盧仲禮等，平之。

盧景裕本儒生，太師歡釋之，召館於家(86)，使教諸子。景裕講論精微，難者(87)或相詆訶(88)，大聲厲色，言至不遜，而景裕神采儼然，風調如一(89)，從容往復(90)，無際可尋(91)。性清靜，歷官屢有進退，無得失之色；弊衣粗食，恬然(92)自安，終日端嚴，如對賓客。

冬，十月，魏歸高敖曹、竇泰、莫多婁貸文之首于東魏。○散騎常侍劉孝儀(93)等聘于東魏。

十二月，魏是云寶襲洛陽，東魏洛州刺史王元軌棄城走。都督趙剛襲廣州，拔之。於是自襄(94)、廣以西城鎮復為魏。

魏自正光(95)以後，四方多事，民避賦役，多為僧尼，至二百萬人，寺有三萬餘區。至是，東魏始詔「牧守、令長，擅立寺者，計其功庸(96)，以枉法論。」

初，魏伊川(97)土豪李長壽(98)為防蠻都督(99)，積功至北華州刺史。孝武帝西遷，長壽帥其徒拒東魏，魏以長壽為廣州刺史。侯景攻拔其壁，殺之。其子延孫(100)復收集父兵以拒東魏，魏之貴臣廣陵王欣、錄尚書長孫稚等皆攜家往依之，延孫資遣衛送，使達關中。東魏高歡患之，數遣兵攻延孫，不能克。魏以延孫為京南[101]行臺、節度河南諸軍事、廣州刺史。延孫以澄清伊、洛為己任，魏以延孫兵少，更以長壽之壻京兆韋法保[102]為東洛州刺史，配兵數百以助之。法保名祐，以字行。既至，與延孫連兵置柵[103]於伏流[104]。獨孤信之入洛陽也，欲繕脩宮室，使外兵郎中[105]天水權景宣[106]帥徒兵三千出採運。會東魏兵至，河南皆叛，景宣間道西走，與李延孫相會，攻孔城[107]，拔之，洛陽以南尋亦西附。丞相泰即留景宣守張白塢[108]，節度東南諸軍應關西者。是歲，延孫為其長史楊伯蘭[109]所殺，韋法保即引兵據延孫之柵。

東魏將段琛[110]等據宜陽[111]，遣陽州刺史牛道恆誘魏邊民。魏南兗州刺史[112]韋孝寬患之，乃詐為道恆與孝寬書，論歸款[113]之意，使諜人遺之於琛營，琛果疑道恆。孝寬乘其猜阻[114]，出兵襲之，擒道恆及琛，崤、澠[115]遂清。東道行臺王思政以玉壁[116]險要，請築城自恆農徙鎮之，詔加都督汾・晉・并州諸軍事[117]、并州刺史，行臺如故。

東魏以高澄攝吏部尚書，始改崔亮[118]年勞之制[119]，銓擢賢能。又沙汰尚書郎，妙選人地⑫⓪以充之。凡才名之士，雖未薦擢，皆引致門下，與之遊宴、講論、賦詩，士大夫以是稱之。

【章　旨】以上為第一段，記西元五三八年史事。這一年東魏與西魏進行了最激烈長久的大戰，基本奠定了東西魏的疆域。東魏經過半年的整備，於七月進兵洛陽發起反擊；西魏也積極備戰，與北方柔然結和親，無後顧之憂，集中全國兵力東伐，魏文帝御駕親征，兩軍在洛陽地區於七、八、九大戰三個月。西魏軍敗退，東魏收復洛陽，也無力西進，澠池以西為西魏所有。梁朝仍與東魏通好。

【注　釋】❶辛酉朔　正月初一。❷碭郡　郡名，治所下邑城，在今安徽碭山縣。❸丁卯　正月七日。❹元象　東魏孝靜帝年號（西元五三八—五三九年）。❺己亥　二月十日。❻賀拔仁　（?—西元五七〇年）字天惠，恆州善無（今山西右玉西）人，曾從高歡破爾朱氏於韓陵。入北齊，封安定郡王，官至右丞相、錄尚書事。傳見《北史》卷五十三。❼韋子粲　字暉茂，京兆杜陵人，北魏孝武帝入關，以為南汾州刺史。後入北齊，封西夔縣男，任豫州刺史。傳見《魏書》卷四十五、《北齊書》卷二十七、《北史》卷二十六。❽趙繼宗　原是潁川百姓，北魏末殺郡太守自稱豫州刺史，兵敗奔西魏。❾廣州　州名，治所襄城，在今河南襄城。❿行洛州事　行使洛州刺史職權。行，代理。東魏洛州治所在洛陽。⓫盧勇　（西元五一三—五四四年）字季禮，范陽涿（今河北涿州）人，葛榮起義時，封他為燕王。後投奔高歡，累功授儀同三司、陽州刺史。傳見《北齊書》卷二十二、《北史》卷三十。⓬大隗山　山名，在今河南禹州北。又作大瑰山。⓭駱超　北魏秦州刺史。西魏大都督。⓮辯　盧辯，字景宣，范陽涿人，博通經籍，曾注《大戴禮》。仕於西魏，官至尚書右僕射、大將軍，爵范陽公。傳見《周書》卷二十四、《北史》卷三十。⓯盡禮　做到完全合符禮節。此指按時朝貢。⓰永安　北魏孝莊帝年號（西元五二八—五三〇年）。⓱驕倨　驕縱傲慢。⓲汝陽王　即元暹，時任秦州刺史。⓳典籤　官名，處理文書的官吏。⓴元翌　西魏尚書左僕射。傳見《魏書》卷十五、《北史》卷十五。㉑頭兵之女　西魏文帝悼皇后郁久閭氏（西元五二五—五四〇年），蠕蠕主阿那瓌長女，本在皇后位二年死。傳見《北史》卷十三。㉒甲辰　二月十五日。㉓元整　（?—西元五三八年）曾任武衛將軍、大都督。本年九月被阿那瓌處死。事見《北史》卷九十八〈蠕蠕傳〉。㉔辛酉　三月二日。㉕復故　恢復原來職位。㉖悼后　即郁久閭后。十六歲時因生育而亡，所以上謚號悼。《謚法》：「年中早夭曰悼。」㉗黑鹽池　池名，在五原（今陝西定邊）境內，又稱烏池。㉘鹵簿　儀仗隊。㉙戶席皆東向　郁久閭氏按柔然習俗，營帳門朝東開，坐席也坐西朝東。㉚請正南面　按西魏禮制，皇后坐北朝南。所以元孚有此請求。㉛丙子　三月十七日。㉜丁丑　三月十八日。㉝庚寅　四月二日。㉞壬辰　四月四日。㉟甲戌　五月十六日。㊱鄭伯猷　（西元四八六—五四九年）滎陽開封人，仕北魏，官至護軍將軍，爵武成子。東魏時，曾任南青州刺史，因暴斂收賄被治罪。傳見《魏書》卷五十六、《北史》卷三十五。㊲王則　字元軌，自云太原人。東魏時，以軍功累官荊州、洛州、徐州刺史，封太原縣伯。傳見《北齊書》卷二十、《北史》卷五十三。㊳淮南　指淮水上游的南岸，此指光城（今河南光山縣）、弋陽（今河南潢川縣西）一帶。㊴癸亥　七月六日。㊵東冶徒　在東冶服勞役的犯人。東冶，梁京師建康有東、西冶，為冶鑄之所。東冶在建康城東南。㊶李胤之　上虞縣民，時為東冶役徒。事詳《廣弘明集》卷十五梁武帝〈出古育王塔下佛舍利詔〉。㊷魏主　此指西魏文帝元寶炬。㊸園陵　指在洛陽的北魏歷代帝、后寢廟。㊹庚寅　八月三日。㊺穀城　縣名，在今河南新安東。㊻莫多婁貸文　（?—西元五三八年）複姓莫多婁，太安狄那人，驍勇有膽氣，常為先鋒，時任車騎大將軍。傳見《北齊書》卷十九、《北史》卷五十三。㊼孝水　河名，在河南新安境內。㊽瀍東　瀍水的東岸。㊾辛卯　八月四日。㊿北據河橋　在北邊據守黃河橋，保住退往晉陽的路。(51)南屬邙山　軍陣從河橋向南，一直排列到邙山腳下，說明侯景軍人數眾多。(52)驚逸　馬受驚狂竄。(53)遂失所之　於是迷失方向。(54)策抶　用馬鞭抽打。策，馬鞭。抶，抽打。(55)籠東　懵懂諧音，形容因戰敗而失魂落魄的樣子。(56)忠武公　高敖曹死後追贈的謚號。(57)旗蓋　旌旗和傘蓋，都是當時主將臨陣指揮時的標誌。(58)盡銳　集中全部精銳部隊。(59)河陽　縣名，在今河南孟州西，是洛陽北面重鎮。(60)南城　河陽的南城在河橋南岸，北岸稱北中城。(61)高永樂　高歡從祖兄之子。北魏末封陽州縣伯，後進爵為公。遷北豫州刺史，改任濟州刺史。傳見《魏書》卷三十二、《北齊書》卷十四。又《周書》卷三十六作「高永洛」。(62)闔　門扇。此指城下木門。(63)未徹　沒有穿透。(64)奮頭　昂起頭。(65)與汝開國公　說得了他的首級向宇文泰請賞，可封開國公爵。(66)宋顯　（?—西元五三八年）字仲華，敦煌效穀（今甘肅安西縣）人。北魏時官征北將軍、晉州刺史，後歸高歡，拜西兗州刺史。傳見《北齊書》卷二十、《北史》卷五十三。(67)尊老　爵位尊貴而年紀又老。(68)免冠稽首　脫帽行跪拜禮。古人去冠，表示謝罪。(69)首尾懸遠　軍陣的頭和尾相隔遙遠。(70)從旦至未　旦，辰時，早上七八點鐘，清晨。未，未時，下午一二點鐘。(71)踣　倒斃。(72)悶絕　昏死過去。(73)蔡祐　字承先，其先陳留圉人，後從居高平。西魏初，爵萇鄉縣侯。從宇文泰戰沙苑，有功，授平東將軍。西魏末，官至大將軍。傳見《周書》卷二十七、《北史》卷六十五。(74)守將　指西魏守將。(75)所虜降卒　此前捉獲的東魏投降的士兵。(76)子城　附屬於大城的內城或月城。此指長安北門外的月城，即甕城。(77)咸陽　郡名，治所池陽，在今陝西涇陽。(78)侯莫陳順　（？—西元五五七年）姓侯莫陳，名順，代郡武川人。初從爾朱榮，封木門縣子。後投靠宇文泰，先後平定趙青雀和氐人苻安壽的叛亂，拜大將軍，封安平郡公。入周，位柱國。傳見《周書》卷十九、《北史》卷六十。(79)通直散騎常侍　官名，在集書省，掌評議百官，隨時進呈建議。四品。(80)陸通　（？—西元五七二年）字仲明，吳郡人，曾祖隨劉裕北伐，被俘於長安，臣屬於北魏。陸通投宇文泰，有謀略，常隨侍泰左右。位大司馬，封綏德郡公，賜姓步六孤氏。傳見《周書》卷三十二、《北史》卷六十九。(81)蜂蠆　語見《左傳》僖公二十二年，是臧文仲勸諫魯僖公的話。陸通借用來是把趙青雀等比作黃蜂和蠍子等毒蟲，以為不可輕視。(82)謂為信然　以為東魏前鋒來襲的傳言是真實可信的。(83)主客郎中　官名，尚書省祠部尚書所轄主客曹的長官，負責接待南朝或各少數民族政權的使節，以及其他種種來訪者。六品。(84)裴讓之　（？—約西元五五〇年）字士禮，河東聞喜人，以能詩善賦著稱。東魏時官至長兼中書侍郎。入北齊，封寧都縣男，除清河太守。傳見《魏書》卷八十八、《北齊書》卷三十五、《北史》卷三十八。(85)兄弟五人　除裴讓之外，還有裴諏之，字士平，歷任許昌、伊川太守；裴謀之，字士令，為高湛府參軍；裴訥之，字士言，任太子舍人；裴謁之，字士敬，任壺關令。傳見《北史》卷三十八。(86)召館於家　召盧景裕到家中設立講館。(87)難者　質疑的人。多是當朝的名儒。(88)詆訶　斥責。(89)風調如一　風度和聲調一如既往。(90)往復　回答。(91)無際可尋　無懈可擊。(92)恬然　心神安寧。(93)劉孝儀　（西元四八四—五五〇年）名潛，字孝儀，彭城（今江蘇徐州）人，有文才，仕梁，曾任建康令、豫章內史。傳見《梁書》卷四十一、《南史》卷三十九。(94)襄襄州，州治襄城，在今湖北襄樊。(95)正光　北魏孝明帝年號（西元五二〇—五二五年）。(96)計其功庸　計算造寺所耗費的人力和財物，用來作為論罪的依據。(97)伊川　郡名，治所陸渾，在今河南嵩縣東北。(98)李長壽　伊川人，北魏清河郡公，位至衛大將軍、北華州刺史。傳見《周書》卷四十三、《北史》卷六十六。(99)防蠻都督　官名，北魏所置為防止伊闕以南山谷中戎蠻劫掠而專設的官職。(100)延孫　李延孫（？—西元五三八年），初為賀拔勝帳下都督，後返伊川，積功至車騎大將軍、儀同三司，封華山郡公。傳見《周書》卷四十三、《北史》卷六十六。(101)京南　指舊京洛陽以南地區。(102)韋法保　（？—西元五四九年）名祐，字法保，京兆山北（今陝西藍田西南）人，仕西魏，屢建戰功，位至驃騎大將軍、開府儀同三司，封固安縣公。傳見《周書》卷四十三、《北史》卷六十六。(103)柵　木柵欄。在依山傍水之處，多採用這種方法構建營地。(104)伏流　縣名，時稱陸渾，隋時以境內有伏流嶺而改名。(105)外兵郎中　官名，初置於曹魏。北魏時是尚書省五兵尚書所轄左外兵曹長官，管河南及潼關以東諸州丁戶和徵兵事宜。(106)權景宣　（？—西元五六七年）字暉遠，天水顯親（今甘肅秦安西北）人，曉兵法，有謀略，西魏時，官至驃騎大將軍、安州刺史。入周，授荊州總管，封千金郡公。傳見《周書》卷二十八、《北史》卷六十一。(107)孔城　城名，新城郡郡治，在今河南伊川縣西南。(108)張白塢　土堡名，在今河南宜陽西北。(109)楊伯蘭　人名，或誤作「楊伯簡」。(110)段琛　字懷寶，代人，北齊天保（西元五五〇—五五九年）年間，任光州刺史（一作兗州刺史）。傳見《北齊書》卷十九、《北史》卷五十三。(111)宜陽　郡名，治所宜陽，在今河南宜陽西。也是陽州州治所在。(112)南兗州刺史　時南兗州治譙城，在東魏境內，所以屬虛領。(113)歸款　投誠通好。(114)猜阻　疑惑不定。猜，猜疑。阻，疑惑。(115)崤澠　指崤山、澠池。均在今河南澠池縣西。(116)玉壁　城名，在今山西稷山縣南的稷王山下。(117)詔加都督汾晉并州諸軍事　時東、西魏在汾州各據險為界，晉、并二州則在東魏手上。此項任命要求王思政在與東魏的對抗中，伺機進取二州。(118)崔亮　（西元四五八—五二一年）字敬儒，清河東武城人，北魏孝文帝改制時，任吏部郎，主持官吏選拔近十年。孝明帝時，再任吏部尚書，制定停年格，不問人才賢愚高下，只按年資深淺選拔官吏，使吏治日趨腐敗。傳見《魏書》卷六十六、《北史》卷四十四。(119)年勞之制　即停年格。(120)人地　指人的才德和門第。此指出身名門的才學之士。

【校　記】[1]數句　本無此二字。據章鈺校，甲十一行本、乙十一行本、孔天胤本皆有此二字。張敦仁《通鑑刊本識誤》、張瑛《通鑑校勘記》皆同，今據補。[2]駱超　張瑛《通鑑校勘記》作「駱越」。[3]主　原作「王」。據章鈺校，甲十一行本、乙十一行本、孔天胤本皆作「主」，熊羅宿《胡刻資治通鑑校字記》同，今據改。[4]也　原無此字。據章鈺校，甲十一行本、乙十一行本、孔天胤本皆有此字。張敦仁《通鑑刊本識誤》、張瑛《通鑑校勘記》皆同，今據補。[5]青雀　原無此二字。據章鈺校，甲十一行本、乙十一行本、孔天胤本皆有此二字。張敦仁《通鑑刊本識誤》同，今據補。[6]閿鄉　據章鈺校，甲十一行本作「閔鄉」，乙十一行本作「閬鄉」。按，《周書・文帝紀下》、《北史・太祖文帝紀》作「閿鄉」。[7]襲　原作「入」。據章鈺校，甲十一行本、乙十一行本、孔天胤本皆作「襲」，今據改。

【語　譯】高祖武皇帝十四

大同四年（戊午　西元五三八年）

春，正月初一日辛酉，發生日蝕。〇東魏碭郡獵獲一頭大象，送到鄴城。初七日丁卯，大赦天下，改年號為元象。

二月初十日己亥，梁武帝舉行親耕藉田典禮。

東魏大都督善無人賀拔仁進攻西魏南汾州，南汾州刺史韋子粲投降賀拔仁。西魏丞相宇文泰誅滅韋子粲全族。東魏大行臺侯景等在虎牢訓練軍隊，將要收復黃河以南各州。西魏梁迥、韋孝寬、趙繼宗等都放棄鎮守的州城回西魏。侯景進攻廣州數十天，還沒有佔領，得知西魏援軍將要到來，召集眾將商議，代理洛州政務盧勇請求前往偵察軍情。他率領一百騎兵到達大隗山，遭遇了西魏軍，太陽快要下山，盧勇在樹梢上插了許多旗幟，夜間，他把騎兵分為十隊，吹響號角向前衝鋒，活捉了西魏儀同三司程華，砍了儀同三司王征蠻而返回。廣州守將駱超於是獻出州城投降了東魏，丞相高歡任命盧勇代理廣州政務。盧勇，是盧辯的堂弟。這樣一來，南汾州、潁州、豫州、廣州等四州又重新回到東魏。

當初，柔然頭兵可汗從北魏剛回到國內，侍奉北魏恪盡臣禮，到了北魏永安年間以後，他稱雄北方，對北魏在禮節上日益傲慢，雖然雙方使節不斷，但不再稱臣。頭兵可汗曾經到過洛陽，心中羨慕中原文化，於是也設置侍中、黃門等職官。後來得到北魏汝陽王的典籤淳于覃，頭兵可汗對淳于覃非常親近信任，任用為祕書監，讓他掌管文書。到東魏西魏分裂的時候，頭兵可汗變得不恭順，多次侵擾邊境。西魏丞相宇文泰因剛剛建都關中，又正在與東魏交戰，想用和親的方式來安撫頭兵可汗，便將舍人元翌的女兒封為化政公主，嫁給頭兵可汗的弟弟塔寒為妻，又勸說魏文帝，請求廢掉乙弗后，娶頭兵可汗的女兒。二月十五日甲辰，文帝讓乙弗皇后當尼姑，派扶風王元孚迎娶頭兵可汗的女兒為皇后。頭兵可汗於是扣留了東魏的使者元整，也不派使者回訪東魏。

三月初二日辛酉，東魏丞相高歡因為在沙苑打了敗仗，請求解除大丞相的職務，孝靜帝同意了。不久，又官復原職。

柔然頭兵可汗送女兒悼后到西魏，陪嫁禮物有車子七百輛，馬一萬匹，駱駝二千頭。到達黑鹽池，碰上西魏派遣的迎親儀仗隊和侍衛隊伍。柔然人宿營帳篷的門戶座席都朝向東邊，扶風王元孚請求朝向正南，悼后說：「我還沒見到西魏皇上，現在仍然是柔然人的女兒。西魏儀仗向正南，我自然仍應向東。」三月十七日丙子，西魏文帝冊封頭兵可汗的女兒郁久閭氏為皇后。十八日丁丑，大赦天下。任命王盟為司徒。丞相宇文泰到長安朝拜文帝，返回屯駐華州。

夏，四月初二日庚寅，東魏高歡到鄴城朝見孝靜帝，初四日壬辰，返回晉陽。

五月十六日甲戌，東魏派兼散騎常侍鄭伯猷出使梁朝。

秋，七月，東魏荊州刺史王則侵犯梁朝的淮南。

七月初六日癸亥，梁武帝下詔，由於在東冶服勞役的犯人李胤之掘得如來佛的舍利，大赦天下。

東魏侯景、高敖曹等將西魏獨孤信圍困在洛陽金墉城，太師高歡率領大軍為後援。侯景放火燒了洛陽城內外所有的官舍和民宅，殘存的僅有十分之二三。西魏文帝將到洛陽去拜謁祖宗陵墓，恰逢獨孤信等人告急，於是就和丞相宇文泰一起向東進發，下令尚書左僕射周惠達輔佐皇太子元欽鎮守長安，開府儀同三司李弼、車騎大將軍達奚武率領一千騎兵為前鋒。

八月初三日庚寅，丞相宇文泰到達穀城，東魏侯景等人打算整頓軍陣等待宇文泰到來，儀同三司太安人莫多婁貸文請求率領本部人馬攻擊宇文泰的先鋒部隊，侯景等堅決制止他。莫多婁貸文勇猛專橫，不接受命令，他和可朱渾道元率領一千騎兵向前進發，夜間，在孝水與李弼、達奚武遭遇。李弼下令軍士擊鼓吶喊，拖曳柴薪揚起煙塵，莫多婁貸文逃跑，李弼追上殺了他，可朱渾道元單人匹馬保住了性命，東魏騎兵被全部俘獲送到恆農。

宇文泰進軍到瀍水東，侯景等連夜解圍退走。八月初四日辛卯，宇文泰率領輕騎追擊侯景到達黃河邊，侯景布置軍陣，北據河橋，南接邙山，與宇文泰交戰。宇文泰坐騎被流矢射中受驚狂奔，便迷失了方向。宇文泰墜落地上，東魏兵追上了他，宇文泰身邊的人全都逃散了，都督李穆跳下馬，用鞭抽打宇文泰的後背，罵道：「你這個怕死的士兵！你們的主帥在哪裡，你怎麼一個人留在這裡？」東魏的追兵沒把他當做貴人，丟下他追過去了。李穆把坐騎交給宇文泰，和宇文泰一起逃走了。

西魏兵重新振作起來，攻打東魏兵，把東魏兵打得大敗。東魏兵向北逃跑。京兆忠武公高敖曹看不起宇文泰，豎起自己的帥旗衝入西魏軍陣，西魏人集中精銳部隊進攻高敖曹，高敖曹全軍覆沒，他單人獨騎逃奔河陽南城。河陽南城守將北豫州刺史高永樂是高歡族兄的兒子，與高敖曹有仇恨，關閉城門不接受高敖曹。高敖曹仰頭叫喊要城上的人放下繩子，沒有成功。高敖曹拔刀鑿門，還沒鑿穿，西魏兵追了上來。高敖曹躲到橋下，追兵看到高敖曹的隨從奴僕拿著金帶，就問高敖曹在什麼地方，奴僕指向橋下。高敖曹知道自己不能避免一死，就揚起頭來說：「來吧！送給你一個開國公。」追兵砍下他的頭走了。高歡聽到消息，就像丟了肝膽，打了高永樂二百棍子，追贈高敖曹太師、大司馬、太尉。宇文泰賞賜殺高敖曹的人布匹和絹帛一萬段，每年發一部分，直到北周滅亡，還沒有發完。西魏又殺了東魏西兗州刺史宋顯等，俘虜甲士一萬五千人，跳下黃河淹死的東魏兵以萬計。

當初，高歡因為万俟普爵位高年歲大，特別尊重他，曾經親自扶他上馬。万俟普的兒子万俟受洛干摘下帽子向高歡磕頭說：「我願出死力報答你的大恩。」等到邙山大戰，各支部隊往北渡河橋，万俟受洛干指揮軍士毫不動搖，對西魏兵說：「我万俟受洛干在這裡，敢來的就過來！」西魏人怕他，就撤退了，高歡就把万俟受洛干駐守的營地命名為回洛。

這一天，東魏西魏雙方布置的陣地都很龐大，頭尾距離很遠，從早晨一直到下午，戰鬥數十個回合，煙霧和塵埃彌漫四方，互相看不清對方。西魏獨孤信、李遠在右方，趙貴、怡峯在左方，交戰並不順利。又不知西魏文帝和丞相宇文泰在什麼地方，都丟下部隊首先退回。開府儀同三司李虎、念賢等為後續部隊，看到獨孤信等撤退，就和他們一起撤退。宇文泰因此燒了營帳撤回，留下儀同三司長孫子彥鎮守金墉城。

西魏王思政下馬，舉起長矛，左右橫掃，一抬手就擊倒幾個人。他衝進敵陣很深，隨從的人全都死了，王思政也受了重傷，昏死過去，恰好已近黃昏，敵人也收了兵。王思政每一次交戰，經常穿破衣服和舊盔甲，敵人不知道他是將領，所以才避免一死。他的帳下都督雷五安在交戰的地方哭著找王思政，正趕上他已蘇醒，雷五安割下衣服替王思政包紮傷口，扶他上馬，深夜時分，才回到了軍營。

西魏平東將軍蔡祐下馬步戰，身邊的人勸他騎馬以便緊急時逃跑，蔡祐發怒說：「宇文泰丞相愛我如親兒子，今天豈能顧惜生命？」率領身邊十多人，齊聲大喊，攻擊東魏兵，殺死殺傷了許多敵人。東魏兵把他圍了十幾層。蔡祐拉弓搭箭，四面拒敵。東魏人募集穿著厚厚的鎧甲、拿著長刀的士兵向前衝殺他，離蔡祐有三十步遠時，左右的人勸他射敵，蔡祐說：「我們的生命繫於這一箭，怎麼能隨便射出去？」東魏兵離他只有十步遠時，蔡祐才把箭射出，敵人應弦而倒。東魏兵漸漸退卻，蔡祐且戰且退回到營地。

西魏文帝到達恆農，守城將領已棄城逃走，被俘虜而留在恆農的東魏兵集在一起閉門抵抗。丞相宇文泰攻佔了恆農，誅殺了帶頭的幾百名俘虜兵。

蔡祐在恆農追上了宇文泰，當夜，見到了宇文泰。宇文泰說：「承先，你來了，我沒有什麼憂慮了。」宇文泰驚悸不能入睡，枕在蔡祐的大腿上才平靜下來。蔡祐每次跟隨宇文泰作戰，總是身先士卒，戰罷回去，各位將領爭功，蔡祐始終不說話。宇文泰感歎說：「承先不說自己的功勞，我應當替他講敘功勞。」宇文泰留下王思政鎮守恆農，任命王思政為侍中、東道行臺。

西魏東伐時，在關中留守的兵力少，先前各次戰鬥抓獲的東魏士兵流散在老百姓中間，聽到西魏兵打了敗仗，就密謀叛亂。李虎等人到了長安，沒有想出好的辦法，就與太尉王盟、僕射周惠達等請出太子元欽屯駐渭水北岸。老百姓也互相剽竊掠奪，關中大亂。這時候，在沙苑戰役被俘虜的東魏都督趙青雀、雍州平民于伏德等趁機造反，趙青雀佔據了長安子城，于伏德守護著咸陽，與咸陽太守慕容思慶分頭聚集東魏降兵來抵抗撤回來的西魏兵。長安大城的民眾則組織起來抵抗趙青雀，每天和他交戰，大都督侯莫陳順攻擊叛賊，多次打敗叛賊，叛賊不敢出戰。侯莫陳順，是侯莫陳崇的哥哥。

扶風公王羆鎮守河東，大開城門，召集全部軍隊，對他們說：「如今聽說東伐大軍失利，趙青雀作亂，許多人喪失了信心。我王羆受命在這裡，以死報恩。有與我同心的人就留下來共同堅守州城，如果誰擔心城池陷落，他可自便出城。」眾將士被王羆的話語感動，都沒有二心。

西魏文帝留在閿鄉。丞相宇文泰因為士馬疲困，不能快速前進，並且認為趙青雀等是烏合之眾，不可能構成危害，說：「我到達長安，用輕騎兵攻擊，他一定會當面束手向我請罪。」通直散騎常侍吳郡人陸通諫阻說：「叛賊謀逆之計早已確定，肯定沒有改過從善的思想，蜜蜂和蠍子尚且有毒，怎麼可以輕視呢？況且叛賊造謠說東魏兵就要到來，現今如果只用輕騎兵去攻擊，老百姓就會相信謠言，將更加驚恐不安。當前我軍雖然疲困，精銳兵還不少，憑著丞相的威望，統率大軍攻擊他，何愁不打勝仗？」宇文泰聽從了他的建議，領兵西入關。父老百姓看到宇文泰來到，無不悲喜交加，男男女女相互慶賀。華州刺史宇文導帶兵襲擊咸陽，殺死慕容思慶，擒獲于伏德，南渡渭水，與宇文泰會合，攻擊趙青雀，打敗了他。太保梁景睿因病留在長安，與趙青雀通謀，宇文泰殺了他。

東魏太師高歡從晉陽率領七千騎兵到達孟津，還沒有渡河，得知西魏軍已經逃遁，於是渡過黃河，派出將領追擊西魏軍直到崤山，沒有追上就回師了。高歡進攻金墉城，長孫子彥棄城逃走，把金墉城的房屋都燒光了，高歡就拆毀金墉城，然後回師。

東魏遷都鄴城的時候，主客郎中裴讓之留守在洛陽。西魏獨孤信從洛陽敗退時，裴讓之的弟弟裴諏之跟隨西魏丞相宇文泰進入關中，擔任大行臺倉曹郎中。高歡囚禁了裴讓之兄弟五人，裴讓之說：「從前諸葛亮兄弟，一個仕吳，一個仕蜀，各盡其心，何況我裴讓之的老母在這裡，不忠不孝的事，我們絕對不做。明公誠心待人，人心也必歸附，如果隨意猜忌人，那就離霸業很遠了。」高歡全都釋放了他們。

九月，西魏文帝進入長安，丞相宇文泰回到華州駐守。〇東魏大都督賀拔仁攻擊邢磨納、盧仲禮等，平定了他們。

盧景裕原本是儒生，太師高歡把他釋放了，請到家中開學館，讓他教育自己的幾個兒子。盧景裕講解精妙入微，詰難他的人，有的詆毀斥責他，聲色都很嚴厲，甚至出言不遜，而盧景裕仍然神情莊重，風度始終不變，不緊不慢地回答，無懈可擊。性情清淡安靜，做官多次有升有降，從沒有患得患失的表現，破衣粗食，安然自得，整天端莊嚴肅，如同對待客人。

冬，十月，西魏把高敖曹、竇泰、莫多婁貸文的首級歸還東魏。〇梁朝散騎常侍劉孝儀等出使東魏。

十二月，西魏是云寶襲擊洛陽，東魏洛州刺史王元軌棄城逃走。西魏都督趙剛襲擊廣州，攻佔了州城。這樣一來，從襄州、廣州以西各城鎮重新歸屬西魏。

北魏從正光年間以後，到處發生事端，平民百姓為了逃避賦稅徭役，許多人做了和尚和尼姑，達到二百萬人，寺廟有三萬多區。到這時，東魏孝靜帝才下詔「各州刺史、各縣令長，有擅自修建寺廟的人，計算修建寺廟花費的勞工錢糧，按貪汙論處。」

當初，北魏伊川人士豪李長壽任防蠻都督，積累功勞升遷到北華州刺史。孝武帝西遷時，李長壽率領部眾抵抗東魏，西魏任用李長壽為廣州刺史。東魏侯景攻下了他的塢壁，殺了李長壽。李長壽的兒子李延孫重新聚集了父親的舊部抗拒東魏，北魏的遺老貴臣廣陵王元欣、錄尚書長孫稚等攜家帶眷投靠李延孫，李延孫出兵出錢護送，使他們到達關中。東魏高歡擔心李延孫，多次派兵攻打李延孫，不能取勝。西魏任用李延孫為京南行臺、節度黃河以南諸軍事、廣州刺史。李延孫把平定伊、洛看做是自己的責任。西魏因李延孫兵馬少，加派李長壽的女婿京兆人韋法保為東洛州刺史，配備了幾百名士兵來增援李延孫。韋法保名祐，以表字通行。韋法保到達後，與李延孫合兵在伏流城設置柵欄安營紮寨。獨孤信攻入洛陽時，打算修繕洛陽宮殿，派出外兵郎中天水人權景宣率領三千步兵外出採購運送建築物資。恰逢東魏軍到來，河南州城都反叛，權景宣從小道西逃，與李延孫會合，攻打孔城，攻佔了這座城，洛陽以南不久又歸附西魏。丞相宇文泰當即留下權景宣駐守張白塢，統一指揮崤關東南各支響應西魏的軍隊。這一年，李延孫被他的長史楊伯蘭所殺，韋法保就率兵佔據李延孫駐守的營柵。

東魏將領段琛等攻佔了宜陽，派出陽州刺史牛道恆招誘西魏的邊民，西魏南兗州刺史韋孝寬十分憂慮，於是偽造了一封牛道恆給韋孝寬的信，談論歸降的想法，派間諜把信遺失在段琛的軍營中，段琛果然懷疑牛道恆。韋孝寬趁段琛、牛道恆相互猜忌之時，出兵偷襲他們，活捉了牛道恆和段琛，崤山、澠池一帶於是安定。西魏東道行臺王思政認為玉壁城險要，請求在那裡築城從恆農遷到玉壁鎮守，西魏下詔給王思政加官都督汾州・晉州・并州諸軍事、并州刺史，東道行臺的職務照舊。

東魏任命高澄代理吏部尚書，他開始改變北魏崔亮制定的按任職年限升遷的制度，選拔提升賢能之士。又淘汰部分尚書省郎官，精選出身高門的才德之士來補充。凡是有才能和有名望的士人，即使沒有人推薦提拔，他都聘請到自己的門下，與他們交往宴會，談論學問、賦詩唱和，士大夫們因此稱頌他。

五年（己未　西元五三九年）

春，正月乙卯❶，以尚書左僕射蕭淵藻為中衛將軍，丹楊尹❷何敬容為尚書令，吏部尚書張纘❸為僕射。纘，弘策❹之子也。自晉、宋以來，宰相皆以文義自逸❺，敬容獨勤簿領❻，日旰❼不休，為時俗所嗤鄙。自徐勉❽、周捨❾既卒，當權要者，外朝❿則何敬容，內省⓫則朱异⓬。敬容質慤無文⓭，以綱維為己任，异文華敏洽，曲營⓮世譽。二人行異而俱得幸於上。异善伺候人主意為阿諛，用事三十年，廣納貨賂，欺罔視聽，遠近莫不忿疾。園宅、玩好、飲膳、聲色窮一時之盛。每休下⓯，車馬填門，唯王承⓰、王稚⓱及褚翔⓲不往。承、稚，暕⓳之子。翔，淵⓴之曾孫也。

丁巳㉑，御史中丞參禮儀事㉒賀琛㉓奏：「南、北二郊及藉田，往還並宜御輦㉔，不復乘輅㉕。」詔從之，祀宗廟仍乘玉輦。琛，瑒㉖之弟子也。

辛酉㉗，東魏以尚書令孫騰為司徒。〇辛未㉘，上祀南郊。

魏丞相泰於行臺置學，取丞郎、府佐德行明敏者充學生，悉令日治公務，晚就講習。

東魏丞相歡，以徐州刺史房謨㉙、廣平太守羊敦、廣宗太守竇瑗㉚、平原㉛太守許惇㉜有政績清能，與諸刺史書，褒稱謨等以勸之。

夏，五月甲戌㉝，東魏立丞相歡女為皇后，乙亥㉞，大赦。◯魏以開府儀同三司李弼為司空。

秋，七月，魏[1]以扶風王孚為太尉。

九月甲子㉟，東魏發畿內㊱十萬人城鄴㊲，四十日罷。

冬，十月癸亥㊳，以新宮成，大赦，改元興和㊴。◯魏置紙筆於陽武門外以求得失。

十一月乙亥㊵，東魏使散騎常侍王元景㊶、魏收來聘。

東魏人以正光曆㊷浸差，命校書郎㊸李業興㊹更加修正，以甲子為元，號曰興光曆，既成，行之。

散騎常侍朱异奏：「頃來置州稍廣，而小大不倫，請分為五品，其位秩高卑，參僚㊺多少，皆以是為差。」詔從之。於是上品二十州，次品十州，次品八州，次品二十三州，下品二十一州。時上方事征伐，恢拓㊻境宇，北踰淮、汝㊼，東距彭城，西開牂柯㊽，南平俚洞㊾建置州郡[2]，紛綸㊿甚眾，故廢請分之。其下品皆異國之人來歸附者[3]，徒有州名而無土地，或因荒徼(51)之民所居村落置州及郡縣，刺史守令皆用彼人(52)為之，尚書不能悉領，山川險遠，職貢(53)罕通。五品之外，又有二十餘州不知處所。凡一百七州。又以邊境鎮戍，雖領民(54)不多，欲重其將帥，皆建為郡，或一人領二三郡太守，州郡雖多而戶口日耗矣。

魏自西遷以來，禮樂散逸，丞相泰命左僕射周惠達、吏部郎中北海唐瑾(55)損益舊章，至是稍備。

【章　旨】以上為第二段，記西元五三九年史事。本年北朝東西魏、南朝梁三方致力於內政，邊境無戰爭。西魏宇文泰辦府學，東魏嘉獎賢吏，梁朝整頓州郡建置。

【注　釋】❶乙卯　正月初一。❷丹楊尹　官名，梁京畿地區最高長官，職同郡太守，依西漢京兆尹、東漢河南尹之例而稱尹。❸張纘　(西元四九八－五四八年)字伯緒，范陽方城(今河北固安西南)人，梁駙馬都尉，封利亭侯。任吏部尚書時，能舉薦寒門。侯景之亂時，被蕭詧所害。傳見《梁書》卷三十四、《南史》卷五十五。❹弘策　張弘策(西元四五六－五〇二年)，字真簡，梁武帝舅舅。輔佐蕭衍建立梁朝，任衛尉，封洮陽縣侯。傳見《梁書》卷十一、《南史》卷五十六。❺以文義自逸　以講論文章為樂，不親理政事。❻勤簿領　親自處理公務。❼日旰　從早到晚。❽徐勉　(西元四六六－五三五年)字修仁，東海郯(今山東郯城北)人，梁初任尚書右丞，典掌機密。後任吏部尚書，公正無私。進位尚書僕射、中衛將軍。雖居顯位，家無積蓄。傳見《梁書》卷二十五、《南史》卷六十。❾周捨　(西元四六九－五二〇年)字升逸，汝南安城(今河南汝南縣東南)人，梁初拜尚書祠部郎，禮儀制度多由他所制定，名重一時。傳見《梁書》卷二十五、《南史》卷三十四。❿外朝　當時三公、卿、監和尚書為外朝官，是執行機構。⓫內省　指中書、門下二省，是典掌機要的機構，也是決策機構。

⑫朱异　（西元四八三—五四九年）字彥和，吳郡錢塘（今浙江杭州）人，出身寒門，以說經入仕，屢兼中書通事舍人職，參與機密。曾力主接納侯景歸附，侯景叛亂，憂憤發病死。傳見《梁書》卷三十八、《南史》卷六十二。⑬質慤無文　樸實無華。⑭曲營　婉轉謀求。⑮每休下　每次休假，從省中回到私宅。⑯王承　字安期，琅邪臨沂（今山東臨沂）人，出身名門，獨重經學，他繼祖父王儉、父王暕之後，出任國子祭酒，三代為國師，一時傳為美談。傳見《梁書》卷四十一、《南史》卷二十二。⑰王稚　王承之弟。承曾任東陽太守，號「大東陽」，稚即號「小東陽」。⑱褚翔　（西元五〇五—五四八年）字世舉，河南陽翟（今河南禹州）人，出身名門，以文學著稱。歷官義興太守、尚書吏部郎、侍中、散騎常侍、守吏部尚書。傳見《梁書》卷四十一、《南史》卷二十八。⑲暕　王暕（西元四七七—五二三年），字思晦。仕南齊，官至司徒左長史。入梁，累官侍中、五兵尚書、吏部尚書、尚書左僕射。傳見《梁書》卷二十一、《南史》卷二十二。⑳淵　褚淵（西元四三五—四八二年），字彥回，劉宋駙馬都尉，爵都鄉侯，屢掌機要。後助蕭道成建立齊朝，居侍中、中書監、尚書令三職，封南康郡公，權重一時。傳見《南齊書》卷二十三、《南史》卷二十八。㉑丁巳　正月初三日。㉒御史中丞參禮儀事　官名，御史中丞是御史臺長官，掌督察百官。梁十八班官中之十一班。參禮儀事為加官，是皇帝信任重用的表示。㉓賀琛　（西元四八一—五四九年）字國寶，會稽山陰人，精通三《禮》，撰《新謚法》。仕梁，累官御史中丞、給事黃門侍郎、太府卿。侯景之亂時，被劫持而任偽職。遇疾卒。傳見《梁書》卷三十八、《南史》卷六十二。㉔輦　以人推拉的車。秦漢以後特指皇帝、皇后所乘的車。㉕輅　本指綁在車轅上供人推拉用的橫木。在此指馬拉的車。㉖瑒　賀瑒（西元四五二—五一〇年），字德璉，精於三《禮》，任齊太學博士。入梁為《五經》博士，撰《五經義》，並創定禮樂。傳見《梁書》卷四十八、《南史》卷六十二。㉗辛酉　正月初七日。㉘辛未　正月十七日。㉙房謨　字敬放，河南洛陽人，本姓屋引氏，祖居代郡。曾協助高歡處理丞相府事。不久，先後官兗州、徐州刺史，拜侍中，兼吏部尚書，官終晉州刺史。傳見《北史》卷五十五。㉚竇瑗　字世珍，遼西陽樂（今河北撫寧）人，出身寒門，仕北魏，任北道大行臺左丞，東魏初，任廣宗太守，有清白譽。傳見《魏書》卷八十八、《北史》卷八十六。㉛平原　郡名，北魏時已廢，按，《北史·許惇傳》，時任陽平太守，以郡近鄴都，處理政務又得當，而被評為天下第一。《通鑑》作「平原」，疑誤。㉜許惇　（？—西元五七二年）字季良，高陽新城（今河北徐水縣西）人，初任司徒主簿，以明斷號「入鐵主簿」。入齊，官至尚書右僕射，封萬年縣子。傳見《魏書》卷四十六、《北齊書》卷四十三、《北史》卷二十六。㉝甲戌　五月二十二日。㉞乙亥　五月二十三日。㉟甲子　九月十四日。㊱畿內　指京師鄴城所在司州轄下的魏尹、陽平、廣平、汲郡等十二郡。㊲城鄴　擴建鄴都城。㊳癸亥　十月辛巳朔，無癸亥日。按，《魏書·孝靜紀》，新宮建成在十一

月，癸亥是十四日。《北史》同。疑《通鑑》引誤。㊴興和　孝靜帝年號（西元五三九—五四二年）。㊵乙亥　十一月二十六日。㊶王元景（？—西元五五九年）名昕，字元景，北海劇（今山東昌樂西）人，苻秦丞相王猛之後。好清言，因切諫齊文宣帝高洋，被斬於御前，投屍漳水。傳見《魏書》卷三十三、《北齊書》卷三十一、《北史》卷二十四。㊷正光曆　北魏孝明帝元詡時，由崔光主持，合張洪、李業興等九家之說，為一曆，於是改元正光，定名《正光曆》，頒行天下。事詳本書卷一百四十九。㊸校書郎　官名，北魏太和年間，始置集書省校書郎、祕書校書郎，專門從事圖籍校理工作。㊹李業興　（西元四八四—五四九年）上黨長子（今山西長子）人，好學深思，尤精天文曆算。《正光曆》即以他的曆法為主撰成。官至通直散騎常侍，封屯留縣開國子。曾議定五禮，制定《甲子元曆》和《九宮行棋曆》，預議「麟趾新制」。傳見《魏書》卷八十四、《北史》卷八十一。㊺參僚　即參佐，刺史的主要屬吏的別稱。㊻恢拓　開拓。㊼淮汝　淮水和汝水流域。主要指皖北蒙城、蚌埠到豫南信陽之間的廣大地區。㊽牂柯　郡名，治所且蘭，在今貴州凱里附近。㊾俚洞　指俚人居住區。俚人大多數生活在山洞裡，所以稱俚洞。活動範圍大約在今廣東西南沿海和廣西東南一帶。㊿紛綸　雜亂的樣子。(51)荒徼　荒蠻的邊境地區。(52)彼人　土著居民。(53)職貢　應納的賦稅和貢品。(54)領民　鎮守戍所所管理的民戶。(55)唐瑾　字附璘，北海平壽（今山東濰坊南）人，初為宇文泰處理軍事文書。以功封姑臧縣子。與燕公于謹結為兄弟，賜姓萬紐于氏。轉吏部尚書，號「六俊」之一。傳見《周書》卷三十二、《北史》卷六十七。

【校　記】[1]魏　原無此字。據章鈺校，乙十一行本有此字，張瑛《通鑑校勘記》同，今據補。[2]建置州郡　原無此四字。據章鈺校，甲十一行本、乙十一行本、孔天胤本皆有此四字，張敦仁《通鑑刊本識誤》同，今據補。[3]來歸附者　原無此四字。據章鈺校，甲十一行本、乙十一行本、孔天胤本皆有此四字，張敦仁《通鑑刊本識誤》、張瑛《通鑑校勘記》同，今據補。

【語　譯】五年（己未　西元五三九年）

春，正月初一日乙卯，梁朝任命尚書左僕射蕭淵藻為中衛將軍，丹楊尹何敬容為尚書令，吏部尚書張纘為僕射。張纘，是張弘策的兒子。自晉、宋以來，南朝宰相都以談論詩文、義理為樂，唯獨何敬容埋頭於公文簿籍，整天不休息，被時俗之人嗤笑和鄙視。梁朝自從徐勉、周捨死後，掌握實權的人，外朝要推何敬容，內朝要算朱异。何敬容忠厚而少文才，以維護國家的法紀為己任，朱异才思敏捷而博聞，曲意謀求當世聲譽。兩人品行不同，但都得到梁武帝的寵信。朱异善於逢迎，順從皇上的心意阿諛奉承，掌權三十多年，大肆貪汙，欺上瞞下，遠近的人沒有一個不恨他。他的園林住宅、玩賞嗜好的物品、飲食、音樂美女，盛極一時。每當休假回宅，車馬盈門，只有王承、王稚以及褚翔不去巴結。王承、王稚，都是王暕的兒子。褚翔，是褚淵的曾孫。

正月初三日丁巳，梁朝御史中丞參禮儀事賀琛上奏說：「皇上到南郊、北郊祭祀天地，以及親耕藉田典禮，往來都應乘坐御輦，不要再乘坐馬車。」梁武帝聽從了，祭祀宗廟仍乘坐玉輦。賀琛，是賀瑒弟弟的兒子。

正月初七日辛酉，東魏任命尚書令孫騰為司徒。〇十七日辛未，梁武帝在京城南郊舉行祭祀典禮。

西魏丞相宇文泰在行臺府衙開辦學館，選拔丞郎、府佐中品德優秀、思想敏捷的人充當學生，讓他們全都白天處理公務，晚上到學館聽講學習。

東魏丞相高歡，認為徐州刺史房謨、廣平太守羊敦、廣宗太守竇瑗、平原太守許惇有政績，清廉能幹，給各州刺史寫信，讚譽房謨等人，用以勉勵各州刺史。

夏，五月二十二日甲戌，東魏孝靜帝冊立丞相高歡之女為皇后。二十三日乙亥，大赦天下。〇西魏任命開府儀同三司李弼為司空。

秋，七月，西魏任命扶風王元孚為太尉。

九月十四日甲子，東魏徵發京畿內十萬人修築鄴城，四十天完工。

冬，十月癸亥日，東魏因新宮殿建成，大赦天下，改年號為興和。〇西魏在京城長安陽武門外擺上紙和筆徵求人們評議朝政得失。

十一月二十六日乙亥，東魏派散騎常侍王元景、魏收出使梁朝。

東魏人因《正光曆》逐漸積累了誤差，命校書郎李業興進一步加以修正，以甲子為曆元，稱為《興光曆》，完成後推行。

梁朝散騎常侍朱异上奏說：「近來設置的州郡漸漸多了，大小不一，請分為五等，各州長官俸祿的高低，參佐幕僚的多少，都要按等級來區別。」梁武帝下詔聽從。於是第一等有二十個州，第二等十個州，第三等八個州，第四等二十三個州，下等二十一個州。當時梁武帝正要從事征伐，收復失地，拓展疆土，北邊要跨過淮水、汝水，東邊到達彭城，西邊開拓牂柯，南邊平定俚洞族並建立州郡，州縣多錯綜複雜，所以朱异上奏建議分類。其中下等州縣都是歸附梁朝的少數民族控制的地區，空有州縣的名稱，並沒有土地，有的是憑藉邊遠之地的居民所居村寨而設置州及郡縣，刺史守令都用土著之民擔任，尚書省沒能把這些州縣管理起來，山川險遠，賦稅貢品很難收到。在五等之外，還有二十多個州不知在哪裡。總共一百零七個州。又因邊境地區的防守，雖然管理的民眾不多，卻有意抬高鎮守將帥的地位，一律建置為郡，有的一個人兼職兩三個郡的太守，州郡數目雖多而戶口卻日益減少。

西魏自遷都以來，禮樂制度散失，丞相宇文泰任命左僕射周惠達、吏部郎中北海人唐瑾修改補充舊的規章制度，到這時才稍稍完備。

六年（庚申　西元五四〇年）

春，正月壬申❶，東魏以廣平公庫狄干為太保。○丁丑❷，東魏主入新宮，大赦。○魏扶風王孚卒。

二月己亥❸，上耕藉田。○魏鑄五銖錢。

東魏大行臺侯景出三鵶，將復荊州。魏丞相泰遣李弼、獨孤信各將五千騎出武關，景乃還。

魏文后既為尼，居別宮，悼后猶忌之，乃以其子武都王戊❹為秦州❺刺史，使文后隨之官。魏主雖限[1]大計❻，而恩好不忘，密令養髮，有追還之意。會柔然舉國渡河南侵，時頗有言柔然以悼后故興師者，帝曰：「豈有興百萬之眾為一女子邪？雖然，致人此言，朕亦何顏以見將帥？」乃遣中常侍曹寵齎手敕賜文后自盡。文后泣謂寵曰：「願至尊千萬歲，天下康寧，死無恨也！」遂自殺。鑿麥積崖❼而葬之，號曰寂陵。

夏，丞相泰召諸軍屯沙苑以備柔然。右僕射周惠達發士馬守京城，塹諸街巷，召雍州刺史王羆議之，羆不應召，謂使者曰：「若蠕蠕至渭北者，王羆自帥鄉里❽破之，不煩國家兵馬，何為天子城中作如此驚擾？由周家小兒恇怯❾致此。」柔然至夏州而退。未幾，悼后遇疾殂❿。

五月己酉⓫[2]，魏行臺宮延和、陝州刺史宮延慶⓬降于東魏，東魏以河北馬場⓭為義州⓮以處之。

東魏陽州武公高永樂卒。

閏月丁丑朔⓯，日有食之。○己丑⓰，東魏封皇兄景植為宜陽王，皇弟威為清河王，謙為潁川王。

六月壬子⓱，東魏華山王鷙⓲卒。

秋，七月丁亥⑲，東魏使兼散騎常侍李象⑳等來聘。

八月戊午㉑，大赦。

九月[3]戊戌㉒，司空袁昂㉓卒，遺疏不受贈諡，敕諸子勿上行狀㉔及立銘誌㉕，上不許，贈本官，諡穆正公。

冬，十一月，魏太師念賢卒。

吐谷渾自莫折念生之亂㉖，不通于魏。伏連籌㉗卒，子夸呂㉘立，始稱可汗，居伏俟城㉙。其地東西三千里，南北千餘里，官有王、公、僕射、尚書、郎中、將軍之號。是歲，始遣使假道柔然，聘於東魏。

【章　旨】以上為第三段，記西元五四〇年史事。本年三方無大事，西魏與柔然因魏文帝悼后失寵發生一次邊境戰爭，柔然與東魏通好。

【注　釋】❶壬申　正月二十三日。❷丁丑　正月二十八日。❸己亥　二月二十一日。❹武都王戊　元戊，廢后乙弗氏之子，封武都王。見《北史》卷十三〈后妃上·文帝文皇后乙弗氏傳〉。❺泰州　州名，治所蒲阪。然《北史·后妃傳上》作「秦州」，依下文，乙弗后葬麥積山，正在秦州境。《通鑑》誤。❻限大計　指魏文帝為利用柔然的勢力對付東魏，不得已廢乙弗氏而立柔然女為后。❼麥積崖　即麥積山，在今甘肅天水市東南。❽鄉里　等於說同鄉，此指京都長安人。王羆是京兆人，所以稱長安人為鄉里。❾恇怯　驚恐畏縮。❿遇疾殂　因疾病而死。⓫己酉　五月初二日。⓬宮延慶　人名，《魏書》、《北史》均作「宮元慶」。⓭河北馬場　在汲郡，即今河南衛輝一帶。魏孝文帝太和十七年（西元四九三年），因地處黃河以北，所以叫河北馬場。⓮義州　州名，東魏新置，治所在汲郡陳城，在今河南衛輝。轄五城、泰寧、新安、澠池、恆農、宜陽、金門七郡，主要安置西魏來的吏民。⑮丁丑朔　閏五月一日。⑯己丑　閏五月十三日。⑰壬子　六月六日。⑱鷙　元鷙，爵華山王，時任大司馬。⑲丁亥　七月十二日。⑳李象　（？—西元五四一年）字孟則，勃海蓨人。爵蓨縣男，是高澄的親信，官至兼散騎常侍。傳見《魏書》卷七十二、《北史》卷四十五。㉑戊午　八月十三日。㉒戊戌　九月二十四日。㉓袁昂　（西元四六一—五四〇年）字千里，陳郡陽夏人，性正直，梁時歷任侍中、吏部尚書、尚書令、中書監等要職。傳見《梁書》卷三十一、《南史》卷二十六。㉔行狀　文體名，官吏去世，子弟或門生故吏書寫其生平事跡，上呈朝廷，求賜諡號，以揚名後世的文辭。㉕立銘誌　在墓前立碑，有碑文記述墓主生平事跡。此風尚起於西漢，盛行於東漢，影響延續至今。㉖莫折念生之亂　北魏正光五年（西元五二四年），莫折大提據秦州反，自稱秦王。不久，莫折念生代立，自稱天子，年號天建，設立百官。事詳《魏書》卷九、《北史》卷四。㉗伏連籌　吐谷渾首領之一。魏孝文帝時，派世子賀魯朝見於洛陽。於是拜伏連籌使持節、都督西陲諸軍事、征西將軍、領護西戎中郎將、西海郡開國公、吐谷渾王。傳見《魏書》卷一百一、《北史》卷九十六。㉘夸呂　夸呂繼立，自號可汗，依中原之制，立王公、僕射、尚書、郎中、將軍等官。雖有城郭而不住，仍逐水草而遷徙。一度與西魏通好，後又通使北齊，同西魏屢起戰端。隋滅陳後，遠遁，不再犯邊。傳同伏連籌。㉙伏俟城　古城名，在今青海青海湖西布哈河河口。

【校　記】[1]限　原作「限以」。據章鈺校，甲十一行本、乙十一行本皆無「以」字，今據刪。[2]己酉　原作「乙酉」。張敦仁《通鑑刊本識誤》作「己酉」，當是，今從改。按，五月戊申朔，無乙酉。又《魏書·孝靜帝紀》、《北史·孝靜帝紀》皆作「己酉」。[3]九月　原無此二字。張敦仁《通鑑刊本識誤》有此二字，當是，今據補。按，《梁書·武帝紀下》、《南史·武帝紀下》述昂卒皆在九月。

【語　譯】六年（庚申　西元五四〇年）

春，正月二十三日壬申，東魏任用廣平公庫狄干為太保。〇二十八日丁丑，東魏孝靜帝遷入新宮殿，大赦天下。〇西魏扶風王元孚去世。

二月二十一日己亥，梁武帝舉行親耕藉田典禮。〇西魏鑄造五銖錢。

東魏大行臺侯景從三鵶出征，將要收復荊州。西魏丞相宇文泰派李弼、獨孤信各領五千騎兵出武關救援，侯景於是退還。

西魏文皇后做了尼姑之後，居住在另外的宮殿，柔然女悼后仍然妒忌她，就讓文皇后所生的兒子武都王元戊出任秦州刺史，要文皇后隨同兒子赴任。西魏文帝雖然迫於國家大局這樣做了，但並沒有忘懷與文皇后的恩愛，密令她蓄起頭髮，有接她回朝的意思。恰逢柔然集中全國兵力渡過黃河南侵，當時有柔然是為了悼后的原因才出兵的流言，西魏文帝說：「哪有為了一個女人而發動百萬大軍的道理呢？雖然如此，導致這樣的流言，朕又有什麼臉面見將帥？」就派中常侍曹寵帶上手令，賜文皇后自殺。文皇后哭著對曹寵說：「祝願皇上千萬歲，天下百姓康樂安寧，我死了也沒什麼遺憾！」於是自盡。魏文帝開鑿麥積崖安葬了文皇后，命名為寂陵。

夏，西魏丞相宇文泰調集各路兵馬屯駐在沙苑用來防備柔然。右僕射周惠達徵調兵馬守衛京城，在京城大街小巷挖戰壕，徵召雍州刺史王羆商議對策，王羆不聽徵召，對使者說：「如果柔然攻到渭水北岸，我王羆自會率領鄉親父老去打敗敵人，不用煩勞朝廷的兵馬，為什麼要在天子城中搞得這樣的驚擾呢？這都是由姓周的小子膽怯畏縮造成的。」柔然到夏州就撤退了。沒有多久，悼皇后生病去世了。

五月初二日己酉，西魏行臺宮延和、陝州刺史宮延慶投降東魏，東魏在河北馬場設置義州安置他們兩人。

東魏陽州武公高永樂去世。

閏五月初一日丁丑，發生日蝕。〇十三日己丑，東魏冊封皇帝兄長元景植為宜陽王，皇帝弟弟元威為清河王，元謙為潁川王。

六月初六日壬子，東魏華山王元鷙去世。

秋，七月十二日丁亥，東魏派兼散騎常侍李象等出使梁朝。

八月十三日戊午，梁朝大赦天下。

九月二十四日戊戌，梁朝司空袁昂去世，留下奏疏，不接受朝廷贈官和諡號，囑咐幾個兒子不要向朝廷呈送行狀，也不要立墓誌銘。梁武帝不同意，追贈了袁昂原來擔任的官職，諡號為穆正公。

冬，十一月，西魏太師念賢去世。

吐谷渾自莫折念生叛亂以來，不與北魏交通。伏連籌去世後，他的兒子夸呂繼位，開始稱可汗，居住在伏俟城。領地東西長三千里，南北寬一千多里，設置的官爵有王、公、僕射、尚書、郎中、將軍等稱號。這一年，開始派出使者借道柔然，出使東魏。

## 七年（辛酉　西元五四一年）

春，正月辛巳❶，上祀南郊，大赦。辛丑❷，祀明堂。○宕昌王梁仚定❸[1]為其下所殺，弟彌定❹立。

二月乙巳❺，以彌定為河・梁二州❻刺史、宕昌王。○辛亥❼，上耕藉田。○

魏幽州❽刺史順陽王仲景❾坐事賜死。

三月，魏夏州刺史劉平伏❿據上郡⓫反，大都督于謹討禽之。

夏，五月，遣兼散騎常侍明少遐⓬等聘于東魏。

秋，七月己卯⓭，東魏宜陽王景植卒。

魏以侍中宇文測為大都督、行汾州事。測，深之兄也。為政簡惠，得士民心。地接東魏，東魏人數來寇抄，測擒獲之，命解縛，引與相見，為設酒殽，待以客禮，并給糧餼⓮，衛送出境。東魏人大慚，不復為寇，汾、晉之間遂通慶弔，時論稱之。或告測交通境外者，丞相泰怒曰：「測為我安邊，我知其志，何得間我骨肉！」命斬之。

魏丞相泰欲革易時政，為彊國富民之法，大行臺度支尚書兼司農卿蘇綽盡其智能，贊成其事，減官員，置二長，并置屯田以資軍國。又為六條詔書，九月，始奏行之：一曰清心⑮，二曰敦教化，三曰盡地利，四曰擢賢良，五曰恤獄訟，六曰均賦役。泰甚重之，嘗置諸坐右，又令百司習誦之，其牧守令長非通六條及計帳者[2]，不得居官。

東魏詔羣官於麟趾閣[3]議定法制，謂之麟趾格⑯，冬，十月甲寅⑰，頒行之。

乙巳⑱，東魏發夫五萬築漳濱堰⑲，三十五日罷。

十一月丙戌⑳，東魏以彭城王韶㉑為太尉，度支尚書㉒胡僧敬㉓為司空。僧敬名虔，以字行。國珍㉔之兄孫，東魏主之舅也。

十二月，東魏遣兼散騎常侍李騫㉕來聘。

交趾李賁㉖世為豪右，仕不得志。同郡[4]有并韶㉗者，富於詞藻，詣選㉘求官，吏部尚書蔡撙㉙以并姓無前賢，除廣陽門㉚郎，韶恥之。賁與韶還鄉里謀作亂[5]，會交州刺史武林侯諮㉛以刻暴失眾心，時賁監德州㉜，因連結數州豪傑俱反。諮輸賄于賁，奔還廣州㉝。上遣諮與高州刺史孫冏㉞、新州刺史盧子雄㉟將兵擊之。

諮，恢㊱之子也。

是歲，魏又益新制十二條㊲。

東魏丞相歡以諸州調絹㊳不依舊式，民甚苦之，奏令悉以四十尺為匹。

魏自喪亂以來㊴，農商失業，六鎮之民相帥內徙，就食齊、晉㊵，歡因之以成霸業。東西分裂，連年戰爭，河南州郡鞠㊶為茂草，公私困竭，民多餓死。歡命諸州濱河及津、梁皆置倉積穀以相轉漕㊷，供軍旅，備饑饉。又於幽、瀛、滄、青㊸四州傍海煑鹽，軍國之費，粗得周贍。至是，東方連歲大稔，穀斛至九錢，山東之民稍復蘇息㊹矣。

東魏尚書令高澄尚靜帝妹馮翊長公主㊺，生子孝琬㊻，朝貴賀之，澄曰：「此至尊㊼之甥，先賀至尊。」三日，帝幸其第，賜錦綵布絹萬匹。於是諸貴競致禮遺，貨滿十室。

東魏臨淮王孝友㊽表曰：「令制百家為族，二十五家為閭，五家為比。百家之內有帥二十五㊾，徵發㊿皆免，苦樂不均，羊少狼多(51)，復有蠶食，此之為弊久矣。京邑諸坊(52)，或七八百家唯一里正(53)、二史(54)，庶事無闕，而況外州乎！請依舊置三正(55)之名不改，而每閭止為二比，計族省十二[6]丁(56)，貲絹(57)、番兵(58)，所益甚多59。」事下尚書60，寢不行。

安成61望族劉敬躬62以妖術惑眾，人多信之。

【章旨】以上為第四段，記西元五四一年史事。本年東西兩魏調整內政，休息百姓，撫平連年的戰爭創傷，初見成效。西魏改革，推行有利民生的新政比東魏步子大，奠定了西魏超強東魏的基礎。

【注釋】❶辛巳 正月九日。❷辛丑 正月二十九日。❸梁企定 （？—西元五四一年）宕昌（今甘肅宕昌）羌人首領梁勤之後，世代稱王。自彌忽起至企定凡九代，一直與北魏通好。北魏分裂，企定與吐谷渾勾結，進攻金城。後兵敗投降宇文泰，至此因再度叛亂而被部下所殺。傳見《周書》卷四十九。❹彌定 被西魏立為宕昌王。北周保定四年（西元五六四年）反叛，不久即被平滅。北周在他的領地上設立宕州。傳見《周書》卷四十九。又《梁書・諸夷傳》、《南史・夷貊傳》均作「彌泰」。❺乙巳 二月三日。❻河梁二州 從彌定領地出發遙設二州，實為虛職，並未納入梁朝版圖。❼辛亥 二月九日。❽幽州 胡三省認為西魏無幽州，當是豳州之誤。豳州治定安，在今甘肅寧縣。❾仲景 元仲景（？—西元五四一年），北魏京兆王元子推之後。從孝武帝入關，任尚書右僕射，封順陽王。西魏大統中，除幽州刺史。傳見《魏書》卷十九上、《北史》卷十七。❿劉平伏 匈奴別種稽胡人，為別帥。事見《周書》卷四十九、《北史》卷九十六。⓫上郡 郡名，屬東夏州，領石門、因城二縣，郡治不詳，約在今陝西延安一帶。⓬明少遐 字處默，平原鬲（今山東平原縣西北）人，梁都官尚書，後拜青州刺史。侯景之亂時，投奔北齊。傳見《南史》卷五十。⓭己卯 七月九日。⓮糧餼 糧食和活牲畜。⓯清心 《周書・蘇綽傳》作「先治心」，《北史・蘇綽傳》作「先修心」。⓰麟趾格 格，百官處理政務的法規。類似現在的行政法和官吏懲戒法。西漢張蒼制定章程是格的初始，但以「格」命名法規，以麟趾格最早。惜已散失，具體內容無從研討。⓱甲寅 十月十六日。⓲乙巳 十月七日。⓳漳濱堰 在漳水邊築堰，以保護鄴都免遭水淹。⓴丙戌 十一月十八日。㉑彭城王韶 元韶（？—西元五五九年），字世胄，爵彭城王。高歡女婿，歷位侍中、太尉、太傅。北齊高洋誅殺諸元氏時，下地牢絕食死。傳見《魏書》卷二十一下、《北齊書》卷二十八、《北史》卷十九。㉒度支尚書 官名，尚書省六部尚書之一，管理國家財政。北魏三品。㉓胡僧敬 （？—西元五四一年）安定臨涇（今甘肅鎮原東南）人，曾任涇州刺史，封安陽縣侯。東魏孝靜帝興和三年，以帝元舅超遷司空公。傳見《魏書》卷八十三下、《北史》卷八十。㉔國珍　胡國珍（西元四三九—五一八年），字世玉，任侍中，封安定郡公。北魏靈太后之父，所以常出入禁中，參議大政。傳見《魏書》卷八十三下、《北史》卷八十。㉕李騫　字希義，趙郡平棘（今河北趙縣）人，博涉經史，善於著文，官至尚書右丞。傳見《魏書》卷三十六、《北史》卷三十三。㉖李賁（？—西元五四九年）交趾（今越南河內東北）人，梁末叛亂，被梁將陳霸先討滅。事詳《梁書》卷三、《南史》卷七。㉗并韶　人名，并姓極罕見。㉘詣選　往尚書省吏部。選，即選部，尚書吏部。㉙蔡撙　（西元四六七—五二三年）字景節，濟陽考城（今安徽盱眙西南）人，歷任中書令、吳郡太守。傳見《梁書》卷二十一、《南史》卷二十九。㉚廣陽門　建康南城西邊第一座城門。㉛武林侯諮　蕭諮，字世恭，封武林侯。曾任衛尉，後被仇人刁戎刺殺。傳見《南史》卷五十二。㉜德州　州名，梁置，治所九德，在今越南榮市。㉝廣州　州名，治所番禺，在今廣東廣州。㉞孫冏　（？—西元五四二年）曾任西江督護。一作「孫固」。㉟盧子雄　（？—西元五四二年）討李賁，因軍中流行疫病而退兵，於是以逗留不進罪被處死。㊱恢　蕭恢（西元四七六—五二六年），梁武帝弟弟，封鄱陽王。都督荊湘雍梁益寧南北秦八州諸軍事，官至驃騎大將軍。傳見《梁書》卷二十二、《南史》卷五十二。㊲益新制十二條　益，增加。在大統元年（西元五三五年）新制二十四條基礎上，宇文泰又增新制十二條。㊳調絹　調，戶調。北魏規定凡接受國家授田的民戶，上上戶出絹五匹，上中戶出絹四匹二丈，上下戶出絹四匹。中上戶出絹三匹二丈，中中戶出絹三匹，中下戶出絹二匹二丈。下上戶出絹二匹，下中戶出絹一匹二丈，下下戶出絹一匹。東魏時地方官不遵舊制，隨意增收，所以高歡作出統一規定。㊴喪亂以來　指孝昌（西元五二五—五二七年）年間，北方六鎮起義事件以來。六鎮為沃野、懷朔、武川、撫冥、柔玄、懷荒，北魏政權由此走向崩潰。㊵齊晉　地區名，此沿用春秋國名指稱山東、山西地區。齊，指山東地區。晉，指山西和部分河北地區。㊶鞠　阻塞。㊷轉漕　從水路轉運，以應急需。㊸幽瀛滄青　四州名。幽，幽州，治所薊縣，在今天津市。瀛，瀛州，治所趙都軍城，在今河北河間。滄，滄州，治所饒安城，在今河北鹽山縣南。青，青州，治所廣固，在今山東青州。㊹蘇息　復蘇生息。㊺馮翊長公主　後被高洋陵辱至死。傳見《北齊書》卷九、《北史》卷十四。㊻孝琬　高孝琬，高澄第三子，以母貴而立為嫡子。封河間王，遷尚書令、并州刺史。後被高洋所殺。傳見《北齊書》卷十一、《北史》卷五十二。㊼至尊　指魏孝靜帝。㊽孝友　元孝友（？—西元五五一年），曾任滄州刺史，封臨淮王。入齊，降爵為公，被高洋所殺。傳見《魏書》卷十八、《北齊書》卷二十八、《北史》卷十六。㊾有帥二十五　百戶之中置族帥一人，閭帥四人，比帥二十人。㊿徵發　徵收的賦稅和攤派的兵役、傜役。(51)羊少狼多　喻官多於民。羊指百姓，狼指族、閭、比各帥。(52)坊　古代城市的居民單位，俗稱街坊、里弄。(53)里正　管理一里的基層小吏。(54)史里正的助手。55三正　即三長，北魏太和十年（西元四八六年），給事中李沖建議，五家為一鄰，設鄰長。五鄰為一里，設里長。五里為一黨，設黨長。元孝友建議恢復此三長之名。56族省十二丁　每閭省三個比長，一族共四閭，即省十二個比長。57貲絹　按財產多少交納絹。即調絹。58番兵　民戶男丁輪流當兵。59所益甚多　元孝友以為當時東魏有二萬餘族，每族經減省鄉吏，可少減免十二個丁男的賦稅徭役，也就是說可較前多收十二匹絹，多十二個服兵役的男丁。全國每年可多得絹二十四萬匹，兵一萬六千人。60事下尚書　提案下轉到尚書省評論。61安成　郡名，治所平都。在今江西安福。62劉敬躬　（？—西元五四二年）人名，一作「劉敬宮」。事見《梁書》卷三、《南史》卷七。

【校　記】[1]梁仚定　據章鈺校，甲十一行本、乙十一行本皆作「梁企定」，孔天胤本作「梁仙定」。按，《周書・異域傳上・宕昌傳》作「梁仚定」。[2]者　原無此字。據章鈺校，甲十一行本、乙十一行本、孔天胤本皆有此字，張敦仁《通鑑刊本識誤》同，今據補。[3]閣　原作「閤」。據章鈺校，甲十一行本、乙十一行本皆作「閣」，今據改。[4]同郡　原無此二字。張敦仁《通鑑刊本識誤》有此二字，其義長，今據補。[5]謀作亂　原無此三字。據章鈺校，甲十一行本、乙十一行本、孔天胤本皆有此三字，張敦仁《通鑑刊本識誤》、張瑛《通鑑校勘記》同，今據補。[6]二　原作「一」。據章鈺校，甲十一行本、乙十一行本皆作「二」，張敦仁《通鑑刊本識誤》同，今據改。

【語　譯】七年（辛酉　西元五四一年）

春，正月初九日辛巳，梁朝皇上梁武帝在南郊祭天，大赦天下。二十九日辛丑，在明堂舉行祭祀典禮。

○宕昌王梁仚定被他的部屬殺害，他的弟弟梁彌定繼位。

二月初三日乙巳，梁朝任命梁彌定為河州・梁州兩州刺史、宕昌王。○初九日辛亥，皇上梁武帝舉行藉田親耕典禮。○西魏幽州刺史順陽王元仲景因犯罪被文帝賜死。

三月，西魏夏州刺史劉平伏割據上郡反叛，大都督于謹征討抓獲了他。

夏，五月，梁朝派兼散騎常侍明少遐等出使東魏。

秋，七月初九日己卯，東魏宜陽王元景植去世。

西魏任命侍中宇文測為大都督、代理汾州政務。宇文測，是宇文深的哥哥。他處理政務簡明仁愛，得到士大夫和平民的擁護。汾州與東魏接壤，東魏人多次來侵擾掠奪，宇文測抓獲了他們，命令解開綁繩，引進面見，為他們擺下酒宴，待以客禮，還送給他們糧食和牲畜，護送出境。東魏人十分慚愧，不再當盜寇，西魏汾州與東魏晉州之間於是喜慶弔唁互相往來，受到當時輿論的稱讚。有人上告宇文測通敵，丞相宇文泰發怒說：「宇文測替我安定了邊境，我瞭解他的志向，為何要離間我們的骨肉親情！」下令殺了誣告的人。

西魏丞相宇文泰想變革時政，推行強國富民的政策法令，大行臺度支尚書兼司農卿蘇綽竭盡自己的才智，輔助改革，裁減冗官，各部門只設置長官兩員，又推行屯田政策，以補助國家政治與軍事的開支。蘇綽又起草了六條新政的詔書，在九月開始上奏推行。其一，純潔心靈；其二，促進教化；其三，充分利用土地資源；其四，選拔人才；其五，公正判案；其六，平均賦稅徭役。宇文泰十分重視這六條，把它放置在座右，又命令百官學習背誦它，不精通六條和不懂計帳的地方行政長官州牧郡守，不得任職。

東魏孝靜帝下詔召集百官在麟趾閣討論制定法制，叫做《麟趾格》。冬季，十月十六日甲寅，頒布實行。

十月初七日乙巳，東魏徵發民伕五萬人修築漳濱堰，三十五天完工。

十一月十八日丙戌，東魏任命彭城王元韶為太尉，度支尚書胡僧敬為司空。胡僧敬名虔，平時用字號稱呼。他是胡國珍哥哥的孫子，東魏孝靜帝的舅舅。

十二月，東魏派遣兼散騎常侍李騫出使梁朝。

交趾人李賁世代是豪族，當官不得意。同郡有個叫并韶的人，擅長作詩文，到朝廷尚書吏部曹求官，吏部尚書蔡撙因并姓沒有出過賢人，就任命他做廣陽門郎，并韶感到恥辱。李賁與并韶一同返回鄉里陰謀作亂，正好交州刺史武林侯蕭諮因苛刻殘暴失去人心，此時李賁正監理德州，因此他們二人聯合了幾個州的豪族同時反叛。蕭諮向李賁送了財物，才逃回廣州。梁武帝委派蕭諮與高州刺史孫冏、新州刺史盧子雄帶兵攻打李賁。蕭諮，是蕭恢的兒子。

這一年，西魏又增加了新法令十二條。

東魏丞相高歡因各州調絹沒有按原來的規定徵收，平民感到很痛苦，上奏孝靜帝頒令一律以四十尺為一匹。

北魏自從孝昌年間發生動亂以來，農民、工商失業，北方六大重鎮的居民相繼向內地遷移，到齊州、晉州地區去謀生，高歡憑藉這機會成就了霸業。東西魏分裂，連年戰爭，黃河以南各州郡田野都長滿荒草，官民困頓沒有一粒糧食，平民大多餓死。高歡命令各州在河岸、渡口、橋樑等要道之處設置糧倉，儲備糧食，以便水陸轉運，供應軍隊，防備饑荒。又在幽州、瀛州、滄州、青州四州的靠海地帶煮鹽，因此軍政開支，初步得到保障。到了這時，國家東部地區連年豐收，穀物一斛只值九錢，東魏老百姓稍稍得到了復蘇。

東魏尚書令高澄娶孝靜帝的妹妹馮翊長公主為妻，生了兒子高孝琬，朝中顯貴祝賀高澄，高澄說：「這是皇上的外甥，先祝賀皇上。」第三天，孝靜帝臨幸高澄府上，賞賜彩錦綢緞一萬匹。於是各位顯貴競相攀比送重禮，錢財堆滿了十間房子。

東魏臨淮王元孝友上表說：「現行制度，一百家為一族，二十五家為一閭，五家為一比。一百戶人家中就有二十五帥，賦稅徭役都免除了，苦樂不均，羊少狼多，還要加上壓榨侵吞，這種制度造成的弊端已經很久了。都城的各個街坊，有的七八百戶才有一個里正、兩個小吏，各種事務都能辦得沒有缺失，何況地方州郡呢！請求按照舊制設置三正的名稱不變，每閭只設兩個比長，這樣每族減少了十二個比帥，就增加了十一個納稅服役的丁戶，國家徵收的綢絹和兵員，就會增加很多。」皇上把奏章批交尚書省，被擱置沒有實行。

梁朝安成郡大族劉敬躬利用妖術迷惑民眾，有許多人都相信他。

八年（壬戌　西元五四二年）

春，正月，敬躬據郡反，改元永漢，署官屬，進攻廬陵❶，逼豫章❷。南方久不習兵，人情擾駭，豫章內史張綰❸募兵以拒之。綰，纘之弟也。二月戊戌❹，江州刺史湘東王繹❺遣司馬王僧辯❻、中兵曹子郢討敬躬，受繹節度。二月戊辰❼，擒敬躬，送建康，斬之。僧辯，神念❽之子也，該博辯捷，器宇肅然，雖射不穿札❾，而志氣高遠。

魏初置六軍❿。

夏，四月丙寅⓫，東魏使兼散騎常侍李繪⓬來聘。繪，元忠⓭之從子也。

東魏丞相歡朝于鄴。司徒孫騰坐事免⓮。乙酉⓯，以彭城王韶錄尚書事，侍中廣陽王湛為太尉，尚書右僕射高隆之為司徒。初，太傅[1]尉景與丞相歡同歸爾朱榮，其妻，歡之姊也，自恃勳戚⓰，貪縱不法，為有司所劾，繫獄。歡三詣闕泣請，乃得免死。丁亥⓱，降為驃騎大將軍、開府儀同三司。歡往造之，景臥不起，大叫曰：「殺我時趣邪！」歡撫而拜謝之。辛卯⓲，以庫狄干為太傅，以領軍將軍婁昭為大司馬，封祖裔⓳為尚書右僕射。六月甲辰⓴，歡還晉陽。

八月庚戌㉑，東魏以開府儀同三司、吏部尚書侯景為兼尚書僕射、河南[2]大行臺㉒，隨機防討㉓。

魏以王盟為太保。

東魏丞相歡擊魏，入自汾、絳㉔，連營四十里，丞相泰使王思政守玉壁㉕以斷其道。歡以書招思政曰：「若降，當授以并州㉖。」思政復書曰：「可朱渾道元降，何以不得？」冬，十月己亥㉗，歡圍玉壁，凡九日，遇大雪，士卒飢凍，多死者，遂解圍去。魏遣太子欽鎮蒲坂。丞相泰出軍蒲坂，至皂莢㉘，聞歡退度汾，追之，不及。十一月，東魏以可朱渾道元為并州刺史。十二月，魏主狩於華陰㉙，大享將士，丞相泰帥諸將朝之。起萬壽殿於沙苑北。

辛亥㉚，東魏遣兼散騎常侍楊斐㉛來聘。

孫冏、盧子雄討李賁，以春瘴㉜方起，請待至秋，廣州刺史新渝侯映㉝不許，武林侯諮又趣㉞之。冏等至合浦㉟，死者什六七，眾潰而歸。映，憺㊱之子也。武林侯諮奏冏及子雄與賊交通，逗留不進，敕於廣州賜死。子雄弟子略、子烈、主帥㊲廣陵杜天合㊳及弟僧明㊴、新安周文育㊵等帥子雄之眾攻廣州，欲殺映、諮，為子雄復冤。西江㊶督護㊷、高要太守吳興陳霸先㊸帥精甲三千救之，大破子略等，殺天合，擒僧明、文育。霸先以僧明、文育驍勇過人，釋之，以為主帥。詔以霸先為直閤將軍㊹。

魏丞相泰妻馮翊公主，生子覺㊺。

東魏以光州刺史李元忠為侍中。元忠雖處要任，不以物務干懷㊻，唯飲酒自娛。丞相歡欲用為僕射，世子澄言其放達常醉，不可委以臺閣㊼。其子搔㊽聞之，請節酒，元忠曰：「我言作僕射不勝飲酒樂，爾愛僕射，宜勿飲酒。」

【章旨】以上為第五段，寫梁朝劉敬躬反於內地。平叛交趾的將領盧子雄等蒙冤而死，激起兵變，雖然平息，卻警示了梁朝政治的腐敗。

【注釋】❶廬陵　郡名，治所石陽，在今江西吉安東北。❷豫章　郡名，治所南昌，在今江西南昌。❸張綰　（西元四九二—五五四年）字孝卿，范陽方城人。仕梁，曾任御史中丞，加通直散騎常侍，官至吏部尚書。梁元帝即位後，徵為尚書右僕射。傳見《梁書》卷三十四、《南史》卷五十五。❹戊戌　二月二日。❺繹　蕭繹（西元五〇八—五五五年），即梁元帝，字世誠，小字七符，梁武帝第七子。在位四年，被西魏俘虜並殺害。事詳《梁書》卷五、《南史》卷二。❻王僧辯　（？—西元五五五年）字君才，太原祁（今山西祁縣）人，蕭繹的大將，討平侯景之亂，以功位司徒，封永寧郡公。元帝亡，被陳霸先襲殺。傳見《梁書》卷四十五、《南史》卷六十三。❼戊辰　二月丁酉朔，無戊辰日。疑為三月之誤，是三月二日，《梁書》即作三月。❽神念　王神念（西元四五一—五二五年），初任北魏潁川太守。天監七年（西元五〇八年），舉家南渡降梁，封南城縣侯。傳見《梁書》卷三十九、《南史》卷六十三。❾射不穿札　形容膂力不足，武技較弱。札，鎧甲上的葉片。❿六軍　西周天子之制，應設六軍。東、西魏分裂之後，西魏第一次按天子之制設立六軍。⓫丙寅　四月丙申朔，無丙寅日。據《北齊書》卷二十九、《北史》卷三十三，李繪出使梁朝，在武定元年（西元五四三年）初，也就是梁大同九年初的事。《通鑑》所記誤。⓬李繪　（？—西元五五〇年）字敬文，趙郡平棘人，東魏初，曾任丞相司馬，北齊天保初，為司徒右長史。曾出使梁朝，梁人重其廉潔。傳見《魏書》卷四十九、《北齊書》卷二十九、《北史》卷三十三。⓭元忠　李元忠（西元四八六—五四五年），趙郡柏人（河北隆堯西）人，東魏初，曾任光州刺史，時州境災，朝廷允許出萬石糧用來賑災，而元忠動用了十五萬石，朝廷嘉許而不降罪。後官至侍中、驃騎大將軍、儀同三司。傳見《魏書》卷四十九、《北齊書》卷二十二、《北史》卷三十三。⓮坐事免　孫騰早先丟失一個女兒，任司徒後，疑他的女兒已淪為奴婢，所以凡有奴婢投訴，不論虛實，一律免為平民，多達千人，希望從中找到女兒。因此被免職。事見《北齊書》卷十八、《北史》卷五十四。⑮乙酉　五月二十日。⑯勳戚　有功勞的皇親國戚。⑰丁亥　五月二十二日。⑱辛卯　五月二十六日。⑲封祖裔　即封隆之。⑳甲辰　六月十日。㉑庚戌　八月十六日。㉒河南大行臺　時以黃河以南的豫州、廣州、潁州、荊州、襄州、兗州、南兗州、齊州、東豫州、洛州、揚州、北荊州、北揚州置河南大行臺，一併歸侯景節制。㉓隨機防討　可以不需請示，根據實際情況，決定對付梁朝或西魏的軍事行動，或防禦，或進攻。㉔入自汾絳　從汾州、絳州進入西魏界。㉕玉壁　城名，在今山西稷山縣西南，後成為西魏南汾州、北周勳州州治。㉖授以并州　授予并州刺史職。高歡以晉陽為基地，是并州州治所在，該州刺史地位高於其他諸州。㉗己亥　十月六日。㉘皂莢　地名，今址不詳。㉙華陰　縣名，縣治在今陝西華陰。㉚辛亥　十二月十九日。㉛楊斐　字叔鸞，北平無終（天津市薊縣）人，北魏時，封方城伯。北齊時任都水使者，曾監修長城，監瀛州事。傳見《魏書》卷七十二、《北史》卷四十七。今本二史均作「陽斐」，與《通鑑》所本《魏書》異。㉜春瘴　春天初到，南方山林間常因溼熱形成致人生病的地氣，稱春瘴。㉝新渝侯映　蕭映，字文明，梁武帝弟始興王蕭憺之子。封新渝縣侯。歷官淮南、吳興太守，北徐州、廣州刺史。傳見《南史》卷五十二。新渝，《南齊書》卷十四〈州郡志上〉作「新喻」，縣名，在今江西新余。按，《元和郡縣志》，新喻漢代作宜春縣，吳孫皓分置新渝縣，因縣有渝水而命名。唐天寶以後因聲變相承而作「喻」。《通鑑》不誤。㉞趣　催促。㉟合浦　郡名，治所徐聞，在今廣西博白西南。㊱憺　蕭憺（西元四七八—五二二年），字僧達，梁武帝弟，封始興王，諡忠武。在荊州刺史任，曾廣開屯田，減省傜役，頗有政績。傳見《梁書》卷二十二、《南史》卷五十二。㊲主帥　統軍主將。㊳杜天合　（？—西元五四二年）廣陵臨澤（今江蘇高郵東北）人。事跡見《陳書》卷八〈周文育傳〉。㊴僧明　杜僧明（西元五〇九—五五四年），字弘照，人矮小，膽氣過人，勇武善射。在平定侯景叛亂中，屢建奇功，封臨江縣侯。傳見《陳書》卷八、《南史》卷六十六。㊵周文育　（西元五〇九—五五九年）字景德，義興陽羨（今江蘇宜興南）人，本居新安壽昌（今浙江淳安南），姓項，名猛奴。後被周薈收養，改姓名。後從陳霸先，討侯景，屢有功，封南移縣侯。又輔弼霸先建立陳朝，出鎮江州。後被熊曇朗暗殺。傳見《陳書》卷八、《南史》卷六十六。㊶西江　河名，源出廣西，黔、鬱、桂三水於梧州匯合而成西江，流入廣東境內。此指梁廣州刺史轄內西江流經地區，以高要郡（今廣東肇慶）為中心。㊷督護　官名，廣州分西江和南江二大區，江流深遠，為便於統治，各設一督護，專門負責征討叛逆事。㊸陳霸先　（西元五〇三—五五九年）即陳武帝，字興國，小字法生，吳興長城（今浙江長興）人，梁末，率軍北上，平定侯景之亂，進位司空。西元五五七年接受禪讓，建立陳朝，在位二年餘而病逝。事詳《陳書》卷一、《南史》卷九。㊹直閤將軍　官名，南朝及北魏、北齊置，為皇帝左右侍衛之官，地位重要。梁官班不詳，北魏從三品。㊺覺　字文覺（西元五四二—五五七年），北周節閔帝。事詳《周書》卷三、《北史》卷九。㊻物務干懷　指軍政事務煩擾於心。㊼臺閣　尚書省。㊽搔　李搔（？—西元五五七年），字德況，一作德沉。通音律，造八絃樂器。官至尚書儀曹郎。傳見《魏書》卷四十九、《北齊書》卷二十二、《北史》卷三十三。

【校　記】①太傅　原作「太尉」。據章鈺校，甲十一行本、乙十一行本、孔天胤本皆作「太傅」，張敦仁《通鑑刊本識誤》同，今據改。按，《北齊書・尉景傳》、《北史・尉景傳》皆作「傅」。②河南　原作「河南道」。據章鈺校，甲十一行本、乙十一行本、孔天胤本皆無「道」字，今據刪。

【語　譯】八年（壬戌　西元五四二年）

春，正月，梁朝劉敬躬佔據所在安成郡造反稱帝，改年號永漢，設官置吏，進攻廬陵，逼近豫章。江南長久沒有練兵，人心驚慌，豫章內史張綰招募軍隊抵抗劉敬躬。張綰，是張纘的弟弟。二月初二日戊戌，江州刺史湘東王蕭繹派遣司馬王僧辯、中兵參軍曹子郢討伐劉敬躬，接受張綰的節制。二月戊辰日，活捉劉敬躬，押送建康斬首。王僧辯，是王神念的兒子，學問淵博，口才敏捷，儀表堂堂，端莊威嚴，雖然射箭穿不透鎧甲，但心氣甚高，志向遠大。

西魏開始建置六軍。

夏，四月丙寅日，東魏派兼散騎常侍李繪出使梁朝。李繪，是李元忠的姪兒。

東魏丞相高歡到鄴城朝見孝靜帝，司徒孫騰因犯罪被免官。五月二十日乙酉，任命彭城王元韶錄尚書事，侍中廣陽王元湛為太尉，尚書右僕射高隆之為司徒。當初，太傅尉景與丞相高歡一同歸附爾朱榮，他的妻子是高歡的姐姐。他依仗自己是有功勳的皇族親戚，貪贓枉法，被有關部門彈劾，囚禁在獄中。高歡多次到朝廷流淚求請，才免去死罪。二十二日丁亥，降職為驃騎大將軍、開府儀同三司。高歡上門看望尉景，尉景臥床不起，大聲說：「殺我就快些來！」高歡安慰並向他道歉。二十六日辛卯，東魏任命庫狄干為太傅，任命領軍將軍婁昭為大司馬，封祖裔為尚書右僕射。六月初十日甲辰，高歡回到晉陽。

八月十六日庚戌，東魏任命開府儀同三司、吏部尚書侯景為兼尚書僕射、河南大行臺，有權按實際情況自定防守以及征討。

西魏任命王盟為太保。

東魏丞相高歡進攻西魏，從汾州、絳州進入，營帳連綿四十里，西魏丞相宇文泰派王思政據守玉壁堵截高歡進攻的道路。高歡致函招誘王思政說：「如果投降，授給你并州刺史。」王思政回信說：「可朱渾道元投降，為何沒有給他？」冬，十月初六日己亥，高歡包圍玉壁，共九天，碰上大雪，士兵又餓又凍，死了很多，於是撤軍退走。西魏派太子元欽鎮守蒲坂。丞相宇文泰率軍從蒲坂出發，到達皂莢，得知高歡撤退渡過汾水，宇文泰追擊沒能追上。十一月，東魏任命可朱渾道元為并州刺史。

十二月，西魏文帝在華陰狩獵，設盛宴慰勞將士，丞相宇文泰帶領諸將朝見魏文帝，在沙苑北面建造萬壽殿。

十二月十九日辛亥，東魏派兼散騎常侍楊斐出使梁朝。

梁朝孫冏、盧子雄征討李賁，因春天瘴氣剛升起，請求等到秋天，廣州刺史新渝侯蕭暎不同意，武林侯蕭諮又來催促，孫冏等到達合浦，病死的人佔了六七成，部眾潰散而歸。蕭暎，是蕭憺的兒子。武林侯蕭諮奏報說孫冏、盧子雄與叛賊勾結，拖延不進兵，梁武帝下令在廣州賜孫冏、盧子雄死。盧子雄的弟弟盧子略、盧子烈、主帥廣陵人杜天合，以及他的弟弟杜僧明、新安人周文育等率領盧子雄的部眾攻打廣州，想要殺死蕭暎、蕭諮，為盧子雄報仇。西江督護、高要太守吳興人陳霸先率領精銳甲士三千人救援廣州，大敗盧子略等，殺了杜天合，活捉了杜僧明、周文育。陳霸先因杜僧明、周文育驍勇過人，釋放了他們，任用為主帥。梁武帝下詔任命陳霸先為直閤將軍。

西魏丞相宇文泰妻子馮翊公主生子宇文覺。

東魏任命光州刺史李元忠為侍中。李元忠雖然身處重要的職位，但不把政務放在心上，整天只喝酒自娛，丞相高歡想任用他為尚書僕射，世子高澄說李元忠狂放酗酒，不能將尚書省要職交給他。李元忠的兒子李搔聽到這話，就勸李元忠節制飲酒。李元忠說：「我認為做僕射沒有喝酒快樂，你喜歡僕射，就應當不喝酒。」

九年（癸亥　西元五四三年）

春，正月壬戌❶，東魏大赦，改元武定❷。

東魏御史中尉高仲密取❸吏部郎崔暹之妹，既而棄之，由是與暹有隙。仲密選用御史，多其親戚鄉黨，高澄奏令改選。暹方為❹澄所寵任，仲密疑其搆己，愈恨之。仲密後妻李氏❺豔而慧，澄見而悅之❻，李氏不從，衣服皆裂，以告仲密，仲密益怨。尋出為北豫州❼刺史，陰謀外叛。丞相歡疑之，遣鎮城❽奚壽興典軍事，仲密但知民務。仲密置酒延壽興，伏壯士，執之。二月壬申❾，以虎牢叛，降魏。魏以仲密為侍中、司徒。

歡以仲密之叛由崔暹，將殺之，高澄匿暹，為之固請，歡曰：「我匄❿其命，須與苦手⓫。」澄乃出暹，而謂大行臺都官郎⓬陳元康曰：「卿使崔暹得杖，勿復相見。」元康為之言於歡曰：「大王方以天下付大將軍，大將軍有一崔暹不能免其杖，父子尚爾，況於他人？」歡乃釋之。

高季式在永安戍⓭，仲密遣信報之，季式走告歡，歡待之如舊。

魏丞相泰帥諸軍以應仲密，以太子少傅⓮李遠為前驅，至洛陽，遣開府儀同三司于謹攻柏谷⓯，拔之。三月壬辰⓰[1]，圍河橋南城。

東魏丞相歡將兵十萬至河北⑰，泰退軍瀍上，縱火船於上流以燒河橋。斛律金使行臺郎中張亮以小艇百餘載長鎖，伺火船將至，以釘釘之，引鎖向岸，橋遂獲全。

歡度河，據邙山為陳，不進者數日。泰留輜重於瀍曲⑱，夜，登邙山以襲歡。候騎白歡曰：「賊距此四十餘里，蓐食⑲乾飯⑳而來。」歡曰：「自當渴死。」乃正陣以待之。戊申㉑，黎明，泰軍與歡軍遇。東魏彭樂以數千騎為右甄㉒，衝魏軍之北垂㉓，所向奔潰，遂馳入魏營。人告彭樂叛，歡甚怒。俄而西北塵起，樂使來告捷，虜魏侍中、開府儀同三司、大都督臨洮王東㉔、蜀郡王榮宗、江夏王昇、鉅鹿王闡、譙郡王亮、詹事趙善㉕及督將僚佐四十八人。諸將乘勝擊魏，大破之，斬首三萬餘級。

歡使彭樂追泰，泰窘，謂樂曰：「汝非彭樂邪？癡男子！今日無我，明日豈有汝邪？何不急還營，收汝金寶？」樂從其言，獲泰金帶一囊以歸，言於歡曰：「黑獺漏刃，破膽矣。」歡雖喜其勝而怒其失泰，令伏諸地，親捽㉖其頭，連頓之，并數以沙苑之敗，舉刃將下者三，噤齘㉗良久。樂曰：「乞五千騎，復為王取之。」歡曰：「汝縱之何意，而言復取邪？」命取絹三千匹壓樂背，因以賜之。

明日，復戰，泰為中軍，中山公趙貴為左軍，領軍若干惠㉘②等為右軍。中軍、右軍合擊東魏，大破之，悉俘其步卒。歡失馬，赫連陽順下馬以授歡。歡上馬走，從者步騎七人，追兵至，親信都督尉興慶㉙曰：「王速去，興慶腰有百箭，足殺百人。」歡曰：「事濟，以爾為懷州刺史；若死，用爾子。」興慶曰：「兒小③，願用兄。」歡許之。興慶拒戰，矢盡而死。

東魏軍士有逃奔魏者，告以歡所在，泰募勇敢㉚三千人，皆執短兵，配大都督賀拔勝以攻之。勝識歡於行間，執槊與十三騎逐之，馳數里，槊刃垂及，因字之㉛曰：「賀六渾，賀拔破胡必殺汝！」歡氣㉜殆絕，河州刺史劉洪徽㉝從傍射勝，中其二騎，武衛將軍段韶射勝馬，斃之，比副馬至，歡已逸去。勝歎曰：「今日不執弓矢，天也！」

魏南郢州刺史耿令貴，大呼，獨入敵中，鋒刃亂下，人皆謂已死，俄奮刀而還，如是數四。當令貴前者死傷相繼，乃謂左右曰：「吾豈樂殺人？壯士除賊，不得不爾。若不能殺賊，又不為賊所傷，何異逐坐人㉞也？」

左軍趙貴等五將戰不利，東魏兵復振，泰與戰，又不利。會日暮，魏兵遂遁，東魏兵追之。獨孤信、于謹收散卒自後擊之，追兵驚擾，魏諸軍由是得全。若干惠夜引去，東魏兵追之，惠徐下馬，顧命廚人營食，食畢，謂左右曰：「長安死，此中死，有以異乎？」乃建旗鳴角，收散卒徐還，追騎疑有伏兵，不敢逼。泰遂入關，屯渭上。

歡進至陝，泰使[4]開府儀同三司達奚武等拒之。行臺郎中封子繪㉟言於歡曰：「混壹東西，正在今日。昔魏太祖㊱平漢中㊲，不乘勝取巴、蜀㊳，失在遲疑，後悔無及。願大王不以為疑。」歡深然之，集諸將議進止，咸以為野無青草，人馬疲瘦，不可遠追。陳元康曰：「兩雄交爭，歲月已久。今幸而大捷，天授我也，時不可失，當乘勝追之。」歡曰：「若遇伏兵，孤何以濟？」元康曰：「王前沙苑失利，彼尚無伏；今奔敗若此，何能遠謀？若捨而不追，必成後患。」歡不從，使劉豐生將數千騎追泰，遂東歸。

泰召王思政於玉壁，將使鎮虎牢，未至而泰敗，乃使守恆農。思政入城，令開門解衣而臥，慰勉將士，示不足畏。後數日，劉豐生至城下，憚之，不敢進，引軍還。思政乃脩城郭，起樓櫓，營農田，積芻粟，由是恆農始有守禦之備。

丞相泰求自貶，魏主不許。是役也，魏諸將皆無功，唯耿令貴與太子武衛率㊴王胡仁㊵、都督王文達㊶力戰功多。泰欲以雍、岐、北雍三州授之，以州有優劣，使採籌㊷取之，仍賜胡仁名勇，今貴名豪，文達名傑[5]，用彰其功。於是廣募關、隴豪右以增軍旅。

高仲密之將叛也，陰遣人扇動冀州豪傑㊸，使為內應，東魏遣高隆之馳驛㊹慰撫，由是得安。高澄密書與隆之曰：「仲密枝黨與之俱西者，宜悉收其家屬，以懲將來。」隆之以為恩旨既行，理無追改，若復收治，示民不信，脫致驚擾，所虧不細㊺，乃啓丞相歡而罷之㊻。

以太子詹事謝舉為尚書僕射。

夏，四月，林邑㊼王攻李賁，賁將范脩破林邑於九德㊽。

清水㊾氐酋李鼠仁㊿乘魏之敗，據險作亂。隴右大都督獨孤信屢遣軍擊之，不克。丞相泰遣典籤天水趙昶(51)往諭之，諸酋長聚議，或從或否，其不從者欲加刃於昶，昶神色自若，辭氣逾厲，鼠仁感悟，遂相帥降。氐酋梁道顯叛，泰復遣昶諭降之，徙其豪帥四十[6]餘人并部落於華州。泰即以昶為都督，使領之。

泰使諜潛入虎牢，令守將魏光(52)固守，侯景獲之，改其書云：「宜速去。」縱諜入城，光宵遁。景獲高仲密妻子送鄴，北豫、洛二州復入于東魏。五月壬辰(53)，東魏以克復虎牢，降死罪已下囚，唯不赦高仲密家。丞相歡以高乾有義動(54)，高昂死王事[55]，季式先自告，皆為之請，免其從坐[56]。仲密妻李氏當死，高澄盛服見之，曰：「今日何如？」李氏默然，遂納之。乙未[57]，以侯景為司空。

秋，七月，魏大赦。以王盟為太傅，廣平王贊為司空。

八月乙丑[58]，東魏以汾州刺史斛律金為大司馬。○東魏遣兼散騎常侍李渾[59]等來聘。

冬，十一月甲午[60]，東魏主狩于西山[61]，乙巳[62]，還宮。高澄啟解侍中，東魏主以其弟并州刺史太原公洋[63]代之。

丞相歡築長城於肆州[64]北山，西自馬陵[65]，東至土墱[66]，四十日罷。

魏諸牧守共謁丞相泰，泰命河北太守裴俠[67]別立[68]，謂諸牧守曰：「裴俠清慎奉公，為天下最，有如俠者，可與俱立。」眾默然，無敢應者。泰乃厚賜俠，朝野歎服，號為「獨立君」。

【章旨】以上為第六段，寫西元五四三年，因東魏高仲密叛降西魏引發東西魏邙山大戰，兩軍全力交戰，高歡與宇文泰各自九死一生，東魏大勝而無力追擊，東西魏仍然勢均力敵。

【注釋】❶壬戌　正月初一。❷武定　孝靜帝年號（西元五四三—五四九年）。❸取　娶。❹方為　正被。❺李氏　趙郡李徽伯的女兒。高仲密投降西魏之後，李氏被押，迫於高澄壓力，被納為昌儀。❻悅之　挑逗李氏。❼北豫州　州名，治所虎牢，在今河南滎陽西。❽鎮城　官名，即防城都督，負責守城。❾壬申　二月十二日。❿匄　給予。此處意謂不殺而留下性命。⓫與苦手　即痛打。⓬都官郎　官名，主管軍事刑獄。⓭永安戍　戍所名，在永安城，亦是永安郡郡治，在今山西霍州。當時高季式被解除晉州刺史職，鎮守該戍所。高仲密藉機想引誘他一起投降西魏。⓮太子少傅　官名，為加官，是榮譽虛銜。李遠當時實授行臺尚書。⓯柏谷　城名，在今河南宜陽南。⓰壬辰　三月初二日。⓱河北　指河橋北城，在今河南孟州南富平津渡口北側。⓲瀍曲　即瀍水西。⓳蓐食　在被窩裡吃飯，即還未起床時就吃飯。蓐，同「褥」。被褥。⓴乾飯　先蒸或煮而後再曬乾的飯。麥子、大米、小米都可以作原料。㉑戊申　三月十八日。㉒右甄　軍陣的右翼。㉓北垂　北邊的軍陣。㉔臨洮王柬　元柬，爵臨洮王。《魏書》卷十二作「元森」，《北史》卷五十三作「元柬」，未知孰是。蜀郡王元榮宗，江夏王元昇，鉅鹿王元闡，譙郡王元亮，共五王都是西魏文帝哥哥的兒子。㉕趙善　字僧慶，天水南安人。爵襄城縣公，西魏大統三年，任尚書左僕射，領太子詹事。被俘後，客死於東魏。傳見《周書》卷三十四、《北史》卷五十九。㉖捽　揪住。㉗噤齘　咬牙切齒，強忍不言。㉘若干惠　（？—西元五四七年）複姓若干，字惠保，代郡武川人，初從爾朱榮，後擁戴宇文泰，以功進爵長樂郡公，任中領軍，升至司空。傳見《周書》卷十七、《北史》卷六十五。㉙尉興慶　本名興，字興慶，因避高歡五世祖高慶的名諱，所以《北齊書》作「尉興敬」。太安狄那人，便弓馬，有武藝。東魏時，封集中縣侯。傳見《北齊書》卷十九、《北史》卷五十三。㉚勇敢　有勇氣、不怕死的人。㉛字之　高呼高歡的字。㉜氣　人的氣息、生氣。㉝劉洪徽　人名，秀容陽曲人，後任北齊尚書右僕射、領軍，助高演奪取帝位。傳見《北齊書》卷十九、《北史》卷五十三。㉞逐坐人　指當時舞文弄墨、坐而論事的文官。這是武將對文官的蔑稱。這種認識在南北朝武將中十分流行。㉟封子繪　（西元五一五—五六四年）字仲藻，小名搔，封隆之的兒子。明敏幹練，深得高歡父子信用。傳見《魏書》卷三十二、《北齊書》卷二十一、《北史》卷二十四。㊱魏太祖　指三國時魏曹操。操死，其子曹丕代漢，追贈操為太祖武皇帝。㊲漢中　郡名，漢置，治所南鄭，在今陝西漢中東。㊳巴蜀　兩郡名。巴郡，漢末治所在江州，在今重慶市嘉陵江北岸。蜀郡，漢末治所在成都，在今四川成都。三國時二郡控制在劉備手中。㊴太子武衛率　官名，原稱東宮武衛將軍，掌東宮衛隊。㊵王胡仁　代郡武川人，勇力過人，屢立戰功。魏恭帝元年（西元五五四年），大敗柔然，進爵新陽郡公，賜姓庫汗氏。傳見《周書》卷二十九、《北史》卷六十六。㊶王文達　（西元五一五—五七九年）金城直城（今陝西漢陰）人，號萬人敵，爵都昌縣公。江陵之役，生擒梁元帝，戰功居首。入周，以勳望任上柱國。傳見《周書》卷二十九、《北史》卷六十六。㊷籌　竹製的籌算用具，記數用。此處是用來抽籤，以決定任何州刺史。㊸冀州豪傑　指冀州地區豪強。高仲密的哥哥高乾少任俠，在冀州老家極有影響力。仲密利用這一優勢，煽動豪傑叛亂。㊹馳驛　利用驛站人馬糧草，加速前進。因封隆之曾任冀州刺史，頗得人心，所以高歡派他去安定當地豪強。封隆之，《通鑑》此處誤為高隆之。㊺所虧不細　所損失的將會很大。㊻罷之　撤銷了高澄的密命。㊼林邑　國名，原屬漢代日南郡象林縣，在今越南南方峴港一帶。㊽九德　郡名，治所九德，在今越南榮市，也是德州州治。㊾清水　縣名，縣治在今甘肅清水縣西。㊿李鼠仁　人名。事見《周書・異域傳》、《北史・氐傳》。(51)趙昶　（？—西元五五八年）字長舒，天水南安（今甘肅）人，西魏文帝末，拜安夷郡守，多次軟硬兼施，平定氐人和羌人的叛亂。以功封長道郡公。傳見《周書》卷三十三、《北史》卷六十九。(52)魏光　人名，此前任東秦州刺史。(53)壬辰　五月三日。(54)義勳　指大通三年（西元五三一年）高乾起兵信都，擁戴高歡事。(55)死王事　指高敖曹戰死於河陽事。(56)從坐　通稱連坐，指受株連而被判罪。(57)乙未　五月六日。(58)乙丑　八月八日。(59)李渾　字季初，趙郡柏人人，北齊太子少傅，曾刪定《麟趾格》。傳見《魏書》卷四十九、《北齊書》卷二十九、《北史》卷三十三。(60)甲午　十一月八日。(61)西山　山名，在河北邯鄲西。(62)乙巳　十一月十九日。(63)洋　高洋，北齊文宣帝，時爵太原公。傳見《北齊書》卷四、《北史》卷七。(64)肆州　州名，治所九原，在今山西忻州。(65)馬陵　地名，在今山西靜樂北。(66)土墱　寨名，在今山西原平西北。(67)裴俠　（？—西元五五九年）字嵩和，河東解人，本名協，沙苑一役戰功卓著，宇文泰賜名俠，以表彰他的忠勇。入周，封清河縣公。傳見《周書》卷三十五、《北史》卷三十八。(68)別立　單獨設置一個位子。此為古時朝廷對功臣的一種表彰方式。

【校　記】[1]壬辰　原作「壬申」。嚴衍《通鑑補》改作「壬辰」，當是，今據改。按，三月辛卯朔，無壬申日。又《北齊書・神武帝紀下》、《北史・高祖神武帝紀》皆作「壬辰」。[2]若干惠　原作「若于惠」。據章鈺校，甲十一行本、乙十一行本、孔天胤本皆作「若干惠」，張敦仁《通鑑刊本識誤》、張瑛《通鑑校勘記》同，今據改。按，《魏書・官氏志》有「若干氏」，《周書・若干惠傳》、《北史・若干惠傳》亦皆作「若干惠」。[3]小　原作「少」。據章鈺校，甲十一行本、乙十一行本、孔天胤本皆作「小」，今據改。按，《北齊書・神武帝紀下》作「小」。[4]使　原作「遣」。據章鈺校，甲十一行本、乙十一行本皆作「使」，今據改。[5]傑　據章鈺校，乙十一行本作「信」，張瑛《通鑑校勘記》同。按，《周書・王勇傳》、《北史・王勇傳》皆作「傑」，未知孰是。[6]四十　原作「四千」。據章鈺校，甲十一行本、乙十一行本、孔天胤本皆作「四十」，今據改。按，《魏書・趙昶傳》亦作「四千」。

【語　譯】九年（癸亥　西元五四三年）

春，正月初一日壬戌，東魏大赦天下，改年號為武定。

東魏御史中尉高仲密娶吏部郎崔暹的妹妹為妻，後來又拋棄了她，因此與崔暹有矛盾。高仲密選用御史，多是他的親戚同鄉，高澄奏請孝靜帝命令高仲密改選他人。崔暹正受高澄的寵愛和信任，高仲密疑心崔暹陷害自己，更加恨他。高仲密後娶的妻子李氏既漂亮又聰慧，高澄見了非常喜歡，李氏不順從，衣服被扯破了，就將此事告訴了高仲密，高仲密愈益怨恨。不久，高仲密出京任北豫州刺史，密謀叛離東魏。丞相高歡懷疑他，派鎮城都督奚壽興掌管北豫州軍事，高仲密只管理民政。高仲密設下酒宴請奚壽興，埋伏武士，抓了奚壽興。二月十二日壬申，高仲密獻出虎牢，投降西魏。西魏任命高仲密為侍中、司徒。

高歡認為高仲密的叛離是崔暹造成的，準備殺掉崔暹。高澄把崔暹藏了起來，替他在高歡面前再三求情，高歡說：「我可以饒他一命，但必須痛打一頓。」高澄這才放出崔暹，而對大行臺都官郎陳元康說：「你如果讓崔暹挨了板子，就不要再來見我。」陳元康為了這件事對高歡說：「大王正要把國家大事交給大將軍，大將軍有一個崔暹免不了挨板子，父子之間尚且如此，何況其他的人呢？」高歡於是放過了崔暹。

東魏高季式在永安戍地，高仲密派人給他通報自己叛離東魏。高季式跑到晉陽向高歡報告，高歡像原先一樣對待他。

西魏丞相宇文泰率領眾軍接應高仲密，任用太子少傅李遠為前鋒，到了洛陽，派開府儀同三司于謹進攻柏谷，攻佔了柏谷。三月初二日壬辰，西魏軍包圍河橋南城。

東魏丞相高歡親領十萬大軍到達河橋北城，宇文泰撤軍到瀍水岸邊，在上游放火船來燒毀河橋。東魏斛律金派行臺郎中張亮用一百多艘小船載著長鎖鏈，等待火船將要到達，用釘子釘在小船上，拉長鏈使火船靠向河岸，河橋於是得到保全。

高歡渡過黃河，佔據邙山布下兵陣，好幾天不向前推進。宇文泰將輜重留在瀍曲，趁夜，登上邙山偷襲高歡。偵察騎兵告訴高歡說：「敵人距離這裡有四十餘里，大清早吃了乾糧就來了。」高歡說：「他們當會渴死。」於是擺好陣勢等待西魏軍。三月十八日戊申，黎明時分，宇文泰軍與高歡軍相遇。東魏彭樂率領幾千騎兵為右翼，攻擊西魏軍的北面，所向無敵，於是衝入西魏軍營。有人報告說，彭樂叛變，高歡震怒。不一會西北方塵土飛揚，彭樂派人來告捷，俘虜了西魏侍中、開府儀同三司、大都督臨洮王元柬、蜀郡王元榮宗、江夏王元昇、鉅鹿王元闡、譙郡王元亮、詹事趙善，以及督將僚佐四十八人。東魏諸將乘勝出擊西魏軍，大獲全勝，斬首三萬餘級。

高歡派彭樂追擊宇文泰，宇文泰十分狼狽，對彭樂說：「你不就是彭樂嗎？傻男子！今天沒有我，明天難道會有你嗎？何不趕快回營，收取你的金銀財寶？」彭樂聽了他的話，得了宇文泰的一袋金帶，返回營地對高歡說：「宇文黑獺從我刀下漏掉了，已經嚇破了膽。」高歡對彭樂獲勝感到高興，而又憤恨他放走了宇文泰，命令他趴在地上，親手抓住彭樂的髮髻，接連往地上撞他的頭，還一邊以沙苑戰敗數落他，三次舉刀要殺他，氣得很久說不出話來。彭樂說：「請給我五千騎兵，再替大王捉拿宇文泰。」高歡說：「你為什麼放了他，又說去捉拿他呢？」下令取來三千匹綢絹壓在彭樂背上，隨後把這些綢絹賞賜給他。

第二天，重新開戰。西魏宇文泰為中軍，中山公趙貴為左軍，領軍若干惠等為右軍。中軍右軍合擊東魏，大敗東魏軍，全部俘獲東魏軍的步兵。高歡喪失了坐騎，赫連陽順下馬，將自己的戰馬交給了高歡。高歡上馬逃走，隨從的步兵騎兵只有七個人，西魏追兵趕到，高歡親信都督尉興慶說：「大王快逃，我興慶腰有一百枝箭，足夠射殺一百人。」高歡說：「事成之後，用你為懷州刺史；你若死了，就用你的兒子。」興慶說：「兒子還小，就用我的哥哥吧。」高歡答應了。興慶阻擊追兵，箭射完了被殺死。

東魏軍士有投降西魏的人，告知高歡在哪裡，宇文泰招募勇士三千人，都拿著短兵器，交給大都督賀拔勝用以攻擊高歡。賀拔勝在敵軍隊伍中認出了高歡，拿著長矛和十三個騎兵一起追殺高歡，奔馳了數里，長矛的刀尖將要刺上高歡了，就叫著高歡的字說：「賀六渾，我賀拔破胡一定要殺死你！」高歡上氣不接下氣，河州刺史劉洪徽從旁射賀拔勝，射中了他的兩個騎兵，武衛將軍段韶射賀拔勝的坐騎，射死了，等到備用馬牽來，高歡已逃遠了。賀拔勝歎息說：「今天沒有帶弓箭，這是天意啊！」

西魏南郢州刺史耿令貴，大喊著單人獨騎衝入敵群，遭到刀刃亂砍，大家都認為他已經死了，不一會他揮刀殺了出來，如此反覆多次。擋在耿令貴面前的敵人死的傷的一個接一個，耿令貴對身邊的人說：「我哪裡是樂意殺人？男子漢殺敵，不得不這樣。如果不能殺敵，又不被敵人殺傷，這和坐而論道的文人有什麼不同？」

西魏左翼軍趙貴等五位將領在戰鬥中失利，東魏兵士氣重新振作，宇文泰與他們交戰，也失利。恰好太陽下山，西魏兵於是撤退。東魏兵追擊，獨孤信、于謹收攏逃散的士兵從追兵後面向東魏兵攻擊，東魏追兵驚慌，西魏眾軍因此得到保全。若干惠連夜撤退，東魏兵追擊他，若干惠不慌不忙跳下了馬，回頭命令伙夫做飯，吃完飯，他對身邊的人說：「在長安死和在這裡死有什麼不同嗎？」於是樹起戰旗，吹響號角，收聚逃散的士兵，慢慢撤退，東魏追擊的騎兵懷疑有伏兵，不敢近逼。宇文泰於是退入關中，屯駐渭河邊。

高歡進兵到陝州，宇文泰派開府儀同三司達奚武等阻擊高歡。行臺郎中封子繪對高歡說：「統一東西魏，正在今日。從前魏太祖曹操平定漢中，沒有乘勝進取巴、蜀，失策在猶豫不決，後悔來不及了。希望大王不要遲疑。」高歡非常贊同，召集眾將領商議是進軍還是退兵，大家都認為野無青草，人馬疲瘦，不可遠追。陳元康說：「兩雄鬥爭，時間已經很久了，現今有幸大捷，這是上天給我們的，時機不能錯過，應當乘勝追擊敵人。」高歡說：「如果遇上伏兵，我怎麼辦？」陳元康說：「大王先前在沙苑戰敗，對方尚且沒有埋伏，現在這樣大敗潰逃，哪能想得那麼深遠？如果放過他們不追擊，一定成為後患。」高歡沒有聽從，派劉豐生率領幾千騎兵追擊宇文泰，於是向東返回。

宇文泰從玉壁召回王思政，將讓他鎮守虎牢，王思政還沒到，宇文泰戰敗，就讓王思政守衛恆農。王思政進入恆農城，下令打開城門脫衣就寢，安慰鼓勵將士，表示東魏不值得害怕。過了幾天，東魏劉豐生來到城下，畏懼王思政，不敢進城，率軍退走。王思政於是整修城郭，建起瞭望高臺，開墾農田，積蓄芻草糧食，從此恆農才有了防衛的設施。

丞相宇文泰自請貶職，西魏文帝不同意。這次戰役，西魏諸將都沒有功勞，只有耿令貴與太子武衛率王胡仁、都督王文達奮勇作戰功績多。宇文泰想把雍、岐、北雍三個州分別授給他們三個人。因三個州各有優劣，宇文泰就讓三個人用摸籌碼的辦法來決定，並賜王胡仁叫王勇，耿令貴叫耿豪，王文達叫王傑，以此表彰他們的功勞。隨後，西魏廣泛召募關隴地區豪強大族的子弟擴充軍隊。

東魏高仲密準備叛逃的時候，暗中派人煽動冀州的豪傑，讓他們做內應。東魏派高隆之乘驛站快馬趕去安撫，因此冀州平安無事。高澄寫了一封密信給高隆之說：「高仲密的黨徒中，凡是和高仲密一起叛逃的，他們的家屬應全部逮捕，用以警示將來。」高隆之認為既然下達了不追究叛逃親屬的恩惠旨意，按理不應該改變，如果又將他們抓起來懲治，那就等於向百姓顯示朝廷沒有信譽，萬一導致人心惶惶，損失就大了，於是向高歡報告，擱置了高澄的意見。

梁朝任命太子詹事謝舉為尚書僕射。

夏，四月，林邑王進攻李賁，李賁部將范脩在九德打敗了林邑王。

清水縣氐人酋長李鼠仁趁西魏失敗，佔據險要發動叛亂。西魏隴右大都督獨孤信多次派兵討伐他，都沒取勝。丞相宇文泰派典籤天水人趙昶前往勸諭他們，氐人眾酋長聚集商議，有的贊成有的反對，反對的人想舉刀殺死趙昶，趙昶神色自然，言辭更加嚴厲，李鼠仁深受感動而醒悟，於是和眾酋長率領部眾投降。氐族酋長梁道顯反叛，宇文泰又派趙昶曉諭勸降，遷移氐族豪帥四十多人及其部落到華州。宇文泰就任用趙昶為都督，管理這些氐族部落。

宇文泰派間諜潛入虎牢城，命令守將魏光堅守，侯景抓獲了間諜，把書信改為：「應趕快撤離。」然後放間諜入城，魏光連夜逃走。侯景抓獲了高仲密的老婆兒女送到了鄴城，北豫州、洛州兩州重新歸屬東魏。五月初三日壬辰，東魏因為收復了虎牢，下令死罪以下因犯予以減刑，唯獨不赦免高仲密家屬。丞相高歡認為當年高乾在信都追隨自己起事，高昂在河陽為國捐軀，高季式自首事先告發高仲密叛逃，於是替這些人的家屬說情，不讓株連他們。高仲密的妻子李氏應處死刑，高澄穿著華麗的服裝去見李氏，說：「今天怎麼樣？」李氏默然不語，高澄於是收娶了她。五月初六日乙未，東魏任命侯景為司空。

秋，七月，西魏大赦天下。任命王盟為太傅，廣平王元贊為司空。

八月初八日乙丑，東魏任命汾州刺史斛律金為大司馬。○東魏派兼散騎常侍李渾等出使梁朝。

冬，十一月初八日甲午，東魏孝靜帝在西山狩獵，十九日乙巳，回到宮廷。高澄上奏請求免去自己侍中的職務，東魏孝靜帝任命高澄的弟弟并州刺史太原公高洋代高澄為司空。

承相高歡在肆州北山上築長城，西起馬陵，東到土墱，四十天完工。

西魏各州郡長官一起晉見丞相宇文泰，宇文泰讓河北太守裴俠單獨站一邊，對其他各州郡長官說：「裴俠為國家清廉審慎，是天下第一，有裴俠一樣的人，就可以和他站在一起。」眾人沉默，沒有人敢回答。宇文泰於是重賞裴俠，朝內朝外的人都歎服，稱裴俠為「獨立君」。

十年（甲子　西元五四四年）

春，正月，李賁自稱越帝，置百官，改元天德[1]。

三月癸巳❶，東魏丞相歡巡行冀、定❷二州，校河北戶口損益，因朝于鄴。

甲午❸，上幸蘭陵❹，謁建寧陵❺，使太子入守宮城[2]。辛丑❻，謁脩陵❼。○

丙午❽，東魏以開府儀同三司孫騰為太保。

己酉❾，上幸京口城❿北固樓⓫，更名北顧。庚戌⓬，幸回賓亭，宴鄉里故老及所經近縣迎候者，少長數千人，各賚錢二千。

壬子⓭，東魏以高澄為大將軍、領中書監，元弼為錄尚書事，左僕射司馬子如為尚書令，侍中高洋為左僕射。

丞相歡多在晉陽，孫騰、司馬子如、高岳、高隆之，皆歡之親舊[3]，委以朝政，鄴中謂之四貴，其權勢熏灼中外，率多專恣驕貪。歡欲損奪其權，故以澄為大將軍、領中書監，移門下機事總歸中書⑭，文武賞罰皆稟於澄。

孫騰見澄，不肯盡敬⑮，澄叱左右牽下於牀，築以刀環，立之門外。太原公洋於澄前拜高隆之，呼為叔父⑯，澄怒，罵之。歡謂羣公曰：「兒子浸長，公宜避之。」於是公卿以下，見澄無不聳懼。庫狄干，澄姑之壻也，自定州來謁，立於門外三日，乃得見。

澄欲置腹心於東魏主左右，擢中兵參軍崔季舒⑰為中書侍郎。澄每進書於帝，有所諫請，或文辭繁雜，季舒輒脩飾通之。帝報答[4]澄父子之語，常與季舒論之，曰：「崔中書，我乳母也。」季舒，挺之從子⑱也。

夏，四月乙卯⑲，上還自蘭陵。

五月甲申朔⑳，魏丞相泰朝于長安。○甲午㉑，東魏遣散騎常侍魏季景㉒來聘。季景，收㉓之族叔也。

尚書令何敬容妾弟㉔盜官米，以書屬㉕領軍河東王譽。丁酉㉖，敬容坐免官。

東魏廣陽王湛卒。

魏琅玡貞獻公賀拔勝諸子在東者，丞相歡盡殺之，勝憤恨發疾而卒。丞相泰常謂人曰：「諸將對敵神色皆動，唯賀拔公臨陳如平時，真大勇也！」

秋，七月，魏更權衡度量㉗，命尚書蘇綽損益三十六條㉘之制，總為五卷，頒行之。搜簡賢才為牧守令長，皆依新制而遣焉。數年之間，百姓便之。

魏自正光以後，政刑弛縱，在位多貪汙。丞相歡啓以司州中從事㉙宋遊道㉚為御史中尉，澄固請以吏部郎崔暹為之，以遊道為尚書左丞。澄謂暹、遊道曰：「卿一人處南臺㉛，一人處北省㉜，當使天下肅然。」暹選畢義雲㉝等為御史，時稱得人。義雲，眾敬㉞之曾孫也。

澄欲假㉟暹威勢，諸公在坐，令暹後至，通名，高視徐步，兩人挈裾㊱而入，澄分庭對揖，暹不讓而坐，觴再行㊲，即辭去。澄留之食，暹曰：「適受敕在臺檢校。」遂不待食而去，澄降階送之。他日，澄與諸公出，之東山㊳，遇暹於道，前驅為赤棒㊴所擊，澄回馬避之㊵。

尚書令司馬子如以丞相歡故人，當重任，意氣自高，與太師咸陽王坦貪黷[5]無厭㊶，暹前後彈子如、坦及并州刺史可朱渾道元等罪狀，無不極筆㊷。宋遊道亦劾子如、坦及太保孫騰、司徒高隆之、司空侯景、尚書元羨等。澄收子如繫獄，一宿，髮盡白，辭曰：「司馬子如從夏州策杖投相王[43]，王給露車[44]一乘，犍牸牛犢[45]，犢在道死，唯犍角存，此外皆取之於人。」丞相歡以書敕澄曰：「司馬令，吾之故舊，汝宜寬之。」澄駐馬行街，出子如，脫其鎖，子如懼曰：「非作事[46]邪？」八月癸酉[47]，削子如官爵。九月甲申[48]，以濟陰王暉業為太尉。太師咸陽王坦以王還第[49]，元羨等皆免官，其餘死黜[50]者甚眾。久之，歡見子如，哀其憔悴，以膝承其首，親為擇蝨，賜酒百餅，羊五百口，米五百石。

高澄對諸貴極言褒美崔暹，且戒屬[51]之。丞相歡書與鄴下諸貴曰：「崔暹居憲臺，咸陽王、司馬令皆吾布衣之舊，尊貴親暱，無過二人，同時獲罪，吾不能救，諸君其慎之！」

宋遊道奏駁尚書違失數百條，省中豪吏[52]王儒之徒並鞭斥之，令、僕已下皆側目。高隆之誣遊道有不臣之言，罪當死。給事黃門侍郎楊愔曰：「畜狗求吠，今以數吠殺之，恐將來無復吠狗。」遊道竟坐除名[53]。澄謂遊道曰：「卿早從我向并州，不爾，彼[54]經略[55]殺卿。」遊道從澄至晉陽，以為大行臺吏部[56]。

己丑[57]，大赦。

東魏以喪亂之後，戶口失實，傜賦不均，冬，十月丁巳[58]，以太保孫騰、大司徒[59]高隆之為括[6]戶大使[60]，分行諸州，得無籍之戶六十餘萬，僑居者皆勒還本屬[61]。十一月甲申[62]，以高隆之錄尚書事，以前大司馬婁昭為司徒。

庚子[63]，東魏主祀圜丘。

東魏丞相歡襲擊山胡[64]，破之，俘萬餘戶，分配諸州。

是歲，東魏以散騎常侍魏收兼中書侍郎，修國史[65]。自梁、魏通好，魏書[66]每云：「想彼境內寧靜，此率土安和。」上復書，去「彼」字而已。收始定書云：「想境內清晏[67]，今萬里安和。」上亦效之。

【章　旨】以上為第七段，寫東魏整頓吏治，檢括戶口，加重高澄權威。

【注　釋】❶癸巳　三月九日。❷定　州名，治所盧奴，在今河北定州。❸甲午　三月十日。❹蘭陵　郡名，即南蘭陵郡，梁置。治所延陵，在今江蘇丹陽南。❺建寧陵　梁武帝母張皇后的陵墓。在今江蘇武進西北的東城里山。按，《梁書》、《南史》均作「建陵」。❻辛丑　三月十七日。❼脩陵　武帝郗皇后的陵墓。也在東城里山。❽丙午　三月二十二日。❾己酉　三月二十五日。❿京口城　城名，在今江蘇鎮江市。是梁都建康的北門戶。⓫北固樓　樓在鎮江城北北固山上，三面臨長江。⓬庚戌　三月二十六日。⓭壬子　三月二十八日。⓮移門下機事總歸中書　原國家機要大事由門下省侍中、給事中分掌。現由高澄領中書監，執掌中書省。機事於是移入中書，以擴大他的權力。⓯盡敬　完全按下屬拜見上級的禮節晉見，表示恭敬和服從。⓰呼為叔父　高歡認高隆之為弟，所以高洋呼作叔父。高澄罵高隆之，乃是提高威信的手段。⓱崔季舒　（？—西元五七三年）字叔正，博陵安平（今河北安平）人，初為高歡大行臺都官郎中，後助高澄典掌中書。北齊後主時，監修《修文殿御覽》及國史。傳見《魏書》卷五十七、《北齊書》卷三十九、《北史》卷三十二。⓲挺之從子　挺，崔挺。崔季舒是崔挺弟弟崔振的兒子。⓳乙卯　四月初一日。⓴甲申朔　五月初一日。㉑甲午　五月十一日。㉒魏季景　鉅鹿下曲陽人。博學有文才，東魏時官至大司農卿、魏郡尹。傳見《北史》卷五十六。㉓收　魏收。字伯起，北齊著名文臣，官至開府、中書監，是今傳《魏書》的編撰者。傳見《北齊書》卷三十七、《北史》卷五十六。㉔妾弟　名費慧明，時任導倉丞。事詳《梁書》卷三十七〈何敬容傳〉。㉕以書屬　寫信囑託河東王蕭譽協助開脫費慧明的罪。當時慧明關押在領軍府。㉖丁酉　五月十四日。㉗更權衡度量　重新制定度量衡的標準。㉘三十六條　包括大統元年制定的二十四條和大統七年制定的十二條。此時合併加以修訂。㉙中從事　官名，即治中從事，刺史屬吏，主掌文書。㉚宋遊道　敦煌（今甘肅敦煌）人，性抗直，為朝中權貴所畏忌。仕東魏，官至御史中尉，北齊初，兼太府卿。傳見《魏書》卷五十二、《北齊書》卷四十七、《北史》卷三十四。㉛南臺　御史臺辦公處，在宮闕的西南方。㉜北省　尚書省辦公處，在宮闕北方。㉝畢義雲　東平須昌（今山東東平）人，仕北齊，任職不避權貴。歷官御史中丞、度支尚書、兗州刺史。傳見《魏書》卷六十一、《北齊書》卷四十七、《北史》卷三十九。㉞眾敬　畢眾敬，小名奈。原是南朝劉宋時的泰山太守。宋明帝時，隨徐州刺史薛安都降魏，拜兗州刺史。傳見《魏書》卷六十一、《北史》卷三十九。㉟假　給予。此處意謂幫助樹立、提高。㊱挈裾　提著衣袖。㊲觴再行　再次敬酒。㊳東山　東魏君臣遊宴的地方。㊴赤棒　執法的紅色棍棒。此指御史中尉崔暹儀仗隊中在前開路的手執赤棒的士卒。㊵回馬避之　調轉馬頭，迴避御史中丞的巡察隊伍。㊶貪黷無厭　貪汙錢財沒有止境。㊷無不極筆　下筆毫不留情。㊸從夏州策杖投相王　高歡大敗爾朱氏之時，司馬子如在南岐州任刺史。因華州、雍州道路被阻斷，所以他取道夏州，投奔高歡。相王，高歡此時任丞相，爵齊王，所以稱作相王。㊹露車　民間所用沒有篷蓋和車廂的車子。㊺犛牸牛犢　卷角母牛犢。㊻作事　指執行死刑。㊼癸酉　八月二十一日。㊽甲申　九月三日。㊾以王還第　免去太師官職，僅保留王爵回家，不再參政。㊿死黜　或被處死，或被降職。(51)戒屬　告請囑託。(52)豪吏　有威勢的官吏。(53)除名　除去官籍，削職為民。(54)彼　指高隆之等人。(55)經略　策劃。(56)大行臺吏部　胡三省以為下脫一「郎」字，是。(57)己丑　九月八日。(58)丁巳　十月六日。(59)大司徒　北魏和東魏官制中只有司徒一職。胡三省以為「大」字是衍文，是。(60)括戶大使　審查戶籍的特命巡行官員。(61)勒還本屬　勒令返回原籍。(62)甲申　十一月四日。(63)庚子　十一月二十日。(64)山胡　居住在汾州山中的稽胡人。南匈奴的後裔。(65)修國史　撰寫《魏書》，今存。(66)魏書　東魏給梁朝的文書。(67)清晏　原指天氣晴朗。於此比喻國家清平安寧。

**【校　記】**①天德　原作「大德」。據章鈺校，甲十一行本、乙十一行本、孔天胤本皆作「天德」，熊羅宿《胡刻資治通鑑校字記》同，今據改。按，《南史・武帝紀下》作「天德」。②宮城　原作「京城」。據章鈺校，甲十一行本、乙十一行本、孔天亂本皆作「宮城」，今據改。③親舊　原作「親黨也」。據章鈺校，甲十一行本、乙十一行本、孔天胤本皆作「親舊」，今據改。④答　原無此字。據章鈺校，甲十一行本、乙十一行本、孔天胤本皆有此字，今據補。⑤貪黷　原作「黷貨」。據章鈺校，甲十一行本、乙十一行本、孔天胤本皆作「貪黷」，今據改。⑥括　原作「栝」。據章鈺校，甲十一行本、乙十一行本皆作「括」，張瑛《通鑑校勘記》同，今據改。

【語譯】十年（甲子　西元五四四年）

春，正月，李賁自稱越帝，建置百官，改年號為天德。

三月初九日癸巳，東魏丞相高歡巡察冀州、定州兩州，檢查河北戶口增減情況，接著到鄴城朝見東魏孝靜帝。

三月初十日甲午，梁武帝巡幸蘭陵，拜謁建寧陵，派太子進入宮城鎮守。十七日辛丑，梁武帝拜謁脩陵。

〇二十二日丙午，東魏任命開府儀同三司孫騰為太保。

三月二十五日己酉，梁武帝巡幸京口城的北固樓，改名北顧樓。二十六日庚戌，梁武帝巡幸回賓亭，設宴招待家鄉父老，以及巡幸所經過的附近縣前來迎駕的人，男女老少數千人，每人賞錢兩千。

三月二十八日壬子，東魏任命高澄為大將軍、領中書監，元弼為錄尚書事，左僕射司馬子如為尚書令，侍中高洋為左僕射。

丞相高歡大多時候住在晉陽，孫騰、司馬子如、高岳、高隆之，都是高歡的親舊，高歡把朝政委託給他們，鄴城人稱他們為四貴，他們的權勢在朝廷內外炙手可熱，大都專橫跋扈，驕恣貪婪，高歡想削減他們的權力，因此任用高澄為大將軍、領中書監，轉移門下省的機要事務總歸中書省，文武百官的賞罰都要向高澄報告。

孫騰見高澄，不肯十分恭敬，高澄喝令手下人把孫騰從床上拉下，用刀背擊打他，讓他站立在門外。太原公高洋在高澄面前拜見高隆之，稱他為叔父，高澄發怒，痛罵高洋。高歡對朝中公卿說：「兒子漸漸長大了，你們應迴避他。」於是公卿百官見了高澄，無不戰慄恐懼。庫狄干，是高澄姑姑的女婿，從定州來晉見高澄，站在門外三天，才得到召見。

高澄想在孝靜帝身邊安插親信，提升中兵參軍崔季舒為中書侍郎。高澄每次上書給孝靜帝，有所諫阻和請求，有時文辭繁瑣雜亂，崔季舒就潤色以後才上呈。孝靜帝回覆高歡、高澄父子的話，經常與崔季舒討論，孝靜帝說：「崔中書就是我的乳母。」崔季舒，是崔挺的姪兒。

夏，四月初一日乙卯，梁武帝從蘭陵回宮。

五月初一日甲申，西魏丞相宇文泰到長安朝見魏文帝。〇十一日甲午，東魏派散騎常侍魏季景出使梁朝。魏季景，是魏收的堂叔。

梁朝尚書令何敬容小妾的弟弟盜竊公家大米，何敬容寫信給領軍河東王蕭譽說情。五月十四日丁酉，何敬容受牽連被免職。

東魏廣陽王元湛去世。

西魏琅琊貞獻公賀拔勝留在東魏的幾個兒子，被丞相高歡全都殺了，賀拔勝憤恨成疾而去世。丞相宇文泰經常對人說：「眾將面對敵人時，神色都變了，只有賀拔勝臨陣對敵和平時一樣。真是英勇無比！」

秋，七月，西魏更改度量衡制度，命令尚書蘇綽增減原來制定的三十六條制度，總括為五卷，頒布施行。挑選賢能的人為州郡縣的長官，都按新制度派遣，幾年以後，老百姓都覺得方便。

北魏從正光年間以來，行政法規鬆弛，在位的人大多貪汙腐敗。東魏丞相高歡上奏推薦司州中從事宋遊道為御史中尉，高澄堅持請求任用吏部郎崔暹為御史中尉，任用宋遊道為尚書左丞。高澄對崔暹、宋遊道說：「你們一人在南臺御史府，一人在北臺尚書省，定會使天下肅靜清廉。」崔暹挑選畢義雲等為御史，當時輿論稱讚用人得當。畢義雲，是畢眾敬的曾孫。

高澄想提高崔暹的權威，朝廷諸公聚會時，讓崔暹後到，崔暹通報姓名後，昂頭慢步前行，高、崔二人提著衣袖進入廳堂，就座時高澄與諸人分庭對拜行禮，崔暹毫不謙讓就落座。飲酒才兩輪，崔暹就告辭要離去。高澄挽留他吃飯，崔暹說：「剛剛收到皇上敕令，讓我回御史臺辦公。」於是不等開飯就走了，高澄走下廳堂臺階送他。又有一天，高澄與公卿外出前往東山，在路上遇見了崔暹，高澄一行的前衛被崔暹儀杖隊衛士的紅棒擊打，高澄調轉馬頭避讓他們。

尚書令司馬子如依仗是高歡的老朋友，又身居要職，傲慢自大，與太師咸陽王元坦兩人貪汙錢財不知滿足，崔暹前後多次彈劾司馬子如、元坦和并州刺史朱可渾道元等人的罪狀，下筆毫不留情。宋遊道也彈劾司馬子如、元坦，以及太保孫騰、司徒高隆之、司空侯景、尚書元羡等。高澄抓捕司馬子如關入監獄，一夜間，司馬子如的頭髮全白了，供辭說：「我司馬子如從在夏州拄杖跋涉追隨丞相高王，高王賞給我沒有篷蓋的牛車一輛，卷角的母牛犢一頭，牛犢在路上死了，只有彎牛角留了下來，此外，一切財物都是從別人那裡取來的。」丞相高歡寫信給高澄說：「尚書令司馬子如，是我的老朋友，你應當寬容他。」高澄巡視街道停下馬車，放出司馬子如，打開他的枷鎖，司馬子如惶恐地說：「不是要殺我吧？」八月二十一日癸酉，削奪了司馬子如的官爵。九月初三日甲申，任用濟陰王元暉業為太尉。太師咸陽王元坦以王的身分回到府第，元羡等全都免官，其他被罷官和殺頭的人很多。過了很久，高歡見到司馬子如，可憐他形容憔悴，用自己的大腿枕司馬子如的頭，親自給他捉蝨子，賞賜酒百瓶，羊五百頭，米五百石。

高澄對眾顯貴極力稱讚崔暹，並且告誡囑託他們要接受崔暹的監督。高歡寫信給京都鄴城的公卿顯貴們說：「崔暹任職御史臺，咸陽王、司馬子如尚書令兩人都是我的布衣之友，尊貴以及和我的親密關係沒人超過這兩人，他們兩人同時犯了罪，我救不了，各位要謹慎啊！」

宋遊道上奏論辯尚書省違規失誤達數百條，尚書省中有權勢的官吏王儒等人都被鞭打斥責，尚書令、尚書僕射以下官員都嫉恨宋遊道。高隆之誣告宋遊道說了大逆不道的話，論罪應當處死。給事黃門侍郎楊愔說：「養狗就是要牠吠叫，現今叫了幾聲就要殺狗，恐怕將來再沒有吠叫的狗了。」宋遊道終究被罷了官。高澄對宋遊道說：「你盡快和我一起到并州，不這樣，他們算計著要殺死你。」宋遊道跟隨高澄到了晉陽，被任命為大行臺吏部郎。

九月初八日己丑，梁武帝大赦天下。

東魏因喪亂之後，戶口統計不確實，徭役賦稅不均衡。冬，十月初六日丁巳，任命太保孫騰、大司徒高隆之為括戶大使，分別到各州去檢查，查出無戶籍的民戶六十多萬，僑居他鄉的戶口勒令回到原籍登記。十一月初四日甲申，任命高隆之錄尚書事，任命前大司馬婁昭為司徒。

十一月二十日庚子，東魏孝靜帝到圜丘祭祀。

東魏丞相高歡襲擊山胡部落，打敗了山胡，俘虜一萬多戶，分配到各州。

這一年，東魏任命散騎常侍魏收兼中書侍郎，修撰國史。自從梁魏兩朝講和通使以後，魏國的國書總是說：「想彼境內寧靜，此率土安和。」梁武帝回書只去掉一個「彼」字而已。魏收這才開始定下國書的用語說：「想境內清晏，今萬里安和。」梁武帝回信也照樣寫。

【研　析】本卷敘事長達七年，主要內容還是東、西魏的史事，可供探討的問題太多，東、西魏兩次爭奪洛陽的大戰便可圈可點，不過卷中已有詳細描述，讀者自可細細品味。下面只就東、西魏的政治特點作一些分析，本卷涉及的另一些問題，在合適的卷次再予剖析。

其一，西魏頒布治國綱領

上卷曾分析說，宇文泰與蘇綽經過一天一夜的長談，確立了主行「帝王之道」，兼採法家治國之術的治國方針。我們也可以概稱之為「雜王霸道而用之」，與漢宣帝所說漢家「雜霸王道而用之」更勝一籌。這一治國方針最後以文告的形式頒行，《通鑑》只羅列了其大綱：「一曰清心，二曰敦教化，三曰盡地利，四曰擢賢良，五曰恤獄訟，六曰均賦役。」並稱宇文泰對此極為重視，將其作為座右銘，並「令百司習誦之，其牧守令長非通六條及計帳，不得居官。」也就是說，這不只是一紙空文，中央各級官員必須學習背誦的，地方長官如果對這一文件的精神沒吃透，沒按其原則實行，便要被罷官。其實，這一文件早就制定，並加以實施，只是最初以宇文泰的名義頒布，稱「為政之法六條」，至大統七年十一月，又以皇帝的名義頒布，以示鄭重，故稱〈六條詔書〉。如此重要的文件，《通鑑》省去其內容，實是不當。茲根據《周書》卷二十三〈蘇綽傳〉，略加分疏。

第一條「先治心」，第二條「敦教化」，是〈六條詔書〉的核心。「治心」，是為了「清心」，要求所有官員必須思想純潔，並強調「清心」不只是不貪財，而是要做到「凡所思慮，無不皆得至公之理」，按「文革」時期流行的話說，那就是要「狠鬥私字一閃念」。通過「治心」而「清心」，行為上才能無瑕疵，從而作到「心如清水，形如白玉。」在此基礎上管理教育百姓，「則彼下民孰不從化？是以稱治民之本，先在治心。」官員不只是管理者，還必須是道德高尚、行為端正的教育者。「治心」是為了「治身」，具體方法並不複雜：官員們應「躬行仁義、躬行孝悌、躬行忠信、躬行禮讓、躬行廉平、躬行儉約」，還要「繼之以無倦」，「加之以明察」，也就是說不只是「秀」上一回便罷，還必須不斷地如此做，不斷地反省自己是不是做到位了。詔書說：「行此八者，以訓其民」，以父慈子孝、兄友弟恭、夫和妻順之類的儒家行為準則教育百姓，如此便能興行「王道」，天下太平。

第三條講的是地方長官應督促百姓努力發展生產，不使地有餘利，人有餘力。第四條闡述了新的選官原則，即放棄只從高門大族子弟中選拔官員的辦法，通過實際任官的考察，先取「志行」均佳的人才。也就是只有才幹不行，還必須思想、品德好。〈六條詔書〉解釋說，選才是為了「治民」，但只有品德好的才幹之士才可能真正治理好百姓，實現政治安定，否則「若有材藝而以姦偽為本者，將由其官而為亂也，何治之可得乎？是故將求材藝，必先擇志行。其志行善者，則舉之；其志行不善者，則去之。」雖同處亂世，〈六條詔書〉強調官員道德水準的重要性，比起曹操所謂「治亂尚功能，治平尚德行」的思想，境界上顯然又高了一個層次。第五條、第六條分別講述如何公正的辦案，如何公平地收取賦稅，此不詳述。

以〈六條詔書〉闡述的原則為基礎，蘇綽又制定了五卷三十六條具體的實施辦法，稱做「新制」。「搜簡賢才為牧守令長，皆依新制而遣焉。數年之間，百姓便之。」在民族成分複雜、矛盾衝突尖銳的關隴地區，宇文泰、蘇綽強調思想與行為規範在儒家倫理道德原則上的統一，強調思想改造與教化的重要性，結合以具體制度，最終構建了一個清廉、有效率的官僚隊伍，這成為西魏及其後身北周日益強大的根本原因。

## 其二，高歡玩弄權術、整頓吏治

上卷說到東魏執政者高歡認為鮮卑「勳貴」們「所取者大」，對於政權的穩定太過重要，所以「貪鄙」一點也沒關係。但作為政權的實際控制者，他不得不考慮政權的穩定，特別他如果想將元氏的政權最終變成高氏天下，還必須對囂張的鮮卑勳貴有所壓制。但高歡本人似乎抹不開這個面子，於是自己坐鎮晉陽遙控，讓長子高澄在鄴城放手整頓秩序。

高澄首先以「攝吏部尚書」的身分，主持官員選舉，「銓擢賢能」；「又沙汰尚書郎，妙選人地以充之。凡才名之士，雖未薦擢，皆引致門下，與之遊宴、講論、賦詩，士大夫以是稱之」。實際上就是重用文化底蘊深厚的漢族高門子弟，以之作為執行新政、抑制鮮卑勳貴的基本力量。其次又強化負責紀律監察的御史中尉的地位，挑選敢做敢為的人擔任御史，讓他們對鮮卑勳貴的不法行為予以檢舉、懲治。如卷中所說，高澄堅持讓崔暹做御史中丞，「欲假暹威勢，諸公在坐，令暹後至，通名，高視徐步，兩人挈裾而入；澄分庭對揖，暹不讓而坐，觴再行，即辭去。澄留之食，暹曰：『適受敕在臺檢校。』遂不待食而去，澄降階送之。他日，澄與諸公出，之東山，遇暹於道，前驅為赤棒所擊，澄回馬避之。」所說「諸公」就是那些胡作非為的鮮卑勳貴。

在高澄領導的政府部門與紀檢部門即所謂「南臺」與「北省」通力合作下，一時間讓那些曾不可一世的「勳貴」威風掃地。司馬子如身為尚書令，相當於總理了，又是高歡的老朋友，原本「意氣自高」，「貪黷無厭」，結果被御史彈劾，包括他在內的一大批顯官被逮捕入獄，「死黜者甚眾」。司馬子如被捕，「一宿，髮盡白」，嚇得要死。但高歡確也只是想嚇一嚇他們，並不打算與他們決裂。尉景是高歡姐夫，高澄的姑父，又曾與高歡一道投奔爾朱榮，屬於患難之交，因「貪縱不法」入獄後，高歡假惺惺地「三詣闕泣請」不加處死，後又登門拜訪，「撫而拜謝之」。司馬子如出獄後，高歡「哀其憔悴，以膝承其首，親為擇虱」，一副慈悲善良的模樣。

顯然，以高歡的地位，殺與不殺一句話，不必「泣請」於傀儡皇帝，他要高澄做惡人加以威懾，自己又出面安撫，以重親情示人，讓他們對自己更俯首帖耳。高澄確也殺了不少小毛賊，但大老虎都被高歡給嚇嚇就放了，官復原職。這必然會產生兩個後果：一是「勳貴」們更有恃無恐，「貪鄙」之風變本加厲；二是高歡的繼承人高澄要夠威風，確立了政治影響力，同時也樹立了強悍的政治對手，這幫人拿高歡沒轍，但將會大大不利於高澄。不過，這已是後話。

# 卷第一百五十九

## 梁紀十五

起旃蒙赤奮若（乙丑　西元五四五年），盡柔兆攝提格（丙寅　西元五四六年），凡二年。

**【題　解】**本卷記事起西元五四五到五四六年兩年南北朝史事。時當梁朝梁武帝大同十一年、中大同元年，西魏文帝大統十一年、十二年，東魏孝靜帝武定三年、四年。北朝東魏高歡委曲求全與柔然和親，發動了他生前最後一次討伐西魏的玉壁大戰，兵敗成疾，走到了他政治的終點。梁武帝昏庸治國，拒諫飾非，刑法鬆弛，邊境不寧，物價飛漲，民不聊生，國勢衰微。

### 高祖武皇帝十五

大同十一年（乙丑　西元五四五年）

春，正月丙申❶，東魏遣兼散騎常侍李獎❷來聘。

東魏儀同爾朱文暢❸與丞相司馬任胄❹、都督鄭仲禮❺等，謀因正月望夜觀打簇戲❻作亂，殺丞相歡，奉文暢為主，事泄，皆死。文暢，榮❼之子也。其姊，敬宗之后，及仲禮姊大車❽，皆為歡妾，有寵，故其兄弟皆不坐。

歡上書言：「并州，軍器所聚，動須女功❾，請置宮❿以處配沒之口⓫。又納吐谷渾之女以招懷之⓬。」丁未⓭，置晉陽宮。二月庚申⓮，東魏主納吐谷渾可汗從妹為容華⓯。

魏丞相泰遣酒泉胡安諾槃陀⓰始通使於突厥⓱。突厥本西方小國，姓阿史那氏，世居金山⓲之陽，為柔然鐵工⓳。至其酋長土門⓴，始彊大，頗侵魏西邊。安諾槃陀至，其國人皆喜曰：「大國使者至，吾國其將興矣。」

三月乙未㉑，東魏丞相歡入朝于鄴，百官迎於紫陌㉒。歡握崔暹手而勞之曰：「往日朝廷豈無法官，莫肯舉糾[1]。中尉盡心徇國，不避豪彊，遂使遠邇肅清。衝鋒陷陣，大有其人；當官正色，今始見之。富貴乃中尉自取，高歡父子無以相報。」賜暹良馬。暹拜，馬驚走，歡親擁之㉓，授以轡。東魏主宴於華林園㉔，使歡擇朝廷公直者勸之酒，歡降階跪曰：「唯暹一人可勸，并請以臣所射㉕賜物千段賜之。」高澄退，謂暹曰：「我尚畏羨，何況餘人？」

然暹中懷㉖頗挾巧詐。初，魏高陽王斌㉗有庶妹㉘玉儀㉙，不為其家所齒，為孫騰妓，騰又棄之。高澄遇諸塗，悅而納之，遂有殊寵，封琅邪公主。澄謂崔季舒曰：「崔暹必造㉚直諫，我亦有以待之。」及暹諮事，澄不復假以顏色㉛。居三日，暹懷刺㉜墜之於前，澄問：「何用此為？」暹悚然㉝曰：「未得通㉞公主。」澄大悅，把暹臂，入見之。季舒語人曰：「崔暹常忿吾佞，在大將軍前，每言叔父㉟可殺，及其自作，乃過於吾。」

夏，五月甲辰，東魏大赦。○魏王盟卒。

晉氏㊱以來，文章競為浮華，魏丞相泰欲革其弊。六月丁巳㊲，魏主饗㊳太廟。泰命大行臺度支尚書、領著作㊴蘇綽作大誥，宣示羣臣，戒以政事，仍命「自今文章皆依此體。」

上遣交州刺史楊瞟討李賁，以陳霸先為司馬，命定州㊵刺史蕭勃㊶會瞟於西江。勃知軍士憚遠役，因詭說留瞟。瞟集諸將問計，霸先曰：「交趾叛換㊷，罪由宗室㊸，遂使溷亂㊹數州，逋誅㊺累歲。定州欲偷安目前，不顧大計，節下㊻奉辭伐罪，當死生以之，豈可逗橈㊼不進，長寇沮眾㊽也？」遂勒兵先發。瞟以霸先為前鋒，至交州，賁帥眾三萬拒之，敗於朱鳶㊾，又敗於蘇歷江㊿口，賁奔嘉寧城(51)，諸軍進[2]圍之。勃，昺(52)之子也。

魏與柔然頭兵可汗謀連兵伐東魏，丞相歡患之，遣行臺郎中杜弼[53]使於柔然，為世子澄求婚。頭兵曰：「高王自娶則可。」歡猶豫未決。婁妃曰：「國家大計，願勿疑也。」世子澄、尉景亦勸之。歡乃遣鎮南將軍[54]慕容儼[55]聘之〔3〕，號曰蠕蠕公主。秋，八月，歡親迎於下館[56]。公主至，婁妃避正室[57]以處之，歡跪〔4〕而拜謝，妃曰：「彼將覺之，願絕勿顧。」頭兵使其弟禿突佳來送女，且報聘[58]〔5〕，仍戒曰：「待見外孫乃歸。」公主性嚴毅，終身不肯華言。歡嘗病，不得往，禿突佳怨恚，歡輿疾就之[59]。

冬，十月乙未[60]，詔有罪者復聽入贖[61]。○東魏遣中書舍人[62]尉瑾[63]來聘。

乙未[64]，東魏丞相歡請釋邙山俘囚桎梏，配以民間寡婦。

十二月，東魏以侯景為司徒，中書令韓軌為司空。戊子[65]，以孫騰錄尚書事。

○魏築圜丘於城南[66]。

【章旨】以上為第一段，寫東魏高歡委曲求全與柔然和親以備西魏。

【注釋】❶丙申　正月十七日。❷李獎　字道休，隴西狄道（今甘肅臨洮）人，十六國時涼王李暠的後裔。北魏廣平侯。入北齊，兼侍中，後拜魏郡尹。傳見《魏書》卷三十九、《北史》卷一百。❸爾朱文暢　（？—西元五四五年）爾朱榮第四子，魏昌樂王。時任肆州刺史。後以潛謀害高歡，事發，被殺。傳見《魏書》卷七十四、《北齊書》卷四十八、《北史》卷四十八。❹任冑　廣寧人。東魏初，任東郡太守，因貪汙受劾，出為都督守晉州。好縱酒遊樂，遭高歡斥責。於是與爾朱文暢謀刺殺高歡。傳見《北齊書》卷十九、《北史》卷五十三。❺鄭仲禮　滎陽開封人。因與任胄同飲酒，不理政事，遭到譴責，所以參與行刺密謀。傳見《北齊書》卷四十八、《北史》卷三十五。❻打簇戲　魏國民俗中的一種遊戲。凡能打中簇的，當場賞給絹帛。任胄讓鄭仲禮藏刀於褲子中，企圖乘高歡來看遊戲的機會，殺死高歡。❼榮　爾朱榮。❽大車　鄭大車，人名。❾女功　女子的工作。指製作旌旗和軍服等。❿置宮　建立新宮。⓫配沒之口　因親人犯罪而受牽連，遭到發配和籍沒為官奴的人。這裡指的是女奴。⓬招懷之　招撫安懷吐谷渾。高歡想通過孝靜帝娶吐谷渾王之女為妻，來拉攏吐谷渾，讓吐谷渾騷擾西魏的後方，使西魏難以全力對付東魏。⓭丁未　正月二十八日。⓮庚申　二月十一日。⓯容華　漢代嬪妃的名號，當時待遇相當於二千石級別的官吏。⓰安諾槃陀　人名，是出生在酒泉郡的胡人。⓱突厥　古族名，匈奴的別支。⓲金山　山名，即今新疆阿爾泰山南麓。⓳柔然鐵工　臣屬於柔然，為他們鍛造鐵器。⓴土門　人名，突厥伊利可汗。事詳《北史》卷九十九〈突厥傳〉。㉑乙未　三月十六日。㉒紫陌　地名，在鄴城西北五里處。以後專指帝都的道路。㉓親擁之　親自攔住驚馬保護崔暹上馬。㉔華林園　洛陽宮中的園名，鄴都宮中仿洛陽制度，所以也建有華林園。㉕射　燕射，是古代射禮的一種。只在宴飲時進行，凡中靶的有賞賜。既提倡重武習射，又有一定的娛樂性。㉖中懷　胸中。㉗高陽王斌　元斌（？—西元五五一年），字善集，少襲父爵為高陽王，位侍中、尚書左僕射。入齊，從征契丹，因罪處死。傳見《魏書》卷二十一上、《北齊書》卷二十八、《北史》卷十九。㉘庶妹　庶出的妹妹。是元斌父妾所生，所以被人看不起，甚至淪為孫騰的侍伎。㉙玉儀　元玉儀。傳見《北史》卷十四。㉚造　登門。㉛假以顏色　和顏悅色地對待。㉜刺　古代削竹木為簡，上寫姓名，稱作刺。相當於現今的名片。㉝悚然　戰戰兢兢的樣子。㉞通　通報。先把名刺遞進，以爭取晉見的機會。㉟叔父　指崔季舒，是崔暹的叔叔。㊱晉氏　指晉朝。疑「氏」是「世」之誤。㊲丁巳　六月十日。㊳饗　用於祭祀的食物。㊴領著作　兼著作郎之職。著作郎，掌撰修國史，也起草政府文稿。時隸屬祕書省。㊵定州　州名，指南定州，治所鬱林，在今廣西桂平。㊶蕭勃　（？—西元五五七年）梁曲江鄉侯。歷任南定州、晉州、廣州刺史，梁末位太保。陳霸先將行禪代，勃舉兵反，兵敗被殺。傳見《南史》卷五十一。㊷叛換　聯綿詞。跋扈；蠻橫。㊸罪由宗室　指武林侯蕭諮苛酷殘暴引起事端。蕭諮乃梁宗室。見《南史》卷五十二。㊹溷亂　混亂。㊺逋誅　拖延被消滅。㊻節下　對將領或地方疆吏的敬稱。此處指楊瞟。㊼逗橈　逗留阻撓。橈與撓通用。㊽長寇沮眾　助長敵寇氣焰，敗壞自家軍心。㊾朱鳶　縣名，縣治在今越南河內東南。㊿蘇歷江　河名，是紅河的支流，在宋平郡境，在今越南河內南。(51)嘉寧城　城名，在今越南越池縣。(52)昺　蕭昺，字子昭，梁武帝從父弟。歷任南兗州、雍州、揚州、郢州刺史，封吳平縣侯。傳見《梁書》卷二十四、《南史》卷五十一。(53)杜弼　（西元四九〇—五五八年）字輔玄，小字輔國，中山曲陽人，博學多聞，常典機密。入齊，以功遷衛尉卿，封長安縣伯。傳見《北齊書》卷二十四、《北史》卷五十五。54鎮南將軍　官名，是東南西北四鎮將軍之一，掌征伐。魏從二品。55慕容儼　字恃德，清都成安（今河北成安）人，歷仕北魏、東魏、北齊，先後任東雍州、東荊州、趙州、光州刺史，爵義安王。傳見《北齊書》卷二十、《北史》卷五十三。56下館　縣名，一說在木井城，是陽曲縣治，在今山西定襄。一說在山西代縣西北。57避正室　婁妃主動讓出正妻之位給蠕蠕公主。正室，正妻。58報聘　酬答高歡求婚使節的禮儀性回訪。59輿疾就之　抱病登車前往公主住處。60乙未　十月丙午朔，無乙未日，疑為「己未」之誤，即十月十四日。《梁書・武帝紀》作「己未」。61復聽入贖　梁天監三年（西元五〇四年），廢除贖罪科。至此重又允許贖罪。62中書舍人　中書省屬官，掌傳宣和起草詔命。63尉瑾　字安仁，代郡（今山西大同）人，屢掌機密，曾任吏部尚書、尚書右僕射，為高歡、高澄、高洋三主所信任。傳見《魏書》卷二十六、《北齊書》卷四十、《北史》卷二十。64乙未　閏十月二十日。65戊子　十二月十四日。66城南　此指長安城南。

【校　記】1糾　原作「劾」。據章鈺校，十二行本、乙十一行本、孔天胤本皆作「糾」，張敦仁《通鑑刊本識誤》同，今據改。2進　原無此字。據章鈺校，十二行本、乙十一行本、孔天胤本皆有此字，張敦仁《通鑑刊本識誤》同，今據補。3聘之　原作「往聘之」。據章鈺校，十二行本、乙十一行本、孔天胤本皆無「往」字，今據刪。4跪　嚴衍《通鑑補》改作「愧」。《北齊書・神武・婁后傳》、《北史・后妃傳下・齊武明皇后婁氏傳》皆作「愧」，未知孰是。5聘　胡三省注云：「或云作『聘』。」據章鈺校，十二行本、乙十一行本皆作「娉」，疑元刻本作「娉」，胡刻改誤。

【語　譯】高祖武皇帝十五

大同十一年（乙丑　西元五四五年）

春，正月十七日丙申，東魏派遣兼散騎常侍李獎出使梁朝。

東魏儀同爾朱文暢與丞相司馬任冑、都督鄭仲禮等，謀劃趁正月十五日夜晚觀看打簇戲的機會叛亂，殺丞相高歡，擁戴爾朱文暢為主帥，事情敗露，全被處死。爾朱文暢，是爾朱榮的兒子。他的姐姐，是敬宗皇后，以及鄭仲禮的姐姐鄭大車，現在都是高歡的小妾，受到寵愛，所以爾朱文暢和鄭仲禮的兄弟沒有受到株連。

高歡上書孝靜帝說：「并州是軍需武器儲備的地方，經常需要女功勞作，請求建造宮殿，用來安置被發配和沒入官府的女奴；同時皇上應娶吐谷渾的女子入宮，以便招撫吐谷渾。」正月二十八日丁未，建置晉陽宮。二月十一日庚申，東魏孝靜帝娶吐谷渾可汗堂妹為容華。

西魏丞相宇文泰派遣酒泉胡人安諾槃陀第一次出使突厥。突厥原本是西方小國，姓阿史那氏，世世代代居住在金山南麓，替柔然充當打鐵工。到了土門當酋長時，開始強大，時常侵擾魏國西部邊境。安諾槃陀到達突厥，突厥人都高興地說：「大國的使臣到來，我們國家將要興盛起來了。」

三月十六日乙未，東魏丞相高歡到鄴城朝見孝靜帝，公卿百官到城郊紫陌迎接。高歡握著崔暹的手慰勞他說：「從前朝廷哪是沒有執法官，是沒人肯舉報糾察。中尉今日盡忠報國，不迴避豪強，才使遠近吏治嚴肅清正。在戰場上衝鋒陷陣的人很多；當官剛正不阿的人，今天從中尉身上才看到了。榮華富貴是你自己取得的，我高歡父子沒有什麼可報答你的。」賞賜崔暹一匹好馬。崔暹拜謝，那匹馬受驚逃跑，高歡親自攔住驚馬，把韁繩交給崔暹。東魏孝靜帝在華林園設宴，讓高歡選擇朝廷中公正廉直的官員勸酒，高歡走下臺階跪拜孝靜帝說：「只有崔暹一人可以勸酒，請皇上把臣在宴會射禮中所得一千段綢絹轉賜給崔暹。」高澄退席後對崔暹說：「連我都敬畏和羨慕你，何況其他的人呢？」

然而崔暹心中頗懷奸詐。當初，北魏高陽王元斌有一個庶出的妹妹元玉儀，在家裡受到歧視，給孫騰做了伎妾，孫騰又拋棄了她。高澄在路上遇見了她，很喜愛，就娶了她，於是受到特殊的寵愛，封為琅邪公主。高澄對崔季舒說：「崔暹一定會登門勸阻我，我也有辦法對待他。」等到崔暹來商議政事，高澄不再對他和顏悅色。過了三天，崔暹故意讓懷裡藏的名帖落在高澄面前，高澄問：「帶上這個幹什麼？」崔暹膽怯地說：「我還沒見過公主。」高澄非常高興，挽著崔暹的手臂，進入內室拜見琅邪公主。崔季舒對人說：「崔暹時常忿恨我阿諛奉承，在大將軍面前，每每說我這個叔父該殺，而今他自己的行為，已經超過了我。」

夏，五月二十六日甲辰，東魏大赦天下。〇西魏王盟去世。

自從西晉以來，人們寫文章競相追求浮華，西魏丞相宇文泰想革除這種弊端，六月初十日丁巳，西魏文帝祭祀太廟。宇文泰命大行臺度支尚書、領著作郎蘇綽撰寫一篇〈大誥〉，向百官公卿宣示，勸誡大臣們盡心國事，並且下令「從今以後文章都要按照這種體式撰寫。」

梁武帝派遣交州刺史楊瞟征討李賁，任命陳霸先為司馬，下令定州刺史蕭勃領兵在西江與楊瞟會合。蕭勃知道士兵們害怕遠行作戰，就編造說辭留住楊瞟。楊瞟召集諸將詢問辦法，陳霸先說：「交趾蠻橫，罪過的根源在於蕭諮等宗室，於是導致幾個州的混亂，討捕好幾年了，蕭勃刺史想偷安於現狀，不顧全大局，將軍奉命征討叛逆，應當生死不顧，怎麼可以拖延不前進，長敵人威風，滅自家士氣啊？」於是指揮部隊提前進發。楊瞟派陳霸先為先鋒，到了交州，李賁率眾三萬抵抗他們，在朱鳶吃了敗仗，又在蘇歷江口戰敗，李賁逃到嘉寧城，各路軍隊進軍包圍了他。蕭勃，是蕭昺的兒子。

西魏與柔然頭兵可汗密謀聯合討伐東魏，丞相高歡十分憂慮，就派遣行臺郎中杜弼出使柔然，替世子高澄求婚。頭兵可汗說：「高王本人娶親才可以。」高歡猶豫不決。婁妃說：「為了朝廷大局，希望不要遲疑。」世子高澄、尉景也勸說高歡。高歡於是派遣鎮南將軍慕容儼出使柔然迎娶頭兵可汗的女兒，稱為蠕蠕公主。秋，八月，高歡親到下館迎接公主。公主到來，婁妃讓出正室安置公主，高歡向婁妃下跪拜謝，婁妃說：「公主會覺察到我們的關係，希望你和我斷絕關係，不要顧念我。」頭兵可汗派他的弟弟禿突佳護送女兒，並且回訪東魏，還告誡禿突佳說：「等到外孫出生後才返回。」蠕蠕公主性格嚴肅剛毅，終身不肯說漢語。高歡曾經生病，不能到公主那裡去，禿突佳氣憤怨恨，高歡抱病登車前往公主住處。

冬，十月乙未日，梁武帝下詔，恢復罪人用錢贖罪。〇東魏派遣中書舍人尉瑾出使梁朝。

閏十月二十日乙未，東魏丞相高歡請求釋放邙山戰役的俘虜，把民間寡婦許配給他們。

十二月，東魏任命侯景為司徒，中書令韓軌為司空。十四日戊子，任命孫騰錄尚書事。〇西魏在長安城南建築祭天的圜丘。

散騎常侍賀琛啓陳四事：其一，以為「今北邊稽服❶，正是生聚❷教訓❸之時，而天下戶口減落，關外❹彌甚。郡不堪州之控總❺，縣不堪郡之裒削❻，更相呼擾❼，惟事徵斂，民不堪命，各務流移❽，此豈非牧守之過歟？東境❾戶口空虛，皆由使命繁數，窮幽極遠❿，無不皆至，每有一使，所屬搔擾，駑困邑宰⓫[1]，則拱手聽其漁獵⓬，桀黠長吏⓭，又因之重為貪殘，縱有廉平，郡猶掣肘。如此，雖年降復業之詔，屢下蠲賦之恩，而民不得反其居也。」其二，以為「今天下守宰[2]所以貪殘，良由風俗侈靡使之然也。今之燕喜⓮，相競誇豪，積果⓯如丘陵，列肴同綺繡⓰，露臺之產⓱，不周一燕⓲之資，而賓主之間，裁取滿腹，未及下堂，已同臭腐。又，畜妓之夫，無有等秩⓳，為吏牧民者，致貲巨億，罷歸⓴之日，不支數年，率皆盡於燕飲之物、歌謠之具㉑。所費事等丘山，為歡止在俄頃，乃更追恨向所取之少。如復傅翼㉒，增其搏噬㉓，一何悖哉！其餘淫侈，著之凡百㉔，習以成俗，日見滋甚，欲使人守廉白，安可得邪？誠宜嚴為禁制，道以節儉，糾奏浮華，變其耳目。夫失節之嗟㉕，亦民所自患，正恥不能及羣，故勉彊而為之。苟以淳[3]素為先，足正彫流㉖之弊矣。」其三，以為「陛下憂念四海，不憚勤勞，至於百司，莫不奏事。但斗筲之人，既得伏奏帷扆㉗，便欲詭競求進㉘，不論國之大體，心存明恕，惟務吹毛求疵，擘肌分理㉙，以深刻為能，以繩逐㉚為務。迹雖似於奉公，事更成其威福，犯罪者多，巧避滋甚，長弊增姦，寔㉛由於此。誠願責其公平之效，黜其讒慝㉜之心，則下安上謐，無徼倖之患矣。」其四，以為「今天下無事，而猶日不暇給，宜省事、息費，事省則民養，費息則財聚。應內省職掌各檢所部：凡京師治、署、邸、肆㉝及國容㉞、戎備㉟，四方屯、傳、邸治㊱，有所宜除，除之，有所宜減，減之。興造有非急者，徵求有可緩者，皆宜停省，以息費休民，故畜其財者，所以大用之也；養其民者，所以大役之也。若言小事不足害財，則終年不息矣；以小役不足妨民，則終年不止矣。如此，則難可以語富彊而圖遠大矣。」

啓奏，上大怒，召主書㊲於前，口授敕書以責琛。大指以為：「朕有天下四十餘年，公車㊳讜言㊴，日關聽覽㊵，所陳之事，與卿不異，每苦倥偬㊶[4]，更增惛惑㊷。卿不宜自同闒茸㊸，止取名字，宣之行路，言『我能上事，恨朝廷之不用。』何不分別顯言：某刺史橫暴，某太守貪殘，尚書、蘭臺某人姦猾，使者漁獵，並何姓名？取與者誰？明言其事，得以誅黜，更擇材良。又，士民飲食過差㊹，若加嚴禁，密房曲屋，云何可知？儻家家搜檢，恐益增苛擾。若指朝廷，我無此事。昔之牲牢，久不宰殺[45]，朝中會同[46]，菜蔬而已，若復減此，必有蟋蟀之譏[47]。若以為功德事[48]者，皆是園中之物，變一瓜為數十種，治一菜為數十味，以變故多，何損於事？我自非公宴，不食國家之食，多歷年所，乃至宮人，亦不食國家之食。凡所營造，不關材官及以國匠[49]，皆資雇[5]借以成其事。勇怯不同，貪廉各用，亦非朝廷為之傅翼。卿以朝廷為悖，乃自甘之[50]，當思致悖所以！卿云『宜導之以節儉』，朕絕房室[51]三十餘年，至於居處不過一牀之地，雕飾之物不入於宮。受生[52]不飲酒，不好音聲，所以朝中曲宴[53]，未嘗奏樂，此羣賢之所見也。朕三更出治事，隨事多少，事少午前得竟，事多日昃[54]方食，日常一食，若晝若夜[55]。昔要腹過於十圍[56]，今之瘦削裁[6]二尺餘，舊帶猶存，非為妄說。為誰為之？救物[57]故也。卿又曰『百司莫不奏事，詭競求進』，今不使外人呈事，誰尸[58]其任？專委之人，云何可得？古人[59]云：『專聽生姦，獨任成亂。』二世[60]之委趙高[61]，元后[62]之付王莽[63]，呼鹿為馬，又可法歟？卿云『吹毛求疵』，復是何人？『擘肌分理』，復是何事？治、署、邸、肆等，何者宜除？何者宜減？何處興造非急？何處徵求可緩？各出其事，具以奏聞。富國彊兵之術，息民省役之宜，並宜具列；若不具列，則是欺罔朝廷。佇[7]聞[64]重奏，當復省覽，付之尚書，班下海內，庶惟新之美，復見今日。」琛但謝過而已，不敢復言。

上為人孝慈恭儉，博學能文，陰陽、卜筮、騎射、聲律、草隸、圍碁，無不精妙。勤於政務，冬月四更竟，即起視事，執筆觸寒，手為皴裂。自天監中用釋氏法(65)，長齋(66)斷魚肉，日止一食，惟菜羹、糲飯(67)而已，或遇事繁，日移中(68)則嗽口以過。身衣布衣，木緜(69)皁帳，一冠三載，一衾(70)二年，後宮貴妃以下，衣不曳地。性不飲酒，非宗廟祭祀、大饗宴及諸法事(71)，未嘗作樂。雖居暗室，恆理衣冠，小坐(72)、盛暑，未嘗褰袒(73)，對內豎小臣(74)，如遇大賓。然優假(75)士人太過，牧守多浸漁百姓，使者干擾郡縣。又好親任小人，頗傷苛察。多造塔廟，公私費損。江南久安，風俗奢靡，故琛啓及之。上惡其觸實，故怒。

臣光曰：「梁高祖之不終(76)也，宜哉！夫人君聽納(77)之失，在於叢脞(78)，人臣獻替(79)之病，在於煩碎。是以明主守要道以御萬機之本，忠臣陳大體以格(80)君心之非，故身不勞而收功遠，言至約而為益大也。觀夫賀琛之諫，亦[8]未至於切直，而高祖已赫然震怒，護其所短，矜其所長。詰貪暴之主名(81)，問勞費之條目，困以難對之狀，責以必窮之辭。自以蔬食之儉為盛德，日昃之勤為至治，君道已備，無復可加，羣臣箴規，舉不足聽。如此，則自餘(82)切直之言過於琛者，誰敢進哉？

由是姦佞[83]居前而不見，大謀顛錯[84]而不知，名辱身危，覆邦絕祀，為千古所閔笑[85]，豈不哀哉？」

上敦尚文雅，疏簡刑法，自公卿大臣，咸不以鞫獄為意。姦吏招權弄法，貨賂成市，枉濫者多。大率二歲刑已上歲至五千人。徒[9]居作者具五任[86]，其無任者著升械[87]。若疾病，權[88]解之，是後囚徒或有優、劇[89]。時王侯子弟，多驕淫不法。上年老，厭於萬幾。又專精佛戒，每斷[90]重罪，則終日不懌。或謀反逆，事覺，亦泣而宥之[91]。由是王侯益橫，或白晝殺人於都街，或暮夜公行剽掠[10]，有罪亡命者，匿於王家，有司不敢搜捕。上深知其弊，而[11]溺於慈愛，不能禁也。

魏東陽王榮[92]為瓜州[93]刺史，與其壻鄧彥[94]偕行。榮卒，瓜州首望[95]表榮子康為刺史，彥殺康而奪其位。魏不能討，因以彥為刺史，屢徵不至，又南通吐谷渾。丞相泰以道遠難於動眾，欲以計取之，以給事黃門侍郎申徽[96]為河西大使，密令圖彥。徽以五十騎行，既至，止於賓館。彥見徽單使[97]，不以為疑。徽遣人微勸彥歸朝，彥不從。徽又使贊成其留計[98]，彥信之，遂來至館。徽先與州主簿[99]敦煌令狐整[100]等密謀，執彥於坐，責而縛之。因宣詔慰諭吏民，且云「大軍續至」，城中無敢動者，遂送彥於長安。泰以徽為都官尚書[101]。

【章　旨】以上為第二段，詳載梁朝賀琛奏事始末，此為梁朝的一個大事件。賀琛諫奏揭示梁朝政治極端腐敗的事實。賦傜沉重，戶口日減，官吏貪殘，浮華成風，刑法鬆弛而平民犯禁者眾。梁武帝拒諫飾非，各種弊端病入膏肓，梁朝衰敗之局不可逆轉。

【注　釋】❶稽服　拜服。此指東魏多次遣使通好，兩國相安無事。❷生聚　繁殖人口，積蓄物資。❸教訓　教導和訓練。典出《左傳》哀公元年。吳王不聽勸告，接受句踐臣服講和要求，伍子胥斷言越國經過「十年生聚，十年教訓」，必將滅亡吳國。賀琛則借用來建議梁武帝利用和平時機，加強國力，作好恢復中原的準備。❹關外　指梁原邊界外剛剛收復的淮、汝、潼、泗等州疆土。❺控總　事務紛繁促迫。❻裒削　搜刮。❼更相呼擾　輪番下令，騷擾地方。❽流移　流離失所，避往他鄉。❾東境　指梁國東部的三吳之地，即吳郡、吳興、會稽（或指丹陽）三郡，在今蘇杭一帶。❿窮幽極遠　深入荒僻或偏遠的地區。⓫駑困邑宰　才能愚鈍而低下的地方官。⓬漁獵　指搜刮。⓭桀黠長吏　殘暴而狡猾的地方官。⓮燕喜　宴飲。⓯積果　堆積各色果品。⓰列肴同綺繡　陳列的菜餚色澤豔麗，如同錦繡一般。⓱露臺之產　漢文帝想修一個露臺，一問需花費百金，即相當十家中等家庭一年的收入，於是決定不建。露臺之產成為百金的代名詞。⓲不周一燕　不夠一次宴請。⓳無有等秩　沒有不同等級的限制，指大小官僚爭為奢侈，沒有節度。⓴罷歸　免官回家。㉑歌謠之具　樂器、道具和服裝。㉒傅翼　給吃人的老虎加上翅膀。比喻助長惡人。典出《韓非子・難勢》。㉓搏噬　攫取食物。喻指搜刮民財。㉔凡百　言其多。㉕失節之嗟　典出《易經・節卦》。原意是說應當節制而不能節制，咎由自取，造成令人歎息的結局。㉖彫流　陋俗。㉗帷扆　屏帷。指皇帝的座位。㉘詭競求進　不擇手段地爭著求得升官。㉙擘肌分理　剖開肌肉以分辨它的紋路。比喻仔細得近乎苛刻。㉚繩逐　抓住把柄，糾正和斥責過失。㉛寔　即「實」，古通用。㉜讒慝　惡言惡意。㉝治署邸肆　治，辦事機構。署，官員休息的場所。邸，諸王侯的宅第，以及各郡為進京朝見官員設立的住所。肆，市場。㉞國容　禮樂、車旗等儀仗。㉟戎備　軍事器械。㊱屯傳邸治　屯，軍隊駐地。傳，驛站。邸治，地方府衙。㊲主書　官名，即主書令史，梁尚書、祕書諸省皆置，掌起草文書。㊳公車　漢代公車令掌管殿中司馬門的宿衛，同時負責接待臣民的上書和徵召。後專指向皇帝上書。㊴讜言　剛直有益的話。㊵日關聽覽　每天都在接受臣下意見。關，接觸。聽覽，當面上奏則聽，書面上奏則覽。㊶倥傯　繁忙。㊷惛惑　疑惑。㊸闒茸　卑門敗草，喻指出身微賤、品格低下的人。㊹過差　超出應有的等級水平。㊺久不宰殺　國君的膳食包括馬、牛、羊、豬、犬、雞六牲。梁武帝信佛，所以停止宰殺。㊻會同　朝廷集會。㊼蟋蟀之譏　蟋蟀，《詩經・

唐風》中的篇章。該詩諷刺晉僖公過於節儉，以致不合禮度。㊽功德事　指梁武帝供奉神佛，供給僧人，舉辦無遮會、無礙會等佛法事。㊾不關材官及以國匠　不用國家的管理機關及財物工匠。材官，即材官將軍，掌管宮廷苑囿的工匠、土木工程。國匠，即大匠卿，位同太僕，掌管國家土木公共工程。㊿乃自甘之　不過是個人一廂情願而得出的結論。(51)絕房室　同「斷房室」。意思是說不與嬪侍同房。房室，指男女房事。(52)受生　秉性。(53)曲宴　宮中的私宴。(54)日昃　未時。太陽開始偏西的下午一點至三點。(55)若晝若夜　意謂或者白天吃，或者晚上吃。若，或者。(56)十圍　形容腰腹肥壯過人。圍，三寸一圍。(57)物　人。此指眾人。(58)尸　主持。(59)古人　此指西漢的鄒陽。語見《漢書·鄒陽傳》，原作「偏聽生姦，獨任成亂」。(60)二世　秦二世胡亥。(61)趙高　秦宦官，始皇死，他立胡亥為帝，控制朝政。(62)元后　漢元帝王皇后，名政君，王莽的姑姑。(63)王莽　西漢末專朝政的外戚，元后的姪兒。他藉元后的信任，乘機獨攬朝政，代漢而立，建立新朝。(64)佇聞　久立聽聞。(65)釋氏法　佛教的規矩。(66)長齋　終年吃素。(67)糲飯　粗米飯。(68)日移中　日過正午。(69)木緜　又名攀枝花、英雄花，主要產於廣西、雲南、福建等地。果實中有白棉，南北朝時土人用鐵杖碾去黑核，用竹製小弓彈棉，然後紡織成布，名為「吉貝」。(70)衾　大被子。(71)法事　供奉佛祖的禮贊活動。(72)小坐　在宮中不涉公務的短暫休息。(73)褰袒　撩起衣服，袒露胸腹。(74)內豎小臣　宦官。(75)優假　厚待。(76)不終　不得善終。(77)聽納　聽取和接納臣下的意見。(78)叢脞　注意細節而不能把握要領。(79)獻替　勸善糾過。(80)格　糾正。(81)主名　具體的某某人名。梁武帝責備賀琛在奏章中沒有把貪殘官吏的名字寫上，是一種拒諫的苛求。(82)自餘　其他。(83)姦佞　指朱异、周石珍等人。(84)大謀顛錯　指接納侯景，釀成大亂。(85)閔笑　既可憐又可笑。(86)徒居作者具五任　判處服勞役的人有專長的分擔五類勞作。五任，指具備木工、鐵匠、炮製毛皮、染色、製陶等技藝的人，則利用他們的才能。(87)無任者著升械　沒有技術的刑徒則要戴上木製腳鐐等刑具服刑。舊用鐵製刑具，三國時缺鐵，魏武帝改用木製，至南朝仍沿用不變。(88)權　暫時。(89)優劇　優，指有辦法賄賂獄吏的可冒病獲得去枷鎖的優待。劇，那些沒辦法的有病的囚徒，不能去刑具而加劇痛苦。(90)斷　判定。(91)宥之　指寬赦謀反逆的人。如豫章王蕭綜降魏，梁武帝初命削爵土，絕屬籍，改姓為悖氏。但不久又下詔一切恢復如初，封他的兒子蕭直為永新侯。又臨賀王蕭正德曾降魏，一年後逃回。梁武帝恢復他的爵位，還任命他為征虜將軍。(92)東陽王榮　元太榮，又作元榮，爵東陽王。魏孝武帝西遷，河西出現混亂，元太榮整頓軍伍，穩定了地方。事見《周書》卷三十六及《北史》卷六十七〈令狐整傳〉。(93)瓜州　州名，治所敦煌鎮，在今甘肅敦煌。(94)鄧彥　人名，《周書》和《北史》的〈申徽傳〉作「劉彥」，《冊府元龜》卷六百五十七同。(95)首望　地方望族的首腦。(96)申徽　字世儀，魏郡（今河北臨漳西南）人，初任宇文泰大行臺郎中，主起草文書。後以功封博平侯。歷任瓜州、襄州、荊州刺史。傳見《周書》卷二十二、《北史》卷六十九。(97)單使　率兵不多，單車出使，所以稱作單使。(98)贊成其留計　表面同意鄧彥留在敦煌的計畫。(99)州主簿　官名，處理州中文書和相關事務的官吏，是刺史主要助手之一。(100)令狐整　（西元五一三—五七三年）本名延，字延保，敦煌人，出身當地望族，能文能武，頗有謀略。助申徽誅除鄧彥，又平定張保等人的叛亂。入齊，爵彭陽縣公，進位大將軍。傳見《周書》卷三十六、《北史》卷六十七。(101)都官尚書　官名，尚書省六尚書之一，轄都官、二千石、比部、水部、膳部五曹，掌京畿內外督察、橋船水運和百官禮食。魏三品。

【校　記】[1]邑宰　原作「守宰」。據章鈺校，十二行本、乙十一行本皆作「邑宰」，《梁書‧賀琛傳》亦作「邑宰」，今據改。[2]守宰　原無此二字。十二行本、乙十一行本、孔天胤本皆有此二字，張敦仁《通鑑刊本識誤》同，今據補。[3]淳　原作「純」。據章鈺校，十二行本、乙十一行本、孔天胤本皆作「淳」，今據改。[4]倥傯　原作「𢓭𢗪」。據章鈺校，十二行本、乙十一行本、孔天胤本皆作「倥傯」，今據改。[5]雇　孔天胤本作「顧」。[6]裁　原作「纔」。據章鈺校，十二行本、乙十一行本、孔天胤本皆作「裁」，今據改。[7]伫　原作「倚」。據章鈺校，十二行本、乙十一行本、孔天胤本皆作「伫」，今據改。[8]亦　原無此字。據章鈺校，十二行本、乙十一行本、孔天胤本皆有此字，今據補。[9]徒　據章鈺校，十二行本、乙十一行本、孔天胤本皆作「徙」，張瑛《通鑑校勘記》同。按，《隋書‧刑法志》作「徒」，未知孰是。[10]掠　原作「刼」。據章鈺校，十二行本、乙十一行本、孔天胤本皆作「掠」，今據改。[11]而　原無此字。據章鈺校，十二行本、乙十一行本、孔天胤本皆有此字，今據補。

【語　譯】梁朝散騎常侍賀琛上奏，陳述了四件事：其一，認為「現今北邊東魏稽首順服，這正是繁殖人口、積蓄物資和教育訓練軍民的時候，可是全國的戶口卻減少了，邊關之外更嚴重。郡不能忍受州繁雜政務的催逼，縣不能忍受郡的盤剝，州郡輪番騷擾，只幹搜刮之事，平民百姓忍受不了這樣的政令，各自謀求流浪遷移，這難道不是州郡長官的過錯嗎？國家東部地區戶口空虛，都是由於徵斂使者頻繁派出，深入到荒僻偏遠之鄉，沒有不到的地方，每當一個使者下到地方，所到之處一定受到騷擾，無能愚笨的地方長官，就拱手任由使者搜刮，而強橫狡猾的地方長官，又趁機加重掠奪，貪婪殘暴，即使有廉潔公正的官員，也會受到郡守的阻撓和牽制。像這樣，雖然皇上年年下恢復生產的詔書，屢次降下減免賦稅的恩澤，而平民百姓仍然不能返回自己原來的住所。」其二，認為「現今全國的地方官吏之所以貪婪殘暴，完全是由於奢侈糜爛的風氣造成的。當今的宴飲，互相攀比，果品堆積如山，擺在桌上的嘉餚美味像綢緞，百兩黃金，不夠一次宴請的費用，而賓客和主人只不過是裝滿一肚子，還沒走下飯廳，剩餘的飯菜就如同腐臭的垃圾。又蓄養歌伎的人，沒有等級的限制。管理平民百姓的官吏，聚斂億萬的財富，離任回家之後，也開支不了幾年，大都花費在吃喝之物和歌舞的道具上。破費的錢財可堆積成山，得到的只是短暫的歡樂，甚至悔恨當年搜刮得太少。如果給吃人的老虎加上翅膀，讓他加倍攫取民脂民膏，那是多麼違背道義！其他荒淫奢侈現象，表現在眾多方面。積習成為風氣，日益嚴重，想要使人保持廉正清白，怎能辦得到呢？確實應當嚴厲禁止，提倡節儉，糾查浮華，改變社會風氣。我對當前失去節制風氣的歎息，也是平民百姓所憂慮的，正因為恥於趕不上人家的排場，所以才勉強學人家這樣做。假如大力提倡淳樸節儉，就足可以糾正這些邪侈的陋俗。」其三，認為「皇上憂國憂民，不辭勞苦，以至於國家各個部門，無不向皇上奏事。但那些見識短淺的小人，既然得以向皇上奏事，就想用各種詭詐手段求得升遷，他們不顧國家的大局，雖然明察是非卻故意自我寬恕，一味吹毛求疵，刻意找岔子，以嚴酷苛刻為能事，以抓人把柄斥責為要務。表面看是為國為公，實質是作威作福，結果是犯罪的越來越多，徇私舞弊更加嚴重。弊端日益增長，奸詐不斷增加，實在是由於這個原因。真誠希望朝廷能責成官員辦事公正，考察實效，排除官員們奸詐邪惡的用心，那麼就會上下安寧，沒有僥倖取巧的禍患發生。」其四，認為「當今天下太平，卻仍然事務繁雜沒有閒暇，應當減少事務，節省開支，事務減少百姓就能得到休養，開支節省國家資財就能聚集。朝廷各部門應自查職權範圍的工作：凡是京城的治、署、邸、肆，以及國容、軍備，地方上的屯、傳、邸治，應當撤銷的就裁撤，應當精減的就精減。興造的工程凡是不急迫的，徵求的賦稅徭役凡是可以緩辦的，都一律停下來，以便節省開支，休養民生。因為蓄積財富，是為了派上大用場；休養民生，是為了長遠地役使。如果認為辦點小事花不了多少錢，那麼整年都不會停息；認為小工程不足以妨礙老百姓生活，那麼整年都不會停止。這樣一來，就很難談得上國家富強而圖謀長遠了。」

梁武帝看了賀琛的奏章，大怒，把主書令史召到跟前，口授敕令斥責賀琛。大意是說：「朕在位四十餘年，公車府呈上的臣民直言每天都耳聞目睹，陳奏的事情，與你說的沒有兩樣，每每被繁忙的政事所苦，增添朕的疑惑。你不應當把自己混同於一介小民，只圖虛名，向路人炫耀，說『我能上奏章，只恨朝廷沒有採納。』為什麼不分別具體說明：某刺史橫行不法，某太守貪婪殘暴，尚書、蘭臺某人奸詐刁猾，某個欽差使者魚肉人民，他們姓甚名誰？從誰的手中掠奪，又給予了誰？明白地說清楚事情，以便朝廷誅殺罷免，另選賢能的人才。還有，官吏百姓飲食豪華過度，如果要嚴加禁止，高牆深院，怎能得知？假如挨家挨戶去搜查，恐怕更增加對老百姓的騷擾。如果指的是朝廷，朕沒有這樣的事。從前國君膳食用的六牲，長久以來沒有宰殺了，朝廷賜宴百官，素食而已，如果還要節省，一定會遭到《詩經・蟋蟀》那種譏笑。如果指的是供僧供佛的功德事，所用都是菜園中生產的東西，一種瓜做出幾十樣菜，一種菜做成幾十種風味，只不過是變的花樣多，於事有何妨害？朕除了出席公宴外，不吃朝廷的糧食，這已很多年了，至於後宮的人，也不吃用朝廷的錢糧。凡是營造塔寺，既沒用公家的材料，也沒用朝廷的工匠，都是花錢雇人完成的。文武百官，有的勇敢，有的怕死，有的廉潔，有的貪婪，並不是朝廷助長他們這樣的。你指責是朝廷的過錯，不過是你一廂情願的結論，你應當認真想想導致過錯的原因！你說『應當提倡節儉』，朕不與嬪侍同房已有三十多年，至於居住不過一張床的地方，雕鏤裝飾之物不允許進入宮中。朕平生不飲酒，不喜好音樂，因此宮中私宴，從沒有演奏過音樂，這是滿朝百官親眼所見。朕三更就上朝處理政務，按政務的多少，事少中午前辦完，事多到太陽偏西才吃飯，每天經常只吃一頓飯，或者白天吃，或者晚上吃。先前朕的腰超過了十圍，如今瘦削得只剩了二尺多，舊的腰帶還保存著，不是胡說。到底是為了誰這樣做呢？是為了救護眾人。你又說『各部門無不向皇上奏事，使用各種詭詐手段求得升遷』，如果不讓臣民上奏言事，那麼由誰來主持溝通民情的責任？如果言事只委託給專門的人，到哪裡去找這樣的人呢？古人說過：『專聽一面之詞，就要產生奸臣；專委託一人辦事，就要釀成禍亂。』秦二世寵信趙高一個人，漢元帝皇后只依靠王莽一個人，指鹿為馬，難道可以效法嗎？你又說『吹毛求疵』，指的是何人？還有『擘肌分理』，又指的是什麼事？治、署、邸、肆等，哪樣該裁撤？哪樣該精簡？哪一樣工程不是急需？哪一樣徵收應當緩辦？你要分別舉出事實，詳細奏報給朕聽。有關富國強兵的措施，有關減省勞役、與民休息的辦法，也要具體列出；如不能具體列出，那就是蒙蔽朝廷。我等著聽聽你的重新上奏，一定會認真審讀，交付給尚書，頒布天下，但願除舊布新的興隆氣象，重現於今天。」賀琛接到詔書，只是向皇上認錯道歉，不敢再說什麼。

梁武帝為人重孝道、慈悲、謹慎、儉樸，博學多才，善寫文章，陰陽、卜筮、騎射、音樂、書法、圍棋，樣樣精妙。不辭勞苦處理政務，冬天四更剛過，就起來辦事，冒寒執筆的手因而凍裂。自從天監年間開始信奉佛法，長期吃齋，不吃魚肉，每天只吃一頓飯，不過蔬菜清湯、粗糧米飯罷了。有時事務繁多，忙得午後漱漱口就算吃了飯。身穿布衣，木棉蚊帳，一頂帽子戴三年，一床被子用兩年，後宮嬪妃中貴妃以下，不穿拖地的衣裙，生性不飲酒，除非舉行宗廟祭祀，大宴群臣和舉辦佛法大會，從不奏樂。即使處在幽暗房間，也是衣冠楚楚，在宮中平時便坐，以及炎熱夏季，也從不袒露胸腹，對待宦官小臣，也像對待貴賓一樣彬彬有禮。然而對士大夫過於寬待，以致地方州郡長官大都魚肉百姓，朝廷使者橫行霸道干擾地方。又十分親信小人，辦事往往苛酷。又多造佛塔寺廟，耗費了大量國家和民眾的財物。江南承平日久，生活習俗奢侈，所以賀琛上奏揭了蓋子。梁武帝惱恨賀琛說了實話，所以大怒。

司馬光說：「梁高祖武皇帝不得善終是應當的啊！帝王聽取意見，最易失誤的地方，就是只注意瑣碎的小事；臣下上書勸諫容易犯的毛病，也在於繁瑣零碎。因此，英明的君主就要抓住關鍵與要害來指導各種事務，忠貞的大臣就要指明國家的大局來糾正君主的錯誤，這樣，往往不須勞碌而收到長遠的功效，說話不多而益處很大。綜觀賀琛的諫章，也並算不上真切直率，而梁高祖就勃然大怒，回護自己的短處，誇耀自己的長處。詰問貪婪殘暴官吏的姓名，追問徭役過重、費用鋪張的具體條目，用難以回答的問題來刁難臣下，要求臣下寫出無法寫出的奏章。自以為吃素食的節儉為最大的美德，每天忙到太陽偏西才吃午飯就是最好的治國辦法，為君之道已經完美，再不需要增加什麼了，臣下的勸諫，全都不值得聽，這樣一來，那些比賀琛更切中時弊的直言進諫者，誰還敢說話？因此，奸佞之臣就在眼前也看不見，重大決策顛倒錯誤也不知，最後落得身敗名裂，國家敗亡，宗祀斷絕，被千古所憐憫與恥笑，難道不可悲嗎？」

梁武帝十分崇尚文雅，刑法鬆弛寬大，以至於公卿大臣都不重視審判案件，奸猾的官吏擅權枉法，貪汙成風，冤假錯案很多。大致判處兩年以上徒刑的人每年多達五千人。判罰勞役的人按各人的手藝分為五類，沒有技藝的刑徒就要戴上枷鎖。如果生了重病，暫時打開枷鎖，後來演變為有錢行賄的囚徒不戴枷鎖，無錢的囚徒加倍痛苦，當時王侯子弟，大多驕橫淫逸，不守法度。梁武帝年老以後，厭煩處理政務，又痴迷佛法戒律，每當判決重大罪犯，整天不高興。有的謀反大逆，事情敗露，也流淚寬免。因此，王侯們更加專橫不法，有的大白天在街市中殺人，有的在夜間公開搶劫，有的犯罪逃亡，躲藏在王侯家中，主管部門不敢搜查逮捕。梁武帝深知這些弊端，但沉迷於佛教的慈悲為懷，不能禁止。

西魏東陽王元榮為瓜州刺史，他帶著女婿鄧彥一起赴任。元榮死後，瓜州的頭號大族上表推薦元榮的兒子元康繼任瓜州刺史，鄧彥殺了元康奪了刺史之位。西魏無力征討，就任命鄧彥為正式瓜州刺史，多次徵召，他都不進京，又向南面勾結吐谷渾。丞相宇文泰認為路途遙遠，難以發動大軍征討，想用計謀智擒鄧彥，就任命給事黃門侍郎申徽為河西大使，密令他除掉鄧彥。申徽帶領五十個騎兵前行，到達瓜州後，住宿在賓館。鄧彥看到申徽人單勢孤，沒有產生懷疑。申徽派人委婉地勸說鄧彥進京朝見，鄧彥不聽。申徽於是派人向鄧彥表示贊成他留在瓜州，鄧彥相信了，於是到賓館來晉見。申徽先與州主簿敦煌人令狐整等人密謀，在鄧彥晉見時逮捕他，指責他的罪過後捆綁起來。隨後宣讀詔書，安撫官吏和百姓，並且聲稱「大軍陸續到來」，瓜州城中沒人敢反抗，於是把鄧彥押送長安。宇文泰任命申徽為都官尚書。

## 中大同元年（丙寅　西元五四六年）

春，正月癸丑❶，楊瞟等克嘉寧城，李賁奔新昌❷獠❸中，諸軍頓于江口❹。

二月，魏以義州刺史史寧為涼州刺史，前刺史宇文仲和據州不受代，瓜州民張保殺刺史成慶以應之，晉昌❺民呂興殺太守郭肆，以郡應保。丞相泰遣太子太保獨孤信、開府儀同三司怡峯與史寧討之。

三月乙巳❻，大赦。

庚戌❼，上幸同泰寺，遂停寺省❽，講三慧經。夏，四月丙戌❾，解講，大赦，改元❿。是夜，同泰寺浮圖災，上曰：「此魔也，宜廣為法事。」羣臣皆稱善。乃下詔曰：「道高魔盛，行善鄣生，當窮茲土木，倍增往日。」遂起十二層浮圖，將成，值侯景亂而止。

魏史寧曉諭涼州吏民，率皆歸附，獨宇文仲和據城不下。五月，獨孤信使諸將夜攻其東北，自帥壯士襲其西南，遲明，克之，遂擒仲和。

初，張保欲殺州主簿令狐整，以其人望，恐失眾心，雖外相敬，內甚忌之。整陽為⓫親附，因使人說保曰：「今東軍⓬漸逼涼州，彼勢孤危，恐不能敵，宜急分精銳以救之。然成敗在於將領，令狐延保，兼資文武，使將兵以往，蔑不濟矣⓭！」保從之。整行及玉門⓮，召豪傑述保罪狀，馳還襲之。先克晉昌，斬呂興，進擊瓜州，州人素信服整，皆棄保來降。保奔吐谷渾。眾議推整為刺史，整曰：「吾屬以張保逆亂，恐闔州之人俱陷不義，故相與討誅之。今復見推，是效尤[15]也。」乃推魏所遣使波斯[16]者張道義行州事，具以狀聞。丞相泰以申徽為瓜州刺史。召整為壽昌太守，封襄武男。整帥宗族鄉里三千餘人入朝，從泰征討，累遷驃騎大將軍、開府儀同三司，加侍中。

六月庚子[17]，東魏以司徒侯景為河南大將軍、大行臺。

秋，七月壬寅[18]，東魏遣散騎常侍元廓[19]來聘。○甲子[20]，詔：「犯罪非大逆，父母、祖父母不坐。」

先是，江東唯建康及三吳、荊、郢、江、湘、梁、益[21]用錢，其餘州郡雜以穀帛，交、廣[22]專以金銀為貨[23]。上自鑄五銖[24]及女錢[25]，二品並行，禁諸古錢。普通中[26]，更鑄鐵錢。由是民私鑄者多，物價騰踊[27]，交易者至以車載錢，不復計數。又自破嶺[28]以東，八十為百，名曰「東錢」；江、郢以上[29]，七十為百，名曰「西錢」；建康以九十為百，名曰「長錢」。丙寅[30]，詔曰：「朝四暮三，眾狙皆喜[31]，名實未虧而喜怒為用。頃聞外間多用九陌錢[32]，陌減則物貴，陌足則物賤，非物有貴賤，乃心有顛倒。至於遠方，日更滋甚，徒亂王制，無益民財。自今可通用足陌錢。令書行後，百日為期，若猶有犯，男子謫運[33]，女子質作[34]，並同三年。」詔下而人不從，錢陌益少，至於季年[35]，遂以三十五為百云。

上年高，諸子心不相下[36]，互相猜忌[1]，邵陵王綸[37]為丹楊尹，湘東王繹[38]在江州，武陵王紀[39]在益州，皆權侔人主，太子綱[40]惡之，常選精兵以衛東宮。八月，以綸為南徐州刺史。

東魏丞相歡如鄴[41]。高澄遷洛陽石經[42]五十二碑於鄴。

魏徙并州刺史王思政為荊州刺史，使之舉諸將可代鎮玉壁者。思政舉晉州刺史韋孝寬[43]，丞相泰從之。東魏丞相歡悉舉山東之眾，將伐魏。癸巳[44]，自鄴會兵於晉陽。九月，至玉壁，圍之。以挑西師，西師不出。

李賁復帥眾二萬自獠中出，屯典澈湖[45]，大造船艦，充塞湖中。眾軍憚之，頓湖口，不敢進。陳霸先謂諸將曰：「我師已老[46]，將士疲勞，且孤軍無援，入人心腹，若一戰不捷，豈望生全？今藉其屢奔，人情未固，夷、獠烏合，易為摧殄。正當共出百死，決力取之，無故停留，時事去矣！」諸將皆默然莫應。是夜，江水暴起七丈，注湖中。霸先勒所部兵乘流先進，眾軍鼓譟俱前，賁眾大潰，竄入屈獠洞中。

冬，十月乙亥[47]，以前東揚州刺史岳陽王詧為雍州刺史。上捨詧兄弟而立太子綱，內常愧之，寵亞諸子[48]。以會稽人物殷阜，故用詧兄弟迭為[49]東揚州以慰其心。詧兄弟亦內懷不平。詧以上衰老，朝多秕政[50]，遂蓄聚貨財，折節下士，招募勇敢，左右至數千人。以襄陽形勝之地，梁業所基[51]，遇亂可以圖大功。乃克己為政，撫循士民，數施恩惠，延納規諫，所部稱治。

東魏丞相歡攻玉壁，晝夜不息，魏韋孝寬隨機拒之。城中無水，汲於汾[52]，歡使移汾，一夕而畢。歡於城南起土山，欲乘之以入。城上先有二樓，孝寬縛木接之[53]，令常高於土山以禦之。歡使告之曰：「雖爾縛樓至天，我當穿地取爾。」乃鑿地為十道，又用術士李業興孤虛法[54]，聚攻其北，北，天險也。孝寬掘長塹，邀其地道，選戰士屯塹上，每穿至塹[55]，戰士輒禽殺之。又於塹外積柴貯火，敵有在地道內者，塞柴投火，以皮排[56]吹之，一鼓皆焦爛[57]。敵以攻車[58]撞城，車之所及，莫不摧毀，無能禦者。孝寬縫布為幔，隨其所向張之，布既懸空，車不能壞。敵又縛松、麻於竿，灌油加火以燒布，并欲焚樓。孝寬作長鉤，利其刃[59]，火竿將至，以鉤遙割之，松、麻俱落。敵又於城四面穿地為二十道，其中施梁柱，縱火燒之，柱折，城崩。孝寬隨〔2〕崩處豎木柵以扞之，敵不得入。城外盡攻擊之術，而城中守禦有餘。孝寬又奪據其土山。歡無如之何，乃使倉曹參軍祖珽[60]說之曰：「君獨守孤城而西方無救，恐終不能全，何不降也？」孝寬報曰：「我城池嚴固，兵食有餘。攻者自勞，守者常逸，豈有旬朔[61]之間已須救援？適憂爾眾有不返之危。孝寬關西男子，必不為降將軍也！」珽復謂城中人曰：「韋城主受彼榮祿[62]，或復可爾，自外軍民，何事相隨入湯火中？」乃射募格[63]於城中云：「能斬城主降者，拜太尉，封開國郡公，賞帛萬匹。」孝寬手題書背[64]，返射城外云：「能斬高歡者準此。」珽，瑩[65]之子也。東魏苦攻凡五十日，士卒戰及病死者共七萬人，共為一冢。歡智力皆困，因而發疾。有星墜歡營中，士卒驚懼。十一月庚子[66]，解圍去。

先是，歡別使侯景將兵趣齊子嶺[67]，魏建州刺史楊檦鎮車廂[68]，恐其寇邵郡，帥騎禦之。景聞檦至，斫木斷路六十餘里，猶驚而不安，遂還河陽。

庚戌[69]，歡使段韶從太原公洋鎮鄴。辛亥[70]，徵世子澄會晉陽。

魏以韋孝寬為驃騎大將軍、開府儀同三司，進爵建忠公。時人以王思政為知人。

十一月[3]己卯，歡以無功，表解都督中外諸軍，東魏主許之。

歡之自玉壁歸也，軍中訛言韋孝寬以定功弩[71]射殺丞相，魏人聞之，因下令曰：「勁弩一發，凶身自隕。」歡聞之，勉坐[72]見諸貴，使斛律金作敕勒歌[73]，歡自和之，哀慼流涕。

魏大行臺度支尚書、司農卿蘇綽，性忠儉，常以喪亂未平為己任，薦賢拔能〔4〕，紀綱庶政(74)，丞相泰推心任之，人莫能間。或出遊，常預署(75)空紙以授綽，有須處分，隨事施行，及還，啟知而已。綽常謂為國之道，當愛人如慈父，訓人如嚴師。每與公卿論議，自晝達夜，事無巨細，若指諸掌，積勞成疾而卒。泰深痛惜之，謂公卿曰：「蘇尚書平生廉讓，吾欲全其素志(76)，恐悠悠之徒(77)有所未達；如厚加贈諡，又乖宿昔相知之心；何為而可？」尚書令史(78)麻瑤越次(79)進曰：「儉約，所以彰其美也。」泰從之。歸葬武功，載以布車(80)一乘，泰與羣公步送出同州(81)郭外。泰於車後酹酒(82)言曰：「尚書平生為事，妻子、兄弟所不知者，吾皆知之。唯爾知吾心，吾知爾志，方欲〔5〕共定天下，遽捨吾去，奈何！」因舉聲慟哭，不覺卮落於手。

東魏司徒、河南大將軍、大行臺侯景，右足偏短，弓馬非其長，而多謀筭。諸將高敖曹、彭樂等皆勇冠一時，景常輕之，曰：「此屬皆如豕突(83)，勢何所至？」景嘗言於丞相歡：「願得兵三萬，橫行天下，要須濟江縛取蕭衍老公，以為太平寺主(84)。」歡使將兵十萬，專制河南，杖任(85)若己之半體。

景素輕高澄，嘗謂司馬子如曰：「高王在，吾不敢有異；王沒，吾不能與鮮卑小兒共事。」子如掩其口。及歡疾篤，澄詐為歡書以召景。先是，景與歡約曰：「今握兵在遠，人易為詐，所賜書背[6]請加微點。」歡從之。景得書無點，辭不至。又聞歡疾篤，用其行臺郎潁川王偉[86]計，遂擁兵自固。

歡謂澄曰：「我雖病，汝面更有餘憂，何也？」澄未及對，歡曰：「豈非憂侯景叛邪？」對曰：「然。」歡曰：「景專制河南，十四年矣[87]，常有飛揚跋扈之志，顧我能畜養，非汝所能駕御也。今四方未定，勿遽發哀。庫狄干鮮卑老公，斛律金敕勒老公，並性遒直[88]，終不負汝。可朱渾道元、劉豐生，遠來投我，必無異心。潘相樂[89]本作道人[90]，心和厚，汝兄弟當得其力。韓軌少戇[91]，宜寬借[92]之。彭樂心腹難得[93]，宜防護之。堪敵侯景者，唯有慕容紹宗，我故不貴之，留以遺汝。」又曰：「段孝先[94]忠亮仁厚，智勇兼備，親戚[95]之中，唯有此子，軍旅大事，宜共籌之。」又曰：「邙山之戰，吾不用陳元康之言，留患遺汝，死不瞑目。」相樂，廣寧人也。

【章旨】以上為第三段，記述西元五四六年史事。本年東魏高歡率大軍西討，志在必得而兵挫於西魏邊將之手，憂勞羞愧成疾，囑託後事，走到了他的政治終點。南朝梁武帝年老昏耄，諸子不協，邊境未寧，物價飛漲，國勢日衰。

【注　釋】❶癸丑　正月十日。❷新昌　郡名，治所嘉寧城，在今越南越池縣。❸獠　對當地土著的稱呼，可能是對仡佬族的早期稱呼。❹江口　蘇歷江入海口。❺晉昌　郡名，治所冥安，在今甘肅安西縣東南。❻乙巳　三月三日。❼庚戌　三月八日。❽寺省　設在同泰寺中供梁武帝歇息的便殿。❾丙戌　四月十四日。❿改元　改「大同」為「中大同」，起西元五四六年，迄西元五四七年四月。⓫陽為　假裝作。⓬東軍　獨孤信所率從長安而來的西魏軍。⓭蔑不濟矣　沒有不成功的。⓮玉門　縣名，縣治在今甘肅玉門玉門鎮。⓯效尤　犯同樣錯誤。⓰波斯　古國名，在今伊朗高原，時值薩珊王朝時期。⓱庚子　六月二十九日。⓲壬寅　七月初一。⓳元廓　人名，與魏恭帝同名。⓴甲子　七月二十三日。㉑荊郢江湘梁益　皆州名，梁置。荊，荊州，治所江陵，在今湖北江陵。郢，郢州，治所夏口，在今湖北武昌。江，江州，治所湓城，在今江西九江市。湘，湘州，治所臨湘，在今湖南長沙。梁，梁州，治所南鄭，在今陝西南鄭。益，益州，治所成都，在今四川成都。㉒交廣　交州、廣州。交，交州治所交趾，在今越南河內。㉓為貨　作為貨幣。㉔五銖　梁五銖錢，兩面都有內外郭，上有「五銖」二字，一百枚重一斤二兩，銅質。㉕女錢　也叫公式女錢，是沒有外郭的五銖錢。㉖普通中　普通年間。普通，梁武帝年號（西元五二〇—五二七年）。㉗騰踊　飛漲。㉘破嶺　山名，在蘭陵，即今江蘇開陽東。破嶺以東，指建康以東以南徐州為主的地區。㉙江郢以上　江州、郢州在長江中游，以上指長江上游的荊、益等各州。㉚丙寅　七月二十五日。㉛朝四暮三　一句狙，獼猴。「朝四暮三」典出《莊子·齊物論》。說的是一養猴老翁決定早上每隻猴餵三粒橡子，晚上餵四粒。群猴十分不滿。當老翁將早晚餐數量對調後，群猴竟大喜。㉜九陌錢　指建康地區盛行的以九十當一百的「長錢」。陌，即一百文錢。㉝謫運　罰為轉運物資的役徒。㉞質作　以人為抵押而服勞役。㉟季年　末年。㊱心不相下　心中互不甘居他人之下。㊲邵陵王綸　蕭綸（西元五一九—五五一年），字世調，梁武帝第六子，爵邵陵王。曾官丹陽尹、揚州刺史、南徐州刺史，進位中衛將軍、開府儀同三司。侯景之亂，率軍討伐，兵敗。後為西魏軍所殺。傳見《梁書》卷二十九、《南史》卷五十三。㊳湘東王繹　梁武帝第七子蕭繹，爵湘東王，前已有注。㊴武陵王紀　蕭紀（西元五〇六—五五一年），字世詢，別字大智，梁武帝第八子。益州刺史、征西大將軍。侯景之亂時，紀不發兵救援京都，反而稱帝於蜀地，改年號為天正。梁元帝蕭繹派兵將他消滅，絕了蕭紀及其家人的族籍，並改姓為饕餮氏，以示懲戒。傳見《梁書》卷五十五、《南史》卷五十三。㊵太子綱　蕭綱，即梁簡文帝（西元五〇三—五五一年），字世纘，小字六通，梁武帝第三子。中大通三年（西元五三一年）立為太子。太清三年（西元五四九年）五月即位，受侯景轄制。在位僅二年，被侯景黨羽王偉殺害。事詳《梁書》卷四。㊶如鄴　高歡從晉陽到鄴都，史文不稱「朝鄴」，而作「如鄴」，是表示高歡的權勢已陵駕於孝靜帝之上，與孝靜帝的關係如同國與國之間的關係。㊷洛陽石經　刻於漢靈帝熹平四年（西元一七五年），所以又稱《熹平石經》。碑刻成於光和六年（西元一八三年），立於太學。今存殘石有字近萬。㊸晉州刺史韋孝寬　晉州時屬東魏，韋孝寬是遙領。㊹癸巳　八月二十三日。㊺典澈湖　湖名，通紅河，在新昌郡境。㊻我師已老　自去年夏五月出兵，至此已近一年半。拖延時久，士氣轉衰，所以稱「師老」。㊼乙亥　十月六日。㊽寵亞諸子　蕭詧是昭明太子的第三子，梁武帝的孫子。昭明太子去世，本應由蕭詧兄弟中的長子繼任，由於武帝改立蕭綱，所以心中有愧，對蕭詧兄弟寵愛有加，僅次於各位叔伯。㊾迭為　相繼擔任。㊿秕政　壞敗不良的政治。(51)梁業所基　梁武帝奪取天下的基礎。(52)汾　汾河。(53)縛木接之　樓上再綁上木料，以加高樓的高度。(54)孤虛法　古代人用天干、地支排列年月日時，用占卜推算日時的辦法。當時人以為甲乙稱為日，子丑稱作辰，日辰不全，事情就辦不成。《六甲孤虛法》指出，甲子旬中沒有戌亥，戌亥就是孤，而辰巳就是虛。甲戌旬中沒有申酉，申酉就是孤，寅卯就是虛。甲寅旬中沒有子丑，子丑就是孤，午未就是虛。凡經推算，能做到避孤擊虛，事情就能辦成。(55)每穿至塹　每當地道打穿到塹壕中。(56)皮排　用獸皮做成的鼓風器具。(57)一鼓皆焦爛　將火氣吹入地道中，地道中的敵方就被燒死或被煙熏而死。(58)攻車　高架的攻城樓車。(59)利其刃　磨利長鉤的鉤刃。(60)祖珽　字孝徵，范陽遒（今河北淶水縣）人。其人文才出眾而性疏率，仕北齊，歷官祕書監、海州刺史、侍中、北徐州刺史。傳見《北齊書》卷三十九、《北史》卷四十七。(61)旬朔　十天為旬，滿一月則改朔。這裡指十天到一個月左右時間。(62)受彼榮祿　接受宇文泰授予的官職和俸祿。(63)募格　懸賞韋孝寬人頭的告示。(64)書背　寫在懸賞文書的背面。(65)瑩　祖瑩。北魏護軍將軍，以文學才幹見重一時。傳見《魏書》卷八十二、《北史》卷四十七。(66)庚子　十一月一日。(67)齊子嶺　山名，在今河南濟源西。(68)車廂　城名，是西魏建州州治，在今山西絳縣東南。(69)庚戌　十一月十一日。(70)辛亥　十一月十二日。(71)定功弩　一種大型可以遠射的弩弓。(72)勉坐　勉強支撐病體坐著。(73)敕勒歌　敕勒部民歌。斛律金出生敕勒部，所以唱該部族人的歌。《古樂府》載有譯成漢語的歌詞：「敕勒川，陰山下，天似穹廬，籠罩四野，天蒼蒼，野茫茫，風吹草低見牛羊。」(74)紀綱庶政　有法度地處理政務。(75)預署　預先簽署姓名在空白公文紙上。(76)素志　以往堅持的志願。(77)悠悠之徒　庸俗的人。(78)尚書令史　官名，尚書省中的低級文吏，一般極少有機會在廷議中議事。(79)越次　超越位次。(80)布車　用布作帷子的車。(81)同州　州名，原作華州。西魏改，州治在今陝西大荔。(82)酹酒　以酒潑地，祭奠亡靈。(83)如豕突　像亂衝亂撞的豬。諷刺高敖曹、彭樂等人有勇無謀。(84)太平寺主　太平寺在東魏京都鄴城之中。侯景要把信佛的梁武帝擒來，放在太平寺中當個住持，說明他一直有奪取江南的想法。❽❺杖任　依仗和信任。❽❻王偉　侯景親信謀士。侯景敗亡，王偉被蕭繹烹殺。事見《梁書》卷五十六、《南史》卷八十。❽❼十四年矣　從東魏天平元年（西元五三四年）侯景奪取荊州算起，至此實十三年。胡三省以為高歡說此話或許是在第二年開春臨死之時，所以說「十四年」。❽❽遒直　耿直。❽❾潘相樂　人名，本名樂，字相貴，或作相樂。❾⓪道人　僧人的別稱。❾❶少戇　稍有些愚直。❾❷寬借　寬容。❾❸心腹難得　心中所想難以摸透。邙山之役中，彭樂放跑宇文泰，高歡一直對他不放心。❾❹段孝先　即段韶，字孝先，姑藏武威人。仕北齊，官至左丞相，封樂陵郡公。傳見《北齊書》卷十六、《北史》卷五十四。❾❺親戚　段韶是高歡婁皇后姐姐的兒子。

【校　記】①互相猜忌　原無此四字。據章鈺校，十二行本、乙十一行本、孔天胤本皆有此四字，張敦仁《通鑑刊本識誤》、張瑛《通鑑校勘記》同，今據補。②隨　原作「於」。據章鈺校，十二行本、乙十一行本、孔天胤本皆作「隨」，今據改。③十一月　乙十一行本作「十二月」，張敦仁《通鑑刊本識誤》同。按，《北史・神武帝紀下》、《北史・高祖神武帝紀》皆載此事於十一月己卯。④薦賢拔能　原無此四字。據章鈺校，十二行本、乙十一行本、孔天胤本皆有此四字，張敦仁《通鑑刊本識誤》同，今據補。⑤欲　原作「與」。據章鈺校，十二行本、乙十一行本、孔天胤本皆作「欲」，今從改。⑥背　原作「皆」。據章鈺校，十二行本作「背」，張敦仁《通鑑刊本識誤》同，云：「無注本亦作『皆』。」按，《北齊書・神武帝紀下》、《北史・高祖神武帝紀》皆作「背」，今據改。

【語　譯】中大同元年（丙寅　西元五四六年）

春，正月初十日癸丑，楊瞟等攻克嘉寧城，李賁逃奔到新昌獠族人中，楊瞟等各路兵馬停駐在江口。

二月，西魏任命義州刺史史寧為涼州刺史，前涼州刺史宇文仲和佔據州城不接受被替代，瓜州平民張保殺了瓜州刺史成慶響應宇文仲和，晉昌平民呂興殺了太守郭肆，佔領郡城響應張保。丞相宇文泰派遣太子太保獨孤信、開府儀同三司怡峯與史寧前往征討。

三月初三日乙巳，梁朝大赦天下。

三月初八日庚戌，梁武帝到同泰寺，就住在寺中便殿，講解《三慧經》。夏，四月十四日丙戌，結束講解，大赦天下，改年號為「中大同」。這一夜，同泰寺佛塔發生火災，梁武帝說：「這是妖魔作怪，應當大做法事。」

百官群臣都贊同。於是下詔書說：「道法雖高，但妖魔昌盛，行善遇到了障礙，應當大興土木，佛塔建得比先前高大一倍。」於是興建十二層佛塔，將要建成，遇到侯景叛亂就停止了。

西魏史寧通告涼州吏民，大多歸順了朝廷，只有宇文仲和佔據州城不投降。五月，獨孤信派眾將在夜裡攻打州城的東北部，親自率領精壯的士兵偷襲州城的西南部。天亮時分，攻下了州城，於是活捉了宇文仲和。

當初，張保想殺掉瓜州主簿令狐整，因令狐整聲望很高，擔心失掉民心，雖然表面敬重令狐整，而內心非常忌恨他。令狐整佯裝親附，就指派人勸說張保，說：「如今東方的大軍逐漸逼近涼州，涼州形勢孤立危險，恐怕難以抵擋，應趕緊分出精兵去救援他，然而成敗在於帶兵的將領，令狐延保，文武雙全，派他帶兵去救，沒有不成功的。」張保聽從了。令狐整前進到玉門，召集地方豪傑數落張保的罪狀，迅速回軍襲擊張保，首先攻克了晉昌，殺了呂興，進而攻打瓜州，瓜州人一向信服令狐整，都叛離張保歸降令狐整。張保逃奔吐谷渾。大家商議推舉令狐整為瓜州刺史，令狐整說：「我們因為張保叛亂，憂慮全州的人都陷於不義，所以相互聯合起來討伐他。如今又推舉我當刺史，這是效法張保的錯誤。」於是推舉西魏派遣出使波斯的張道義代行涼州政事，並原原本本地把這件事上報朝廷，丞相宇文泰任命申徽為瓜州刺史，召見令狐整改任壽昌太守，封為襄武男。令狐整率領宗族鄉里三千多人進京朝拜，追隨宇文泰征討，積累功勞升遷驃騎大將軍、開府儀同三司，加官侍中。

六月二十九日庚子，東魏任命司徒侯景為河南大將軍、大行臺。

秋，七月初一日壬寅，東魏派遣散騎常侍元廓出使梁朝。○二十三日甲子，梁武帝下詔：「不是犯大逆不道之罪的罪犯，父母、祖父母不受株連。」

在此之前，梁朝只有京城建康，以及三吳、荊州、郢州、江州、湘州、梁州、益州使用銅錢，其他各州郡夾雜用穀物布帛交易。交州、廣州專用金、銀為貨幣。梁武帝自己鑄造了五銖錢和女錢，兩種銅錢同時使用，禁止使用各種古錢，普通年間，改鑄鐵錢。從此，民間私自鑄錢的多了起來，物價飛漲，交易的人往往用車載錢，不再細數錢的多少。此外，從破嶺以東地區，八十文為一百，名叫「東錢」；江州、郢州以上，七十文為一百，名叫「西錢」，建康地區九十文為一百，名叫「長錢」。七月二十五日丙寅，梁武帝下詔說：「朝四暮三，眾獼猴都高興，實際沒有增減，產生的喜怒卻不一樣。近來聽說市場上多使用九陌錢，陌錢分量不夠物價就貴，陌錢分量足物價就賤，不是物價有貴賤，而是人們心理上有錯覺。至於邊遠地區，情況日益嚴重，這只能擾亂國家的制度，不能增加老百姓的財富。從今日開始，可通用分量足的陌錢。命令頒行以後，以一百天為期限，如果還有犯禁的，男子判罰為轉運工，女人以身抵押做苦工，刑期都是三年。」詔書頒行以後，人們並不遵行，陌錢一天天減少，直到末年，甚至以三十五文為一百錢。

梁武帝年事已高，幾個兒子互不服氣，互相猜忌，邵陵王蕭綸為丹楊尹，湘東王蕭繹任職江州，武陵王蕭紀任職益州，權勢皆與皇上相等，太子蕭綱忌恨他們，經常挑選精兵守衛東宮。八月，任命蕭綸為南徐州刺史。

東魏丞相高歡前往鄴城。高澄把洛陽《石經》共五十二碑遷移到鄴城。

西魏調并州刺史王思政任荊州刺史，讓王思政推薦一個可以代替他鎮守玉壁城的將領。王思政推薦晉州刺史韋孝寬，丞相宇文泰採納了。東魏丞相高歡調動東魏的全部兵力，將要討伐西魏。八月二十三日癸巳，高歡從鄴城出發到晉陽會合眾軍。九月，東魏兵到達玉壁，包圍了玉壁城，以便挑戰西魏軍，西魏軍沒有出戰。

李賁再次率領徒眾二萬人從獠族人居住區出發，駐紮在典澈湖，大造戰船，布滿湖面。梁朝的各支軍隊畏懼李賁，屯駐在湖口，不敢前進。陳霸先對諸將說：「我軍士氣低落，將士疲勞，並且孤軍無援，進入了敵人的心腹地區，如果交戰失敗，怎能指望活著回去？現今趁著敵人多次敗逃，軍心不穩，夷人、獠人拼湊起來的烏合之眾，容易被摧毀消滅。大家正應當同心協力，以決死之心奮力打敗他們，無故停留，取勝的機會就要丟失！」各位將領都沉默沒有人回應。當天夜裡，江水暴漲七丈，注入湖中。陳霸先指揮自己所領的部眾趁著水勢率先進兵，眾軍也擊鼓吶喊一起向前，李賁的徒眾徹底潰敗，逃竄到屈獠洞中。

冬，十月初六日乙亥，梁朝任命前東揚州刺史岳陽王蕭詧為雍州刺史。梁武帝捨棄蕭詧兄弟而立蕭綱為太子，內心常常慚愧，對蕭詧兄弟的寵愛僅僅次於自己的幾個皇子。因為會稽地區戶口多物產豐，所以任用蕭詧兄弟輪流做東揚州刺史，用以慰撫蕭詧兄弟的心。蕭詧兄弟也心懷不滿。蕭詧因皇上年老，朝政失誤良多，於是蓄積錢財，禮賢下士，招募豪俠，身邊達到了幾千人。蕭詧因襄陽地勢險要，是梁朝帝業的根基，遇到亂世可以謀求重大功業，於是克制自己欲望，兢兢業業處理政事，安撫士大夫和百姓，多次普施恩惠，聽取屬下的勸諫，所轄地區治理得很好。

東魏丞相高歡圍攻玉壁城，晝夜不停，西魏韋孝寬隨機應變，抵抗敵人。玉壁城中無水，從汾河取水，高歡派人改變汾河水道，一夜完成。高歡又在城南壘起土山，想從土山上攻入城中。玉壁城牆上先有兩座高樓，韋孝寬在高樓上綁接木頭，讓它總是高於東魏兵壘起的土山，用以抵抗東魏兵。高歡派人對韋孝寬說：「即使你把木樓接到天上，我會穿地道捉拿你。」於是穿了十處地道，又用術士李業興的孤虛法，集中軍隊進攻城北。城北是天然險阻。韋孝寬挖深壕溝，截擊高歡挖地道的，挑選戰士守在壕溝裡，每當東魏兵挖地道到了壕溝時，戰士就抓獲殺死他。又在壕溝外堆積柴火，東魏兵停留在地道內的，守壕戰士就向地道口塞進柴草投入火種，用皮排鼓風，一經皮排鼓風，地道裡的東魏兵就被燒焦燒爛。東魏兵又用攻城衝車撞城牆，衝車所到之處沒有不摧毀的，對它沒有能夠阻擋的武器。韋孝寬縫布製成帳幔，迎著衝車的撞擊點張開，布帳懸空，衝車沒法撞壞它。東魏兵在長竹竿上綁上松枝、麻毛，再澆上油，點燃後用來燒帳幔，並想燒毀城牆上的高樓。韋孝寬製作長鉤，使刀刃非常鋒利，敵人的火燃竹竿剛要接觸帳幔，就用長鉤遠遠地割斷火頭，松枝、麻毛都散落。東魏兵又在城牆四周穿地道二十條，地道中加上支撐的木柱，放火燒木柱，柱斷城崩。韋孝寬沿著城牆倒塌的地方豎立木柵來護衛城牆，敵人還是進不了城。城外敵人想盡了攻城辦法，而城中守衛的方法有餘。韋孝寬還攻佔了東魏兵在城外壘起的土山。高歡一點辦法也沒有，就派倉曹參軍祖珽勸降韋孝寬說：「你獨力防守一座孤城，西邊沒有救兵，恐怕終究不能保全，為什麼不投降？」韋孝寬回覆說：「我這座城堅固嚴實，兵員和糧食都充足有餘。進攻的人自己勞苦，防守的人常常逸樂，哪有十天一月之間就要救兵呢？我正擔心你們有來而不回的危險，我韋孝寬，是關西堂堂男子漢，絕不會做投降的將軍！」祖珽又對城中人說：「韋將軍接受宇文泰的官爵和俸祿，他或許能不投降，自他以外的軍民，何苦跟隨他赴湯蹈火呢？」於是把一道懸賞捉拿韋孝寬的告示射入城中，說：「能夠斬殺韋孝寬來投降的，拜太尉，封開國郡公，賞帛萬匹。」韋孝寬親手在懸賞告示的背面寫上：「能斬高歡的人照此辦理。」用箭射回城外。祖珽，是祖瑩的兒子。東魏苦攻了五十天，士兵戰死和病死的共七萬人，都埋在一個墳墓裡。高歡精疲力竭，因而生病。有流星墜落在高歡營帳中，士兵們又驚又怕。十一月初一日庚子，高歡解圍退兵。

此前，高歡另派侯景領兵奔赴齊子嶺，西魏建州刺史楊檦鎮守車廂城，憂慮東魏兵侵掠邵郡，率領騎兵去抵禦他們，侯景得知楊檦到來，砍伐樹木阻斷道路六十餘里，仍然驚慌不安，於是退還河陽。

十一月十一日庚戌，高歡派段韶隨從太原公高洋鎮守鄴城。十二日辛亥，高歡徵召世子高澄到晉陽會合。西魏任命韋孝寬為驃騎大將軍、開府儀同三司，進爵建忠公。當時的人都稱讚王思政慧眼識人才。

十一月己卯日，高歡因為出征無功，上表請求解除都督中外諸軍事，東魏孝靜帝同意了。

高歡從玉壁城撤回的時候，軍中傳言韋孝寬用定功弩射死了丞相高歡，西魏人聽到後，就發布命令說：「勁弩一發，兇人自斃。」高歡聽到這話，勉力坐起召見權貴，讓斛律金作〈敕勒歌〉，高歡親自應和，禁不住悲哀流淚。

西魏大行臺度支尚書、司農卿蘇綽，生性忠厚儉樸，常常把治平天下禍亂視為自己的責任，推薦和選拔賢能的人才，依法處理各種政務，丞相宇文泰推心置腹信任他，沒人能夠挑撥離間。宇文泰有時出遊，經常預先在空白紙上簽署名字交給蘇綽，有事需要處理，就根據情況隨時辦理，到宇文泰回來，讓他知道就可以了。蘇綽經常說治國之道，應當像慈父那樣去愛護百姓，像嚴師那樣去訓導百姓。每當與公卿商議政事，從白天到夜晚，事無巨細，瞭如指掌，積勞成疾去世。宇文泰深深悲痛和惋惜，對公卿們說：「蘇綽尚書一生廉潔謙讓，我想成全他一向的意願，恐怕平庸的人不理解；如果優厚地加高官美諡，又違背以前我和他相知的情意，該怎麼辦才好呢？」尚書令史麻瑤越過班次上前說：「喪事節儉而簡約，是彰顯他美德的最好方式。」宇文泰接受了這個建議。用布車一輛運載蘇綽的遺體，送回老家武功安葬，宇文泰與公卿大臣步行護送蘇綽遺體到同州外城。宇文泰在喪車後面灑酒說：「蘇綽尚書生平辦事，他的夫人、兒子、兄弟所不知道的，我都知道。只有你蘇綽理解我的心意，我宇文泰瞭解你的志向。我正要與你共同平定天下，你突然捨我而去，怎麼辦啊！」於是放聲痛哭，不知不覺酒杯掉在了地上。

東魏司徒、河南大將軍、大行臺侯景，右腳偏短，騎馬射箭不是他的長處，但足智多謀。眾將中高敖曹、彭樂等勇猛當時無比，侯景常常看不起他們，說：「這些人就像野豬亂撞亂衝，能有多大能耐呢？」侯景曾經對丞相高歡說：「我希望領兵三萬，橫行天下，一定能渡過長江把蕭衍那老頭子捆綁過來做太平寺的寺主。」高歡讓他領兵十萬，全權管理黃河以南，依仗和信任他，好像是自己的半個身體。

侯景一向看不起高澄，曾經對司馬子如說：「高王在，我不敢有二心；高王去世，我不能和一個鮮卑小兒共事。」司馬子如蒙住他的口。等到高歡病重，高澄偽造高歡的書信宣召侯景。此前，侯景與高歡相約，說：「現今我掌領兵權在遠方，人們容易造假，大王給我寫書信，都請在信的背面加小點。」高歡聽從了。侯景收到書信，沒有看到黑點，便推託不來。又聽說高歡病情嚴重，就用行臺郎潁川人王偉的計謀，於是加強對軍隊的控制，用以鞏固自己的地位。

高歡對高澄說：「我雖病重，你的臉上更有憂色，為什麼呢？」高澄還沒有來得及回答，高歡說：「莫不是憂慮侯景造反嗎？」高澄回答說：「是的。」高歡說：「侯景全權管理河南十四年了，時常懷有飛揚跋扈的野心，不過我還能控制他，不是你能駕御的。如今天下沒有安定，我死了不要急忙發喪。庫狄干是鮮卑的老人，斛律金是敕勒的老人，都生性耿直，始終不會辜負你。可朱渾道元、劉豐生，從邊遠地區來投靠我，一定沒有二心。潘相樂原本是個道人，心地善良忠厚，你們兄弟會得到他的助力。韓軌有些木訥愚直，對他應當寬容厚道。彭樂的心機很難猜測，應當提防他。能夠匹敵侯景的人，只有慕容紹宗，我故意不尊貴他，留著送給你。」高歡接著說：「段孝先忠厚仁慈，智勇雙全，親戚當中，只有他這個人，軍機大事，應當和他共同籌劃。」又說：「邙山之戰，我沒有聽從陳元康的話，把禍患留給了你，死不瞑目。」潘相樂是廣寧人。

【研 析】本卷較集中敘述了兩件事，其一是南朝梁武帝老來昏庸，佞於佛教，以個人生活儉約為由，拒諫飾非，喪失了一個最高統治者應有的警覺。司馬溫公對此已作了深入的評析。同時梁武帝讓子孫在各地長時期擔任一個地區的軍政長官，且因在繼承人的問題上未妥善處置，子孫之間已矛盾重重，留下了動亂的因素。其二是西魏通過修築城堡，強化對今中條山以南地區當時稱為河東的軍事控制，對東魏政治、軍事重心所在的晉陽地區構成嚴重威脅，東魏執政高歡傾全力進攻玉壁城，韋孝寬率部堅守，多方應對，終於讓高歡鎩羽而歸，高歡試圖消滅西魏的企圖徹底破產。一世梟雄，暮年惆悵，在滄桑悲涼的〈敕勒歌〉中回想早年草原的快活時光，並開始安排身後之事，而繼承人高澄對是否能駕御高歡縱容已久的「勳貴」心存疑慮。下面就本卷涉及的兩個問題加以重點分析。

其一，東、西魏拉攏柔然的外交努力

據史載，柔然始祖原是鮮卑拓跋部早期首領拓跋力微手下的一個逃亡奴隸，名叫木骨閭，他逃至草原，糾合上百個與之類似的逃亡者，漸成部落，稱為柔然，其後代以其名為姓氏，音變譯作「郁久閭」。約當北魏統治中原之初，柔然已經控制了大漠以北的草原，統治上百萬分散的敕勒族人，政治影響力及於今日天山南、北及東北地區，長期與北魏政權敵對。太武帝拓跋燾曾置北鎮予以防禦，因其文化上落後，比之為無知的蟲子，改其名作「蠕蠕」，柔然人入中原者，又往往改其字作「茹茹」。

北魏末動亂，柔然趁機進佔原北鎮地區，東、西魏對峙，為遏止對方，均引以為強援，先是因地理方便，高歡結好柔然，全力進攻西魏。西魏執政者宇文泰急於解散東魏與柔然的和好關係，逼迫西魏皇帝元寶炬迎娶柔然可汗阿那瓌之女為皇后，原皇后乙弗氏十六歲嫁給元寶炬，至其三十一歲死時，竟生產過十二個兒女，只是大多夭折。乙弗皇后與元寶炬感情甚篤，但迫於國家需要，出宮為尼。元寶炬對乙弗氏念念不忘，暗中要乙弗氏蓄髮，「有追還之意」，引起新皇后郁久閭氏的不快。柔然曾一度大軍臨邊，傳言說是為了給郁久閭氏撐腰而來。乙弗氏被迫自殺，被謚為「悼后」，意為「可憐的皇后」。這些事兒《通鑑》上卷有所反映。但一年後，年少的郁久閭皇后難產而死，這又給高歡提供了機會，東魏方面大肆宣傳，稱西魏方面害死了郁久閻皇后，並遣使要求與柔然「和親」。如本卷所記，高歡原本打算為自己的兒子高澄求娶阿那瓌的小女兒，但阿那瓌要求將只有十三歲的小女嫁與年已五十的渤海王高歡。出於國家大計，高歡原配婁氏只好搬出渤海王宮。阿那瓌遣弟禿突佳前往送親，並強調須看到女兒生出兒子才許返回。「公主性嚴毅，終身不肯華言。歡嘗病，不得往，禿突佳怨恚，歡輿疾就之。」柔然因此支持東魏，並有進攻企圖，西魏都城長安都不得不開挖壕塹，以防備其騎兵入城橫衝直撞。深感危機的宇文泰，只得重新在草原上尋找可以牽制柔然的力量，遂「遣酒泉胡安諾槃陀始通使於突厥」，世代受到柔然奴役的突厥人大喜，稱「大國使者至，吾國其將興矣。」

於是我們看到，中原政治分裂，使草原的勢力強烈影響中原政治過程，同時也會影響草原部族的興亡。後面我們還會讀到，這種局面隨著柔然之後突厥的興起，更為嚴重。

其二，西魏文體改革的時代背景與結果

卷中記有宇文泰改革時弊所實行的一項措施，說：「晉氏以來，文章競為浮華，魏丞相泰欲革其弊……泰命大行臺度支尚書、領著作蘇綽作〈大誥〉，宣示群臣，戒以政事，仍命『自今文章皆依此體。』」

漢代還沒有我們今天的「文學」概念，往往按其形式與內涵分稱之為詩、賦、贊、誦等。至漢末魏初，經學衰落，曹操、曹丕、曹植等用民間流行的五字一句、甚至七字一句的民歌形式，撰寫了不少傳誦至今的詩歌，抒發其現實感受與內心情懷，其政治的影響力與新詩體的衝擊力，使之成為中國文學史上津津樂道的「建安文學」。尤其是曹丕，公開宣稱「文章」並非上不得檯面的雕蟲小技，乃「經國之大業，不朽之盛事。」文章也不再是漢賦那樣，為政治的附庸，開始用來表達個體人生的訴求。魏晉以後，五言詩成為文人們創作的主要形式，並且因為漢字音韻學的興起，這種詩歌在南朝宋齊時期形式上開始格律化，即五言八句中，第三、四句與第五、六句必須對仗，同時不能自然押韻，必須按規定的韻腳寫詩，而且詩歌裡面要用上大量典故，才顯得有深度與水平。不僅詩歌，文章也普遍講求駢偶、用典、押韻，駢體文大行其道，為了形式的需要，一句話往往分成二句說，而簡單的意思也要用典故來表達，搞得文化修養不高的人讀起來如墜雲霧。至於內容，與現實生活無直接聯繫的玄理、自然山水都相繼成為主題，到了梁朝，「宮體」流行，女性、女性用品成了歌誦的主要內容，因而不免具有情色的味道。由於儒學不興，門閥士族子弟按門第高下任官，文學成為士大夫表現身分與高雅的主要形式之一。

孝文帝遷洛漢化，推行門閥制度，同時也為南方高雅的文化所吸引，對文學著力推動。到北魏末，南方那種形式精美、內容空洞的「浮華」的文學形式已在北方大行其道，能寫駢體文才稱得上「大才士」，確也出現了溫子昇這樣讓南方文人也讚賞的才士。仍按漢代傳統研究儒家經典、一字一句疏通講解的學者，已被斥責為不入流，甚至有儒者放棄多年所學，努力寫作駢體文以求被重視。

這就是宇文泰要求改革文風的時代背景，同時這一改革也服務於宇文泰、蘇綽用儒學倫理重新整合社會的政治主張。只是他們並沒能像後來韓愈、柳宗元推行「古文運動」那樣，創作出一種新的、內容與形式契合的文體，以影響潮流，而是逆潮流而動，用華夏最為古老、韓愈這樣的大學者都認為「佶屈聱牙」的《尚書》文體，作為推廣的範本，行用於文化原本落後的關隴地區，這顯然是行不通的。我們確實找不到幾篇西魏北周時代的「大誥」體文章。倒是南方的文學風氣在北方愈演愈烈，及於唐代，開科舉士，詩、賦為主，駢儷之風愈烈。

不過，宇文泰、蘇綽唐吉訶德似的努力並非沒有意義，這預示著南方高高在上的社會精英們所創造的代表本階層的精英文化，並不適合統合社會各階層的現實需要，在時機成熟時，政治力量還會倡導、推動主流文化的重新塑造。

# 卷第一百六十

## 梁紀十六 彊圉單閼（丁卯 西元五四七年），一年。

【題解】本卷載西元五四七年一年史事。時當梁武帝太清元年，西魏文帝大統十三年，東魏孝靜帝武定五年。本年著重記述東魏丞相高歡去世，侯景反叛東魏引發的事變。侯景既臣於西魏，又效順於梁朝，連結兩國以自保。東魏伐叛，西魏、梁朝救援，加上叛軍侯景，共四方爭戰於河南。

### 高祖武皇帝十六

太清元年（丁卯 西元五四七年）

春，正月朔❶，日有食之，不盡如鉤。

壬寅❷，荊州刺史廬陵威王續❸卒。以湘東王繹為都督荊•雍等九州諸軍事、荊州刺史。續素貪婪，臨終有啓，遣中錄事參軍❹謝宣融獻金銀器千餘件，上方知其富，因問宣融曰：「王之金盡此乎？」宣融曰：「此之謂多，安可加也？大王之過如日月之食，欲令陛下知之，故終而不隱。」上意乃解。

初，湘東王繹為荊州刺史，有微過❺，續代之，以狀聞，自此二王不通書問。繹聞其死，入閤❻而躍，屧為之破❼。

丙午❽，東魏勃海獻武❾王歡卒。歡性深密❿，終日儼然，人不能測，機權之際⓫，變化若神。制馭軍旅，法令嚴肅。聽斷明察，不可欺犯。擢人受任⓬，在於得才，苟其所堪，無問廝養⓭；有虛聲無實者，皆不任用。雅尚儉素，刀劍鞍勒無金玉之飾。少能劇飲，自當大任，不過三爵⓮。知人好士，全護勳舊⓯。每獲敵國盡節之臣，多不之罪⓰。由是文武樂為之用。世子澄祕不發喪，唯行臺左丞陳元康知之。

侯景自念己與高氏有隙，內不自安。辛亥⓱，據河南叛，歸于魏，潁州刺史司馬世雲⓲以城應之，景誘執豫州刺史高元成⓳、襄州刺史李密⓴、廣州刺史懷朔暴顯㉑等。遣軍士二百人載仗暮入西兗州，欲襲取之，刺史邢子才覺之，掩捕，盡獲之，因散檄㉒東方諸州，各為之備，由是景不能取。

諸將皆以為[1]景之叛由崔暹㉓，澄不得已，欲殺暹以謝景。陳元康諫曰：「今雖四海未清，綱紀已定。若以數將在外，苟悅其心，枉殺無辜，虧廢刑典，豈直上負天神，何以下安黎庶？晁錯前事㉔，願公慎之。」澄乃止。遣司空韓軌督諸軍討景。

辛酉㉕，上祀南郊，大赦。甲子㉖，祀明堂。

二月[2]，魏詔：「自今應宮刑者，直㉗沒官，勿刑。」

魏以開府儀同三司若干惠為司空，侯景為太傅、河南大[3]行臺、上谷公。

庚辰㉘，景又遣其行臺郎中丁和來，上表言：「臣與高澄有隙，請舉函谷以東，瑕丘㉙以西，豫、廣、潁[4]、荊、襄、兗、南兗、濟、東豫、洛、陽、北荊、北揚等十三州內附，惟青、徐數州，僅須折簡㉚。且黃河以南，皆臣所職，易同反掌。若齊、宋㉛一平，徐事燕、趙。」上召羣臣廷議。尚書僕射謝舉等皆曰：「頃歲與魏通和，邊境無事，今納其叛臣，竊謂非宜。」上曰：「雖然，得景則塞北可清，機會難得，豈宜膠柱㉜？」

是歲，正月乙卯㉝，上夢中原牧守皆以[5]地來降，舉朝稱慶。旦，見中書舍人朱异，告之，且曰：「吾為人少夢，若有夢，必實。」异曰：「此乃宇內[6]混壹之兆也。」及丁和至，稱景定計以正月乙卯，上愈神之。然意猶未決，嘗獨言㉞：「我國家如金甌㉟，無一傷缺，今忽受景地，詎是事宜㊱？脫致紛紜㊲，悔之何及？」

朱异揣知上意，對曰：「聖明御宇，南北歸仰，正以事無機會，未達其心。今侯景分魏土之半以來，自非天誘其衷㊳，人贊其謀，何以至此？若拒而不內㊴，恐絕後來之望。此誠易見，願陛下無疑。」上乃定議納景。

壬午㊵，以景為大將軍，封河南王，都督河南・北諸軍事、大行臺，承制如鄧禹故事㊶。平西㊷諮議參軍㊸周弘正㊹善占侯㊺，前此謂人曰：「國家數年後當有兵起。」及聞納景，曰：「亂階在此矣！」

丁亥㊻，上耕藉田。

三月庚子㊼，上幸同泰寺，捨身如大通故事㊽。

甲辰㊾，遣司州刺史羊鴉仁㊿督兗州刺史桓和(51)、仁州(52)刺史湛海珍(53)等，將兵三萬趣懸瓠(54)，運糧食應接侯景。

魏大赦。

東魏高澄慮諸州有變，乃自出巡撫。留段韶守晉陽，委以軍事，以丞相功曹趙彥深為大行臺都官郎中。使陳元康豫作(55)丞相歡條教(56)數十紙付韶及彥深，在後以次行之。臨發，握彥深手泣曰：「以母、弟相託，幸明此心！」夏，四月壬申(57)，澄入朝于鄴。東魏主與之宴，澄起舞，識者知其不終(58)。

丙子[59]，羣臣奉贖[60]。丁亥[61]，上還宮，大赦，改元[62]，如大通故事。○甲午[63]，東魏遣兼散騎常侍李系[64]來聘。系，繪之弟也。五月丁酉朔[65]，東魏大赦。○戊戌[66]，東魏以襄城王旭[67]為太尉。

高澄遣武衛將軍元柱等將數萬眾晝夜兼行以襲侯景，遇景於潁川北，柱等大敗。景以羊鴉仁等軍猶未至，乃退保潁川。

甲辰[68]，東魏以開府儀同三司庫狄干為太師，錄尚書事孫騰為太傅，汾州刺史賀拔仁為太保，司徒高隆之錄尚書事，司空韓軌為司徒，青州刺史尉景為大司馬，領軍將軍可朱渾道元為司空，僕射高洋為尚書令、領中書監，徐州刺史慕容紹宗為尚書左僕射，高陽王斌為右僕射。戊午[69]，尉景卒。

韓軌等圍侯景於潁川。景懼，割東荊[70]、北兗州[71]、魯陽[72]、長社[73]四城賂魏以求救。尚書左僕射于謹曰：「景少習兵，姦詐難測，不如厚其爵位以觀其變，未可遣兵也。」荊州刺史王思政以為若不因機進取，後悔無及。即以荊州步騎萬餘從魯陽關向陽翟[74]。丞相泰聞之，加景大將軍兼尚書令，遣太尉李弼、儀同三司趙貴將兵一萬赴潁川。

景恐上責之，遣中兵參軍柳昕奉啓於上，以為：「王旅[75]未接，死亡交急，遂求援關中，自救目前。臣既不安於高氏，豈見容於宇文？但螫手解腕[76]，事不得已，本圖為國，願不賜咎。臣獲其力，不容即棄，今以四州之地為餌敵之資，已令宇文遣人入守。自豫州以東，齊海以西，悉臣控壓，見有之地，盡歸聖朝，懸瓠、項城[77]、徐州、南兗，事須迎納。願陛下速敕境上，各置重兵，與臣影響[78]，不使差互[79]。」上報之曰：「大夫出境，尚有所事[80]，況始創奇謀，將建大業，理須適事而行，隨方以應。卿誠心有本，何假詞費[81]？」

魏以開府儀同三司獨孤信為大司馬。

六月戊辰[82]，以鄱陽王範為征北將軍[83]，總督漢北[84]征討諸軍事，擊穰城[85]。

東魏韓軌等圍潁川，聞魏李弼、趙貴等將至，己巳[86][7]，引兵還鄴。侯景欲因會執弼與貴，奪其軍，貴疑之，不往。貴欲誘景入營而執之，弼止之[87]。羊鴉仁遣長史[88]鄧鴻將兵至汝水[89]，弼引兵還長安。王思政入據潁川。景陽稱略地[90]，引軍[8]出屯懸瓠。

景復乞兵於魏，丞相泰使同軌[91]防主[92]韋法保[93]及都督賀蘭願德[94]等將兵助之。大行臺左丞藍田王悅[95]言於泰曰：「侯景之於高歡，始敦鄉黨之情[96]，終定君臣之契[97]，任居上將，位重台司。今歡始死，景遽外叛，蓋所圖甚大，終不為人下故也。且彼既[9]能背德於高氏，豈肯盡節於朝廷？今益之以勢，援之以兵，竊恐朝廷[10]貽笑將來也。」泰乃召景入朝。

景陰謀叛魏，事計未成[98]，厚撫韋法保等，冀為己用，外示親密無猜間。每往來諸軍間，侍從至少，魏軍中名將，皆身自造詣。同軌防長史裴寬謂法保曰：「侯景狡詐，必不肯入關，欲託款[99]於公，恐未可信。若伏兵斬之，此亦一時之功也。如其不爾，即應深為之防，不得信其誑誘，自貽後悔。」法保深然之，不敢圖景，但自為備而已，尋辭還所鎮[100]。王思政亦覺其詐，密召賀蘭願德等還，分布諸軍，據景七州、十二鎮。景果辭不入朝，遺丞相泰書曰：「吾恥與高澄鴈行[101]，安能比肩[102]大弟[103]？」泰乃遣行臺郎中趙士憲悉召前後所遣諸軍援景者。景遂決意來降。魏將任約[104]以所部千餘人降於景。

泰以所授景使持節、太傅、大將軍、兼尚書令、河南大行臺、都督河南諸軍事回授王思政，思政並讓不受，頻使敦諭，唯受都督河南諸軍事。

高澄將如晉陽，以弟洋為京畿大都督，留守於鄴，使黃門侍郎高德政[105]佐之。德政，顥[106]之子也。丁丑[107]，澄還晉陽，始發喪。

秋，七月，魏長樂武烈公若干惠[108]卒。

丁酉[109]，東魏主為丞相歡舉哀，服緦縗[110]，凶禮[111]依漢霍光故事[112]，贈相國、齊王，備九錫殊禮。戊戌[113]，以高澄為使持節、大丞相、都督中外諸軍、錄尚書事、大行臺、勃海王，澄啓辭爵位[114]。壬寅[115]，詔太原公洋攝理軍國，遣中使[116]敦諭澄。

庚申[117]，羊鴉仁入懸瓠城。甲子[118]，詔更以懸瓠為豫州[119]，壽春為南豫州，改合肥為合州。以鴉仁為司、豫二州刺史，鎮懸瓠。西陽[120]太守羊思達[121]為殷州[122]刺史，鎮項城。

八月乙丑[123]，下詔大舉伐東魏。遣南豫州刺史貞陽侯淵明[124]、南兗州刺史南康王會理[125]分督諸將。淵明，懿[126]之子。會理，續之子[127]也。始，上欲以鄱陽王範為元帥，朱异取急[128]在外，聞之，遽入曰：「鄱陽雄豪蓋世，得人死力，然所至殘暴，非弔民[129]之材。且陛下昔登北顧亭以望，謂江右[130]有反氣，骨肉為戎首，今日之事，尤宜詳擇。」上默然，曰：「會理何如？」對曰：「陛下得之矣。」會理懦而無謀，所乘襻輿[131]，施版屋[132]，冠以牛皮[133]。上聞，不悅。貞陽侯淵明時鎮壽陽，屢請行，上許之。會理自以皇孫，復為都督，自淵明已下，殆不對接[134]。淵明與諸將密告朱异，追會理還，遂以淵明為都督。

辛未（135），高澄入朝于鄴，固辭大丞相，詔為大將軍如故，餘如前命。

甲申（136），虛葬（137）齊獻武王於漳水之西，潛鑿（138）成安（139）鼓山（140）石窟佛頂[11]之旁為穴，納其柩而塞之，殺其羣匠。及齊之亡也，一匠之子知之，發石取金而逃。

戊子（141），武州刺史蕭弄璋（142）攻東魏磧泉（143）、呂梁（144）二戍，拔之。

或告東魏大將軍澄云：「侯景有北歸之志。」會景將蔡道遵（145）北歸，言景頗知悔過。景母及妻子皆在鄴，澄乃以書諭之，語以闔門無恙，若還，許以豫州刺史終其身，還其寵妻、愛子，所部文武，更不追攝。景使王偉復書曰：「今已引二邦（146），揚旌北討，熊豹齊奮，克復中原，幸自取之，何勞恩賜？昔王陵附漢，母在不歸（147），太上囚楚，乞羹自若（148），矧（149）伊妻子，而可介意？脫謂（150）誅之有益，欲止不能，殺之無損，徒復阬戮，家累（151）在君，何關僕也？」

戊子（152），詔以景錄行臺尚書事。

【章旨】以上為第一段，寫東魏高歡去世，侯景反叛，西結援西魏，南連梁朝。東魏討叛，一至八月，以侯景為中心，東西兩魏及梁朝捲入，四方兵連禍結，爭逐河南。

【注釋】❶正月朔　正月初一，己亥日。❷壬寅　正月初四日。❸廬陵威王續　蕭續，梁武帝第五子，爵廬陵王。因英勇果敢，善於騎射，被梁武帝比作曹操之子曹彰，所以死後諡號為威。曾先後任江州、雍州、荊州刺史。傳見《梁書》卷二十

九、《南史》卷五十三。❹中錄事參軍　梁皇弟、皇子府僚屬，掌府閣機密。七班至三班，隨府主地位而定。❺微過　小小過失。指蕭繹私納宮人李桃兒離任。事詳《南史》卷五十三〈梁武帝諸子・廬陵威王傳〉。❻閤　臥室的小門。❼屧為之破　此說蕭繹因記前嫌，不顧兄弟之情，對蕭續之死不僅不悲傷，反而背著人高興得亂跳，連木鞋下的齒都撞斷了。屧，下帶齒的木底鞋。❽丙午　正月八日。❾獻武　高歡死後的諡號。按，《諡法》：聰明睿智稱作「獻」，克定禍亂稱作「武」。❿深密　性格嚴謹，心中所思深藏不露。⓫機權之際　際遇時運到了轉折的關頭。⓬受任　胡三省注認為「受」當作「授」。二字通。即委以職權的意思。⓭無問廝養　高歡用人不問地位貴賤，唯才是舉。廝養，賤役，如馬夫等人。⓮三爵　即三杯。爵，飲酒器。⓯全護勳舊　保全和維護功臣及老部下。如尉景扶助高歡，屢立戰功，但性貪財，又曾藏匿逃犯，觸犯法律。高歡好意相勸，從寬處理，使尉景的品行有較大改正。⓰多不之罪　指高歡對敵方的忠義之士，大多不給處罰。如泉企效忠西魏，死守洛州。城破被俘之時，仍叮囑兒子逃歸西魏，不要以他在東魏為念。高歡一直善待於他，讓他在鄴都得以善終。⓱辛亥　正月十三日。⓲司馬世雲　司馬子如的姪子，以貪汙被追究而隨侯景叛變。渦陽之役後，被侯景所殺。傳見《北齊書》卷十八、《北史》卷五十四。⓳高元成　人名，又作高元盛。見《魏書》卷十二、《北齊書》卷二。⓴李密　字希邕，平棘（今河北趙縣）人，初從高歡，以功封容城縣侯，官襄州刺史。曾受侯景劫持，侯景敗亡，重返北齊，以舊功授散騎常侍，以醫術聞名於世。傳見《魏書》卷三十六、《北齊書》卷二十二、《北史》卷三十三。㉑暴顯　（西元五〇三－五六八年）字思祖，魏郡斥丘（今河北魏縣西）人，祖父暴喟任北魏朔州刺史，於是全家遷居懷朔鎮，所以稱懷朔暴顯。雖受侯景劫持，不久便逃歸，隨慕容紹宗破侯景於渦陽。封定陽王。傳見《北齊書》卷四十一、《北史》卷五十三。㉒散檄　散發告知侯景叛亂的公文。㉓叛由崔暹　崔暹以往糾察權貴毫不留情，諸將懷恨在心，利用侯景叛變事件，將責任歸咎於崔暹。㉔鼂錯前事　漢景帝時採納鼂錯建議，實行削藩。吳王劉濞為首的吳楚七國以清君側、誅鼂錯為名發動叛亂。景帝聽信袁盎等人的勸說，將鼂錯腰斬，導致忠臣被錯殺的冤案。事詳《漢書》卷四十九〈鼂錯傳〉。㉕辛酉　正月二十三日。㉖甲子　正月二十六日。㉗直　僅；只。㉘庚辰　二月十三日。㉙瑕丘　縣名，縣治在今山東兗州。是東魏兗州州治。㉚青徐數州二句　即隨便寫上一封書信，青、徐二州便可歸降。折簡，一折為半的簡牘。㉛齊宋　代指青州、徐州。齊，指青州，原春秋戰國時齊國之地。宋，指徐州，原春秋時是宋國之地。㉜膠柱　把瑟的音柱粘牢，便無法調整音的高低。這裡比喻拘泥舊規，不知變通。㉝乙卯　正月十七日。㉞嘗獨言　曾經自言自語。㉟金甌　盛酒的器皿，此處借用來比喻國土。㊱詎是事宜　難道是恰當的事嗎。詎，豈。㊲脫致紛紜　倘若招來混亂。㊳天誘其衷　上天誘導他的內心。㊴內　同「納」。接納。㊵壬午　二月十五日。㊶如鄧

禹故事　鄧禹是東漢初名臣。劉秀起兵河北，想與赤眉爭奪關中，派鄧禹為前將軍，命他自選偏裨以下將領，可不經請示處理前方軍務。事詳《後漢書》卷十六〈鄧禹傳〉。梁武帝以同樣方式讓侯景自行處理轄區的事務。㊷平西　指平西將軍蕭綸。㊸諮議參軍　官名，王公軍府僚屬，掌參議軍政要事，梁九班至六班。㊹周弘正　（西元四九六—五七四年）字思行，汝南安成（今河南平輿西南）人，通《老子》、《周易》，善講玄理，任國子博士。一度依附侯景，改姓姬氏。後又先後投奔梁元帝、陳武帝，官至尚書右僕射。傳見《陳書》卷二十四、《南史》卷三十四。㊺占候　根據天象的變化來預測未來吉凶。㊻丁亥　二月二十日。㊼庚子　三月三日。㊽如大通故事　大通元年（西元五二七年）三月八日，梁武帝入同泰寺，捨身事佛，至三月十一日還宮，大赦天下，改原年號「普通」為「大通」。此次梁武帝再次捨身。㊾甲辰　三月七日。㊿羊鴉仁　（？—西元五四九年）字孝穆，太山鉅平（今山東寧陽東北）人，從魏投奔梁朝，封廣晉縣侯。傳見《梁書》卷三十九、《南史》卷六十三。(51)兗州刺史桓和　《梁書‧羊鴉仁傳》作「土州刺史桓和」，《南史》卷六十三同，未知孰是。土州，梁置。治所土山，在今湖北隨縣東北。土山改名龍巢。桓和，人名。(52)仁州　州名，州治赤坎城，在今安徽靈璧東南。(53)湛海珍　人名，曾任超武將軍。侯景之亂時，任東徐州刺史，以州降東魏。(54)懸瓠　城名，在今河南汝南縣。是豫州和汝南郡的治所所在，為兵家必爭之地。(55)豫作　預先擬出。(56)條教　教令。因政局不穩，所以在沒有把握之前，仍不公布高歡死訊。(57)壬申　四月六日。(58)識者知其不終　古者以為在親人喪期，如仍然宴飲歌舞，將遇到惡報。高澄在父喪期間，出席宴會並翩翩起舞，所以有識之士認為他會不得善終。(59)丙子　四月初十日。(60)羣臣奉贖　梁武帝三月三日捨身，至此已三十七天。於是公卿共出錢一億萬交給同泰寺，贖出梁武帝之身。(61)丁亥　四月二十一日。胡三省注認為當是「丁丑」之誤，即公卿出錢的第二天。(62)改元　改年號「中大同」為「太清」。(63)甲午　四月二十八日。(64)李系　（？—西元五四七年）字乾經，頗有才學。任尚書主客郎，常應對梁朝來使，頗稱職。傳見《魏書》卷四十九、《北史》卷三十三。按，二史均作「李緯」，作「李系」是史臣避北齊後主高緯名諱所改。(65)丁酉朔　五月初一日。(66)戊戌　五月初二日。(67)襄城王旭　元旭（？—西元五五四年），字顯和，魏莊帝時封襄城郡王。東魏末位至大司馬。入齊，位儀同三司，以罪賜死。傳見《魏書》卷十九下。(68)甲辰　五月八日。(69)戊午　五月二十二日。(70)東荊　州名，治所比陽城，在今河南泌陽。(71)北兗州　東魏無此州，與西魏接壤的有北荊州，治伊陽，在今河南嵩縣。胡三省注認為《通鑑》誤。(72)魯陽　縣名，縣治在今河南魯山縣，是廣州州治。(73)長社　縣名，縣治在今河南長葛東，是潁州州治。(74)陽翟　縣名，縣治在今河南禹州。(75)王旅　指羊鴉仁等所率的梁軍。(76)螫手解腕　毒蛇咬了手掌，為求生存，只能從腕部將手砍斷。侯景用此解釋把四州之地讓給西魏的原因。(77)懸瓠項城　這裡懸瓠代指豫州，項城代指北揚州。78影響　意思是說如影之隨形，響之應聲，彼此相應。也就是互相接應。79差互　差錯。80尚有所專　《春秋》大義，大夫出境，可以自作主張。此引用是告訴侯景，將在外，可以因事制宜，作出決斷。81何假詞費　何須借助文函解釋。82戊辰　六月初三日。83征北將軍　官名，是四征將軍之一，位次於鎮、衛、驃騎、車騎將軍，多為持節都督、出鎮方面，地位重要。梁武職二十四班中之二十三班。84漢北　漢水以北。85穰城　縣名，縣治在今河南鄧州。亦是西魏荊州州治。86己巳　六月四日。87貴欲誘景入營而執之二句　李弼認為此舉只是捉住侯景，也不可能不戰而奪取黃河以南諸州，反而替東魏除去一個心腹大患。不如留下侯景，讓他牽制東魏和梁朝。88長史　官名，此指刺史的主要屬吏，輔佐刺史，兼掌兵馬。89汝水　河名，是洪河支流，源出河南泌陽北，流經汝南、新蔡等縣。沿汝水北上，可抵潁川。90陽稱略地　偽稱到潁川附近攻城略地。91同軌　郡名，在今河南洛寧。92防主　官名，城防主將。93韋法保　即韋祐。94賀蘭願德　人名，複姓賀蘭，後曾隨大將軍達奚武攻取漢中，迫降梁宜豐侯蕭循。95王悅　（？—西元五六一年）字眾喜，京兆藍田（今陝西藍田）人，助宇文泰初定關隴，封藍田縣伯。入周，官拜驃騎大將軍，進爵河北縣公。傳見《周書》卷三十三、《北史》卷六十九。96鄉黨之情　高歡與侯景早先共同生活在懷朔鎮，有同鄉之誼。97契　盟約。98事計未成　計謀策劃得尚未成熟。99託款　委身投靠。100還所鎮　返回原鎮守地同軌城。101鴈行　如雁並行而飛。喻與晚輩高澄同朝為臣，平起平坐。102比肩　喻兩人聲望、地位、輩分相當。103大弟　對年輕同輩的親切稱呼。此指宇文泰。侯景口氣雖謙恭，實自視甚高，不願向宇文泰俯首臣服。決意降梁，利用武帝昏瞶懦弱，一展抱負。104任約　人名，隨侯景降梁，曾任南豫州刺史。天保六年（西元五五五年），又轉投北齊。事見《梁書》卷五十六、《北齊書》卷四。105高德政　（？—西元五五九年）字士貞，勃海蓨人，高洋心腹，參掌機密。後助高洋代東魏而建立北齊，出任尚書右僕射，兼侍中，封藍田公。曾勸高洋誅除東魏元氏諸族。晚年與楊愔爭權，受愔暗算而被高洋處死。傳見《北齊書》卷三十、《北史》卷三十一。106顥　高顥，爵建康子，任輔國將軍、朝散大夫。107丁丑　六月十二日。108長樂武烈公若干惠　若干惠爵長樂公，諡號是武烈。109丁酉　七月二日。110緦縗　緦，緦麻，是用白細麻粗疏織成的布所做的喪服。縗，披在胸前的麻布條。111凶禮　喪禮。112依漢霍光故事　指高歡的葬禮儀式即仿照霍光的待遇辦理。霍光初事漢武帝，後以大司馬大將軍輔佐昭、宣二帝，執政長達二十年。死後，宣帝與皇太后親臨靈堂，葬禮用具全與皇帝相同。下葬時，用轀輬車載靈柩，用黃屋左纛等帝王車輿儀仗，沿途由輕車、北軍、五校士列軍陣護送。置陵園，設官吏管理保護。霍光事，詳《漢書》卷六十八。113戊戌　七月初三日。114辭爵位　高澄辭去所承襲的勃海王爵位。115壬寅　七月初七日。116中使　宮中派出的使者，多由宦官擔任。117庚申　七月二十五日。118甲子　七月二十九日。119以懸瓠為豫州　劉宋時豫州治懸瓠（今河南汝南縣），後被北魏所攻佔，改治壽陽。後又失守，再移治歷陽（今安徽和縣）。梁武帝天監年間，不斷北進。於是豫州先移治合肥，再徙治壽陽，至此恢復劉宋豫州舊治懸瓠。120 西陽　郡名，治所西陽，在今湖北黃岡東。121 羊思達　人名，一作羊思建。122 殷州　州名，改東魏北揚州而設，治項城。123 乙丑　八月一日。124 淵明　蕭淵明（？—西元五五六年），字靖通，梁宗室。因率軍攻彭城，被東魏慕容紹宗所俘。梁元帝敗亡後，北齊送他回建康，稱尊號，改元天成。陳霸先殺王僧辯，廢淵明，背發瘡而死，追謚閔皇帝。傳見《南史》卷五十一。因避唐諱，史或稱「蕭明」，或稱「蕭深明」。125 會理　蕭會理（？—西元五四八年），字長才，南康簡王蕭績之子。年十五即拜車騎將軍、湘州刺史，領石頭戍軍事。侯景破建康，逼梁武帝手詔召他入京。侯景赴晉熙，會理密謀奪取建康，事洩被殺。傳見《梁書》卷二十九、《南史》卷五十三。126 懿　蕭懿，字元達，梁武帝之兄。傳見《梁書》卷二十三、《南史》卷五十一。127 續之子　按《梁書》卷二十三，蕭續是會理的伯父。會理父蕭績，字世瑾，武帝第四子，曾任南徐、南兗、江州刺史，以節儉知名。傳同會理。《通鑑》誤。128 取急　有事休假。129 弔民　安撫百姓。130 江右　時以江州、郢州、揚州、南徐州等地為江左。即今武昌、九江、南京、鎮江為中心的長江以南地區。而稱豫州、南豫、南兗等州，即今壽縣、合肥、揚州為中心的長江以北地區為江右。此次北伐，以江右為基地，握有重兵，諸王中如能以此建功，很可能會染指帝位。131 襻輿　轎子。132 施版屋　用木板作轎身。版，同「板」。133 冠以牛皮　用牛皮作轎頂。134 殆不對接　幾乎不來往。135 辛未　八月初七日。136 甲申　八月二十日。137 虛葬　偽裝埋葬。138 潛鑿　暗地裡開鑿。139 成安　縣名，縣治在今河北成安。140 鼓山　山名，在成安境內。141 戊子　八月二十四日。142 蕭弄璋　人名，曾隨蕭綸攻侯景於鍾山，敗還。建康失陷後，侯景任命他為北兗州刺史，州民拒絕他到任。143 磧泉　戍城名，在彭城郡境，即今江蘇徐州附近。144 呂梁　戍城名，故址在徐州東南。145 蔡道遵　人名，《北齊書》作「蔡遵道」，或作「蔡遵」，《通鑑》誤倒其名。146 二邦　指梁朝和西魏。147 母在不歸　王陵母被拘在項羽營中，以誘王陵歸降。但陵母寧願自殺，也不願王陵離開劉邦。事詳《漢書》卷四十〈王陵傳〉。148 乞羹自若　廣武之役，項羽想以烹劉邦父親為威脅，迫使劉邦屈服。不料劉邦卻說你我曾約為兄弟，我父即你父，一定要烹的話，請分我一碗肉羹。項羽無計可施，只好作罷。事詳《漢書》卷三十一〈項籍傳〉。149 矧　何況。150 脫謂　假如說。151 家累　家屬。152 戊子　八月二十四日。

**【校　記】** [1] 為　原無此字。據章鈺校，十二行本、乙十一行本、孔天胤本皆有此字，今據補。[2] 二月　原作「三月」。據章鈺校，十二行本、乙十一行本皆作「二月」，張敦仁《通鑑刊本識誤》、張瑛《通鑑校勘記》同。按，《北史・西魏文帝紀》

亦作「二月」，今據改。③大　原作「道」。據章鈺校，十二行本、乙十一行本、孔天胤本皆作「大」，張敦仁《通鑑刊本識誤》同。按，《北史・西魏文帝紀》作「大」，今據改。④潁　原作「郢」。據章鈺校，十二行本、乙十一行本、孔天胤本皆作「潁」，張敦仁《通鑑刊本識誤》、張瑛《通鑑校勘記》同。按，《梁書・武帝紀下》作「潁」，今據改。⑤以　原作「以其」。據章鈺校，十二行本、乙十一行本、孔天胤本皆無「其」字，今據刪。⑥宇內　原作「宇宙」。據章鈺校，十二行本、乙十一行本、孔天胤本皆作「宇內」，今據改。⑦己巳　原作「乙巳」。據章鈺校，十二行本、乙十一行本、孔天胤本皆作「己巳」，張敦仁《通鑑刊本識誤》同。按，六月丙寅朔，無乙巳，《北齊書・文襄帝紀》亦作「己巳」，當是，今據改。⑧軍　原作「兵」。據章鈺校，十二行本、乙十一行本、孔天胤本皆作「軍」，今據改。⑨既　原無此字。據章鈺校，十二行本、乙十一行本、孔天胤本皆有此字，今據補。⑩朝廷　原無此二字。據章鈺校，十二行本、乙十一行本、孔天胤本皆有此二字，今據補。⑪頂　原作「寺」。據章鈺校，十二行本、乙十一行本皆作「頂」，《文獻通考》卷一二五亦同，今據改。

【語　譯】高祖武皇帝十六

太清元年（丁卯　西元五四七年）

春，正月初一日己亥，發生日偏蝕，沒被陰影遮住的部分如同彎鉤。

正月初四日壬寅，梁朝荊州刺史廬陵威王蕭續去世，任命湘東王蕭繹為都督荊州・雍州等九州諸軍事、荊州刺史。蕭續一向貪婪，臨死寫有一道表章，派中錄事參軍謝宣融獻給梁武帝金銀器皿一千多件，皇上才知道他富有，於是問謝宣融說：「廬陵王的金銀就這麼多嗎？」謝宣融說：「這已經夠多了，哪能還有更多的呢？大王的過錯就像日蝕月蝕，他想讓皇上瞭解一切，所以臨死沒有隱瞞。」梁武帝的不滿這才消除了。

當初，湘東王蕭繹任荊州刺史，有小過失，蕭續接任荊州刺史後，向皇上報告了蕭繹的過失，從此兩人互不通書信。蕭繹聽到蕭續死了，跨進臥室，高興得跳了起來，連木鞋都跳破了。

正月初八日丙午，東魏勃海獻武王高歡去世。高歡性格深沉寡言，整天神情莊重，令人莫測高深，當機遇到來的時候，應對變化有如神明。治理軍隊，法令嚴明，聽取意見，決斷事務，明察秋毫，誰也無法欺瞞他。提拔委任，務求人才，只要才能勝任，不問他的出身門第。有虛名而無真才的人，一律不用。一向愛好節儉樸素，他所用的刀劍、馬鞍、轡繩等物都沒有金玉裝飾。年輕時酒量很大，自從擔任要職以後，飲酒不過三杯。明察人才，喜好士人，保全和維護功臣及老部下。每次活捉敵方的盡職盡忠之臣，大多不加處罰。因此，文臣武將都樂意為他效勞。世子高澄祕不發喪，只有行臺左丞陳元康知道他死了。

侯景自己認為與高氏有了嫌隙，內心不安。正月十三日辛亥，佔據河南背叛東魏，歸附西魏，潁州刺史司馬世雲佔據州城響應他。侯景誘捕了豫州刺史高元成、襄州刺史李密、廣州刺史懷朔人暴顯等人，派軍士二百人用車拉著兵器在日落時進入西兗州，想偷襲佔領州城。刺史邢子才察覺了這一行動，突然圍捕，二百人全被抓獲。邢子才於是向東方各州發出檄文，各州加強戒備，因此侯景未能取得這些地方。

東魏各將領都認為侯景的叛變起因於崔暹，高澄不得已，想殺掉崔暹向侯景道歉。陳元康諫阻說：「現在雖然天下還沒安定，但國家法紀已經確立。如果因為幾個將領在外，為了討得他們高興，枉殺無辜，破壞刑律，豈是只上負天帝神靈，用什麼來安撫黎民百姓？西漢有鼂錯被枉殺的前事，希望大人慎之又慎。」高澄這才放棄了殺掉崔暹的念頭。接著派遣司空韓軌督率諸軍去討伐侯景。

正月二十三日辛酉，梁武帝在南郊舉行祭天典禮，大赦天下。二十六日甲子，在明堂祭祀。

二月，西魏文帝下詔：「從現在開始，凡是判處宮刑的人，僅收入官府為奴，不要用刑。」

西魏任命開府儀同三司若干惠為司空，侯景為太傅、河南大行臺、上谷公。

二月十三日庚辰，侯景又派行臺郎中丁和到梁朝，上表說：「臣與高澄有嫌隙，請求奉上函谷關以東，瑕丘以西，包括豫州、廣州、潁州、荊州、襄州、兗州、南兗州、濟州、東豫州、洛州、陽州、北荊州、北揚州等十三個州歸附梁朝，惟有青州、徐州等幾個州，只需寫封信即可歸附。況且黃河以南地區，都是臣的管轄範圍，勸降易如反掌。如果青州、徐州一旦平定，便可逐步攻取燕趙地區。」梁武帝召集群臣到朝廷商議。尚書僕射謝舉等說：「近年與東魏通好，邊境沒有戰事，現在接納東魏叛臣，我們認為不合時宜。」梁武帝說：「儘管如此，得到侯景，塞北可以收復，機會難得，怎能拘泥不知變通呢？」

這一年的正月十七日乙卯，梁武帝夢見中原的州郡長官都奉獻土地來投降，滿朝文武慶賀。天亮後，梁武帝見到中書舍人朱异，告訴他夢中景象，並且說：「我這個人很少做夢，如果做夢，一定應驗。」朱异說：「這是全天下統一的徵兆啊。」等到丁和來到梁朝，說侯景歸附梁朝是定在正月十七日乙卯，梁武帝更加神奇他的夢境。然而梁武帝心裡還是猶豫未決，曾經自言自語說：「我的國家如同金甌，沒有一點傷缺，如今突然接受侯景的土地，難道事情恰當嗎？倘若招來混亂，後悔怎麼來得及？」朱异猜到了梁武帝的想法，回答說：「陛下聖明，統治天下，南方北方的人心都歸附仰慕，只是找不到機會來表達他們的心願。如今侯景分了東魏一半的土地送來，如果不是上天誘導他的內心，人們幫助他謀劃，哪能到達這個地步？如果拒絕侯景不接納，恐怕要斷絕人們以後歸降的希望。這是很容易見到的事情，希望陛下不要再猶豫。」於是梁武帝決定接納侯景。

二月十五日壬午，梁武帝任命侯景為大將軍，封河南王，都督河南・河北諸軍事、大行臺，像東漢鄧禹那樣以皇帝名義直接處理在管轄區內的事務。平西諮議參軍周弘正擅長占候，在這之前對人說：「國家幾年以後會有戰亂發生。」等到他聽說接納侯景，說：「禍亂的根源就在這裡啊！」

二月二十日丁亥，梁武帝舉行親耕藉田的典禮。

三月初三日庚子，梁武帝臨幸同泰寺，像大通元年那樣捨身為奴。

三月初七日甲辰，派遣司州刺史羊鴉仁督兗州刺史桓和、仁州刺史湛海珍等，率領三萬軍隊趕赴懸瓠，運送糧食接應侯景。

西魏大赦天下。

東魏高澄憂慮各州反叛，便親自出行巡視安撫。留段韶鎮守晉陽，把軍事委託給他，任命丞相功曹趙彥深為大行臺都官郎中。讓陳元康預先寫出丞相高歡處理軍政事務的條例幾十張交給段韶和趙彥深，讓他們隨後按次序施行。高澄臨行時緊握趙彥深的手流著眼淚說：「我把母親、兄弟託付給你，希望你明白我的心思！」夏，四月初六日壬申，高澄到鄴城朝見魏孝靜帝。孝靜帝和他一起宴飲，高澄起舞，有見識的人由此推知他不得善終。

四月初十日丙子，梁朝群臣出錢替梁武帝贖身。二十一日丁亥，梁武帝回到皇宮，大赦天下，改換年號，像大通元年那次一樣。〇二十八日甲午，東魏派遣兼散騎常侍李系出使梁朝。李系，是李繪的弟弟。

五月初一日丁酉，東魏大赦天下。〇初二日戊戌，東魏任命襄城王元旭為太尉。

高澄派遣武衛將軍元柱等率領數萬軍隊日夜兼程來襲擊侯景，在潁川北與侯景遭遇，元柱等大敗。侯景因梁朝羊鴉仁等軍還沒到達，便退回潁川據守。

五月初八日甲辰，東魏任命開府儀同三司庫狄干為太師，錄尚書事孫騰為太傅，汾州刺史賀拔仁為太保，司徒高隆之為錄尚書事，司空韓軌為司徒，青州刺史尉景為大司馬，領軍將軍可朱渾道元為司空，僕射高洋為尚書令、領中書監，徐州刺史慕容紹宗為尚書左僕射，高陽王元斌為尚書右僕射。二十二日戊午，尉景去世。

東魏韓軌等把侯景包圍在潁川。侯景害怕了，割讓東荊州、北兗州、魯陽、長社等四座城給西魏請求救援。西魏尚書左僕射于謹說：「侯景年少時就學習軍事，奸詐難測，不如給他高官爵祿，觀察他的變化，不能派兵救援他。」荊州刺史王思政認為如果不趁機進兵取地，後悔就來不及了。隨即派出荊州的一萬多步騎，從魯陽關向陽翟進發。丞相宇文泰得到消息，給侯景加官大將軍兼尚書令，派太尉李弼、儀同三司趙貴率領一萬軍隊前往潁川。

侯景擔心梁武帝責備他，就派中兵參軍柳昕奉表啟奏梁武帝，認為：「王師沒來接應，因生死攸關，情勢危急，於是向關中求援，先救眼前。臣既然在高氏手下不能安身，又怎能被宇文氏容納？但手被毒蛇咬了要斷掉手腕，這是迫不得已的事。臣本意是為國效力，希望陛下不要責怪我。臣得到了西魏的幫助，不能馬上背棄，現今用四個州的地方作為誘敵的資本，已經讓宇文泰派人來守衛。從豫州以東，齊海以西，都是臣控制，現有的地方，全部歸附梁朝，懸瓠、項城、徐州、南兗州，需要立即接管。希望陛下迅速向各邊境地區發布命令，各自布置重兵，與臣呼應，不要讓他們發生差錯。」梁武帝回答他說：「古時大夫出境，尚有專斷的權力，何況你首創奇謀，將建立偉大的事業，理應根據實際情況處置，隨機應變。你對國家一片忠誠，何必解釋？」

西魏任命開府儀同三司獨孤信為大司馬。

六月初三日戊辰，梁朝任命鄱陽王蕭範為征北將軍，總督漢水以北征討諸軍事，進攻穰城。

東魏韓軌等人包圍潁川，得知西魏李弼、趙貴等人即將到來，六月初四日己巳，帶領軍隊回鄴城。侯景想在兩軍會合時劫持李弼、趙貴，奪取他們的軍隊，趙貴起了疑心，不去赴會。趙貴想召誘侯景到自己的軍營然後抓捕侯景，李弼制止了他。梁將羊鴉仁派長史鄧鴻率兵到達汝水，李弼帶領西魏軍回長安。王思政進軍佔領潁川。侯景假稱要攻佔東魏之地，帶兵退出潁川城，駐屯懸瓠。

侯景再次向西魏乞求援兵，丞相宇文泰派同軌郡的防務長官韋法保和都督賀蘭願德等率兵救援，大行臺左丞藍田人王悅進言宇文泰說：「侯景與高歡，起初是親密的同鄉關係，最後有君臣的約定，任職上將，位重臺司。現今高歡剛死，侯景立即外叛，因為他籌謀的事業很大，終究不甘居別人之下。再說他既然能背德高氏，怎麼會願意對朝廷盡節？如今增大他的勢力，出兵援助他，我私下擔心朝廷會被後人笑話。」宇文泰於是召侯景入朝。

侯景暗中謀劃背叛西魏，事情還沒有考慮成熟，便對韋法保等人厚加撫慰，希望為自己所用，外表上顯示出親密無間。每次來往於各支軍隊之間，侍從很少，西魏軍中的各將，都親自去拜訪。同軌郡防務長史裴寬對韋法保說：「侯景狡詐，一定不會應召入關，他放下架子想與你親近，恐怕不可相信。如果埋伏士兵殺掉他，這是當今的一大功勞。如果不這樣做，就應當對他嚴加防備，不要相信他的欺騙和誘惑，給自己帶來悔恨。」韋法保很是贊同，但不敢除掉侯景，只是自己加強了防範而已，不久，找藉口回到自己的鎮所。王思政也覺察了侯景的欺詐，密召賀蘭願德等人撤回，並部署各路軍隊佔領了侯景所屬的七個州、十二個鎮。侯景果然找藉口不入朝，送信給丞相宇文泰說：「我恥於和高澄同列，又哪敢與大弟並肩？」宇文泰於是派行臺郎中趙士憲召還前後派出救援侯景的各支軍隊。侯景便決心投降梁朝。西魏將領任約把自己所領一千餘人歸降了侯景。

宇文泰把授給侯景的使持節、太傅、大將軍、兼尚書令、河南大行臺、都督河南諸軍事等職位轉授王思政，王思政一概推辭不接受，宇文泰多次派出使者敦促勸說，王思政只接受了都督河南諸軍事。

高澄要往晉陽，任命弟弟高洋為京畿大都督，留守鄴城，命黃門侍郎高德政輔佐高洋。高德政，是高顥的兒子。六月十二日丁丑，高澄從鄴城回到晉陽，才公布高歡去世的消息。

秋，七月，西魏長樂武烈公若干惠去世。

七月初二日丁酉，東魏孝靜帝為丞相高歡舉行悼唁儀式，穿緦縗喪服，喪禮按照西漢霍光的規格辦理，追贈高歡為相國、齊王，給予九錫的特殊禮遇。初三日戊戌，任命高澄為使持節、大丞相，都督中外諸軍事、錄尚書事、大行臺、勃海王，高澄上表辭去勃海王的爵位。初七日壬寅，孝靜帝下詔任命太原公高洋代理軍國政務，派中使敦促告諭高澄上任。

七月二十五日庚申，梁將羊鴉仁進入懸瓠城。二十九日甲子，梁武帝下詔把懸瓠改為豫州，壽春改為南豫州，改合肥為合州。任命羊鴉仁為司、豫兩州刺史，鎮守懸瓠城。西陽太守羊思達為殷州刺史，鎮守項城。

八月初一日乙丑，梁武帝下詔大舉討伐東魏。委派南豫州刺史貞陽侯蕭淵明、南兗州刺史南康王蕭會理分別督率各位將領。蕭淵明，是蕭懿的兒子。蕭會理，是蕭績的兒子。起初，梁武帝想讓鄱陽王蕭範為元帥，朱异正在外休假，聽到消息，急忙入宮說：「鄱陽王蕭範雄略豪邁，超過世人，部下願效死力，但所到之處殘殺暴虐，不是安撫百姓的人才。況且陛下先前曾登上北顧亭遠望，說江右地區有反叛之氣，骨肉至親是首領，今天這件事，特別要謹慎選擇。」梁武帝沉默了一陣，說：「蕭會理怎麼樣？」朱异回答說：「陛下這才選對了。」蕭會理懦弱無謀，他乘坐的轎子，用木板做轎身，用牛皮做轎頂。梁武帝得知後，很不高興。貞陽侯蕭淵明當時鎮守壽陽，多次要求出征，梁武帝答應了他。蕭會理自以為是皇孫，又擔任了都督，自蕭淵明以下的人，幾乎不來往。蕭淵明和各位將領把情況暗中告訴了朱异，梁武帝就把蕭會理追回，於是以蕭淵明為都督。

八月初七日辛未，高澄在鄴城朝見孝靜帝，堅決辭去大丞相，孝靜帝詔命高澄任大將軍等職位不變，其他職銜保留原來的任命。

八月二十日甲申，東魏在漳水之西假葬齊獻武王高歡，暗中在成安縣鼓山石窟佛頂的旁邊開鑿墓穴，把高歡的靈柩安放在墓穴中封閉起來，殺死鑿穴的那群工匠。等到北齊滅亡後，有一個工匠的兒子知道高歡墓穴，打開石洞，取了隨葬金器逃走了。

八月二十四日戊子，梁朝武州刺史蕭弄璋進攻東魏磧泉、呂梁兩座戍所，攻下了它們。

有人告訴東魏大將軍高澄說：「侯景有回到北方的心意。」恰好侯景的部將蔡道遵回到河北東魏，說侯景很想悔過。侯景的母親、老婆、兒女都在鄴城，高澄就寫信曉諭侯景，信中說侯景全家都安然無恙，如果回頭，承諾侯景終身為豫州刺史，歸還他的愛妻愛子，所統部屬文武官員概不追究。侯景讓王偉寫回信說：「如今已聯合了西魏、梁朝兩國，舉旗北伐，如熊似豹的將士一齊奮進，收復中原，我希望用自己的力量來奪取，哪裡要煩勞你恩賜？從前王陵歸附漢王，王陵的母親被項羽扣留，王陵並沒有回到項王那裡；劉邦的父親被項羽囚禁，漢王安然自若要分一杯羹，何況妻子兒女，那就更不在意了？如果說殺滅我全家對你有好處，我想阻止也不可能；殺了我的家屬對我沒有什麼損失，只是白白地被你殺掉。我的家屬決定於你，與我有什麼關係？」

八月二十四日戊子，梁武帝下詔任命侯景為錄行臺尚書事。

東魏靜帝，美容儀，旅力過人，能挾石師子踰宮牆，射無不中，好文學，從容沈雅❶。時人以為有孝文風烈❷，大將軍澄深忌之。

始，獻武王自病逐君之醜❸，事靜帝禮甚恭，事無大小必以聞，可否聽旨❹。

每侍宴，俯伏上壽❺。帝設法會，乘輦行香，歡執香爐步從，鞠躬屏氣，承望顏色，故其下奉帝莫敢不恭。

及澄當國，倨慢頓甚❻，使中書黃門郎❼崔季舒察帝動靜，大小皆令季舒知之。澄與季舒書曰：「癡人❽比復何似？癡勢小差❾未？宜用心檢校。」帝嘗獵于鄴東，馳逐如飛，監衛都督❿烏那羅受工伐⓫從後呼曰：「天子勿走馬，大將軍嗔！」澄嘗侍飲酒，舉大觴屬帝⓬曰：「臣澄勸陛下酒。」帝不勝忿⓭，曰：「自古無不亡之國，朕亦何用此生為！」澄怒曰：「朕？朕？狗腳朕！」使崔季舒毆帝三拳，奮衣而出。明日，澄使季舒入勞⓮帝，帝亦謝焉，賜季舒絹百匹。

帝不堪憂辱，詠謝靈運⓯詩曰：「韓亡子房奮⓰，秦帝仲連恥⓱。本自江海人，忠義動君子。」常侍、侍講⓲潁川荀濟⓳知帝意，乃與祠部郎中⓴元瑾㉑、長秋卿㉒劉思逸㉓、華山王大器㉔、淮南王宣洪㉕、濟北王徽㉖等謀誅澄。大器，鷙之子也。帝謬為敕㉗問濟曰：「欲以何日開講？」乃詐於宮中作土山，開地道向北城。至千秋門，門者覺地下響，以告澄。澄勒兵入宮，見帝，不拜而坐，曰：「陛下何意反？臣父子功存社稷，何負陛下邪？此必左右妃嬪輩所為。」欲殺胡夫人及李嬪。帝正色曰：「自古唯聞臣反君，不聞君反臣。王自欲反，何乃責我？我殺王則社稷安，不殺則滅亡無日，我身且不暇惜，況於妃嬪？必欲弒逆，緩速在王！」

澄乃下牀叩頭，大啼謝罪。於是酣飲，夜久乃出。居三日，幽帝於含章堂㉘。壬辰㉙，烹㉚濟等於市。

初，濟少居江東，博學能文。與上有布衣㉛之舊，知上有大志，然負氣不服，常謂人曰「會於盾鼻㉜上磨墨檄之。」上甚不平。及即位，或薦之於上，上曰：「人雖有才，亂俗好反，不可用也。」濟上書諫上崇信佛法、為塔寺奢費，上大怒，欲集朝眾㉝斬之。朱异密告之，濟逃奔東魏。澄為中書監，欲用濟為侍讀㉞，獻武王曰：「我愛濟，欲全之，故不用濟。濟入宮，必敗㉟。」澄固請，乃許之。及敗，侍中楊遵彥㊱謂之曰：「衰暮何苦復爾？」濟曰：「壯氣在耳！」因下辨㊲曰：「自傷年紀摧頹㊳，功名不立，故欲挾天子誅權臣。」澄欲宥其死，親問之曰：「荀公何意反？」濟曰：「奉詔誅高澄，何謂反？」有司以濟老病，鹿車㊴載詣東市，并焚之。

澄疑諮議㊵溫子昇知瑾等謀，方使之作獻武王碑，既成，餓於晉陽獄，食弊襦㊶而死。棄尸路隅，沒其家口，太尉長史宋遊道收葬之。澄謂遊道曰：「吾近書與京師諸貴㊷論及朝士，以卿僻於朋黨㊸，將為一病。今乃知卿真是重故舊、尚節義之人，天下人代卿怖者㊹，是不知吾心也。」九月辛丑㊺，澄還晉陽。

【章旨】以上為第二段，寫東魏高澄逼辱孝靜帝以樹威，八月在鄴城用酷刑燒殺反對派於鬧市。

【注釋】❶沈雅　莊重文雅。❷孝文風烈　有北魏革新國君孝文帝元宏的遺風。❸逐君之醜　指高歡逼走北魏孝武帝元脩的醜事。❹可否聽旨　有關國家要事的處理辦法是批准還是否決，都聽從孝靜帝旨意。❺上壽　敬酒。常以祝壽為名。❻倨慢頓甚　忽然過分傲慢。❼中書黃門郎　曹魏時，中書屬官有黃門郎，即中書侍郎之任。胡三省注認為北齊官制中，黃門侍郎屬門下省，侍從皇帝左右；中書侍郎隸中書省，掌詔命文書。高澄為了監視孝靜帝一切動靜，所以讓崔季舒兼任二職。但據《北齊書・崔季舒傳》，高澄為中書監時，已移門下機密事歸中書管理。所以崔季舒是以中書侍郎兼領黃門侍郎機密事，實為一職，與曹魏時相仿。❽癡人　指孝靜帝。❾小差　稍有好轉。❿監衛都督　官名，皇帝貼身侍從武官。高氏為監視皇帝而特設。⓫烏那羅受工伐　人名，複姓烏那羅。⓬舉大觴屬帝　舉起大酒杯勸酒，是同輩勸酒的形式。⓭帝不勝忿　高澄舉大酒杯勸酒，失君臣之禮，不敬，所以孝靜帝氣憤難平。⓮入勞　入宮安慰。⓯謝靈運　（西元三八五—四三三年）陳郡陽夏人，出身世家大族，南朝劉宋的著名文學家。高傲不馴，居官不理政，為有司所糾彈，作詩「秦亡子房奮」云云。後被殺。傳見《宋書》卷六十七、《南史》卷十九。⓰韓亡子房奮　韓被秦所滅，韓公子張良先於博浪沙椎擊秦始皇，後輔佐劉邦推翻秦朝。事詳《史記》卷五十五〈留侯世家〉。⓱秦帝仲連恥　秦昭王伐趙，魯仲連聽說魏將新垣衍建議趙王尊秦昭王為帝，以保存趙國。於是魯仲連求見平原君，力陳此計不可行，並說如果讓棄禮義而主賞戰功的秦昭王為帝，他寧願投東海而死。事詳《戰國策》卷二十〈秦圍趙之邯鄲章〉。⓲侍講　在漢代原指給皇帝講學的差事，多由他官兼任，不是正式的官職。但以後逐漸成為實職，南北朝時，各王府中也設此官，為王講學。⓳荀濟　（？—西元五四七年）字子通，潁川（今河南許昌）人，以文才見稱。初居江左，與梁武帝為布衣交。後因不滿武帝為帝而降魏。傳見《北史》卷八十三。⓴祠部郎中　官名，尚書省祠部尚書下轄祠部曹官員，掌醫藥和死喪官員將士的賜贈撫恤事務。㉑元瑾　北魏太武帝之子，廣陽王元建的後代。傳見《魏書》卷十八、《北史》卷十六。㉒長秋卿　官名，掌管諸宮室及宮中的花園、樓閣，大多由宦官擔任。㉓劉思逸　平原（今山東平原縣西南）人，以罪受腐刑，入宮為宦官。曾任中侍中。傳見《魏書》卷九十四、《北史》卷九十二。㉔大器　元大器，北魏宗室後代，爵華山王。傳見《魏書》卷十四、《北史》卷十五。㉕宣洪　元宣洪，陽平王元熙的後代，爵淮南王。傳見《魏書》卷十六。㉖徽　元徽，高陽王元雍的後代，爵濟北王。傳見《魏書》卷二十一上。㉗謬為敕　假裝寫敕令。敕中所言「何日開講」，實寓「何日動手」的意思。㉘含章堂　宮中內殿之一。㉙壬辰　八月二十八日。㉚烹　死刑的一種。將死囚投入盛水的鼎中煮死。㉛布衣　平民。此指荀濟與梁武帝蕭衍在早年讀書時，結為朋友。㉜盾鼻　盾牌的把手。荀濟看出武帝有稱帝的志向，因而揚言，如果蕭衍起兵奪帝位，他也會起兵，並用盾牌作硯磨墨，起草討伐檄文。㉝朝眾　在朝百官。㉞侍讀　與侍講同，是為皇帝讀講經史的差事，多由他官兼領。㉟必敗　指殺身之禍。荀濟好做一些常人不敢做的事，極易觸犯法律，招致滅亡。所以高歡不願重用他，以便保全他的性命，利用他的文才。㊱楊遵彥　楊愔字遵彥。㊲下辨　定下供詞。辨，獄辭。㊳摧頹　衰老。㊴鹿車　手推的兩輪車，能用布帷作車廂。平民出門，可以載貨，也可以躺在裡面休息。由於它靈便實用，體積小僅能容下一隻鹿而被稱作鹿車。㊵諮議　諮議參軍的省稱。㊶弊襦　破短襖。㊷諸貴　指司馬子如、孫騰等人。㊸僻於朋黨　僻，偏結。朋黨，因謀私利而互相勾結。㊹代卿怖者　替你害怕擔心的人。㊺辛丑　九月七日。

**【語　譯】**東魏孝靜帝有漂亮的容貌，體力超過平常人，能挾住石獅子跳越宮牆，射箭沒有不中的，喜好文學，舉止莊重文雅。當時人認為他有孝文帝的遺風，大將軍高澄非常猜忌他。

起初，獻武王高歡感到自己趕走孝武帝有損名聲，侍奉孝靜帝非常謙恭有禮，事無大小都要上奏，是可是否都聽從孝靜帝的旨意。高歡每次陪同孝靜帝出席宴會，他都彎腰向皇上敬酒祝壽。孝靜帝舉辦法會，乘坐車子去進香，高歡手持香爐步行跟從，彎腰鞠躬，屏氣靜聲，看皇上臉色行事，因此高歡以下的人侍奉孝靜帝沒人敢不恭敬。

等到高澄當權，傲慢自大頓時很過分，派中書黃門郎崔季舒監視孝靜帝的動靜，大小事都要讓崔季舒知道。高澄給崔季舒寫信說：「皇上那呆子近來怎麼樣？他的癲狂病好些沒有？你要用心地查核。」孝靜帝曾經在鄴城東郊打獵，他追逐如飛，監衛都督烏那羅受工伐在後面叫喊說：「皇上不要跑馬，大將軍會生氣的！」高澄曾經陪孝靜帝飲酒，用大酒杯勸孝靜帝，說：「臣高澄給陛下敬酒。」孝靜帝不勝忿怒說：「自古以來沒有不滅亡的國家，朕要這條命有什麼用！」高澄發怒說：「朕？朕？朕？我看是一條長狗腳的朕！」高澄命令崔季舒打了孝靜帝三拳，便甩著衣袖走出了宮。第二天，高澄派崔季舒入宮慰問孝靜帝，孝靜帝也表示了歉意，賞賜崔季舒絹一百匹。

孝靜帝忍受不了這樣陵辱與憂憤，吟詠謝靈運的詩，說：「韓亡子房奮，秦帝仲連恥。本自江海人，忠義動君子。」常侍、侍講潁川人荀濟知道了皇上的心意，便與祠部郎中元瑾、長秋卿劉思逸、華山王元大器、淮南王元宣洪、濟北王元徽等密謀殺高澄。元大器，是元鷙的兒子。孝靜帝假意寫敕令問荀濟，說：「打算哪天講課？」就假裝在宮中造土山，暗中挖地道通向北城。地道挖到千秋門，守門人覺察地下有響聲，把情況報告高澄。高澄帶兵進入皇宮，看見孝靜帝，不行跪拜禮就坐了下來，說：「陛下為什麼要造反？臣父子兩代有保全魏國的大功，有哪點對不起陛下？這件事一定是陛下身邊的嬪妃們幹的。」想殺掉胡夫人和李嬪。孝靜帝嚴正地說：「從古以來只聽說臣下反叛皇上，不曾聽說皇上反叛臣下。大王自己想造反，怎麼反來責怪我？我殺了大王則國家安定，不殺大王國家不知哪一天要滅亡，我連自己的生命都來不及保住，何況嬪妃呢？你一定要弒朕謀篡，是早是晚，決定於你！」高澄只好下床磕頭，大哭著向孝靜帝謝罪。然後君臣兩人一起高興地喝酒，深夜高澄才出宮。過了三天，高澄把孝靜帝囚禁在含章堂。八月二十八日壬辰，在鬧市中烹殺了荀濟等人。

當初，荀濟年輕時居住在江東，知識淵博，善寫文章，與梁武帝蕭衍結為布衣之友。荀濟知道梁武帝有野心，但賭氣不服，經常對人說「一定在盾牌的把手上磨墨作檄文討伐他。」蕭衍憤恨不平。等到登上帝位，有人向梁武帝推薦荀濟，梁武帝說：「這人雖然有才華，但違犯禮俗，愛唱反調，不可任用。」荀濟又上書諫阻梁武帝崇信佛法，建造塔寺，奢侈浪費。梁武帝大怒，想召集朝廷眾官處死荀濟。朱异暗通消息，荀濟逃到東魏。高澄擔任中書監，想任用荀濟為侍讀，獻武王高歡說：「我愛惜荀濟，想保全他，所以不用荀濟。荀濟進宮，一定有殺身之禍。」高澄堅持任用，高歡才允許。等到荀濟事情敗露，侍中楊遵彥對荀濟說：「你衰老了何苦又謀反呢？」荀濟說：「雄心壯志還在！」於是定下供詞說：「自己慨歎年紀衰老，功名沒有建立，因此想借助皇上誅殺專權的臣子。」高澄想寬宥他，親自審問他說：「荀公為何要反叛？」荀濟說：「我奉皇上詔命誅殺高澄，怎麼叫反叛呢？」主管部門因為荀濟年老有病，用小車把他送到刑場，連小車一起焚燒了。

**高澄懷疑諮議參軍溫子昇知道元瑾等人的陰謀，正讓他作〈獻武王碑〉，碑文完成後，便把溫子昇投入晉**

陽監獄不給飯吃，溫子昇吞吃破短襖而死，棄屍路邊，一家老小都被罰為官府奴婢，太尉長史宋遊道收屍埋葬了溫子昇。高澄對宋遊道說：「我最近寫信給朝中的當權諸公，討論到朝官士大夫，認為你喜歡拉幫結派，是一大缺點。如今才知道你是一個注重舊情、崇尚節義的人，天下那些替你擔心害怕的人，根本不瞭解我的心意。」九月初七日辛丑，高澄回到晉陽。

上命蕭淵明堰泗水於寒山❶以灌彭城，俟得彭城，乃進軍與侯景犄角。癸卯❷，淵明軍于寒山，去彭城十八里，斷流立堰。侍中羊侃❸監作堰，再旬而成。東魏徐州刺史太原王則❹嬰城❺固守，侃勸淵明乘水攻彭城，不從。諸將與淵明議軍事，淵明不能對，但云臨時制宜。

冬，十一月，魏丞相泰從魏主狩于岐陽❻。

東魏大將軍澄使大都督高岳救彭城，欲以金門郡公潘樂為副。陳元康曰：「樂緩於機變，不如慕容紹宗，且先王之命也。公但推赤心於斯人，景不足憂也。」時紹宗在外，澄欲召見之，恐其驚叛❼；元康曰：「紹宗知元康特蒙顧待❽，新使人來餉金❾，元康欲安其意，受之而厚答其書，保無異也。」乙酉❿，以紹宗為東南道行臺，與岳、樂偕行。初，景聞韓軌來，曰：「啜⓫豬腸兒何能為？」聞高岳來，曰：「兵精人凡。」諸將無不為所輕者。及聞紹宗來，叩鞍有懼色，曰：「誰教鮮卑兒解遣紹宗來？若然，高王定未死邪？」

澄以廷尉卿⑫杜弼為軍司，攝行臺左丞，臨發，問以政事之要、可為戒者，使錄一二條。弼請口陳之，曰：「天下大務，莫過賞罰。賞一人使天下之人喜，罰一人使天下之人懼，苟二事不失，自然盡美。」澄大悅，曰：「言雖不多，於理甚要。」

紹宗帥眾十萬據橐駝峴⑬。羊侃勸貞陽侯淵明乘其遠來擊之，不從，旦日，又勸出戰，亦不從，侃乃帥所領出屯堰上。

丙午⑭，紹宗至城下，引步騎萬人攻潼州⑮刺史郭鳳營，矢下如雨。淵明醉，不能起，命諸將救之，皆不敢出。北兗州刺史胡貴孫謂譙州刺史趙伯超⑯曰：「吾屬將兵而來，本欲何為，今遇敵而不戰乎？」伯超不能對。貴孫獨帥麾下與東魏戰，斬首二百級。伯超擁眾數千不敢救，謂其下曰：「虜盛如此，與戰必敗，不如全軍早歸，可以免罪[1]。」皆曰：「善。」遂遁還。

初，侯景常戒梁人曰：「逐北勿[2]過二里。」紹宗將戰，以梁人輕悍⑰，恐其眾不能支，一一引將卒謂之曰：「我當陽退，誘吳兒使前，爾擊其背。」東魏兵實敗走，梁人不用景言，乘勝深入。魏將卒以紹宗之言為信，爭共掩擊之，梁兵大敗，貞陽侯淵明及胡貴孫、趙伯超等皆為東魏所虜，失亡士卒數萬人。羊侃結陳徐還。

上方晝寢，宦者張僧胤[18]白朱异啟事，上駭之，遽起升輿，至文德殿[19]閣。异曰：「韓山[3]失律[20]。」上聞之，怳然[21]將墜牀。僧胤扶而就坐，乃歎曰：「吾得無復為晉家乎？」

郭鳳退保潼州，慕容紹宗進圍之。十二月甲子朔[22]，鳳棄城走。

東魏使軍司杜弼作檄移梁朝曰：「皇家垂統，光配彼天，唯彼吳、越，獨阻聲教[23]。元首[24]懷止戈之心，上宰[25]薄兵車之命，遂解縶南冠[26]，喻以好睦。雖嘉謀長筭[27]，爰自我始，罷戰息民，彼獲其利。侯景豎子，自生猜貳，遠託關、隴，依憑姦偽，逆主定君臣之分，偽相結兄弟之親，豈曰無恩？終成難養，俄而易慮[28]，親尋干戈。釁暴惡盈，側首無託[29]，以金陵逋逃之藪[30]，江南流寓之地，甘辭卑禮，進孰[31]圖身[32]，詭言浮說，抑可知矣。而偽朝大小，幸災忘義，主荒於上，臣蔽於下，連結姦惡，斷絕鄰好，徵兵保境，縱盜侵國。蓋物無定方，事無定勢，或乘利而受害，或因得而更失。是以吳侵齊境，遂得句踐之師[33]，趙納韓地，終有長平之役[34]。矧乃鞭撻疲民，侵軼[35]徐部[36]，築壘擁川，舍舟徼利[37]。是以援枹[38]

秉麾㊴之將，拔距㊵投石㊶之士，含怒作色，如赴私讎。彼連營擁眾，依山傍水，舉螳蜋之斧，被蛣蜣㊷之甲，當窮轍㊸以待輪，坐積薪而候燎。及鋒刃纔交，埃塵且接，已亡戟棄戈，土崩瓦解，掬指舟中㊹，衿甲鼓下㊺，同宗㊻異姓㊼，縲紲㊽相望。曲直既殊，彊弱不等，獲一人而失一國㊾，見黃雀而忘深穽，智者所不為，仁者所不向。誠既往之難逮㊿，猶將來之可追。侯景以鄙俚之夫，遭風雲之會，位班三事(51)，邑啓萬家(52)，揣身量分，久當止足。而周章(53)向背，離披(54)不已，夫豈徒然？意亦可見，彼乃授之以利器(55)，誨之以慢藏(56)，使其勢得容姦，時堪乘便。今見南風不競(57)，天亡有徵，老賊姦謀，將復作矣。然推堅彊者難為功，摧枯朽者易為力，計其雖非孫、吳猛將(58)，燕、趙精兵，猶是久涉行陳，曾習軍旅，豈同剽輕之師(59)，不比危脆之眾(60)。拒此則作氣(61)不足，攻彼則為勢有餘，終恐尾大於身，踵粗於股，倔彊不掉，狼戾(62)難馴，呼之(63)則反速而釁小，不徵則叛遲而禍大。會應遙望廷尉，不肯為臣(64)，自據淮南，亦欲稱帝(65)。但恐楚國亡猨，禍延林木(66)，城門失火，殃及池魚(67)，橫使江、淮士子，荊、揚人物，死亡矢石之下，夭折霧露之中。彼梁主[4]，操行無聞，輕險有素，射雀論功(68)，蕩舟稱力(69)，年既老矣，耄(70)又及之，政散民流，禮崩樂壞。加以用舍乖方(71)，廢立失所(72)，矯情動俗(73)，飾智驚愚，毒螫滿懷，妄敦戒業(74)，躁競盈胸，謬治清淨。災異降於上，怨讟興於下，人人厭苦，家家思亂，履霜有漸，堅冰且至(75)。傳險躁之風俗，任輕薄之子孫，朋黨路開，兵權在外。必將禍生骨肉，釁起腹心，彊弩衝城，長戈指闕。徒探雀鷇(76)，無救府藏(77)之虛，空請熊蹯，詎延晷刻之命(78)。外崩中潰，今實其時，鷸蚌相持，我乘其獘[5]。方使駿騎追風，精甲輝日，四七並列(79)，百萬為羣，以轉石之形(80)，為破竹之勢。當使鍾山渡江，青蓋入洛(81)，荊棘生於建業之宮，麋鹿遊於姑蘇之館(82)。但恐革車(83)之所轔轢(84)，劍騎之所蹂踐，杞梓(85)於焉傾折，竹箭以此摧殘。若吳之王孫，蜀之公子(86)，歸款軍門，委命下吏，當即授客卿(87)之秩，特加驃騎之號(88)。凡百君子，勉求多福。」其後梁室禍敗，皆如弼言。

【章　旨】以上為第三段，寫梁朝軍隊救援侯景，討伐東魏，將懦兵驕，大敗於寒山，招致東魏輕視，移檄聲討，國家體面喪盡。

【注　釋】❶堰泗水於寒山　泗水，河名，源出泗水縣蒙山南側，經曲阜、兗州至魯橋，南折到徐州。梁軍築堰即在徐州段。寒山，地名，在徐州市東南，築成的堰稱寒山堰。❷癸卯　九月九日。❸羊侃　（西元四九五—五四八年）字祖忻，泰山梁甫（今山東泰安南）人，雅愛文史，初仕北魏，後歸梁，歷任徐州、青冀二州、兗州、衡州刺史，封高昌縣侯。侯景之亂時，為都官尚書，堅守建康。不久病死城中。傳見《梁書》卷三十九、《南史》卷六十三。❹王則　人名，字元軌，自云太原（今山西太原）人。仕東魏，歷官荊州、洛州、徐州刺史，封太原縣伯。傳見《北史》卷五十三。❺嬰城　環城。❻岐陽　地名，在岐山南麓，在今陝西岐山縣。時有岐陽宮。❼恐其驚叛　時眾將人人自疑，一旦召見，惟恐失去軍權，或被處死，所以接到詔令，容易因驚懼而叛變。❽顧待　照顧和信任。❾餉金　贈送金錢。❿乙酉　十一月甲午朔，無乙酉日。按，《魏書・孝靜帝紀》載遣紹宗事在「冬十月乙酉」，破蕭淵明在「十有一月」。《北史・東魏孝靜帝紀》刪簡，改「十月」為「十一月」以就破淵明之時，而未刪「乙酉」二字，《通鑑》記此事蓋從《北史》。然此年十一月朔為甲午日，無乙酉日，而十月乙丑朔，乙酉為二十一日，故當從《魏書》紀日。⓫噉　吞吃。⓬廷尉卿　官名，六卿之一，掌司法。北魏三品。⓭橐駝峴　山名。小而高的山稱作峴。在彭城縣東。唐時稱定國山。⓮丙午　十一月十三日。⓯潼州　州名，梁置，治所取慮城，在今江蘇睢寧西南。⓰趙伯超　滑頭梁將，多次臨陣退逃。侯景之亂時，任侯景東道行臺。侯景敗亡，餓死江陵獄中。傳見《南史》卷八十。⓱輕悍　輕捷強悍。⓲張僧胤　人名，雖為宦官，但較正直。劉之亨進軍南鄭，頗有戰功，卻遭蘭欽陷害，未獲封賞。張僧胤向梁武帝進言，於是被封臨江子。事見《南史》卷五十〈劉虯傳〉附〈劉之亨傳〉。⓳文德殿　建康宮前殿。⓴韓山失律　寒山失敗。韓山，即寒山。㉑悅然　因震驚而視野模糊，精神恍惚。㉒甲子朔　十二月初一日。㉓聲教　教化。㉔元首　指東魏孝靜帝。㉕上宰　指大丞相高歡。㉖解縶南冠　典出《左傳》成公九年。初楚伐鄭，鄭人俘虜了楚國鄖公鍾儀，並押送到晉國。鍾儀頭戴楚國的帽子，被晉侯發現，問明來歷後，將他釋放回國，通過他與楚國和解，結成同盟。杜弼引此喻指大同三年（西元五三七年）梁與東魏停戰通好一事。㉗長筭　目光長遠的計畫。筭，同「算」。㉘易慮　改變主意。㉙側首無託　令人側目，無處依存。指侯景不能見容於東魏。㉚逋逃之藪　逃亡罪人的聚居地。㉛孰　通「熟」。動聽悅耳的話。㉜圖身　尋求安身之地。㉝遂得句踐之師　吳王夫差北上爭霸，在艾陵大敗齊軍，迫齊晉等國在黃池約盟，但被句踐乘虛攻入吳國，不久即遭滅亡。事詳《左傳》哀公十三年。㉞終有長平之役　周赧王五十三年（西元前二六二年），秦攻韓，韓國上黨守將馮亭獻城給趙國，趙王派平原君接受上黨，於是遭秦國忌恨。西元前二六〇年，秦趙戰於長平，趙軍大敗，主將趙括以下四十五萬人被殺。事詳《史記》卷四十三〈趙世家〉。㉟侵軼　侵犯。㊱徐部　即徐州刺史部。㊲徼利　求取利益。㊳援枹　手握鼓槌。㊴秉麾　手拿指揮軍隊的令旗。㊵拔距　古人比較力量的遊戲。兩人對坐於地，雙腳相抵，雙手互握，看誰能把對方拉起來。一說是看誰跳得遠。㊶投石　古人比較力氣的遊戲。投擲石塊以擊人。㊷蛣蜣　一種黑色甲殼蟲，俗名糞克螂。翅膀在甲殼之下。㊸窮轍　原有的車轍。此用螳臂擋車的典故。㊹掬指舟中　晉楚邲之戰，晉軍大敗。荀林父不知所措，令晉軍中先渡過河者有賞。軍士爭先逃命，為搶人渡船，不少抓住船幫的士兵手指，被先上船者用刀剁斷，落在艙裡，隨手一掬，便能捧起一把斷指。事見《左傳》宣公十二年。引此喻梁軍傷亡慘重。(45)衿甲鼓下　晉軍為救魯國，與齊師戰於平陰。齊師敗逃，齊將殖綽、郭最殿後被俘，穿著甲冑而雙臂反綁，跪在晉中軍的令鼓之下。事詳《左傳》襄公十八年。引此喻梁軍多名將領被俘。(46)同宗　指貞陽侯蕭淵明，是梁武帝的親姪子。(47)異姓　指胡貴孫、趙伯超諸梁將。(48)縲紲　指被囚禁的人。(49)獲一人而失一國　典出《左傳》莊公十二年。宋臣猛獲協助南宮萬殺死國君宋閔公，逃到衛國避難。宋人向衛國要人，石祁子說：「得一人而失去一國，與惡人相交而放棄同盟國，不是好辦法。」於是衛人將猛獲交還宋國。引此是要說明梁朝得到侯景，卻失去一個友好的盟國東魏，不是明智之舉。(50)難逮　難以挽回。(51)三事　即三公。侯景曾任東魏司徒一職。(52)邑啓萬家　即萬戶侯的意思。侯景爵上谷郡公，食邑可稱萬戶。(53)周章　鑽營的樣子。(54)離披　紛亂不可收束的樣子。(55)利器　國家的權力。指梁朝以侯景為大將軍，封河南王，都督黃河南北諸軍事、大行臺，給予自專的權力。(56)誨之以慢藏　語本《周易．繫辭》上云：「慢藏誨盜。」謂漫不經心地管理物品，等於教誨盜賊來偷取此物品。(57)南風不競　典出《左傳》襄公十八年。時晉人圍齊，楚乘機攻打鄭國，晉人有些擔心。但師曠說：「沒有關係。我屢次歌唱南方的歌曲，曲調不強，多有象徵死亡的音節，楚國必定不會成功。」事情果然如他所料。這裡指梁朝國力衰頹。(58)孫吳猛將　孫武、吳起一樣的猛將。(59)剽輕之師　強悍輕捷的軍隊。漢代指楚地的士兵多剽勇善戰，但常輕敵冒進。杜弼以為梁軍也是如此。(60)危脆之眾　脆弱得隨時會覆亡的軍隊。也是喻指梁軍。(61)作氣　力量。(62)狼戾　兇暴。(63)呼之　招回朝廷。(64)遙望廷尉二句　指東晉蘇峻叛亂時，對朝廷使者說：「我寧山頭望廷尉，不能廷尉望山頭。」也就是說，他寧肯憑藉已有的地盤，讓代表國法的廷尉對他無可奈何，也不願奉詔進京，讓庾亮把他下到廷尉獄中，想回歷陽而不可得。事見《晉書》卷一百〈蘇峻傳〉。(65)自據淮南二句　指漢初英布任淮南王，在韓信、彭越等異姓王被劉邦一一剷除後，利用劉邦病重之機，在淮南發動叛變，而企圖奪取帝位。事見《漢書》卷三十四〈黥布傳〉。以上都是說侯景會像蘇峻、英布一樣禍亂梁朝。(66)楚國亡猨二句　語出《莊子》。說的是楚王丟失了猿猴，為了捉回牠，砍壞了大批林木。(67)城門失火二句　《藝文類聚》卷九十六、《太平御覽》卷九百三十五引《風俗通義》云，城門失火，燒死了一個叫池仲魚的人，於是流傳出這麼一首謠諺。又云城門著了火，人們救火時，取用大量護城河的水，使河中的魚遭了殃。(68)射雀論功　典出《國語．晉語》。晉平公射鴳鳥，未射中。命內豎叫襄的去捉，也沒捉住。平公大怒，要把襄關起來殺掉。叔向得知後跑來說：「過去先君唐叔一箭射死兕，做成一副大鎧甲，於是封在晉國。現在國君連個小鳥都射不死，這是宣揚您的恥辱。您既然要殺就快殺，不要叫這件事傳出去。」平公十分慚愧，立刻釋放了襄。(69)蕩舟稱力　典出《左傳》僖公三年，齊桓公和蔡姬在池沼中划船，蔡姬有意蕩船身，把桓公嚇得臉色都變了，連叫蔡姬停下，蔡姬不聽，於是桓公將她休回蔡國。以上兩句主要用來諷刺梁武帝只會在宮中與宦官、姬妾遊樂，昏聵無能，無力治理好國家。(70)耄　因年老而昏亂。(71)用舍乖方　指罷免周捨，斥責賀琛，而卻寵信朱异。任免官吏，都不合用人之道。(72)廢立失所　指昭明太子死後，不立嫡長孫為繼承人，而立第三子蕭綱為太子，有違舊制。(73)矯情動俗　為了表現自己節儉勤政，四更即起床處理政務，常顧不上吃飯。又長年吃齋，身穿木棉衣，宴會一般也不設樂舞。但卻多次捨身事佛，多造塔寺，耗費大量公私財物。又親近小人，放縱牧守。雖表面上贏得一些聲譽，實際上亂了國政，亂了民心。(74)戒業　佛教戒律。(75)履霜有漸二句　語出《周易·坤卦》。即有霜說明寒冬正在到來，隨之而來將會出現堅冰。借用來說明由於梁武帝長期治政腐敗，敗亡的徵兆日趨明顯，大亂即將到來。(76)徒探雀鷇　戰國時，趙武靈王讓位於小兒子何，自號「主父」。但又憐憫長子章，想把趙國一分為二，封章為代王。章乘他出遊沙丘之機，發動叛亂。失敗後，逃入沙丘宮中。主父收留了他，卻同時被困，不久絕糧。只有去抓鳥巢中的雛鳥吃，最終一起被活活餓死。事詳《史記》卷四十三〈趙世家〉。(77)府藏　即「腑臟」。五臟六腑。(78)詎延晷刻之命　典出《左傳》文公元年。楚太子商臣遭廢黜，於是發動叛亂，包圍王宮。楚成王請求吃了熊掌後再死。熊掌難熟，想藉以拖延時間，等待外援。商臣不許，成王只好自縊而死。(79)四七並列　光武帝劉秀任用鄧禹、吳漢等二十八將，奪取天下，重興漢室。後人贊辭有「四七授鉞」一句，表彰他善於用人。見《後漢書》卷二十二〈馬武傳論〉。此借用來形容東魏良將眾多。(80)轉石之形　《孫子兵法》說：「作戰如轉木石，木石的特點安則靜，危則動，方則止，圓則行。所以善於作戰的人把握有利形勢，如同轉圓石於高山之上。」這裡是說東魏將佔據有利位置，展開進攻態勢。(81)青蓋入洛　吳末帝孫晧奪取晉西陵之地，請術士尚廣卜筮。尚廣說：「庚子年，青蓋當入洛陽。」即吳王將進入洛陽，取得天下。結果庚子年（西元二八〇年），吳國滅亡，孫晧被押入洛陽。詳《三國志》卷四十八〈孫晧傳〉。杜弼喻指梁必滅亡。(82)麋鹿遊於姑蘇之館　淮南王劉安企圖奪取帝位，伍被勸諫他說：「臣聽說伍子胥諫吳王，吳王不聽，於是他說：『臣今天見到麋鹿遊動於姑蘇之臺。』現在臣也看見宮中長出荊棘，露水沾溼了衣襟。」事詳《漢書》卷四十五〈伍被傳〉。伍子胥和伍被的話，都是指出必然敗亡後的悲慘情景。(83)革車　戰車。(84)轔轢　也作躪轢，車輪輾過的意思。(85)杞梓　杞、梓都是東南地區出產的優質木材，在此比喻傑出的人才。(86)吳之王孫二句　語出晉左思〈三都賦〉，杜弼用來喻指梁宗室和群臣。(87)客卿　李斯，楚國上蔡人，入秦為客卿，受秦重用。傳見《史記》卷八十七。(88)特加驃騎之號　指孫秀。孫秀為三國吳宗室，初為前將軍，後降晉，拜驃騎將軍。見《三國志》卷五十一〈孫匡傳〉及《晉書》卷四十〈賈充傳〉。

【校　記】①可以免罪　原無此四字。據章鈺校，十二行本、乙十一行本、孔天胤本皆有此四字，張敦仁《通鑑刊本識誤》、張瑛《通鑑校勘記》同，今據補。②勿　原作「不」。據章鈺校，十二行本、乙十一行本、孔天胤本皆作「勿」，張敦仁《通鑑刊本識誤》同，今據改。③韓山　胡三省注云：「『韓山』即『寒山』。」據章鈺校，乙十一行本「韓山」正作「寒山」。④梁主　「主」下原有「者」字。據章鈺校，十二行本、乙十一行本皆無「者」字，《通鑑紀事本末》卷二十三同，今據刪。⑤敝　原作「弊」。據章鈺校，十二行本、乙十一行本、孔天胤本皆作「敝」，今據改。

【語　譯】梁武帝命令蕭淵明在寒山築壩引泗水灌彭城，等到佔領彭城，就進軍與侯景形成犄角互援的形勢。九月初九日癸卯，蕭淵明駐軍寒山，離彭城十八里，築壩斷流。侍中羊侃監督築壩，用了二十天完成。東魏徐州刺史太原人王則環城固守，羊侃勸蕭淵明趁水淹城時進攻彭城，蕭淵明不聽從。眾將領與蕭淵明討論軍事，蕭淵明不能回答，只是說到時候採取適宜的措施。

冬，十一月，西魏丞相宇文泰隨從魏文帝在岐陽狩獵。

東魏大將軍高澄派大都督高岳援救彭城，想任用金門郡公潘樂為副將。陳元康說：「潘樂對於機會變化反應遲鈍，不如慕容紹宗，何況先王有遺命推薦。你只要推心置腹信任這個人，侯景不值得憂慮。」當時慕容紹宗任職在外，高澄想召見他，又怕他受驚造反。陳元康說：「慕容紹宗知道我受你的照顧和信任，最近派人來送金錢，我想使他的心情安定下來，就收下了，並寫了一封回信厚謝他，我擔保他沒有二心。」乙酉日，任命慕容紹宗為東南道行臺，與高岳、潘樂一同出征。當初，侯景聽到韓軌來討伐，說：「這個吃豬腸的小子有什麼能耐？」又聽到高岳來討伐，說：「兵馬精良而帶兵的人卻很一般。」東魏諸將沒有不被侯景輕視的。等到聽說慕容紹宗來征討，便敲打著馬鞍，面露懼色，說：「哪一個教鮮卑小兒派慕容紹宗前來？如果是這樣，高王一定還沒死吧？」

高澄任命廷尉卿杜弼為軍司，代理行臺左丞，臨近出發，高澄問他為政的關鍵，以及應警惕的事務，讓他寫出幾條來。杜弼請求口頭陳述，說：「天下最要緊的事務，莫過於賞罰。獎賞一個人讓全國的人都高興，懲罰一個人讓全國的人都懼怕，如果這兩條沒有失誤，一切政務自然就盡善盡美了。」高澄非常高興，說：

「話說得不多，道理卻很精要。」

慕容紹宗率領十萬大軍佔據了橐駝峴。羊侃勸貞陽侯蕭淵明趁東魏軍遠道而來攻擊東魏軍，蕭淵明不聽從，第二天早晨，羊侃又勸蕭淵明出戰，蕭淵明仍然不聽從，羊侃就帶領自己所屬的軍隊外出駐屯在堤壩上。

十一月十三日丙午，慕容紹宗到達彭城城下，率領步騎一萬人攻擊潼州刺史郭鳳的軍營，箭矢如雨而下。蕭淵明喝得大醉，不能起床，命令諸將救援郭鳳，都不敢出戰。北兗州刺史胡貴孫對譙州刺史趙伯超說：「我們領兵到這裡來是幹什麼呢？今天碰上了敵人能不出戰嗎？」趙伯超不能回答。胡貴孫獨自率領本部人馬與東魏軍隊交戰，殺敵二百多人。趙伯超統領數千人馬不敢救援，對他的部下說：「敵人這麼強盛，和他們交戰一定失敗，不如保存全軍早點撤退，可以免罪。」大家都說：「好。」於是逃還。

當初，侯景曾告誡梁人說：「追擊敗逃之兵不要超過兩里。」慕容紹宗即將交戰時，認為梁朝軍隊輕捷強悍，擔心自己的軍隊承受不住攻擊，就把將士一一叫到跟前對他們說：「我會假裝敗退，引誘梁軍深入，你們攻擊他們背後。」東魏兵真的敗退，梁軍不按侯景的話辦，乘勝窮追，東魏將士相信了慕容紹宗的話，爭相從背後打擊梁軍，梁兵大敗，貞陽侯蕭淵明以及胡貴孫、趙伯超等都被東魏兵活捉，死傷和逃散士兵數萬人。羊侃率部下列隊徐徐退還。

梁武帝正在睡午覺，宦官張僧胤稟告梁武帝說朱异有急事啟奏，梁武帝大驚，迅即起床上轎，趕到文德殿。朱异說：「韓山打了敗仗。」梁武帝聽了，恍恍惚惚差點從床上倒下。張僧胤扶住梁武帝坐下，梁武帝歎息說：「我莫非又要像晉朝那樣嗎？」

郭鳳撤退保守潼州，慕容紹宗進軍包圍潼州城。十二月初一日甲子，郭鳳棄城逃走。

東魏命軍司杜弼寫檄文送到梁朝，說：「我魏氏皇家統治天下，光輝如同上天，只有你們吳越之地，阻礙朝廷聲威教化。我魏氏皇上懷有停戰之心，大丞相也厭惡下達進兵的命令，於是釋放南國俘虜，表達睦鄰友好。雖然美好的主張，長遠的打算，是我們首發其端，但停止戰爭，休息民眾，你們獲得實利。侯景小子，自己胡亂猜疑，產生二心，投靠邊遠的關隴，依托你們奸偽的朝廷，叛逆的西魏之主與侯景定下君臣的名分，僭偽朝廷的丞相宇文泰與侯景約為兄弟，怎能說不是給予侯景恩惠？但侯景終歸是一個難以收養的叛逆小人，他不久就改變了主意，親手挑起了戰端。他殘暴無比，惡貫滿盈，令人側目，無處存身。由於金陵是逃犯匯聚的淵藪，江南是流放罪人的地方，侯景便甜言蜜語，卑躬屈膝，送上動聽的言詞，尋找安身的地方，虛假浮誇之言，顯而易見。而你們僭偽的梁朝上上下下，幸災樂禍，見利忘義，君主在上荒淫無道，臣子在下蒙蔽作惡，勾結侯景奸詐作惡之人，與我斷絕鄰睦友好，調集兵力，屯駐邊境，縱容盜賊侵犯我國。天下萬事萬物，並不是一成不變，有時看似獲利反而受害，有時看似有得反而丟失。因此，從前吳國侵犯齊國邊境，卻引來越王句踐的軍隊，趙國接收了韓國的土地，終於招致長平之戰的大敗。何況你們驅趕疲憊之民，侵犯我徐州之地，築起堤壩堵塞河川，丟棄舟船尋求利益。因此，我們擊鼓掌旗的指揮將領，跳遠投石的勇敢士兵，人人義憤填膺，怒形於色，如同奔赴自己的仇敵。你們連營紮寨，依山傍水，舉著像螳螂前臂似的大斧，穿著像蜣螂蟲一樣的鎧甲，擋在原有的車轍上等待車輪輾過，坐在堆積柴草上等待大火燃燒。等到兩軍剛剛交戰，征塵即將相接，你們梁軍已經丟戟棄戈，土崩瓦解，像當年晉國軍隊斷指舟中一樣潰逃，許多將領如同當年齊將穿著甲胄雙手被綁一樣被俘，同宗的，異姓的，被繩綁索捆的俘虜，在路上絡繹不絕。是非分明，強弱懸殊，得到一個叛臣，失去一個與國，只看到頭頂上的黃雀，卻忘了腳步底下的陷阱，這是聰明的人所不做，仁愛的人不願看到的。真的是過去的事難已挽回，但將來的事還可以謀求。侯景憑著一個鄉野匹夫，碰上風雲變幻的機會，位列三公，食邑萬戶，掂量掂量自己分量，早就應當滿足，可是他鑽營順逆，紛亂不止，這難道是白忙活的嗎？他的用意是可以看得出來的，你們卻授給他國家權柄，慢藏誨盜，使形勢有利於實現他的奸計，時機有利於實現他的野心。現今侯景看到你們梁朝國勢衰微，已出現滅亡的徵兆，這個老賊的奸謀，恐怕又要重演。而且，推翻堅固強大的東西很難見功效，摧毀枯萎腐朽的東西卻容易發揮效力，度量一下侯景這個人，雖然不是孫武、吳起那樣的猛將，手下也沒有燕國、趙國那樣的精兵，但他畢竟是久歷戰場，曾經研習軍事，豈能把他的軍隊等同於剽悍冒進之師，也不能視作脆弱易亡之眾。抗拒我魏國則力量不足，攻擊你梁國則軍力有餘，恐怕終久是尾大於身，小腿粗於大腿，倔強而不聽調遣，兇狠暴戾難以馴服，如果叫他回朝，他就反叛得快而為禍小，不徵召他，那麼他反叛得慢而為禍大。也許會像東晉蘇峻那樣遙望廷尉不服懲治，也可能會像西漢黥布那樣不肯為臣，割據淮南，也想稱帝。恐怕會重演楚國亡猿，禍延林木，城門失火，殃及池魚，使江淮士子，荊揚人物，橫死在矢石之下，喪命於霧露之中。你們梁朝君主，沒聽說有好的德行，倒是一向輕薄陰險，如同晉平公那樣自己射不中一隻鴳鳥而要殺掉侍從，又似齊桓公那樣經不住蔡姬在舟中晃蕩就使力休棄了她，如今年老昏耄，政治鬆散，人民流失，禮壞樂崩。加上對人取捨失準，廢立太子失序，裝模作樣，攪亂民俗，弄巧設詐驚嚇愚人，滿肚子毒螫般壞主意，虛妄地推崇佛法戒律，權勢的欲望滿胸膛，卻胡說崇尚清靜無為。災異從上而降，怨苦之聲起於下，人人叫苦，家家思亂，腳下有霜，堅冰就要到來。倡導浮躁邪異的風俗，任用輕薄無行的子孫，縱容結黨營私，外人操縱兵權。這樣，一定會導致骨肉中產生禍患，腹心地區出現事端，以至長弩射向京城，長戈指向宮殿。那時一定會像趙武靈王那樣，徒勞地捉雛鳥充飢，不能解救腹中的飢餓，也會像楚成王那樣，空想乞求吃熊掌而死，沒有實現延長片刻生命的願望。你們梁朝外部分崩離析，內部腐朽不堪，這正是當今的現實。你們鷸蚌相爭，我們將乘機取利。我們正在派出追風般的駿馬勁騎，精良的鐵甲與太陽爭輝，良將並列成排，士兵百萬為群，如同高山滾石之形，呈現破竹之勢。我們會使鍾山成為我國的山，梁朝之主將像當年吳王孫皓夢想入洛一樣成為囚虜，建業的宮殿長滿荊棘，如同吳王夫差的姑蘇之宮成為麋鹿遊蕩之所。只是擔心戰車輾壓之處，刀劍鐵騎踐踏之地，杞梓遭到折斷，竹箭因此摧殘。如果梁朝的文武百官、王孫公子，能夠到軍前投降，把性命交給我們的下級官吏，定會授予如同李斯入秦取得的客卿的俸祿，如同孫秀投晉特加的驃騎將軍的稱號。各位君子，努力吧，自求多福。」後來梁朝的禍亂和敗亡，完全像杜弼說的那樣。

侯景圍譙城不下，退攻城父[1]，拔之。壬申[2]，遣其行臺左丞王偉等詣建康說上曰：「鄴中文武合謀，召臣共討高澄，事泄，澄幽元善見於金墉，殺諸元六十餘人。河北物情，俱念其主，請立元氏一人以從人望，如此，則陛下有繼絕之名，臣景有立功之效，河之南北，為聖朝之邾、莒❸，國之男女，為大梁之臣妾。」上以為然，乙亥❹，下詔以太子舍人元貞❺為咸陽王，資以兵力，使還北主魏，須渡江，許即位，儀衛以乘輿之副給之。貞，樹❻之子也。

蕭淵明至鄴，東魏王升閶闔門受俘，讓而釋之，送於晉陽，大將軍澄待之甚厚。

慕容紹宗引軍擊侯景，景輜重數千兩，馬數千匹，士卒四萬人，退保渦陽。紹宗士卒十萬，旗甲耀日，鳴鼓長驅而進。景使謂之曰：「公等為欲送客，為欲定雌雄邪？」紹宗曰：「欲與公決勝負。」遂順風布陳。景閉壘，俟風止乃出。紹宗曰：「侯景多詭計，好乘人背❼。」使備之，果如其言。景命戰士皆被短甲，執短刀❽，入東魏陳，但低視，斫人脛馬足。東魏兵遂敗，紹宗墜馬，儀同三司劉豐生被傷，顯州❾刺史張遵業❿為景所擒。

紹宗、豐生俱奔譙城，裨將⓫斛律光⓬、張恃顯尤之，紹宗曰：「吾戰多矣，未見如景之難克者也。君輩試犯之！」光等被甲將出，紹宗戒之曰：「勿度渦水。」二人軍於水北，光輕騎射之。景臨渦水謂光曰：「爾求勳而來，我懼死而去。我，汝之父友⓭，何為射我？汝豈自解不渡水南？慕容紹宗教汝也。」光無以應。景使其徒田遷射光馬，洞胸，光易馬隱樹，又中之，退入於軍。景擒侍顯，既而捨之。光走入譙城，紹宗曰：「今定⓮何如？而尤我也！」光，金之子也。

開府儀同三司段韶夾渦而軍，潛於上風縱火，景帥騎入水，出而卻走，草濕，火不復然。

魏岐州久經喪亂，刺史鄭穆⓯初到，有戶三千，穆撫循安集，數年之間，至四萬餘戶，考績為諸州之最，丞相泰擢穆為京兆尹。

侯景與東魏慕容紹宗相持數月，景食盡，司馬世雲降於紹宗。

【章旨】以上為第四段，寫東魏慕容紹宗征討侯景，相持數月，侯景軍糧盡，士氣衰落。

【注釋】❶城父　縣名，縣治在今安徽亳州東南。❷壬申　十二月九日。❸為聖朝之邾莒　邾、莒都是春秋時的小國，於此喻指東魏各州郡，將如同邾、莒一樣投靠梁朝。❹乙亥　十二月十二日。❺元貞　北魏獻文帝拓跋弘的後代。封咸陽王後，被梁武帝禮送到侯景軍中。侯景想作亂，元貞獲知後，多次請求還朝。武帝不許，於是逃奔東魏。傳見《梁書》卷三十九、《魏書》卷二十一上、《北史》卷十九。❻樹　元樹，字君立，北魏近屬，降梁，官至侍中、鎮北將軍。中大通四年（西元五三二年）被北魏將樊子鵠所俘，想再度南逃，被殺。傳見《梁書》卷三十九。❼好乘人背　好從背後掩擊敵人。❽被短甲二句　這是侯景置之死地而後生之計。士兵只有死戰才能有生還的希望。❾顯州　州名，北魏永安（西元五二八－五三〇年）年間置，東魏沿置。治所六壁城，在今山西介休西。❿張遵業　（？－西元五四七年）代人，北魏時，以討元顥有功，封固安縣子。仕東魏，官至安西將軍、建州刺史。傳見《北齊書》卷二十。⓫裨將　副將。⓬斛律光　（西元五一四－五七一年）

字明月，朔州勑勒部人，斛律金之子。善騎射，號落雕都督，爵永樂縣伯。入齊，歷任晉州、并州刺史，屢敗周兵。位至太傅，襲封咸陽王。後因周將韋孝寬使反間計，被北齊後主高緯所殺，並滅族。傳見《北齊書》卷十七、《北史》卷五十四。⓭汝之父友　你父親的朋友。當年侯景與斛律金同事爾朱榮，後又輔佐高歡，交誼很好。⓮定　魏晉南北朝習語，等於說終究、到底。⓯鄭穆　（西元五〇六─五六五年）本名道邕，字孝穆，晚年避周武帝諱，以字行，此省作「穆」。滎陽開封人，北魏驃騎將軍，隨孝武入關，歷任岐州刺史、京兆尹。入周，歷任宜州、華州、虞州、陝州刺史，有政績。傳見《周書》卷三十五、《北史》卷三十五。

【語　譯】侯景圍攻譙城，沒有攻下，撤軍後攻打城父，攻取了城父。十二月初九日壬申，派他的行臺左丞王偉等到建康勸說梁武帝，說：「鄴城中文武官員共同謀劃，召臣共同討伐高澄，事情洩露，高澄把皇帝元善見幽閉在金墉城，殺皇室六十餘人。河北地區的人心都懷念他們的君主，請求奉立一個元氏宗室的人為國主，以便順從民心。如果這樣，那麼陛下有繼絕世的名聲，臣侯景有立功建勳的效驗，黃河南北，都是梁朝的附庸，那裡的男女老少，都是大梁朝的臣民婢妾。」梁武帝認為很對，十二日乙亥，下詔任命太子舍人元貞為咸陽王，給配備軍隊，讓他回到北方去統治魏國，等到渡江後允許他即皇帝位，儀仗衛隊按照僅次於梁朝皇帝的規格配給他。元貞，是元樹的兒子。

蕭淵明到了鄴城，東魏孝靜帝登上皇城的閶闔門接受戰俘，斥責一番之後釋放了蕭淵明，把他送到晉陽，大將軍高澄待他很優厚。

慕容紹宗領兵攻打侯景，侯景輜重數千輛，馬數千匹，士卒四萬人，撤退守衛渦陽。慕容紹宗士卒十萬，旌旗鎧甲在陽光下閃耀，擂著戰鼓長驅直進，侯景派人對慕容紹宗說：「你們是想歡送客人，還是要分個勝負呢？」慕容紹宗說：「想和你決一勝負。」於是順著風向擺開陣勢。侯景緊閉營壘大門，等到風停止了才出來。慕容紹宗說：「侯景詭計多端，喜歡攻擊別人的背後。」讓部下防備他。果然如他所說，侯景命令戰士都穿短甲，手執短刀，攻入東魏陣地，只低頭看，砍人的小腿和馬腳。東魏兵於是失敗，慕容紹宗落下馬來，儀同三司劉豐生被打傷，顯州刺史張遵業被侯景活捉。

慕容紹宗、劉豐生都逃到譙城，副將斛律光、張恃顯責怪慕容紹宗。慕容紹宗說：「我打仗多次了，沒見到像侯景那樣難以戰勝的，你們打他試試看！」斛律光等人穿著鎧甲將要出戰，慕容紹宗告誡他們說：「不要渡過渦水。」二人駐軍在渦水北岸，斛律光輕裝躍馬射侯景。侯景到渦水邊對斛律光說：「你們為立功而來，我怕丟命離去。我是你父親的朋友，為什麼射我？你自己哪懂得不要渡過渦水南去？這是慕容紹宗教給你的。」斛律光無言以對。侯景派他的部下田遷射斛律光的馬，穿透了馬的胸膛，斛律光換了一匹馬藏身大樹後面，戰馬又被射中，退入軍中。侯景擒獲了張恃顯，不久把他釋放了。斛律光逃入譙城，慕容紹宗說：「今日到底怎麼樣？還來責備我！」斛律光，是斛律金的兒子。

開府儀同三司段韶在渦水兩岸駐軍，暗中順風放火，侯景率領騎兵進入河中，從水中出來後再向後撤退，草溼，火不再燃燒。

西魏岐州久經戰亂，刺史鄭穆剛到岐州，有三千戶，鄭穆招撫安集，數年之間，達到四萬餘戶，考核政績他在各州之中名列第一，丞相宇文泰提升他為京兆尹。

侯景與東魏慕容紹宗相持了幾個月，侯景軍糧食用光了，他的部將司馬世雲投降了慕容紹宗。

**【研析】**西元五四七年，東魏執政者高歡走到了生命的盡頭，原本日漸平息的局勢因為侯景起事而風雲突變，東魏、西魏、蕭梁三方各自調動政治、軍事力量，予以應對。東魏成功地消除了政治領袖更替而形成的危機，西魏小心翼翼地避免了陷入新一輪的戰事，蕭梁方面則進退失據，從而將北方政權內部的政治危機引向江南。下面討論本卷涉及的史事及其相關問題。

其一，侯景起兵的性質

侯景最終死於江南，唐代修史，將傳記編入《梁書》。據傳，他出身於北魏時北鎮戍兵，參與了北鎮戍兵在六鎮與河北的暴動，後率一支人馬投附爾朱榮，與高歡類似。高歡與爾朱氏敵對時，侯景又率部投靠高歡。東魏時位至司徒，任南道行臺，「擁眾十萬，專制河南」，為河南各州最高軍政長官，地位僅次於丞相高歡。

其人不善弓馬，但頗多智謀，且「殘忍酷虐，馭軍嚴整。然破掠所得財寶，皆班賜將士，故咸為之用，所向多捷。」

高歡對侯景並不信任，當其病重，高澄面有憂色，他便一語中的：「豈非憂侯景叛邪？」他之所以聽任侯景專政河南達十四年之久，一來因西魏是主要敵人，需全力應對，二來因侯景並沒有表現出獨立的傾向，雖明知其不可靠，如無正當理由而加處置，則「勳貴」們都將產生危機感，導致內部不穩。侯景雖有智謀，高歡亦以權謀見長，「機權之際，變化若神」，加上寵待勳舊，「由是文武樂為之用」，侯景也深為忌憚，故高歡能加以「畜養」、「駕御」。自視甚高的侯景原本瞧不上高澄，高澄在鄴城奉命壓制過度豪橫不法的「勳貴」，亦引起侯景不安。他曾向受到處置的司馬子如表示：「高王在，吾不敢有異；王沒，吾不能與鮮卑小兒共事！」司馬子如「掩其口」，實際上這批「勳貴」可以說人同此心，只不過侯景主政一方，手握大軍，更有能力表達自己的態度罷了。

深憂侯景的高澄，在高歡死後，密不發喪，嚴守死訊，讓陳元康以高歡的名義發布數十道政令，其中一道就是讓侯景返京述職。而早先高歡給侯景發指令時，信紙上會記有暗號。侯景收到要自己返京的命令，猜測到高歡已死，拒絕回京，一面暗中派親信到山東，準備奪取當地不聽命於「南道行臺」的各州軍政大權，一面派人向梁與西魏委地投誠。面對侯景拒不服從朝廷命令的情況，高澄只好按高歡預先布置，派被高歡有意壓制而侯景頗為忌憚的慕容紹宗率軍開赴河南。

至此，侯景起兵還只是東魏內部的權力鬥爭。西魏、梁朝方面如何應對，將決定這次事件的性質。

其二，西魏巧與周旋，避免局勢失控

西魏與東魏原本敵對，十四年間，經歷過多次大戰，而洛陽周圍此時已成為雙方爭奪最為激烈的地區。按理，敵國方面大員主動投誠，以地來附，是求之不得的事情。但我們看到，西魏方面對於這一突發事變，態度異常謹慎，處置非常得體，最初有所行動，見事不妙，極早抽身，置身事外。分析起來，有如下原因：

首先，宇文泰及其主部將，均出自六鎮，對於侯景有深入的瞭解。于謹即說：「景少習兵，姦詐難測，不如厚其爵位以觀其變，未可遣兵也。」荊州刺史王思政無北鎮經歷，對侯景瞭解不多，認為機不可失，主動率所部萬餘人向侯景防區進發。宇文泰被迫派李弼、趙貴率萬餘人奔赴侯景所在的潁川，加以策應，同時給侯景以大將軍兼尚書令的官銜。西魏出軍，包圍潁川的東魏部隊主動撤退。李弼、趙貴等軍進入潁川，拒絕與侯景會面，使侯景沒機會下手奪其軍。當梁將羊鴉仁率軍逼近潁川接應侯景時，李弼等突然率部返回長安，脫離戰場。此後，西魏方面不再答應侯景派軍隊支援的請求，而是要求侯景「入朝」。侯景既然投誠，且給以尚書令的官職，要求其到長安就職理所當然，其原所管轄的地區則可以由西魏軍隊接管。如其不「入朝」，則只不過是利用西魏而已。侯景當然不會「入朝」，所部已進駐潁川的王思政也終於醒悟，立即命令撤離。宇文泰「悉召前後所遣諸軍援景者」，將原授予侯景的官職，改授王思政，以便其相機行事。自此，西魏方面主動地擺脫了與侯景的任何關係，並取得了根據局勢變化而行動的主動權。

其次，西魏暫時無力與東魏展開全面決戰。西魏與東魏經過多次大戰，互有勝負，對於力量還弱小、兵員補充極為困難的西魏來說，即便是勝利的戰役，也是巨大的損失。上卷所記玉壁之戰，高歡舉全力進攻，西魏方面居然未有見援兵到達，並非玉壁不重要，實心有餘而力不足。此時的宇文泰正在推行「廣募關隴豪右以增軍旅」的政策，新的軍隊與軍隊指揮系統正在籌建，要應對牽涉全局的戰事，還相當困難。

再次，或許也是主要的原因。如上卷所說，東魏與強大的柔然再次結盟，柔然軍隊時常威脅著長安，如西魏全力支持侯景，即便奪取到河南，也只不過是大戰方興的前奏。若東魏、柔然全力來攻，西魏方面將無以應敵。西魏方面人物在討論這次事變時，誰也沒提及柔然，但背後那支最為強大的敵對的力量，誰又可以忽視？可以說，柔然威脅不除，西魏即使新軍訓練有成，也絕沒有開疆拓土的雄心。

不計小利，避免時機不成熟時與東魏的全面戰爭，雖有任約一部千餘人投附侯景，但西魏也趁機佔據了一些地區，總的來說，應對策略無疑是成功的。

其三，梁武帝悖於形勢，背信棄義，嚴重失策

梁武帝接納侯景，並派十萬大軍支援，夢想統一全國。無論從哪一方面說，都是昏庸之舉。

首先，早在南朝建立之後，南方政權對北方民眾已失去了吸引力，也就是說，北方華夏民眾已不再在心理上認同南方政權。宋文帝元嘉之政，號稱江南極盛，但其在元嘉二十七年發起的「北伐」之役，最終「只贏得倉惶北顧」。從此以後，南方無人再提「北伐」的口號，南方不可能戰勝北方，日漸成為共識。劉宋後期，周朗甚至主張將從當時南方還控制的淮河以北地區撤出：「今空守孤城，徒費財役，亦行見淮北必非境服有矣。」且稱：「設使胡滅，則中州必有興者，決不能有奉土地、率民人以歸國家矣。」見《宋書》卷八十二〈周朗傳〉。梁初仍健在的史學家沈約在《宋書》卷九十五〈索虜傳〉末亦稱：「夫地勢有便習，用兵有短長，胡負駿足，而平原悉車騎之地，南習水鬬，江湖固舟檝之鄉，代馬胡駒，出自冀北，楩柟豫章，植乎中土，蓋天地所以分區域也。若謂氈裘之民，可以決勝於荊、越，必不可矣。而曰樓船之夫，可以爭鋒於燕、冀，豈或可乎。」一句話，寄希望於南方的水鄉的地理條件，阻止北方南進，對南方可以戰勝北方，已毫無信心。

其次，戰爭需要國力支撐。南方極盛時國家戶籍上管理的民戶不過九十餘萬戶，五百餘萬人，而北魏末年，國家戶籍上便有五百餘萬戶。南方高門大族人士見了馬甚至誤以為虎，而騎射乃北方軍隊之強項。當東晉時，北方十六國時期各民族政權相互廝殺，南方擁有正統的名號，趁北方大亂之機進行「北伐」，成功的也不多。梁朝時，淮河以南重鎮合肥已被北方奪佔，秦嶺以南的漢中已入北方，長江中游南方基本上孤守襄陽，勉強能在這一南北分界線上阻止北方的深入。梁武帝統治的五十年中，重文化而輕軍事，將軍們募兵，應募者往往交上點錢，在花名冊上登記一下，各自回家該幹啥幹啥，以免除被徵發勞役。衰弱的國力、不成樣子的軍隊，又怎能與北方經過長期戰爭洗禮的軍隊抗衡？談何統一？

再次，東魏建立後，高歡主動示好，梁與東魏方面結成友好國家，外交使節往來不斷，各以文采爭雄長，甚至在國書問候語上，東魏方面也由此前的「想彼境內寧靜，此率土安和」，改為「想境內清晏，今萬國安和」，去掉「彼此」，以「示無外之義」。侯景係叛亂之舉，東魏並沒有滅亡之兆，作為交好一方，梁本應嚴守邊境，靜觀事態，相機行事。梁武帝竟納其叛臣，舉兵接應，且「下詔大舉伐魏」，自視比北方更文明的梁武帝，所行可謂背信棄義，東魏方面讓杜弼寫一篇檄文加以痛責，也就可以理解了。被西魏有效阻遏的禍水，遂漫延東南。梁武帝既然要大舉興兵，而擇帥非其人，將無鬥志。又希望僥倖成功，當北伐之衆全軍覆滅，竟無應對之策，「恍然將墜床」。只得哀歎：「吾得無復為晉家乎？」結果確也與西晉亡國、二帝被俘差不多。

# 卷第一百六十一

## 梁紀十七　著雍執徐（戊辰　西元五四八年），一年。

【題解】本卷載述西元五四八年一年史事。時當梁武帝太清二年，西魏文帝大統十四年，東魏孝靜帝武定六年。本年北朝東西魏無大事，南朝梁武帝接納奸人東魏叛將侯景，安置於腹心之地，引狼入室，釀成禍亂，史稱太清之禍。

### 高祖武皇帝十七

太清二年（戊辰　西元五四八年）

春，正月己亥❶，慕容紹宗以鐵騎五千夾擊侯景，景誑其眾曰：「汝輩家屬，已為高澄所殺。」眾信之。紹宗遙呼曰：「汝輩家屬並完，若歸，官勳如舊。」被髮向北斗為誓❷。景士卒不樂南渡，其將暴顯等各帥所部降於紹宗。景眾大潰，爭赴渦水，水為之不流。景與腹心數騎自硤石❸濟淮，稍收散卒，得步騎八百人，南過小城，人登陴❹詬之曰：「跛奴❺！欲何為邪？」景怒，破城，殺詬者而去。晝夜兼行，追軍不敢逼。使謂紹宗曰：「景若就擒，公復何用？」紹宗乃縱之。

辛丑❻，以尚書僕射謝舉為尚書令，守吏部尚書❼王克❽為僕射。

甲辰❾，豫州刺史羊鴉仁以東魏軍漸逼，稱糧運不繼，棄懸瓠，還義陽❿。殷州刺史羊思達亦棄項城走。東魏人皆據之。上怒，責讓鴉仁，鴉仁懼，啟申後期⓫，頓軍淮上。

侯景既敗，不知所適，時鄱陽王範除南豫州刺史，未至⓬。馬頭⓭戍主劉神茂⓮，素為監州事韋黯⓯所不容，聞景至，故往候之，景問曰：「壽陽去此不遠，城池險固，欲往投之，韋黯其納我乎？」神茂曰：「黯雖據城，是監州耳。王若馳至近郊，彼必出迎，因而執之，可以集事。得城之後，徐以啟聞，朝廷喜王南歸，必不責也。」景執其手曰：「天教也。」神茂請帥步騎百人先為鄉導。壬子⓰，景夜至壽陽城下，韋黯以為賊也，授甲登陴。景遣其徒告曰：「河南王戰敗來投此鎮，願速開門。」黯曰：「既不奉敕，不敢聞命。」景謂神茂曰：「事不諧矣。」神茂曰：「黯懦而寡智，可說下也。」乃遣壽陽徐思玉⓱入見黯曰：「河南王為[1]朝廷所重，君所知也。今失利來投，何得不受？」黯曰：「吾之受命，唯知守城，河南⑱自敗，何預吾事？」思玉曰：「國家付君以閫外⑲之略，今君不肯開城，若魏追②兵來至，河南為魏所殺，君豈能獨存？縱使或存③，何顏以見朝廷？」黯然之。思玉出報，景大悅曰：「活我者，卿也。」癸丑⑳，黯開門納景，景遣其將分守四門，詰責黯，將斬之，既而撫手大笑，置酒極歡。黯，叡㉑之子也。

朝廷聞景敗，未得審問㉒，或云景與將士盡沒。上下咸以為憂。侍中、太子詹事何敬容詣東宮，太子曰：「淮北始更有信㉓，侯景定得身免，不如所傳。」敬容對④曰：「得景遂死，深為朝廷之福。」太子失色，問其故，敬容曰：「景翻覆叛臣，終當亂國。」太子於玄圃㉔自講老、莊，敬容謂學士㉕吳孜曰：「昔西晉祖尚玄虛，使中原淪於胡、羯。今東宮復爾，江南亦將為戎乎！」

甲寅㉖，景遣儀同三司于子悅㉗馳以敗聞，併自求貶削，優詔不許。景復求資給，上以景兵新破，未忍移易。乙卯㉘，即以景為南豫州牧，本官如故，更以鄱陽王範為合州刺史，鎮合肥㉙。光祿大夫㉚蕭介㉛上表諫曰：「竊聞侯景以渦陽敗績，隻馬歸命，陛下不悔前禍，復敕容納。臣聞凶人之性不移，天下之惡一也。昔呂布殺丁原以事董卓㉜，終誅董而為賊；劉牢㉝反王恭㉞以歸晉，還背晉以構妖㉟。何者？狼子野心，終無馴狎之性，養虎之喻，必見飢噬之禍⑤。侯景以凶狡之才，荷高歡卵翼之遇㊱，位忝台司，任居方伯㊲，然而高歡墳土未乾，即還反噬。逆力不逮，乃復逃死關西，宇文不容，故復投身於我。陛下前者所以不逆細流㊳，正欲比屬國降胡以討匈奴㊴，冀獲一戰之效耳。今既亡師失地，直是境上之匹夫，陛下愛匹夫而棄與國㊵，臣竊不取也[6]。若國家猶待其更鳴之晨[7]，歲暮之效，臣竊惟侯景必非歲暮之臣。棄鄉國如脫屣，背君親如遺芥，豈知遠慕聖德，為江、淮之純臣乎？事迹顯然，無可致惑。臣朽老疾侵，不應干預朝政，但楚囊將死，有城郢之忠㊶，衛魚臨亡，亦有尸諫之節㊷。臣忝為宗室遺老，敢忘劉向之心㊸？」上歎息其忠，然不能用。介，思話㊹之孫也。

己未㊺，東魏大將軍澄朝于鄴。○魏以開府儀同三司趙貴為司空。○魏皇孫生，大赦。

二月，東魏殺其南兗州刺史石長宣㊻，討侯景之黨也，其餘為景所脅從者，皆赦之。

東魏既得懸瓠、項城，悉復舊境。大將軍澄數遣書移，復求通好，朝廷未之許。澄謂貞陽侯淵明曰：「先王與梁主和好，十有餘年。聞彼禮佛文云奉為魏主，并及先王㊼，此乃梁主厚意，不謂一朝失信，致此紛擾，知非梁主本心，當是侯景扇動耳，宜遣使諮論[48]。若梁主不忘舊好，吾亦不敢違先王之意，諸人並即遣還，侯景家屬亦當同遣。」淵明乃遣省事[49]夏侯僧辯奉啓於上，稱「勃海王弘厚長者，若更通好，當聽淵明還。」上得啓，流涕，與朝臣議之。右衛將軍朱异、御史中丞張綰[50]等皆曰：「靜寇息民，和實為便。」司農卿[51]傅岐[52]獨曰：「高澄何事須和？必是設間[53]，故命貞陽遣使，欲令侯景自疑，景意不安，必圖禍亂。若許通好，正墮其計中。」异等固執宜和，上亦厭用兵，乃從异言，賜淵明書曰：「知高大將軍禮汝不薄，省啓，甚以慰懷。當別遣行人，重敦鄰睦。」

僧辯還，過壽陽，侯景竊訪知之，攝問[54]，具服。乃寫答淵明之書，陳啓於上曰：「高氏心懷鴆毒，怨盈北土，人願天從[55]，殲身殞越。子澄嗣惡，計滅待時，所以昧此一勝[56]者，蓋天蕩澄心[57]以盈凶毒耳。澄苟行合天心，腹心無疾，又何急急奉璧求和？豈不以秦兵[58]扼其喉，胡騎[59]迫其背，故甘辭厚幣，取安大國。臣聞『一日縱敵，數世之患[60]』，何惜高澄一豎，以棄億兆[61]之心？竊以北魏安彊，莫過天監之始，鍾離之役[62]，匹馬不歸。當其彊也，陛下尚伐而取之；及其弱也，反慮而和之。舍已成之功，縱垂死之虜，使其假命彊梁[63]，以遺後世，非直[64]愚臣扼腕，實亦志士痛心。昔伍相[65]奔吳，楚邦卒滅；陳平去項[66]，劉氏用興；臣雖才劣古人，心同往事。誠知高澄忌賈在翟，惡會居秦[67]，求盟請和，冀除其患。若臣死有益，萬殞無辭，唯恐千載，有穢良史。」景又致書於朱异，餉金三百兩，异納金而不通其啓。

己卯[68]，上遣使弔澄。景又啓曰：「臣與高氏，釁隙已深，仰憑威靈，期雪讎恥。今陛下復與高氏連和，使臣何地自處？乞申後戰，宣暢皇威。」上報之曰：「朕與公大義已定，豈有成而相納，敗而相棄乎？今高氏有使求和，朕亦更思偃武。進退之宜，國有常制，公但清靜自居，無勞慮也。」景又啓曰：「臣今蓄糧聚眾，秣馬潛戈，指日計期，克清趙、魏，不容軍出無名，故願以陛下為主耳。今陛下棄臣遐外[69]，南北復通，將恐微臣之身，不免高氏之手。」上又報曰：「朕為萬乘之主，豈可失信於一物？想公深得此心，不勞復有啓也。」

景乃詐為鄴中書，求以貞陽侯易景，上將許之。舍人[70]傅岐曰：「侯景以窮歸義，棄之不祥。且百戰之餘，寧肯束手就縶？」謝舉、朱异曰：「景奔敗之將，一使之力耳。」上從之，復書曰：「貞陽旦至，侯景夕返。」景謂左右曰：「我固知吳老公[71]薄心腸！」王偉說景曰：「今坐聽亦死，舉大事亦死，唯王圖之！」於是始為反計：屬城居民，悉召募為軍士，輒停責[72]市估[73]及田租，百姓子女，悉以配將士。

三月癸巳[74]，東魏以太尉襄城王旭為大司馬，開府儀同三司高岳為太尉。辛亥[75]，大將軍澄南臨黎陽[76]，自虎牢濟河至洛陽。魏同軌防長史裴寬與東魏將彭樂等戰，為樂所擒，澄禮遇甚厚，寬得間逃歸。澄由太行[77]返晉陽。

屈獠洞斬李賁，傳首建康。賁兄天寶遁入九真[78]，收餘兵二萬圍愛州[79]，交州司馬陳霸先帥眾討平之。詔以霸先為西江督護、高要太守、督七郡諸軍事。

夏，四月甲子[80]，東魏吏部令史[81]張永和等偽假人官[82]，事覺，糾檢[83]、首者[84]六萬餘人。

甲戌[85]，東魏遣太尉高岳、行臺慕容紹宗、大都督劉豐生等將步騎十萬攻魏王思政於潁川。思政命臥鼓偃旗，若無人者。岳恃其眾，四面陵城[86]。思政選驍勇開門出戰，岳兵敗走。岳更築土山，晝夜攻之，思政隨方拒守，奪其土山，置樓堞[87]以助防守。

五月，魏以丞相泰為太師，廣陵王欣為太傅，李弼為大宗伯[88]，趙貴為大司寇[89]，于謹為大司空[90]。太師泰奉太子巡撫西境，登隴，至原州，歷北長城[91]，東趣五原，至蒲州[92]，聞魏主不豫而還。及至，已愈，泰還華州。

上遣建康令謝挺、散騎常侍徐陵[93]等聘于東魏，復修前好。陵，摛[94]之子也。

六月，東魏大將軍澄巡北邊。

秋，七月庚寅朔[95]，日有食之。

乙卯[96]，東魏大將軍澄朝于鄴。以道士多偽濫，始罷南郊道壇[97]。八月庚寅[98]，澄還晉陽，遣尚書辛術帥諸將略江、淮之北，凡獲二十三州[99]。

侯景自至壽陽，徵求無已，朝廷未嘗拒絕。景請娶於王、謝，上曰：「王、謝門高非偶，可於朱、張以下[100]訪之。」景恚曰：「會將吳兒女配奴！」又啟求錦萬匹為軍人作袍，中領軍朱异議以青布給之。又以臺所給仗多不能精，啟請東冶鍛工[101]，欲更營造，敕並給之[8]。景以安北將軍[102]夏侯夔[103]之子譒[104]為長史，徐思玉為司馬，譒遂去「夏」稱「侯」，託為族子。

上既不用景言，與東魏和親，是後景表疏稍稍悖慢。又聞徐陵等使魏，反謀益甚。元貞知景有異志，累啟還朝。景謂曰：「河北事雖不果，江南何慮失之，何不小忍？」貞懼，逃歸建康，具以事聞。上以貞為始興[105]內史，亦不問景。

【章　旨】以上為第一段，寫梁武帝接納侯景而與東魏交惡，喪師失眾後重修舊好，卻又厚待侯景，把他安置在腹心地壽陽，引狼入室，昏耄之至。

【注釋】❶己亥　正月七日。❷被髮向北斗為誓　披頭散髮，向著北斗發誓，以證明自己的話絕無謊言。此為鮮卑習俗。❸硤石　山名，在今安徽鳳臺西南，淮河從山中流過。❹陴　城牆上的女牆，上有孔穴，可以窺視外面。❺跛奴　侯景右腿短一截，是個跛子，所以這樣罵他。❻辛丑　正月九日。❼守吏部尚書　代理吏部尚書，負責官吏選拔和考課。❽王克　出身琅邪王氏，在梁任司徒右長史、尚書僕射。侯景攝政時，位太宰、侍中，錄尚書事。侯景敗亡，迎侯王僧辯入建康，出任尚書右僕射。傳見《南史》卷二十三。❾甲辰　正月十二日。❿義陽　郡名，治所義陽，在今河南信陽。也是北司州州治。⓫啓申後期　上書請求寬限時日，以求進取。⓬未至　太清元年八月命蕭範代蕭淵明鎮壽陽，至此仍拖延未到任。⓭馬頭　戍城名，是南北朝時期淮河邊的重要軍事據點，在今安徽懷遠西南。⓮劉神茂　初從侯景，任東道行臺，先後攻殺吳興太守張嵊、東揚州刺史蕭大連。後改投梁元帝，兵敗被殺。事見《梁書》卷五十六〈侯景傳〉。⓯韋黯　（？—西元五四八年）字務直，京兆杜陵（今陝西西安東南）人。性強直。曾任太子舍人、太僕卿、太府卿。侯景叛亂初，黯駐守六門，晝夜苦戰，病死城中。傳見《梁書》卷十二、《南史》卷五十八。⓰壬子　正月二十日。⓱徐思玉　壽陽人，原在東魏任職，現隨侯景南奔，時任豫州司馬。見《南史》卷八十〈賊臣・侯景傳〉。⓲河南　即河南王，指侯景。⓳閫外　郭門之外。於此引申為受領軍事職務。⓴癸丑　正月二十一日。㉑叡　韋叡（西元四四二—五二〇年），字懷文，京兆杜陵（今陝西長安杜陵鎮）人，歷宋、齊、梁三朝。天監四年（西元五〇五年），督梁師北伐，奪取合肥，有詔還師。天監五年，又取得邵陽大捷，進爵永昌侯。傳見《梁書》卷十二、《南史》卷五十八。㉒審問　確實情報。㉓始更有信　方才又有報告。㉔玄圃　東宮中園名。據說昆侖山有三級，下層叫樊桐，中層叫玄圃，高層叫層城。層城是天帝的仙居，太子低於天帝，所以命此園為「玄圃」。㉕學士　官名，魏晉南北朝時期，政府廣召文學之士，掌禮儀和編纂事宜，通稱學士。諸王及持節將帥府也設學士，待若師友，無品秩員數。㉖甲寅　正月二十二日。㉗于子悅　侯景部下。太清三年（西元五四九年），因在吳郡搶掠過甚，激起民變，被侯景下令捉拿回京處死。事詳《梁書》卷五十六〈侯景傳〉。㉘乙卯　正月二十三日。㉙合肥　梁置合州，以合肥為治所，在今安徽合肥。㉚光祿大夫　官名，光祿卿屬官，掌顧問應對，無定員。梁朝一般由年老有病的資深官吏充任。為十八班中之十三班。㉛蕭介　字茂鏡，蘭陵（今江蘇常州西北）人，在職清白，任始興太守。後位至侍中、都官尚書。因有病請求解職，梁武帝不許，派謁者到介家中授光祿大夫職。傳見《梁書》卷四十一、《南史》卷十八。㉜呂布殺丁原以事董卓　呂布，丁原部將。東漢末，丁原為并州刺史，董卓為并州牧，兩人奉大將軍何進之命帶兵入洛陽以誅宦官。董卓入洛，廢少帝，改立獻帝，專擅朝政。卓誘使呂布殺丁原。事詳《三國志》卷七〈呂布傳〉。此以呂布喻侯景，示意侯景也是一個反覆無常的人。㉝劉牢劉牢之（？—西元四〇二年），字道堅，彭城人，東晉精銳北府兵主要將領。淝水之戰時，先鋒摧敵，遷龍驤將軍，封武岡縣男。傳見《晉書》卷八十四。㉞王恭　（？—西元三九八年）字孝伯，東晉孝武帝王皇后的哥哥。曾任前將軍、青兗二州刺史。傳見《晉書》卷八十四。㉟背晉以構妖　指劉牢之勾結桓玄叛晉事。㊱卵翼之遇　典出《左傳》哀公十六年。白公勝因子西與鄭結盟，不替他報鄭國殺父之仇，而想殺子西。子西聞訊後說：「勝好比是卵，在我的羽翼保護下長大。我要是死了，令尹或司馬一職非他莫屬，他殺我幹什麼！」此借用來說明侯景是靠高歡重用而成名。㊲方伯　侯景節制河南，如同一路諸侯。㊳不逆細流　廣為收納，如同江海不嫌棄涓涓細流，匯成滾滾大河，聚為無垠大洋。典出《史記》卷八十七〈李斯列傳〉所載〈諫逐客書〉。逆，拒絕。㊴比屬國降胡以討匈奴　如同漢代把投靠的少數民族設置屬國，加以管理，利用他們偵察、監視和打擊匈奴。㊵與國　友好之國。此指東魏。㊶有城郢之忠　典出《左傳》襄公十四年，楚令尹子囊伐吳歸來，將死時對子庚說：「一定要修好郢都的城牆！」作史者讚揚他臨終不忘保衛社稷，是個忠臣。㊷尸諫之節　典出《孔子家語》卷五〈困誓〉。史魚因衛靈公不用賢臣蘧伯玉，而用佞臣彌子瑕，死前叫兒子置屍於窗下。衛靈公弔唁時，問明情由，立即下令將史魚改葬客位，提拔蘧伯玉，革退彌子瑕。孔子對此大加讚賞，認為史魚雖死仍行尸諫，終於感動國君，是個忠臣。㊸敢忘劉向之心　劉向（？—西元前六年），本名更生，字子政，漢楚元王劉交的後代。元帝時，宦官弘恭、石顯專政；成帝時，王鳳兄弟擅權。劉向屢次上書切諫，言辭痛切，發於至誠。事見《漢書》卷三十六〈楚元王傳〉附〈劉向傳〉。蕭介即效仿劉向。㊹思話　蕭思話（西元四〇〇—四五五年），劉宋初襲封封陽縣侯。曾平定司馬朗之兄弟叛亂。宋孝武帝起兵，思話響應有功，官至中書令。傳見《宋書》卷七十八、《南史》卷十八。㊺己未　正月二十七日。㊻石長宣　（？—西元五四八年）北魏洛州刺史石榮之子，侯景黨羽。傳見《魏書》卷九十四、《北史》卷九十二。㊼奉為魏主二句　梁武帝向佛進獻是為東魏國君祈福，兼及高澄之父高歡。㊽諮論　徵詢、商議。㊾省事　官名，是辦事吏的一種名稱，此是傳令吏。㊿張綰　（西元四九二—五五四年）字孝卿，范陽方城（今河北固安）人。大同四年（西元五三八年），兄張纘任尚書僕射，綰任御史中丞，在朝位東西相對，前代未有，傳為美談。侯景之亂，轉至江陵，輔佐梁元帝。江陵陷於西魏，不久病死。傳見《梁書》卷三十四、《南史》卷五十五。(51)司農卿　官名，天監七年（西元五〇八年），梁改大司農為司農卿，與太常卿、宗正卿合稱春卿。主管農事和倉儲。十一班。(52)傅岐　（？—西元五四九年）字景平，北地靈州（今寧夏靈武）人，常以博學接待東魏使者。侯景之亂，以功封南豐侯。後突圍病死家中。傳見《梁書》卷四十二、《南史》卷七十。(53)設間　設離間計。(54)攝問　捉來審問。(55)人願天從　百姓希望高氏敗亡，上天依從民願。(56)昧此一勝　有意隱忍讓高澄取得渦陽戰役的勝利。(57)天蕩澄心　天動搖惑亂高澄的心。此語源出《左傳》莊公四年。楚武王將伐隨國，入告夫人說：「我的心跳盪不停。」夫人歎息說：「王的福祿快盡了，物滿必盪，這是自然之理。先王已經知道了，所以在即將發布征伐命令時，動盪大王的心。」不久，武王死於進軍途中。侯景套用此語，說明高澄滅亡在即。(58)秦兵　指據有原秦國之地的西魏軍隊。(59)胡騎　指柔然騎兵。(60)數世之患　這兩句是春秋時晉國大臣先軫在秦晉崤之戰前所說的話。見《左傳》僖公三十三年。也是上古三代流傳下來的名言。(61)億兆　猶言億萬民眾。(62)鍾離之役　天監六年（西元五〇七年），北魏中山王元英率兵數十萬南下進攻鍾離城（今安徽鳳陽），屢攻不克。梁豫州刺史韋叡從合肥率軍赴援，一夜之間，築起營壘，運用火攻計，大敗魏軍，斃敵二十餘萬，生擒五萬餘人。(63)彊梁　兇橫。(64)非直　非但。(65)伍相　伍子胥。他的父親伍奢被楚平王所殺，子胥投奔吳王闔閭，得到重用。後終於舉兵破楚，鞭平王屍以復仇。事詳《史記》卷六十六〈伍子胥列傳〉。(66)陳平去項　項指項羽。項羽不用陳平，陳平轉投劉邦，屢出奇計，覆滅項楚，統一天下。事見《史記》卷五十六〈陳丞相世家〉。(67)忌賈在翟二句　事詳《左傳》文公十三年。晉襄公死後，趙盾請立公子雍為君，賈季請立公子樂。趙盾殺公子樂於陳國，賈季於是逃往北狄（翟）。後趙盾又拒絕秦國送公子雍即位，改立靈公。迎接公子雍的士會只好投奔秦國，成為謀士。賈、會二人都熟悉晉國的底細，成為晉國的大患。當晉六卿相聚在諸浮時，趙盾感歎說：「隨會（即士會）在秦，賈季在狄，難日至矣，若之何？」侯景用來說明自身的價值。(68)己卯　二月十七日。(69)遐外　邊遠之地。(70)舍人　官名，即中書通事舍人。梁時任命此職十分慎重，注重才能，不限資歷門第。通常以他官兼領此職，傳岐就是以司農卿兼任舍人。(71)吳老公　指梁武帝。因梁的疆土與孫吳相仿，同建都建康。這是侯景對武帝的蔑稱。(72)停責　停止收取。(73)市估　市場中的商業稅。(74)癸巳　三月二日。(75)辛亥　三月二十日。(76)黎陽　郡名，治所黎陽，在今河南浚縣東。(77)太行　山名，北起拒馬河谷，南至山西、河南交界的黃河岸邊。也是分隔山西與河北的分界嶺。(78)九真　郡名，郡境在今越南河內南順化北。(79)愛州　州名，梁置，治所在九真。(80)甲子　四月三日。(81)吏部令史　官名，尚書省吏部尚書所轄吏部曹屬吏，處理褒獎、選補官吏事宜。(82)偽假人官　私自授予他人官職。(83)糾檢　有關官員清查出的私授官員。(84)首者　自首的偽官。(85)甲戌　四月十三日。(86)陵城　登城。(87)樓堞　戰樓和女牆。都建在奪取的土山上。(88)大宗伯　官名，相當於禮部尚書，掌禮儀、祭祀。(89)大司寇　官名，掌司法。(90)大司空　官名，掌公共工程。以上三官都是宇文泰仿西周古官制而設。(91)北長城　秦時所築長城，在今寧夏靈武至陝北定邊一線。(92)蒲州　州名，即原泰州，北周以治所在蒲阪（今山西永濟西）而改名。(93)徐陵　（西元五〇七—五八三年）字孝穆，東海郯（今江蘇鎮江市）人，出使東魏，以侯景之亂，不得返國。入陳，歷任御史中丞、吏部尚書、尚書左僕射，封建昌縣侯。力主吳明徹、裴忌北伐，收復了淮南。傳見《陳書》

卷二十六、《南史》卷六十二。94摛　徐摛（西元四七二—五四九年），字士秀，初隨晉安王蕭綱，任記室、諮議參軍。蕭綱為皇太子，摛轉任太子家令，兼管文書，創「宮體」文體。蕭綱遭侯景軟禁，摛感憤而死。傳見《梁書》卷三十、《陳書》卷二十六、《南史》卷六十二。95庚寅朔　七月初一日。96乙卯　七月二十六日。97始罷南郊道壇　北魏太武帝拓跋燾崇信道士寇謙之，於始光年間（西元四二四—四二八年）建天師道壇場於京城東南。太平真君三年（西元四四二年），拓跋燾親至道壇受符籙，以後各帝每即位都前往禮拜。至此始罷除。98庚寅　八月二日。99凡獲二十三州　此是總括辛術南征之所獲。七月辛術出征，一直到太清三年（西元五四九年），侯景攻佔建康，才乘機奪取淮南二十三州。100朱張以下　即朱异、張綰宗族以下諸門。101東冶鍛工　東冶，官署名，掌冶煉鑄造，屬少府。梁有東、西冶，工匠皆為官奴和刑徒。東冶在京師建康城東南。102安北將軍　官名，是八安將軍之一，為出鎮北方某地區的軍事長官，或作刺史兼理軍務的加官。梁武職二十四班中之二十一班。103夏侯夔　（西元四八三—五三八年）字季龍，譙郡譙（今安徽亳州）人。梁天監中，攻克廣陵，俘獲北魏軍數萬人，控制了義陽北道，封保城縣侯。傳見《梁書》卷二十八、《南史》卷五十五。104譒　夏侯譒，曾隨蕭淵明北伐，彭城失利後被捕，轉為侯景部下。傳見《梁書》卷二十八、《南史》卷五十五。105始興　郡名，治所曲江，在今廣東韶關市南。

【校　記】1為　原無此字。據章鈺校，十二行本、乙十一行本、孔天胤本皆有此字。張敦仁《通鑑刊本識誤》、張瑛《通鑑校勘記》同，今據補。2追　原無此字。據章鈺校，十二行本、乙十一行本、孔天胤本皆有此字，張敦仁《通鑑刊本識誤》、張瑛《通鑑校勘記》同，今據補。3縱使或存　原無此四字。據章鈺校，十二行本、乙十一行本、孔天胤本皆有此四字，張敦仁《通鑑刊本識誤》、張瑛《通鑑校勘記》同，今據補。4對　原無此字。據章鈺校，十二行本、乙十一行本、孔天胤本皆有此字，張敦仁《通鑑刊本識誤》、張瑛《通鑑校勘記》同，今據補。5禍　原「禍」下有「矣」字。據章鈺校，十二行本、乙十一行本、孔天胤本皆無「矣」字，今據刪。6臣竊不取也　原無此五字。據章鈺校，十二行本、乙十一行本、孔天胤本皆有此五字，張敦仁《通鑑刊本識誤》、張瑛《通鑑校勘記》同，今據補。7晨　原作「辰」。據章鈺校，十二行本、乙十一行本、孔天胤本皆作「晨」，張敦仁《通鑑刊本識誤》、張瑛《通鑑校勘記》同，今據改。8敕並給之　原無此四字。據章鈺校，十二行本、乙十一行本、孔天胤本皆有此四字，張敦仁《通鑑刊本識誤》、張瑛《通鑑校勘記》同。按，《梁書・侯景傳》、《南史・侯景傳》亦同，今據補。

【語　譯】高祖武皇帝十七

太清二年（戊辰 西元五四八年）

春，正月初七日己亥，慕容紹宗以鐵騎五千人夾擊侯景，侯景欺騙部下說：「你們的家屬，已經被高澄殺害了。」大家都信以為真。慕容紹宗遠遠地喊話，說：「你們的家屬全都好好的，如果回來，官爵仍然和以前一樣。」他披散著頭髮面向北斗星發誓。侯景的部眾不樂意向南渡過淮河，侯景的部將暴顯等各自率領所部人馬投降慕容紹宗。侯景的軍隊大敗潰散，爭渡渦水，河水因此被阻斷不流動。侯景與幾個心腹親將騎馬從硤石渡過淮河，漸漸搜集逃散的士卒，共有步騎八百人，往南經過一個小城時，有人登上城上的女牆辱罵侯景，說：「跛腳奴才！想幹什麼呢？」侯景很生氣，攻破小城，殺了罵他的人然後離去。晝夜兼程，東魏追兵不敢逼近。侯景派人對慕容紹宗說：「我侯景如果被擒，你還有什麼用處？」慕容紹宗便放過了侯景。

正月初九日辛丑，梁武帝任命尚書僕射謝舉為尚書令，代理吏部尚書王克為尚書僕射。

正月十二日甲辰，豫州刺史羊鴉仁因為東魏軍逼近，就藉口軍糧運輸供應不上，丟棄了懸瓠城，回到義陽，殷州刺史羊思達也丟棄了項城逃走。東魏人佔據了這兩座城。梁武帝大怒，斥責羊鴉仁，羊鴉仁很害怕，上奏請求寬限收回失地的時日，並把軍隊駐紮在淮河岸上。

侯景打了敗仗後，不知道到哪裡為好，當時鄱陽王蕭範被任命為南豫州刺史，還沒到任。馬頭戍主劉神茂，一向被南豫州監事韋黯排斥，他聽到侯景來到，有意前去迎接，侯景問他說：「壽陽離這裡不遠，城池險固，想去投靠他，韋黯會接納我嗎？」劉神茂說：「韋黯雖然守著壽陽城，只不過是個監州罷了。大王如果奔到近郊，他一定出迎，趁機抓住他，事情就可以成功。得了壽陽城之後，慢慢啟奏皇上知曉，朝廷高興大王南歸，一定不會責怪你的。」侯景握住劉神茂的手說：「上天在開導我啊。」劉神茂請求率領步騎一百人先行為嚮導。正月二十日壬子，侯景夜間到達壽陽城下，韋黯以為是盜寇，披上鎧甲登上城牆。侯景派他的手下告訴韋黯，說：「河南王戰敗來投奔這裡，希望盡快打開城門。」韋黯說：「我既然沒有接到皇上的敕命，不敢答應你的要求。」侯景對劉神茂說：「事情辦不成了。」劉神茂說：「韋黯懦弱又缺少智慧，可以說服他。」於是派壽陽人徐思玉進城見韋黯，說：「河南王被朝廷所看重，你是知道的。如今戰敗來投奔，怎麼能不接受呢？」韋黯說：「我接受使命時，只知道守城，河南王自己打了敗仗，與我有何相干？」徐思玉說：「朝廷交給你守衛國門的重任，如今你不肯打開城門，如果東魏的追兵來到，河南王被魏兵殺害，你怎能獨自活下來？即使活下來，又有什麼臉面見皇上呢？」韋黯認為說得對。徐思玉出城通報，侯景非常高興地說：「讓我活下來的是你啊。」二十一日癸丑，韋黯打開城門接納侯景。侯景派遣他的部將分別防守四個城門，質問斥責韋黯，將殺掉他，過了一會又拍手大笑，擺下酒宴，盡情歡樂。韋黯，是韋叡的兒子。

梁朝聽說侯景失敗，還未得到準確消息，有人說侯景和他的將士全軍覆沒。朝廷上下都感到憂慮。侍中、太子詹事何敬容到東宮，太子說：「淮北剛傳來新消息，侯景終究身免於難，不像傳言的那樣。」何敬容回答說：「侯景能真的死了，那倒是國家之福。」太子臉色變了，問是什麼原因。何敬容說：「侯景是個反覆無常的叛臣，終究要危害國家。」太子在玄圃園親自講解《老子》、《莊子》，何敬容對學士吳孜說：「從前西晉崇尚玄學，導致中原淪陷於胡羯人。如今東宮又這樣，江南也將要淪陷於戎人了吧！」

正月二十二日甲寅，侯景派儀同三司于子悅飛馬向梁朝報告失敗的消息，並且自己請求降職削爵，梁武帝下詔安慰不同意。侯景又請求供給物資，梁武帝因侯景剛剛打了敗仗，不忍心讓他移動駐地。二十三日乙卯，當即任命侯景為南豫州牧，原有的官職不變，改任鄱陽王蕭範為合州刺史，鎮守合肥。光祿大夫蕭介上表諫阻說：「我私下聽說侯景因渦陽大敗，單人匹馬來歸順，陛下不僅不後悔前一陣接納侯景帶來的禍患，又下令接納他。臣聽說兇惡人的本性不會改變，天下的惡人都一樣。從前呂布殺了主人丁原而侍奉董卓，到頭來又殺了董卓成為叛賊；劉牢之反叛王恭歸附東晉，不久又背叛東晉製造禍亂。為什麼呢？狼子野心，始終沒有馴順的品性，養虎留下後患的比喻，說的是養虎的人一定會被飢餓的虎吃掉。侯景憑他兇狠狡猾的才能，承蒙高歡對他庇護，位至三公，職任諸侯，然而高歡死後墳土還沒乾，立馬反咬一口。他叛逆的力量不夠，就逃命投靠西魏，宇文泰不收容他，所以才轉身投靠我朝。陛下從前之所以不嫌棄涓涓細流，只是想像漢代設置屬國收納降人對抗匈奴一樣，希望獲得侯景來打擊東魏的功效罷了。如今侯景喪失了軍隊，丟失土地，只不過是邊境上的一個匹夫，陛下愛一個匹夫而背棄了友好的鄰國，我私下認為這樣不可取。如果陛下還寄希望於侯景改過自新，得到他在危難時為國效力，臣私下認為侯景肯定不是國家危難之際效忠的人。侯景背棄家國就像脫掉鞋子一樣輕易，反叛君主、親人如同丟掉草芥一樣隨便，怎麼知道遠遠地仰慕陛下的聖德，做一個梁朝的忠臣呢？這是明擺著的事實，沒什麼可疑惑的。臣老朽抱病，不應當過問朝政，但是楚國令尹子囊將死，有建言修繕郢城的忠誠，衛國史魚將死，也有囑咐兒子用自己的屍體勸諫衛靈公的節操。臣忝為皇室遺老，怎麼敢忘記漢代皇室劉向那樣的忠心？」梁武帝感歎他的忠心，但未能採納他的建議。蕭介，是蕭思話的孫子。

正月二十七日己未，東魏大將軍高澄到鄴朝見孝靜帝。○西魏任命開府儀同三司趙貴為司空。○西魏文帝孫子誕生，大赦天下。

二月，東魏殺了它的南兗州刺史石長宣，表示懲罰侯景的同黨，其他被侯景脅迫跟隨反叛的人，一律赦免。

東魏佔領懸瓠、項城後，全部恢復了原有的土地。大將軍高澄多次派使者致書梁朝，要求重新通好，梁朝沒有答應他。高澄對貞陽侯蕭淵明說：「先王與梁國國主和好，十多年了，聽說他的禮佛文書說為魏國國主祈福，並且賜福他的先王，這是梁國國主的深厚情意，想不到一旦失了信任，導致現在這樣紛擾的局面，我知道不是梁國國主的本意，一定是侯景煽動的，應當派出使者來討論。如果梁國國主不忘舊時的友情，我也不敢違背先王的旨意，立馬送各位回國，侯景的家屬也一同送歸。」蕭淵明便派遣省事夏侯僧辯奉啟上奏梁武帝，聲稱「勃海王高澄是一個寬宏大量的長者，如果重新通好，可允許我蕭淵明回國。」梁武帝得到啟文，流下眼淚，與朝中大臣商議這件事。右衛將軍朱异、御史中丞張綰等都說：「平息寇亂，休養百姓，和好實在有利。」司農卿傅岐一人說：「高澄哪裡是要和好？一定是設離間計，故意讓貞陽侯派使者回朝，想使侯景自己產生猜疑，侯景思想不安定，一定圖謀叛亂。如果答應通好，恰恰中了高澄的奸計。」朱异等堅持應該通好，梁武帝也厭惡用兵，就聽從了朱异的意見，給蕭淵明回信說：「得知高大將軍待你不薄，看了你的來信，心裡很寬慰。當另派使者到魏國去，重新建立深厚的鄰國關係。」

夏侯僧辯回國，路過壽陽，侯景私下查訪得知這件事，抓夏侯僧辯來審問，都供認了。侯景於是另寫了回答蕭淵明的信，上表啟奏梁武帝說：「高氏心懷狠毒，怨恨之聲遍及北方大地，天從人願，高歡死亡，他的兒子高澄繼承了惡毒，他的死亡指日可待，我違心地讓高澄取得渦陽戰役的勝利，也許是上天要動盪他的心意，使他惡貫滿盈罷了。高澄如果行為符合天意，內部穩定沒有危機，他又何必急匆匆奉璧求和呢？還不是因為西魏軍隊卡住了他的咽喉，柔然鐵騎緊逼他的背後，所以才用甜言蜜語、豐厚的錢物來換取與大國梁朝的和平安定關係。臣聽說『一天放跑了敵人，是幾代人的禍患』，陛下何必要愛惜高澄一個小子，而違背了億萬人民的心願呢？臣私下認為北魏安定強大，莫過於天監初年，但鍾離之役，一匹馬都沒能回去。當北魏強大時，陛下尚且討伐奪取了它的土地；等到它弱小時，反而顧慮重重與其和好，捨棄已經取得的成就，縱容垂死的敵人，讓他們借助兇橫苟延殘喘，把他們留給後世，不僅僅是我個人扼腕歎息，實在也使有識之士痛心。從前伍子胥逃到吳國，楚國最終破敗；陳平離開項羽，劉邦因而興盛。臣下雖然才能比古人差，但心思和他們是一樣的。我深知高澄就像晉人忌恨賈季逃往翟國、隨會逃到秦國，向陛下請求結盟講和，希望除掉他的後患。如果我死對梁國有益，我侯景萬死不辭，只怕留下千秋笑柄，有汙良史。」侯景又寫信給朱异，還送他三百兩黃金，朱异收下了黃金，卻沒有把侯景的這道奏章進呈梁武帝。

二月十七日己卯，梁武帝派出使者弔慰高澄。侯景又上書說：「臣與高氏，怨隙已深，仰賴陛下的威望和福氣，希望能夠報仇雪恨。如今陛下重新與高氏和好，讓我如何做人？乞求讓我再次出戰，宣揚光大皇威。」梁武帝回答說：「朕與你君臣關係已經確定，哪有成功了就接納，失敗了就拋棄你呢？如今高氏遣使求和，朕也反覆考慮不要用武，是進是退，國家自有制度，你只管清靜養身，不必勞你憂慮。」侯景又上書說：「臣今蓄積糧草，聚集兵力，餵養戰馬，修造兵器，確定了進兵的日期，攻克東魏，但不能師出無名，所以希望陛下作主。如今陛下把臣拋在遠方，南北重新通好，將來只怕賤臣性命，難逃高氏之手。」梁武帝又回答說：「朕為萬乘大國的君主，怎麼會失信於一件事？我想你能深知我的這一心意，不勞你再上書了。」

侯景偽造了一封從鄴都來的信，要求用貞陽侯蕭淵明交換侯景。梁武帝打算同意。舍人傅岐說：「侯景走投無路前來歸附，丟棄他是不吉祥的。再說侯景是身經百戰存活下來的人，豈肯束手就擒？」謝舉、朱异說：「侯景是一個敗逃之將，一個使臣的力量就可把他抓來！」梁武帝採納了，回信說：「貞陽侯蕭淵明早晨回到梁朝，侯景晚上返回魏國。」侯景對身邊的人說：「我本來就知道吳老頭蕭衍是個沒情義的人！」王偉勸說侯景說：「如今坐著任人擺布是死，造反幹大事也是死，由大王決定吧！」於是開始制定造反計畫。全城居民，都徵召為軍士，立即停止徵收商稅和田租，老百姓的子女，全都用來分配給將士。

三月初二日癸巳，東魏任命太尉襄城王元旭為大司馬，開府儀同三司高岳為太尉。二十日辛亥，大將軍高澄南巡到黎陽，從虎牢渡河到洛陽。西魏同軌防長史裴寬與東魏將彭樂等交戰，被彭樂抓獲。高澄對待他很優厚，裴寬找到機會逃回了西魏。高澄經由太行山返回晉陽。

屈獠洞民眾殺了李賁，把他的首級送到建康。李賁的哥哥李天寶逃到九真，收聚餘眾二萬人圍攻愛州，交州司馬陳霸先率領部眾平定了李天寶。梁武帝下詔書任命陳霸先為西江督護、高要太守，督七郡諸軍事。

夏，四月初三日甲子，東魏吏部令史張永和等人造假授人官職，事情敗露，被清查檢舉以及自首的共有六萬多人。

四月十三日甲戌，東魏派太尉高岳、行臺慕容紹宗、大都督劉豐生等率領步騎十萬在潁川攻打西魏王思政。王思政命令軍隊偃旗息鼓，好像沒人一樣。高岳仗恃兵多，四面攻城。王思政挑選驍勇善戰的士兵開門出戰，高岳的軍隊敗逃。高岳又築土山逼近城牆，晝夜攻城。王思政隨機守城抵禦，奪佔土山，在土山上設置崗樓和短牆，以輔助防守。

五月，西魏任命丞相宇文泰為太師，廣陵王元欣為太傅，李弼為大宗伯，趙貴為大司寇，于謹為大司空。太師宇文泰侍奉太子巡撫西魏的西部疆土，登上隴山，到達原州，經過北長城，向東趕赴五原，到達蒲州，聽到魏文帝身體欠佳而返回。到達長安時，魏文帝病癒，宇文泰回到華州。

梁武帝派建康令謝挺、散騎常侍徐陵等出使東魏，恢復先前的友好關係。徐陵，是徐摛的兒子。

六月，東魏大將軍高澄視察北方邊境。

秋，七月初一日庚寅，發生日蝕。

七月二十六日乙卯，東魏大將軍高澄到鄴城朝見孝靜帝。因為道士大多是冒牌貨，開始撤除南郊的道壇。八月初二日庚寅，高澄返回晉陽，派尚書辛術率領諸將侵犯長江、淮河以北地區，一共佔領了二十三個州。

侯景自從到了壽陽，不斷向朝廷提出要求，朝廷未曾拒絕。侯景請求娶王、謝之女為妻，梁武帝說：「王、謝兩家門第高貴不適合你婚配，可以在朱、張兩族以下選配偶。」侯景惱怒說：「我一定要把蕭衍的女兒配給奴僕！」又上書要求綢緞一萬匹給軍士做戰袍。中領軍朱异提議供給他青布。侯景又藉口朝廷供給的兵器大多不精良，上書要求調配東冶的鍛造工匠，想另外營造，梁武帝下詔書同意了。侯景任命安北將軍夏侯夔的兒子夏侯譒為長史，徐思玉為司馬。夏侯譒把姓氏去掉「夏」字，改為侯譒，依托侯景當做同宗姪子。

梁武帝沒有採納侯景的意見，與東魏通好，此後侯景的表疏漸漸傲慢不禮貌。又聽到徐陵等出使東魏，反叛的想法更加強烈。元貞知道侯景有野心，多次上書要求回到朝廷。侯景對他說：「掃蕩河北雖然沒有成功，江南何必擔心失去，為什麼不稍微忍耐一下？」元貞害怕，逃回建康，把侯景反叛的事詳細報告給朝廷。梁武帝任命元貞為始興內史，也不追究侯景。

臨賀王正德所至貪暴不法，屢得罪於上❶，由是憤恨，陰養死士，儲米積貨，幸國家有變，景知之。正德在北❷與徐思玉相知❸，景遣思玉致牋於正德曰：「今天子年尊❹，姦臣亂國，以景觀之，計日禍敗。大王屬當儲貳，中被廢黜❺，四海業業❻，歸心大王。景雖不敏，實思自效，願王允副蒼生，鑒斯誠款！」正德大喜曰：「侯公之意，闇與吾同，天授我也！」報之曰：「朝廷之事，如公所言。

僕之有心，為日久矣。今僕為其內，公為其外，何有不濟？機事在速，今其時矣。」

鄱陽王範密啓景謀反。時上以邊事專委朱异，動靜皆關之，异以為必無此理。上報範曰：「景孤危寄命，譬如嬰兒仰人乳哺，以此事勢，安能反乎？」範重陳之曰：「不早翦撲⑦，禍及生民。」上曰：「朝廷自有處分，不須汝深憂也。」範復請自[1]以合肥之眾討之，上不許。朱异謂範使曰：「鄱陽王遂不許朝廷有一客！」自是範啓，异不復為通。

景邀羊鴉仁同反，鴉仁執其使以聞。异曰：「景數百叛虜，何能為？」敕以使者付建康獄，俄解遣之。景益無所憚，啓上曰：「若臣事是實，應罹國憲；如蒙照察，請戮鴉仁。」景又上[2]言：「高澄狡猾，寧可全信？陛下納其詭語，求與連和，臣亦竊所笑也。臣寧堪粉骨，投命讎門⑧，乞江西一境⑨，受臣控督。如其不許，即帥甲騎，臨江上，向閩、越，非唯朝廷自恥，亦是三公旰食⑩。」上使朱异宣語答景使曰：「譬如貧家，畜十客、五客，尚能得意，朕唯有一客，致有忿言，亦朕之失也。」益加賞賜錦綵錢布，信使相望。

戊戌⑪，景反於壽陽，以誅中領軍朱异、少府卿⑫徐驎⑬、太子右衛率⑭陸驗⑮、制局監⑯周石珍⑰為名。异等皆以姦佞驕貪，蔽主弄權，為時人所疾，故景託以興兵。驎、驗，吳郡人。石珍，丹楊人。驎、驗迭為少府丞，以苛刻為務，百賈⑱怨之，异尤與之暱，世人謂之「三蠹」。司農卿傅岐，梗直士也，嘗謂异曰：「卿任參國鈞，榮寵如此。比日所聞，鄙穢狼籍，若使聖主發悟，欲免，得乎？」异曰：「外間謗讟，知之久矣。心苟無愧，何恤人言？」岐謂人曰：「朱彥和⑲將死矣。恃諂以求容，肆辯⑳以拒諫，聞難而不懼，知惡而不改，天奪其[3]鑒㉑，其能久乎？」

景西攻馬頭，遣其將宋子仙㉒東攻木柵㉓，執戍主曹璆等。上聞之，笑曰：「是何能為？吾折箠笞之。」敕購斬景者，封三千戶公，除州刺史。甲辰㉔，詔以合州刺史鄱陽王範為南道都督，北徐州刺史封山侯正表㉕為北道都督，司州刺史柳仲禮為西道都督，通直散騎常侍裴之高㉖為東道都督，以侍中開府儀同三司邵陵王綸持節董督眾軍以討景。正表，宏㉗之子。仲禮，慶遠之孫。之高，邃之兄子也。

九月，東魏濮陽武公婁昭卒。

侯景聞臺軍討之，問策於王偉，偉曰：「邵陵若至，彼眾我寡，必為所困。不如棄淮南㉘，決志東向，帥輕騎直掩建康，臨賀㉙反其內，大王攻其外，天下不足定也。兵貴拙速㉚，宜即進路。」景乃留外弟㉛中軍大都督㉜王顯貴㉝守壽陽。癸未㉞，詐稱遊獵，出壽陽，人不之覺。冬，十月庚寅㉟，景揚聲趣合肥，而實襲譙州㊱，助防董紹先㊲開城降之。執刺史豐城侯泰㊳。泰，範之弟也。先為中書舍人，傾財以事時要㊴，超授譙州刺史。至州，偏發民丁，使擔腰輿㊵、扇、繖等物，不限士庶，恥為之者，重加杖責，多輸財者，即縱免之，由是人皆思亂。及侯景至，人無戰心，故敗。

庚子㊶，詔遣寧遠將軍㊷王質㊸帥眾三千巡江防遏。景攻歷陽太守莊鐵㊹，丁未㊺，鐵以城降。因說景曰：「國家承平歲久，人不習戰，聞大王舉兵，內外震駭，宜乘此際速趨建康，可兵不血刃而成大功。若使朝廷徐得為備，內外小安，遣羸兵㊻千人直據采石，大王雖有精甲百萬，不得濟矣。」景乃留儀同三司田英、郭駱守歷陽㊼，以鐵為導，引兵臨江。江上鎮戍相次啟聞。上問討景之策於都官尚書羊侃，侃請以二千人急據采石，令邵陵王襲取壽陽，使景進不得前，退失巢穴，烏合之眾，自然瓦解。朱异曰：「景必無度江之志。」遂寢其議。侃曰：「今茲敗矣。」

戊申㊽，以臨賀王正德為平北將軍，都督京師諸軍事，屯丹楊郡㊾。正德遣大船數十艘，詐稱載荻(50)，密以濟景。景將濟，慮王質為梗，使諜視之。會臨川(51)大守陳昕(52)啓稱：「采石急須重鎮，王質水軍輕弱，恐不能濟(53)。」上以昕為雲旗將軍，代質戍采石，徵質知丹楊尹事。昕，慶之(54)之子也。質去采石，而昕猶未下渚(55)。諜告景云：「質已退。」景使折江東樹枝為驗，諜如言而返，景大喜曰：「吾事辦矣！」己酉(56)，自橫江(57)濟于采石，有馬數百匹，兵八千人。是夕，朝廷始命戒嚴。

景分兵襲姑孰(58)，執淮南(59)太守文成侯寧(60)。南津校尉(61)江子一(62)帥舟師千餘人，欲於下流邀景，其副(63)董桃生，家在江北，與其徒先潰走。子一收餘眾，步還建康。子一，子四之兄也。

【章　旨】以上為第二段，寫侯景反叛，皇室蕭正德內應，侯景兵鋒南指，順利渡江。

【注　釋】❶屢得罪於上　蕭正德是臨川王蕭宏的兒子。初，梁武帝無子，養正德為子。後武帝立昭明太子，正德心懷怨望，在任吳郡太守時，竟公開搶劫，招納亡命。普通六年（西元五二五年），逃奔北魏。第二年又逃回，但不知悔改。不久隨蕭綜北伐，又棄軍脫逃。武帝改封他為臨賀王，任丹楊尹。但正德惡習不改，部下多行搶劫。再改任南兗州刺史，還是苛刻待民。武帝終於失望，將他免職。事詳《梁書》卷五十五〈臨賀王正德〉、《南史》卷五十一〈梁宗室上〉。❷在北　當年逃奔北魏時。❸相知　通訊或通消息。說見周一良《魏晉南北朝史札記‧梁書札記》。❹年尊　年老。❺中被廢黜　指梁武帝立蕭統為太子而未立蕭正德。❻業業　敬畏的樣子。❼翦撲　消滅。❽讎門　仇家之門。指高澄。❾江西一境　即以豫州為中心的長江以西地區，在今安徽、蘇北一帶。❿旰食　因憂心國事繁重，難以按時進餐，很晚才吃飯。典出《左傳》昭公二十年。⓫戊

戌　八月十日。⓬少府卿　官名，梁天監七年改少府所置，與太府卿、太僕卿同為夏官三卿，掌官府手工業。十一班。⓭徐驎（？—西元五四八年）吳郡吳（今江蘇蘇州）人。傳見《南史》卷七十七。⓮太子右衛率　官名，東宮屬官，率崇榮、永吉、崇和、細射四營衛士，守衛東宮。⓯陸驗　吳郡吳人。與徐驎並為朱异所親昵。傳見《南史》卷七十七。⓰制局監　官名，尚書省所轄低級官員，主管兵器製造。多以寒門出身的人任職。⓱周石珍　（？—西元五五二年）建康城奴僕出身，家世代以販賣絹帛為生。歷位開陽令、直閤將軍，封南豐縣侯。後降於侯景。景篡位，制度儀仗全由周石珍制定。侯景之亂被平定後，被押至江陵腰斬。傳見《南史》卷七十七。⓲百賈　眾商人。⓳朱彥和　即朱异，字彥和。⓴肆辯　放肆地辯解。㉑天奪其鑒　上天奪走他的識鑑。㉒宋子仙　侯景得力部將。隨侯景攻取建康，位至太保。巴陵之役，被王僧辯擊敗擒獲。事見《梁書》卷五十六〈侯景傳〉、《南史》卷八十〈賊臣傳〉。㉓木柵　地名，在荊山西邊，即今安徽懷遠西南，馬頭城東北。㉔甲辰　八月十六日。㉕正表　蕭正表，字公儀，臨川王蕭宏之子，梁武帝封之為封山侯。官北徐州刺史。侯景渡江，封他為南郡王。後降東魏。傳見《魏書》卷五十九、《南史》卷五十一、《北史》卷二十九。㉖裴之高　字如山，河東聞喜（今山西聞喜）人。仕梁，歷任潁州、譙州、西豫州刺史。侯景之亂，之高率軍入援，於青塘被侯景打敗後，改投江陵，輔佐梁元帝，拜金紫光祿大夫。傳見《梁書》卷二十八、《南史》卷五十八。㉗宏　蕭宏，梁武帝之弟，封臨川王。㉘淮南　指壽陽，曾是淮南郡治所。㉙臨賀　臨賀王蕭正德，是蕭正表的哥哥。㉚拙速　實用而迅速。㉛外弟　表弟。㉜中軍大都督　官名，北魏末設置，統領中軍，權任很重。㉝王顯貴　人名，《陳書》、《南史》作「王貴顯」，《通鑑》依據《梁書》。㉞癸未　九月二十五日。㉟庚寅　十月三日。㊱譙州　即南譙州，州名，梁置，治所新昌，在今安徽滁州。㊲董紹先　（？—西元五五〇年）此時以臨江太守協助譙州刺史守城。後助侯景襲取廣陵，迫降蕭會理以後，被任命為南兗州刺史。大寶元年（西元五五〇年），被江都令祖皓所殺。㊳泰　蕭泰，字世怡，梁宗室，封豐城侯。傳見《南史》卷五十二。㊴時要　當時的顯貴要人。㊵腰輿　便轎，高僅及腰部，常用肩抬，類似四川的滑竿。㊶庚子　十月十三日。㊷寧遠將軍　官名，在梁二十四班將軍中，位列第十三班。㊸王質　（西元五一一—五七〇年）字子貞，梁武帝外甥，封甲口亭侯。曾隨蕭淵明北伐，失敗逃回。侯景破建康，轉投梁元帝，任吳州刺史。元帝死，依從陳霸先之子陳蒨。入陳，官至都官尚書。傳見《陳書》卷十八、《南史》卷二十三。㊹莊鐵　初降侯景，後改投尋陽王蕭大心，不久又歸從蕭範，引起兩藩內訌。㊺丁未　十月二十日。㊻羸兵　弱兵。㊼歷陽　郡名，治所歷陽，在今安徽和縣。㊽戊申　十月二十一日。㊾丹楊郡　治所建康故城，在今江蘇南京江寧。㊿荻　植物名，與蘆葦同屬禾本科而異種，葉稍寬而柔韌。(51)臨川　郡名，治所南城，在今江西南城東南。(52)陳昕　（西元五一六—

五四八年）字君章，義興國山（今江蘇宜興西南）人，驍勇善戰，曾敗魏將堯雄於懸瓠，又平定王勤宗軍。傳見《梁書》卷三十二、《南史》卷六十一。53恐不能濟　恐怕不能抵擋侯景軍南下。54慶之　陳慶之（西元四八四—五三九年），字子雲，梁朝名將。自幼追隨梁武帝。大通元年（西元五二七年），奪取北魏渦陽，建西徐州。大通初，奉命送魏北海王元顥北上，僅一百四十天，連克三十二城，奪取洛陽。傳見《梁書》卷三十二、《南史》卷六十一。55渚　河中的沙洲。此指秦淮渚。在秦淮河入江口不遠。56己酉　十月二十二日。57橫江　渡口名，在今安徽和縣東南，與江南岸的采石隔江相對。58姑孰　一作姑熟，城名，故址在今安徽當塗，是建康的西南門戶。59淮南　梁郡名，治所姑孰。60文成侯寧　蕭寧（？—西元五五〇年），梁鄱陽嗣王蕭範的弟弟，爵文成侯。吳郡人陸緝推蕭寧為梁主，抵抗叛軍。失利後，寧藏匿於民間。大寶元年再度起兵於吳郡西鄉，兵敗被殺。61南津校尉　官名，梁普通七年置，掌南津關稅及檢查叛亡、禁物。官班不詳。南津，即南州津，在今安徽馬鞍山市西南采石。62江子一　（？—西元五四八年）字元貞，濟南考城（今河南蘭考）人，為人高潔有志操，曾任通直散騎侍郎。侯景圍建康，江子一壯烈赴死。傳見《梁書》卷四十三、《南史》卷六十四。63其副　江子一的副將。

【校　記】1自　原無此字。據章鈺校，十二行本、乙十一行本、孔天胤本皆有此字。張敦仁《通鑑刊本識誤》同，今據補。2上　原無此字。據章鈺校，十二行本、乙十一行本、孔天胤本皆有此字，張敦仁《通鑑刊本識誤》同，今據補。3其　原作「之」。據章鈺校，十二行本、乙十一行本、孔天胤本皆作「其」。按，《南史・恩幸傳・陸驗傳附徐驎傳》同，今據改。

【語　譯】臨賀王蕭正德每到一地都貪婪殘暴不守法度，多次受到梁武帝的斥責，因此懷恨在心，暗中蓄養敢死之士，儲備糧食，聚積財貨，希望朝廷發生變亂，侯景知道這一情況。蕭正德在北魏時與徐思玉有交往，侯景派徐思玉寫信給蕭正德說：「如今皇上年老，奸臣禍亂國家，依侯景看來，不久就要敗亡。大王本是儲君，中途被廢黜，天下敬畏，一心歸附您。侯景雖然不聰明，卻真心願為您效勞，希望大王符合天下黎民的心願，看清我的一片誠心！」蕭正德非常高興，說：「侯公的想法，與我不謀而合，這真是上天送給我的啊！」回信給侯景說：「朝廷的事，就像你說的那樣。我有這種心思，時間已經很久了。如今我為內應，你在外發動，何愁不成功？機密要事行動在於迅速，現今正是時候。」

鄱陽王蕭範祕密上奏侯景謀反。當時梁武帝把邊防事務專門託付給朱异，事無大小都要問朱异。朱异認為一定不會有此事。梁武帝回信給蕭範說：「侯景孤單勢危，投靠我朝，好比一個嬰兒靠人餵養，憑這樣的情勢，哪能造反呢？」蕭範再次陳述說：「不趁早剷除，就要禍害百姓。」梁武帝說：「朝廷自有安排，無須你深憂。」蕭範又請求親自率合肥的軍隊討伐侯景，梁武帝不答應。朱异對蕭範使者說：「鄱陽王終究不允許朝廷有一個客人！」從此蕭範上奏，朱异不再替他呈報。

侯景約羊鴉仁一同造反，羊鴉仁逮捕了侯景的使者上報朝廷。朱异說：「侯景幾百個叛兵，能幹什麼呢？」下令把使者投入建康監獄，不久又釋放了。侯景更加肆無忌憚，上書梁武帝說：「如果臣反叛是實，應當受國家法律懲處，如果皇上查明冤屈，請求誅殺羊鴉仁。」侯景又上書說：「高澄狡猾，怎麼可以完全相信？陛下聽信了他的謊言，謀求與他和好，我私下也覺得可笑。臣寧願粉身碎骨，把命交給仇家高氏，乞求江西地區，授予我掌管。如果不同意我的要求，我將率領鐵甲騎兵，渡過長江，殺向閩越，不僅朝廷蒙受恥辱，也會使王公大臣們寢食不安。」梁武帝讓朱异明確地對侯景的使者說：「即使一個貧窮的家庭，養十個、五個客人，尚且能夠使客人滿意，朕只有一個客人，招致客人有怨言，也是朕的不是。」增加了許多綢緞錢幣的賞賜，使者往來不斷。

八月初十日戊戌，侯景在壽陽反叛，以誅殺中領軍朱异、少府卿徐驎、太子右衛率陸驗、制局監周石珍為藉口。朱异等人都因奸詐驕橫，蒙蔽皇上，玩弄權術，被當時人痛恨，所以侯景藉口殺他們而起兵。徐驎、陸驗，都是吳郡人。石珍，丹楊人。徐驎、陸驗，相繼為少府丞，專幹苛酷的事，所有商家都怨恨他們，朱异與他們的關係特別親密，當時人稱他們為「三蠹」。司農卿傅岐，是耿直剛正的人，曾經對朱异說：「你掌管了朝廷的核心權力，得到如此榮譽和寵信。近來聽到關於你的傳聞，都是些卑鄙齷齪，亂七八糟的事，如果讓皇上知曉，你想免罪，可能嗎？」朱异說：「外人誹謗，我早就知道了。心裡如果無愧，何必怕人們嚼舌根？」傳岐對人說：「朱彥和死到臨頭了。依靠巴結奉承求得皇上信任，百般巧辯拒絕別人的諫阻，聽到災難還不驚心，知道自己的罪惡卻不思悔改，上天奪走了他的分辨力，他還能活久嗎？」

侯景西攻馬頭，派他的將領宋子仙東攻木柵，抓獲了戍主曹璆等人。梁武帝聽到後笑著說：「這有什麼了不起？我折斷一根馬箠來抽他。」下令懸賞徵求能殺侯景的人，封三千戶公，出任州刺史。八月十六日甲辰，下詔任命合州刺史鄱陽王蕭範為南道都督，北徐州刺史封山侯蕭正表為北道都督，司州刺史柳仲禮為西道都督，通直散騎常侍裴之高為東道都督，任命侍中開府儀同三司邵陵王蕭綸持節總統眾軍討伐侯景。蕭正表，是蕭宏的兒子。柳仲禮，是柳慶遠的孫子。裴之高，是裴邃哥哥的兒子。

九月，東魏濮陽武公婁昭去世。

侯景聽到政府軍討伐他，問計於王偉，王偉說：「邵陵王蕭綸如果來到，他們兵多，我們兵少，我們一定被圍困。不如放棄淮南，下決心向東，率領輕騎直撲建康，臨賀王蕭正德在京城內造反，大王在外進攻，天下不難平定。兵貴實用而迅速，應當立即上路。」侯景於是留下表弟中軍大都督王顯貴守壽陽。九月二十五日癸未，假稱到外面打獵，率軍出壽陽，人們都未發覺。冬，十月初三日庚寅，侯景揚言赴合肥，而實際偷襲譙州，譙州助防董紹先打開城門投降侯景。活捉了譙州刺史豐城侯蕭泰。蕭泰，是蕭範的弟弟。蕭泰原任中書舍人，拿出全部家財來賄賂當時的權臣，被破格任命為譙州刺史。到任後，到處徵發民夫，讓這些人給他抬轎子、扇子、雨傘等物品，不論是士人還是普通百姓，恥於做這些事的，就要遭到棍棒痛打，多送錢財的人，就寬免他們，因此人人都想為亂。等到侯景到來，人們都沒有打仗的思想，所以失敗了。

十月十三日庚子，梁武帝下詔派寧遠將軍王質率領三千名士兵巡視江防阻擊叛兵。侯景進攻歷陽太守莊鐵，二十日丁未，莊鐵獻出城池投降。於是勸告侯景說：「梁朝太平多年，人們不熟習戰爭，聽說大王起兵，朝廷內外驚駭，應當趁此機會迅速奔赴建康，可以不流血而成就大功。如果讓朝廷漸漸做好防備，內外人心稍稍安定，派出老弱士兵一千人逕直據守采石渡口，大王即使有精兵鐵甲一百萬，也渡不了長江。」侯景於是留下儀同三司田英、郭駱守歷陽，用莊鐵做嚮導，帶領軍隊到達長江邊。長江沿岸哨所據點，一個接一個奏報。梁武帝向都官尚書羊侃詢問征討侯景的計策，羊侃請求率領兩千名士兵緊急據守采石，令邵陵王蕭綸襲擊並佔領壽陽，使侯景進軍不能向前，後退失去巢穴，烏合之眾，自然瓦解。朱异說：「侯景一定沒有渡江的想法。」於是擱置了羊侃的計謀。羊侃說：「如此梁朝要敗亡了。」

十月二十一日戊申，任命臨賀王蕭正德為平北將軍，都督京師諸軍事，屯駐丹楊郡。蕭正德派大船數十艘，謊稱運載荻草，祕密渡侯景過江。侯景將要渡江，憂慮王質從中作梗，派出間諜偵察情況。正巧臨川太守陳昕上奏說：「采石急須重兵把守，王質的水軍人少勢弱，恐怕完成不了任務。」梁武帝任命陳昕為雲旗將軍，代理王質戍守采石，徵調王質掌管丹楊尹的政事。陳昕，是陳慶之的兒子。王質離開了采石，而陳昕還沒有去采石接防。間諜向侯景報告說：「王質已經退走。」侯景讓間諜折斷長江南岸的樹枝為憑證，間諜遵照侯景的吩咐返回，侯景大喜說：「我的大事辦妥了！」二十二日己酉，侯景從橫江渡江到了采石，有馬數百匹，兵士八千人。當夜，朝廷才開始下令戒嚴。

侯景分兵偷襲姑孰，活捉淮南太守文成侯蕭寧。南津校尉江子一率領水軍一千餘人，想在下游截擊侯景，他的副將董桃生家在江北，董桃生和他的部屬首先潰散逃走。江子一搜集餘眾，步行回到建康。江子一，是江子四的哥哥。

太子見事急，戎服入見上，稟受方略，上曰：「此自汝事，何更問為？內外軍[1]，悉以付汝。」太子乃停中書省，指授軍事，物情❶惶駭，莫有應募者。朝廷猶不知臨賀王正德之情，命正德屯朱雀門，寧國公大臨❷屯新亭❸，大府卿韋黯屯六門，繕脩宮城，為受敵之備。大臨，大器之弟也。

己酉❹，景至慈湖❺。建康大駭，御街人更相劫掠，不復通行。赦東、西冶、尚方錢署❻及建康繫囚，以揚州刺史宣城王大器都督城內諸軍事，以羊侃為軍師將軍副之，南浦侯推❼守東府❽，西豐公大春❾守石頭❿，輕車長史⓫謝禧⓬、始興太守元貞守白下⑬，韋黯與右衛將軍柳津⑭等分守宮城諸門及朝堂。推，秀⑮之子。大春，大臨之弟。津，仲禮之父也。攝⑯諸寺庫公藏錢，聚之德陽堂⑰，以充軍實。

庚戌⑱，侯景至板橋⑲，遣徐思玉來求見上，實欲觀城中虛實。上召問之，思玉詐稱叛景請間陳事⑳，上將屏左右，舍人高善寶曰：「思玉從賊中來，情偽難測，安可使獨在殿上？」朱异侍坐，曰：「徐思玉豈刺客邪？」思玉出景啟，言异等弄權，乞帶甲入朝，除君側之惡。异甚慚悚。景又請遣了事舍人㉑出相領解㉒，上遣中書舍人賀季㉓、主書郭寶亮隨思玉勞景于板橋。景北面受敕，季曰：「今者之舉何名？」景曰：「欲為帝也。」王偉進曰：「朱异等亂政，除姦臣耳。」景既出惡言，遂留季，獨遣寶亮還宮。

百姓聞景至，競入城，公私混亂，無復次第，羊侃區分防擬，皆以宗室間之。軍人爭入武庫，自取器甲，所司㉔不能禁，侃命斬數人，方止。是時，梁興四十七年㉕，境內無事，公卿在位及閭里士大夫罕見兵甲，賊至猝迫，公私駭震。宿將已盡，後進少年並出在外，軍旅指撝㉖，一決於侃，侃膽力俱壯，太子深仗之。

辛亥㉗，景至朱雀桁㉘南，太子以臨賀王正德守宣陽門，東宮學士㉙新野庾信㉚

守朱雀門，帥宮中文武三千餘人營桁北。太子命信開大桁以挫其鋒，正德曰：「百姓見開桁，必大驚駭，可且安物情。」太子從之。俄而景至，信帥眾開桁，始除一舶，見景軍皆著鐵面㉛，退隱于門。信方食甘蔗，有飛箭中門柱，信手甘蔗，應弦而落，遂棄軍走。南塘㉜游軍㉝沈子睦，臨賀王正德之黨也，復閉桁度景。太子使王質將精兵三千援信，至領軍府，遇賊，未陳而走。正德帥眾於張侯橋㉞迎景，馬上交揖，既入宣陽門，望闕而拜，歔欷流涕，隨景度淮。景軍皆著青袍，正德軍並著絳袍，碧裏㉟，既與景合，悉反其袍。景乘勝至闕下，城中恟懼，羊侃詐稱得射書云：「邵陵王㊱、西昌侯㊲援兵已至近路。」眾乃少[2]安。西豐公大春棄石頭，奔京口，謝禧、元貞棄白下走，津主㊳彭文粲等以石頭城降景，景遣其儀同三司于子悅守之。

【章旨】以上為第三段，寫蕭正德駐防朱雀門，開門揖盜，侯景兵不血刃破建康。

【注釋】❶物情　人心。❷大臨　蕭大臨（西元五二七—五五一年），字仁宣，梁簡文帝之子。初封寧國公，大寶元年封南海王，任揚州刺史，領吳郡太守。被侯景派人殺死。傳見《梁書》卷四十四、《南史》卷五十四。❸新亭　地名，在今江蘇南京江寧境。❹己酉　十月二十二日。❺慈湖　地名，在今安徽當塗境。❻尚方錢署　少府卿所屬管理鑄錢幣的部門。所用多是刑徒。❼南浦侯推　蕭推，字智進，梁武帝普通六年（西元五二五年）封南浦侯。先後官淮南、晉陵、吳郡太守。侯景之亂，守東府城，城陷，握節而死。傳見《梁書》卷二十二、《南史》卷五十二。❽東府　城名，梁揚州刺史鎮所，在今江蘇南京通濟門附近。❾大春　蕭大春（西元五三〇—五五一年），字仁經，爵西豐公。在鍾山被侯景軍所俘。大寶元年封安陸王，轉年被殺。傳見《梁書》卷四十四、《南史》卷五十四。❿石頭　城名，在今江蘇南京西清涼山。其地負山面江，形勢險固，為六朝軍事要地。⓫輕車長史　輕車將軍的長史。⓬謝禧　謝舉之子。⓭白下　城名，在南京金川門外。⓮柳津　（?—西元五四九年）字元舉，封雲杜侯，河東解（今山西解縣）人。傳見《南史》卷三十八。⓯秀　蕭秀（西元四七五—五一八年），字彥達，梁武帝弟弟，封安成王。傳見《梁書》卷二十二、《南史》卷五十二。⓰攝　收取。⓱德陽堂　原名閱武堂，天監六年（西元五〇七年）改今名。在宮城南闕前。⓲庚戌　十月二十三日。⓳板橋　地名，在江寧西南大勝關南。⓴請間陳事　請求單獨陳述有關事宜。㉑了事舍人　明白事理的舍人。了事，曉事。㉒領解　記錄侯景所想說的事，並予以分判是非。㉓賀季　會稽山陰（今浙江紹興）人，明三《禮》，位至中書黃門郎，兼領著作。傳見《梁書》卷四十八、《南史》卷六十二。㉔所司　指武庫令及其屬吏。㉕梁興四十七年　梁武帝於西元五〇二年建立梁朝，建元天監，至太清二年（西元五四八年），凡四十七年。㉖指撝　指揮。㉗辛亥　十月二十四日。㉘朱雀桁　浮橋名，又名朱雀橋、大桁，在今江蘇南京南秦淮河上。㉙東宮學士　太子宮中的學士。特置文德省，入選學士有徐陵、張長公、傅弘、庾信等人。㉚庾信　（西元五一三—五八一年）字子山，南陽新野（今河南新野）人，初任梁建康令。侯景之亂時，投奔梁元帝。出使西魏被扣留。入周任驃騎大將軍、開府儀同三司，封義城縣侯。世號「庾開府」。善寫詩及駢體文，是南北朝宮廷文學的代表。傳見《周書》卷四十一、《北史》卷八十三。㉛鐵面　鐵面具。㉜南塘　地名，在南京秦淮河北岸朱雀門一側。㉝遊軍　巡邏的軍隊。㉞張侯橋　在建康宮城附近。㉟碧裏　青綠色裡子。㊱邵陵王　蕭綸的封爵號。時蕭綸率軍渡江抵達鍾離郡，援救京師。㊲西昌侯　蕭淵藻的封爵號。當時蕭淵藻鎮守京口。㊳津主　渡口守將。

**【校　記】**①軍　原作「軍事」。據章鈺校，十二行本、乙十一行本、孔天胤本皆無「事」字，《通鑑紀事本末》卷二三同，今據刪。②少　原作「小」。據章鈺校，十二行本、乙十一行本、孔天胤本皆作「少」。按，《梁書・羊侃傳》、《南史・羊侃傳》亦同，今據改。

**【語　譯】**皇太子眼看形勢危急，穿著戎服進宮見梁武帝，接受戰略指示。梁武帝說：「這是你自個的事，還請示幹什麼？內外軍隊，全都交給你了。」皇太子就停留在中書省，指揮部署軍事行動。人心惶惶，沒有應召的人。朝廷還不知道蕭正德與侯景勾結的事情，命令他屯守朱雀門，寧國公蕭大臨屯守新亭，大府卿韋黯屯守六門，修繕皇城，做好遭受敵人進攻的準備。蕭大臨，是蕭大器的弟弟。

十月二十二日己酉，侯景到達慈湖，建康城內十分驚恐，皇城御街上的行人互相搶劫，不能再通行。朝廷赦免東治、西治、尚方錢署的囚徒勞工，以及建康監獄關押的罪犯，任命揚州刺史宣城王蕭大器都督京城內諸軍事，任命羊侃為軍師將軍擔任蕭大器的副手，南浦侯蕭推守東府，西豐公蕭大春守石頭城，輕車將軍長史謝禧、始興太守元貞守衛白下城，韋黯與右衛將軍柳津等人分別守衛皇宮諸門及朝堂。蕭推，是蕭秀的兒子。蕭大春，是蕭大臨的弟弟。柳津，是柳仲禮的父親。收聚各個府寺倉庫中國家積蓄的錢財，集中到德陽堂，用來供應軍備。

十月二十三日庚戌，侯景到達板橋，派徐思玉來求見皇上，實際是想打探城中虛實。梁武帝召見並詢問了他，徐思玉謊稱他背叛了侯景請求單獨向皇上報告情況，梁武帝將摒退身邊的人，舍人高善寶說：「徐思玉從反賊中來，真假難辨，怎麼可以讓他一個人在殿上？」朱异在座，說：「徐思玉難道是刺客嗎？」徐思玉拿出侯景的書信說朱异等人玩弄權術，我請求帶兵入朝，除掉皇上旁邊的惡人。朱异非常慚愧害怕。侯景又請求派明白事理的舍人出朝到自己身邊記錄還沒說完的話以供皇上分辨是非。梁武帝派中書舍人賀季、主書郭寶亮隨著徐思玉到板橋慰勞侯景。侯景面向北跪接了皇上詔書。賀季說：「你今天興兵有什麼名義？」侯景說：「想當皇帝。」王偉走上前說：「朱异等人擾亂朝政，只不過是除掉奸臣罷了。」侯景口出惡言之後，便扣留了賀季，只讓郭寶亮一人回宮。

老百姓聽說侯景到來，競相進城，公私混亂，不再有秩序，羊侃部署城區防務，都用皇室成員間隔開來。軍士爭相進入武庫，自個拿走兵器鎧甲，主管部門不能禁止，羊侃下令殺了幾個人，才制止了。這時，梁朝建立四十七年，境內沒有戰事，公卿大臣以及鄉里士大夫很少見過兵器，叛賊來得突然，朝野驚駭。開國老將已經沒有了，後起的年輕將領出守在外，軍事指揮策劃，全靠羊侃決斷。羊侃有膽有識，身體強壯，皇太子全仰仗於他。

十月二十四日辛亥，侯景到達朱雀桁南面，皇太子任命臨賀王蕭正德守宣陽門，東宮學士新野人庾信守朱雀門，統領皇宮中文武將士三千多人在朱雀桁北紮營。皇太子命令庾信撤除浮橋削弱敵人的兵勢，蕭正德說：「老百姓看見撤除浮橋，一定大為驚慌，可以暫時不撤穩定人心。」皇太子聽從了。不一會兒，侯景到達，庾信帶領士兵撤除浮橋，剛撤開一艘船，看到侯景的士兵都戴著鐵面具，就後退躲到城門下。庾信正在吃甘蔗，有飛箭射中門柱，庾信手中的甘蔗隨著飛箭的聲響落在地上，於是丟棄軍隊逃走。南塘巡邏軍沈子睦是臨賀王蕭正德的同黨，重新閉合了浮橋，使侯景過河。皇太子派王質率領三千精兵增援庾信，到達領軍府，碰上敵軍，沒有擺開陣勢就逃跑了。蕭正德率領部眾在張侯橋迎接侯景，在馬背上互相拱手作揖，進入宣陽門後，蕭正德望著宮門叩拜，歎息流淚，跟隨侯景渡過秦淮河。侯景的軍隊都穿青色戰袍，蕭正德軍隊都穿深紅色戰袍青綠色裡子，與侯景會合後，軍士都將戰袍翻著穿。侯景乘勝攻到皇城下，皇城人心驚慌，羊侃假稱得到用箭射來的書信，說：「邵陵王蕭綸、西昌侯蕭淵藻的援兵已到附近。」大家這才稍微安定下來。西豐公蕭大春丟棄了石頭城，逃奔京口，謝禧、元貞丟棄白下城逃走，渡口守將彭文粲等獻出石頭城投降了侯景，侯景派他的儀同三司于子悅守衛石頭城。

壬子❶，景列兵繞臺城❷，旛旗皆黑，射啟於城中曰：「朱异等蔑弄朝權，輕作威福，臣為所陷，欲加屠戮。陛下若誅朱异等，臣則斂轡北歸。」上問太子：「有是乎？」對曰：「然。」上將誅之。太子曰：「賊以异等為名耳，今日殺之，無救於急，適足貽笑將來，俟賊平誅之未晚。」上乃止。

景繞城既帀❸，百道俱攻，鳴鼓吹脣❹，喧聲震地。縱火燒大司馬、東・西華諸門。羊侃使鑿門上為竅，下水沃火。太子自捧銀鞍，往賞戰士。直閤將軍朱思帥戰士數人踰城出外灑水，久之方滅。賊又以長柯斧❺斫東掖門，門將開，羊侃鑿扇❻為孔，以槊刺殺二人，斫者乃退。景據公車府❼，正德據左衛府❽，景黨宋子仙據東宮，范桃棒❾據同泰寺。景取東宮妓數百，分給軍士。東宮近城，景眾登其牆射城內。至夜，景於東宮置酒奏樂，太子遣人焚之，臺殿及所聚圖書皆盡。景又燒乘黃廄❿、士林館⓫、太府寺⓬。癸丑⓭，景作木驢⓮數百攻城，城上投石碎之。景更作尖項木驢，石不能破。羊侃使作雉尾炬⓯，灌以膏蠟，叢擲焚之，俄盡⓰。景又作登城樓，高十餘丈，欲臨射城中。侃曰：「車高塹虛⓱，彼來必倒，可臥而觀之。」及車動，果倒。

景攻既不克，士卒死傷多，乃築長圍⓲以絕內外，又啟求誅朱异等。城中亦射賞格出外曰：「有能送景首者，授以景位，并錢一億萬，布絹各萬匹。」朱异、張綰議出兵擊之，上問羊侃，侃曰：「不可。今出人若少，不足破賊，徒挫銳氣；若多，則一旦失利，門隘橋小，必大致失亡。」异等不從，使千餘人出戰，鋒未及交，退走，爭橋赴水死者大半。

侃子鷟，為景所獲，執至城下，以示侃，侃曰：「我傾宗報主，猶恨不足，豈計一子，幸早殺之！」數日，復持來，侃謂鷟曰：「久以汝為死矣，猶在邪？」

引弓射之。景以其忠義，亦不之殺。

莊鐵慮景不克[19]，託稱迎母，與左右數十人趣歷陽，先遣書紿田英、郭駱曰：「侯王已為臺軍所殺，國家使我歸鎮。」駱等大懼，棄城奔壽陽，鐵入城，不敢守，奉其母奔尋陽[20]。

十一月戊午[21]朔，刑白馬，祀蚩尤[22]於太極殿前。

臨賀王正德即帝位於儀賢堂[23]，下詔稱：「普通以來，姦邪亂政，上久不豫，社稷將危。河南王景，釋位來朝[24]，猥用朕躬，紹茲寶位，可大赦，改元正平。」立其世子見理[25]為皇太子，以景為丞相，妻以女，并出家之寶貨悉助軍費。於是景營於闕前，分其兵二千人攻東府，南浦侯推拒之三日，不克。景自往攻之，矢石雨下，宣城王[26]防閤[27]許伯眾[28]潛引景眾登城。辛酉[29]，克之，殺南浦侯推及城中戰士三千人，載其尸聚於杜姥宅[30]，遙語城中人曰：「若不早降，正當如此。」

景聲言上已晏駕[31]，雖城中亦以為然。壬戌[32]，太子請上巡城，上幸大司馬門，城上聞蹕聲[33]，皆鼓譟流涕，眾心粗安。

江子一之敗還也，上責之。子一拜謝曰：「臣以身許國，常恐不得其死，今所部皆棄臣去，臣以一夫安能擊賊？若賊遂能至此，臣誓當碎身[1]以贖前罪，不死闕前，當死闕後。」癸亥㉞[2]，子一啓太子，與弟尚書左丞子四、東宮主帥㉟子五㊱帥所領百餘人開承明門出戰。子一直抵賊營，賊伏兵不動。子一呼曰：「賊輩何不速出！」久之，賊騎出，夾攻之。子一徑前，引槊刺賊，從者莫敢繼，賊解其肩㊲而死。子四、子五相謂曰：「與兄俱出，何面㊳獨旋？」皆免冑赴賊。子四中矟，洞胸而死，子五傷脰㊴，還至塹，一慟而絕。

景初至建康，謂朝夕可拔，號令嚴整，士卒不敢侵暴。及屢攻不克，人心離沮㊵。景恐援兵四集，一旦潰去。又食石頭常平諸倉既盡，軍中乏食，乃縱士卒掠奪民米及金帛子女。是後米一升直[3]七八萬錢，人相食，餓死者什五六。

乙丑㊶，景於城東、西起土山，驅迫士民，不限貴賤，亂加毆捶，疲羸者因殺以填山，號哭動地。民不敢竄匿，並出從之，旬日間，眾至數萬。城中亦築土山以應之。太子、宣城王已下，皆親負土，執畚鍤㊷，於山上起芙蓉層樓㊸，高四丈，飾以錦罽㊹，募敢死士二千人，厚衣袍鎧，謂之「僧騰客」，分配二山㊺，晝夜交戰不息。會大雨，城內土山崩，賊乘之，垂入，苦戰不能禁。羊侃令多擲火為火城，以斷其路，徐於內築城，賊不能進。

景募人奴降者，悉免為良[46]，得朱异奴，以為儀同三司，异家貲產悉與之。奴乘良馬，衣錦袍，於城下仰詬异曰：「汝五十年仕宦，方得中領軍；我始事侯王，已為儀同矣！」於是三日之中，羣奴出就景者以千數，景皆厚撫以配軍，人人感恩，為之致死。

荊州刺史湘東王繹聞景圍臺城，丙寅[47]，戒嚴，移檄所督湘州[48]刺史河東王譽、雍州[49]刺史岳陽王詧、江州刺史當陽公大心[50]、郢州刺史南平王恪[51]等，發兵入援。大心，大器之弟。恪，偉[52]之子也。

朱异遺景書，為陳禍福。景報書，并告城中士民，以為：「梁自近歲以來，權倖用事，割剝齊民，以供嗜欲。如曰不然，公等試觀：今日國家池苑，王公第宅，僧尼寺塔，及在位庶僚，姬姜[53]百室，僕從數千，不耕不織，錦衣玉食，不奪百姓，從何得之？僕所以趨赴闕庭，指誅權佞，非傾社稷。今城中指望四方入援，吾觀王侯、諸將，志在全身，誰能竭力致死，與吾爭勝負哉？長江天險，二曹[54]所歎，吾一葦航之[55]，日明氣淨。自非天人允協，何能如是？幸各三思，自求元吉！」

景又奉啓於東魏主，稱：「臣進取壽春，暫欲停憩。而蕭衍識此運終，自辭寶位，臣軍未入其國，已投同泰[56]捨身。去月[57]二十九日，居此建康。江海未蘇，干戈暫止，永言故鄉，人馬同戀。尋當整轡，以奉聖顏。臣之母、弟，久謂屠滅，近奉明敕，始承[58]猶在。斯乃陛下寬仁，大將軍恩念，臣之弱劣，知何仰報，今輒齎啓迎臣母、弟、妻、兒，伏願聖慈，特賜裁放。」

己巳[59]，湘東王繹遣司馬吳曄[60]、天門[61]太守樊文皎[62]等將兵發江陵。

陳昕為景所擒，景與之極飲，使昕收集部曲，欲用之。昕不可，景使其儀同三司范桃棒囚之。昕因說桃棒，使帥所部襲殺王偉、宋子仙，詣城降。桃棒從之，潛遣昕夜縋入城。上大喜，敕鐫銀券[63]賜桃棒曰：「事定之日，封汝河南王，即有景眾，并給金帛女樂。」太子恐其詐，猶豫不決，上怒曰：「受降常理，何忽致疑？」太子召公卿會議，朱异、傅岐曰：「桃棒降必非謬。桃棒既降，賊景必驚，乘此擊之，可大破也。」太子曰：「吾堅城自守以俟外援，援兵既至，賊豈足平？此萬全策也。今開門納桃棒，桃棒之情，何易可知？萬一為變，悔無所及，社稷事重，須更詳之。」异曰：「殿下若以社稷之急，宜納桃棒，如其猶豫，非异所知。」太子終不能決。桃棒又使昕啓曰：「今止將所領五百人，若至城門，皆自脫甲，乞朝廷開門賜容。事濟之後，保擒侯景。」太子見其懇切，愈疑之。

朱异撫膺[64]曰：「失此，社稷事去矣！」俄而桃棒為部下所告，景拉殺之。陳昕不知，如期而出，景邀得之，逼使射書城中曰：「桃棒且輕將[65]數十人先入。」景欲衷甲隨之，昕不肯，期以必死[66]，乃殺之。

景使蕭見理與儀同三司盧暉略[67]戍東府。見理凶險，夜，與羣盜剽劫於大桁，中流矢而死。

【章　旨】以上為第四段，寫侯景重兵攻圍皇城，梁將羊侃指揮有方，應對有度，激戰兩月餘，直到年底，叛軍未能攻克皇城。

【注　釋】❶王子　十月二十五日。❷臺城　即梁朝臺省（中央政府）和宮殿所在的內城。❸繞城既帀　繞臺城完成包圍圈。❹吹脣　吹口哨，也稱嘯指。❺長柯斧　長柄斧子。❻扇　城門門扇。❼公車府　公車令衙門，為衛尉屬下機構，在臺城門外。❽左衛府　左衛將軍衙門。左衛將軍是中央禁衛軍主要將領，與右衛將軍共同負責宮禁宿衛。梁十二班。❾范桃棒　侯景部將，官拜儀同三司。後密謀降梁，事洩被殺。❿乘黃廄　皇宮馬廄之一。⓫士林館　在臺城西側，是朱异、顧琛、孔子祛等人輪流講述經義的地方。⓬太府寺　太府卿辦事衙門。⓭癸丑　十月二十六日。⓮木驢　攻城器具。木製，下裝六腳，高七尺，可以容納六名戰士。上蒙溼牛皮，人在裡面推進，可抵城下。後為盡量避免被石塊砸碎，改作上尖下寬的形狀。⓯雉尾炬　用蘆葦紮成，尾分兩歧，如同雉雞尾巴，灌入油蠟，點燃成火炬。⓰俄盡　一會兒功夫便把木驢燒光。⓱塹虛　基礎不穩。⓲築長圍　繞臺城夯土成圍子。⓳不克　不成功。⓴尋陽　郡名，治所尋陽，在今江西九江市西。㉑戊午　十一月一日。㉒蚩尤　傳說中東方九黎族的首領，以銅作兵器。後於涿鹿（在今河北涿鹿東南）被黃帝打敗並殺死，黎族退入南方。因蚩尤善造兵器，驍勇善戰，所以被尊作戰神祭祀，祈求福祥。㉓儀賢堂　原名聽訟堂，天監六年改今名，在臺城南闕前。㉔釋位來朝　《左傳》中所指周朝諸侯放棄封國，來輔佐周天子處理政事。蕭正德引用來表彰侯景對他的輔助。㉕見理　蕭見理，字孟節，蕭正德之子，喜結納群盜，夜出搶掠，後中流矢死。傳見《南史》卷五十一。㉖宣城王　即蕭大器。㉗防閤即防閤將軍，是諸王府中守衛齋閤的將領。㉘許伯眾　人名，《梁書》作「許郁華」，時任東府東北樓守將。與《通鑑》異。㉙辛酉　十一月四日。㉚杜姥宅　住宅名。㉛晏駕　死亡。㉜壬戌　十一月五日。㉝聞蹕聲　聽到帝王出行的清道聲。㉞癸亥　十一月六日。㉟東宮主帥　官名，值衛於太子殿中。㊱子五　江子五，濟陽考城（今河南民權）人。事見《梁書》卷四十三。㊲解其肩　砍斷江子一的肩膀。㊳何面　有何臉面。㊴脰　頸項。㊵離沮　離散沮喪。㊶乙丑　十一月八日。㊷畚鍤　畚箕和鍤鏟。㊸芙蓉層樓　用斗拱和飛柳層層建起的木樓，形狀如芙蓉花萼狀而得名。㊹錦罽　絲織的彩帛和毛織的氈布。㊺二山　臺城中東、西各有一個土山。㊻悉免為良　全都免去奴婢的身分，成為良民百姓。㊼丙寅　十一月九日。㊽湘州　州名，治所臨湘，在今湖南長沙。㊾雍州　州名，治所襄陽，在今湖北襄樊。㊿大心　蕭大心（西元五二七—五五一年），字仁恕，初封當陽公。歷任郢州、江州刺史。建康失陷後，不久即遭侯景殺害。傳見《梁書》卷四十四、《南史》卷五十四。(51)南平王恪　蕭恪（？—西元五五二年），字敬則，初任雍州刺史。元帝即位江陵，恪任尚書令、司空。討平侯景後，死於赴揚州刺史任前夕。傳見《南史》卷五十二。(52)偉　蕭偉（？—西元五三三年），字文達，梁武帝的弟弟。初封建安王，後改封南平王。先後任南徐州、揚州、江州刺史，官至中書令、大司馬。傳見《梁書》卷二十二、《南史》卷五十二。(53)姬姜　古代貴族婦女的美稱。此指妻妾。(54)二曹　指曹操和曹丕。前者敗於赤壁，後者於黃初五年（西元二二四年）至廣陵，面對長江，歎道：「魏雖有武騎千群，無所用也！」於是退兵。事見《三國志》卷一、卷二。(55)一葦航之　語見《詩經・河廣》。原意形容河道狹窄。侯景借用來說明，他之所以輕而易舉地渡過天險長江，是上順天意、下應民心的結果。(56)同泰　同泰寺。(57)去月　上個月。(58)始承　才從敕令中得知。(59)己巳　十一月十二日。(60)吳曄　人名。(61)天門　郡名，治所澧陽，在今湖南石門。(62)樊文皎　（？—西元五四九年）梁益州刺史樊文熾的弟弟。(63)鐫銀券　雕有文字的銀製契據。(64)撫膺　捶胸，氣憤難平的樣子。(65)輕將　少帶隨從。(66)期以必死　聲明必死的決心，絕不屈服。(67)盧暉略　人名，一作「盧輝略」。太寶二年（西元五五一年），以石頭城降於陳霸先。

【校　記】①身　原作「首」。據章鈺校，十二行本、乙十一行本、孔天胤本皆作「身」，《通鑑紀事本末》卷二三同，今據改。②癸亥　原作「乙亥」。據章鈺校，十二行本、乙十一行本、孔天胤本皆作「癸亥」。按，下文有「乙丑」，則此前不可能有「乙亥」日，當作「癸亥」，今據改。③直　原作「至」。據章鈺校，十二行本、乙十一行本、孔天胤本皆作「直」，《通鑑紀事本末》卷二三同，今據改。

【語　譯】十月二十五日壬子，侯景部署軍隊包圍了皇城，軍旗都是黑色，用箭射書信到皇城中，說：「朱异等人隨心玩弄朝廷大權，肆意作威作福，我被他們誣陷，他們想殺害我。皇上如果殺了朱异等人，我就掉轉馬頭北歸。」皇上問皇太子：「有這事嗎？」回答說：「是這樣。」梁武帝將要殺死朱异等人。皇太子說：「叛賊只不過拿朱异等人為藉口罷了，今天殺了他們，也救不了急，只會被後人恥笑，等到平定了叛賊再誅殺他們也不晚。」梁武帝這才作罷。

侯景對皇城完成包圍圈後，各處一同攻城，擊鼓吹哨喊叫聲震地。放火燒大司馬、東華、西華等各城門。羊侃讓人在門上鑿洞，灌水滅火。皇太子親自捧著銀製的馬鞍，去獎賞戰士。直閤將軍朱思率領幾個戰士翻過城牆到城門外灑水，過了好久才把火撲滅。叛軍又用長柄斧砍東掖門，門將被砍開，羊侃在門扇上鑿孔，用長槊刺死了兩個敵人，砍門的敵人才退去。侯景佔據公車府，蕭正德佔據左衛將軍府，侯景的黨羽宋子仙佔據東宮，范桃棒佔據同泰寺。侯景抓來東宮的幾百個歌女分配給士兵。東宮靠近皇城，侯景部眾登上東宮牆用箭射向皇城內。到了夜晚，侯景在東宮擺酒宴奏樂，皇太子派人放火，臺殿以及殿內收藏的圖書全都燒光。侯景又燒了乘黃廄、士林館、太府寺。十月二十六日癸丑，侯景製作木驢數百個攻皇城，城上投下巨石擊碎了木驢。侯景又製作尖頸木驢，石頭砸不破。羊侃叫人製作雉尾火炬，灌上油脂、白蠟，成捆地投擲下去焚燒尖頸木驢，不一會尖頸木驢被燒光。侯景又造登城樓車，高十多丈，想居高臨下用箭射入皇城中。羊侃說：「樓車太高，壕溝地面鬆軟，樓車過來必然倒塌，可以躺著看好戲。」等到樓車行動，果然倒塌。

侯景沒能攻破皇城，士兵死傷很多，於是築起一道長長的圍牆來隔斷城內外，又上書請求誅殺朱异等人。皇城中也射懸賞規格到城外，說：「有能夠送上侯景人頭的人，就授給他侯景的職位，外加賞錢一億萬，布絹各一萬匹。」朱异、張綰商議出兵攻打侯景，梁武帝詢問羊侃，羊侃說：「不行。現在出兵如果少了，不能破賊，白白挫傷了銳氣；如果出兵多了，那麼一旦失利，城門狹小，橋面過窄，一定造成大量傷亡。」朱异等不聽從，派出一千多人出戰，還沒有交兵便退回，爭橋落水而死的有一大半。

羊侃的兒子羊鷟被侯景抓獲，綁著押到城下，讓羊侃看。羊侃說：「我豁出整個宗族報答皇上，尚嫌不夠，難道吝惜一個兒子，希望你們早點把他殺了！」過了幾天，又押到城下，羊侃對羊鷟說：「我早就以為你死了，你怎麼還活著？」拉弓射羊鷟。侯景因羊侃忠義，也沒有殺羊鷟。

莊鐵顧慮侯景破不了皇城，假託說迎接母親，與身邊幾十個人趕往歷陽，預先派人送信騙田英、郭駱說：「侯景大王已經被官軍殺死，朝廷讓我回來鎮守歷陽。」郭駱等十分驚駭，丟下歷陽城逃奔壽陽。莊鐵進入歷陽城，不敢鎮守，侍奉著母親投奔尋陽。

十一月初一日戊午，梁武帝在太極殿前殺白馬祭祀蚩尤。

臨賀王蕭正德在儀賢堂登上帝位，下詔書說：「普通年間以來，奸邪之臣混亂朝政，皇上長久患病，國家面臨危亡。河南王侯景，放棄在東魏的爵位來到朝廷，輔助我繼承了大位，可以大赦天下，改年號正平。」策立世子蕭見理為皇太子，任命侯景為丞相，把女兒嫁給侯景為妻，並且拿出家中的全部珍寶錢財資助軍費。

這時侯景在皇城宮門外紮營，分兵兩千人攻擊東府城，南浦侯蕭推抵抗他們三天，侯景軍隊沒有攻下東府城。侯景親自去進攻，箭矢滾石如雨點般落下，宣城王蕭大器的防閤將軍許伯眾暗中引導侯景的軍隊登上城牆。十一月初四日辛酉，攻下了東府城，殺死南浦侯蕭推以及城中戰士三千人，運載屍體堆積在杜姥宅，遠遠向皇城中的人說：「如果不早早投降，就一定是這樣。」

侯景聲稱皇上已經去世，即使皇城中的將士也這樣認為。十一月初五日壬戌，皇太子請求皇上巡視全城，梁武帝登上大司馬門，城牆上守軍聽到皇上出行清道的吆喝聲，全都歡呼流淚，眾人的心才稍微安定下來。

江子一戰敗回到建康時，梁武帝責備他。江子一磕頭請罪說：「我決心以身報國，時常擔心不能為國捐軀，現今我率領的部眾丟下我逃跑了，臣一個人怎麼能夠攻擊敵人？如果敵人就是到了這裡，臣發誓撞碎身體以贖前罪，不是戰死在皇宮前邊，就是戰死在皇宮後面。」十一月初六日癸亥，江子一向皇太子請求，與弟弟尚書左丞江子四、東宮主帥江子五率領部下一百餘人開承明門出戰，江子一直衝到叛軍營中，叛軍埋伏的士兵沒有行動。江子一大聲叫喊：「叛兵們為何不趕快出來！」過了很長時間，敵人騎兵衝過來夾攻江子一。江子一逕直向前，舉槊刺殺敵人，跟隨的人沒有一個緊跟上去，敵人砍斷了他的肩膀後死去。江子四、江子五相互說：「與哥哥一起出戰，有何臉面獨自回去？」都脫下頭盔衝入敵群。江子四被矛刺中，穿透了胸膛而死，江子五脖頸受傷，退回到防城塹壕邊時，痛哭一聲死去。

侯景剛到建康時，認為早晚之間就能攻下，號令嚴肅軍紀整齊，士兵不敢侵暴百姓。等到多次攻戰都沒有攻下，軍心離散沮喪。侯景害怕援兵從四面聚集，早晚有潰散的一天。又石頭城、常平倉積儲的糧食已經吃完，軍隊開始缺糧，於是放縱士兵掠奪民眾的糧食以及金錢子女。此後，一升米值七八萬錢，人吃人，餓死的人佔十分之五六。

十一月初八日乙丑，侯景在皇城東面和西面壘起了土山，驅趕士人平民，不分貴賤，隨意毆打捶擊，那些疲憊不堪和身體瘦弱的人，被殺死填入土山，哭喊嚎叫，驚天動地。民眾不敢逃亡躲藏，全都被驅趕出來壘土山，十天之內，眾達數萬。皇城中也築土山來應對。皇太子、宣城王以下都親自挑土，拿鍬鎬和畚箕，在土山上築起幾層荷花狀的城樓，高四丈，用彩帛和毛布遮飾起來，招募了兩千多名敢死士兵，穿上厚厚的戰袍和鎧甲，稱之為「僧騰客」，分配在東西兩座土山上，日夜不停地與叛軍交戰。這時天下起了大雨，城內的土山崩塌，敵軍乘機進攻，即將攻進來，城內將士死戰也阻擋不了敵人。羊侃命令士兵多扔火把形成一片火城，以阻斷敵人進攻的道路，漸漸在城內築起了新的城牆，敵軍不能前進。

侯景招募那些身為奴婢而願意投降的人，全都免除奴婢身分為良民，得到朱异的家奴，任命為儀同三司，朱异的家財也全部都送給他。這個家奴騎著好馬，穿著錦袍，到皇城下仰頭罵朱异說：「你做官五十年，才得了個中領軍，我剛侍奉侯景大王，便做到儀同三司了！」這樣一來，三天之中，眾多家奴出來投靠侯景的數以千計，侯景都給他們優厚的撫慰，把他們分配到軍隊中去，人人感恩戴德，都替侯景效命。

荊州刺史湘東王蕭繹聽說侯景圍攻皇城，十一月初九日丙寅，戒嚴，發檄文給所督湘州刺史河東王蕭譽、雍州刺史岳陽王蕭詧、江州刺史當陽公蕭大心、郢州刺史南平王蕭恪等，發兵進入建康救援。蕭大心，是蕭大器的弟弟。蕭恪，是蕭偉的兒子。

朱异寫信給侯景，為他陳說禍福，侯景回信，並且告訴皇城中官吏百姓，認為：「梁朝近幾年來，奸臣當權，搜刮平民，以滿足他們的嗜好貪欲。如果說不是這樣，你們就看一看，如今朝廷的園池苑囿，王公的宅第居室，僧尼的佛塔寺廟，以及在位的百官，妻妾成群，奴僕數千，不耕不織，錦衣玉食，不掠奪百姓，是從哪裡來的？我之所以趕赴朝廷，指名殺掉專權的奸佞之臣，不是要顛覆朝廷。如今城中指望四方軍隊來救援，我看那些王侯眾將，一心保全自己，誰能竭力死拼，和我爭勝負？長江天險，是曹操、曹丕所感歎的，我用一片葦葉就渡過了它，而且當時青天白日，氣象平靜，如果不是上應天意下順民心，哪能這樣呢？希望各位三思，自己謀求平安吉祥！」

侯景又上書東魏孝靜帝，說：「我進軍奪取壽春，想暫時休息一下。但蕭衍知道他的皇運已經到頭，自己辭去了大位，我的軍隊還沒有進入建康，他已到同泰寺捨身。上月二十九日，我軍抵達建康。天下雖沒有蘇息，戰爭暫時停止了，一說起故鄉，人與馬都同樣依戀。我不久要整頓隊伍，侍奉陛下。我的母親、弟弟，早就據說被殺了，近來收到皇上敕令，才得知他們還活著。這全是陛下寬大仁愛、大將軍恩澤照顧，我能力弱小拙劣，不知怎樣來報答，如今特別攜帶書信，懇請迎接我的母親、弟弟、妻子、兒女，我伏地希望皇上慈悲，特許釋放他們。」

十一月十二日己巳，湘東王蕭繹派司馬吳曄、天門太守樊文皎等率領軍隊從江陵出發。

陳昕被侯景擒獲，侯景和他開懷宴飲，讓他收攏將士，想任用他。陳昕不同意，侯景讓儀同三司范桃棒囚禁陳昕。陳昕趁機勸說范桃棒，讓他率領部眾襲殺王偉、宋子仙，到皇城投降。范桃棒聽從了，暗中派陳昕夜晚用繩子吊上皇城。梁武帝大喜，敕令雕鑿銀券賜給范桃棒說：「事成之後，封你為河南王，擁有侯景的部眾，並賞賜金帛女樂。」皇太子擔心范桃棒詐降，猶豫不決，梁武帝生氣地說：「接受投降是常理，為什麼突然生疑？」皇太子召集公卿商議，朱异、傅岐說：「范桃棒投降一定不是假的，范桃棒投降後，侯景一定驚慌，趁此機會攻擊他，可以大獲全勝。」皇太子說：「我們堅守城池，等待外援，援兵到達後，叛賊何愁不平？這是萬全之策。如今開門接納范桃棒，范桃棒的情況，哪容易知道呢？萬一有變，後悔莫及，國家存亡事情重大，必須細細考量。」朱异說：「殿下如果考慮國家的危急，就應該接納范桃棒，如果猶豫不決，那就不是朱异所知道的了。」皇太子始終下不了決心。范桃棒又派陳昕上書說：「如今只率領我所屬的五百人來，如果到了城門，都自動脫了鎧甲，請求朝廷開門容納我們。事成之後，保證擒拿侯景。」皇太子看到范桃棒懇切，更加懷疑他。朱异捶胸說：「失掉這次機會，國家大事完蛋了！」不久，范桃棒被部下告發，侯景分屍處死了他。陳昕不知道，按約定的時間出城，侯景攔截逮捕了他，逼他把一封寫有「范桃棒將輕裝帶著幾十個人先進城」的信射入城中，侯景想穿甲尾隨進城，陳昕拒絕，決心一死，侯景就殺死了他。

侯景派蕭見理與儀同三司盧暉略戍守東府。蕭見理兇惡陰險，夜裡和幾十個強盜到朱雀橋上偷竊搶劫，被飛來的亂箭射死。

邵陵王綸行至鍾離，聞侯景已度采石，綸晝夜兼道，旋軍❶入援，濟江，中流❷風起，人馬溺者什一二。遂帥寧遠將軍西豐公大春、新淦[1]公大成、永安侯確、安南侯駿、前譙州刺史趙伯超、武州❸刺史蕭弄璋等，步騎三萬自京口西上。大成，大春之弟。確，綸之子。駿，懿之孫也。

景遣軍至江乘❹拒綸軍。趙伯超曰：「若從黃城❺大路，必與賊遇，不如徑指鍾山❻，突據廣莫門，出賊不意，城圍必解矣。」綸從之，夜行失道，迂❼二十餘里，庚辰日❽，營于蔣山。景見之大駭，悉送所掠婦女、珍貨於石頭，具舟欲走。分兵三道攻綸，綸與戰，破之。時山巔寒雪，乃引軍下愛敬寺❾。景陳兵於覆舟山❿北，乙酉⓫，綸進軍玄武湖⓬側，與景對陣，不戰。至暮，景更約明日會戰，綸許之。安南侯駿見景軍退，以為走，即與壯士逐之，景旋軍擊之，駿敗走，趣綸軍。趙伯超望見，亦引兵走，景乘勝追擊之，諸軍皆潰。綸收餘兵近千人，入天保寺。景追之，縱火燒寺。綸奔朱方⑬，士卒踐冰雪，往往墮足。景悉收綸輜重，生擒西豐公大春、安前司馬⑭莊丘慧⑮、主帥霍俊⑯等而還。丙戌⑰，景陳所獲綸軍首虜鎧仗及大春等於城下，使言曰：「邵陵王已為亂兵所殺。」霍俊獨曰：「王小失利，已全軍還京口。城中但堅守，援軍尋至。」賊以刀毆其背，俊辭色彌厲，景義而釋之，臨賀王正德殺之。

【章旨】以上為第五段，寫邵陵王蕭綸首率勤王之師，進兵建康救援，兵敗蔣山。

【注釋】❶旋軍　回師。時蕭綸正率軍北上，進攻壽陽。不料侯景避開梁軍，名攻合肥，實取譙州，並渡江直逼建康。綸於是回師救援。❷中流　江心。此指綸軍剛渡到江心。❸武州　州名，治所武陵，在今湖南常德。❹江乘　縣名，縣治在今江蘇句容北。❺黃城　地名，在今南京東。❻鍾山　山名，孫權避祖諱改稱蔣山，今名紫金山，在今江蘇南京東。❼迂　曲繞。❽庚辰旦　十一月二十三日早晨。❾愛敬寺　梁武帝所建的寺院，為敬事他的父親文皇帝，祈求福祐。在鍾山下。❿覆舟山　山名，在南京北江邊。⓫乙酉　十一月二十八日。⓬玄武湖　湖名，在南京北。⓭朱方　春秋時吳國地名，梁時是南蘭陵郡武進縣，即今江蘇丹徒。⓮安前司馬　官名，邵陵王蕭綸曾任安前將軍，莊丘慧任他的司馬，所以稱安前司馬。⓯莊丘慧　人名，《南史》作「莊丘慧達」，《梁書》作「莊丘惠達」，疑《通鑑》脫「達」字。⓰霍俊　人名，《通鑑考異》說：《典略》作「廣陵令崔俊」，《南史》作「廣陵令霍雋」。可見他是以廣陵令的職務成為蕭綸軍中的一名主帥的。⓱丙戌　十一月二十九日。

【校記】[1]新淦 原作「新塗」。胡三省注云：「『新塗』或作『新淦』。」據章鈺校，乙十一行本作「新淦」，張瑛《通鑑校勘記》同。按，《梁書・邵陵王綸傳》亦作「新淦」，今據改。

【語譯】邵陵王蕭綸進軍到鍾離，聽到侯景已渡過采石，蕭綸晝夜兼程，轉向建康救援，渡長江時，船到江中起了大風，人馬被淹死了一兩成。於是率領寧遠將軍西豐公蕭大春、新淦公蕭大成、永安侯蕭確、安南侯蕭駿、前譙州刺史趙伯超、武州刺史蕭弄璋等，步兵騎兵三萬人從京口西上。蕭大成，是蕭大春的弟弟。蕭確，是蕭綸的兒子。蕭駿，是蕭懿的孫子。

侯景派兵到江乘抵抗蕭綸軍。趙伯超說：「如果走黃城大路，一定與叛兵遭遇，不如直指鍾山，突然佔據廣莫門，出乎敵人意料，皇城之圍一定能解。」蕭綸採納了。夜晚行軍迷了路，迂迴了二十餘里。十一月二十三日庚辰早晨，在蔣山紮營。侯景見了非常驚駭，把所搶掠的婦女珍寶全部送到石頭城，準備舟船打算逃走。侯景分兵三路攻擊蕭綸，蕭綸與侯景交戰，打敗了侯景軍。當時山頂寒冷有雪，就指揮軍隊下到愛敬寺。侯景把軍隊部署在覆舟山北面。二十八日乙酉，蕭綸進軍玄武湖旁，與侯景對陣，沒有交戰。到了天黑時，侯景又約定明日交戰，蕭綸答應了他。安南侯蕭駿看見侯景軍後退，認為是敗逃，立即率領精銳兵追擊，侯景回軍攻擊，蕭駿敗逃，奔向蕭綸的軍營。趙伯超望見，也帶兵逃走，侯景乘勝追擊他們，蕭綸的各路軍隊都潰敗了。蕭綸搜集餘兵接近一千人，進入天保寺。侯景追擊他們，放火燒寺，蕭綸逃往朱方，士兵腳踏冰雪，不少人凍壞了腳。侯景繳獲了蕭綸的全部輜重，活捉了西豐公蕭大春、安前司馬莊丘慧、主帥霍俊等然後收兵。二十九日丙戌，侯景把繳獲蕭綸軍的鎧甲兵器以及殺死的首級和俘虜的蕭大春等排列在皇城城下，派人喊話說：「邵陵王蕭綸已經被亂兵殺死。」霍俊獨自說：「邵陵王小小失利，已全軍回到京口。城中只管堅守，援軍不久就到來。」敵兵用刀擊打霍俊後背，霍俊聲音臉色更加嚴厲，侯景認為他忠義，釋放了他，臨賀王蕭正德殺了他。

是日晚，鄱陽王範遣其世子嗣❶與西豫州❷刺史裴之高、建安❸太守趙鳳舉各將兵入援，軍于蔡洲❹，以待上流諸軍，範以之高督江右援軍事。景悉驅南岸居民於水北❺，焚其廬舍，大街已西，掃地俱盡。

北徐州刺史封山侯正表鎮鍾離，上召之入援，正表託以船糧未集，不進。景以正表為南兗州刺史，封南郡王。正表乃於歐陽❻立柵以斷援軍，帥眾一萬，聲言入援，實欲襲廣陵❼。密書誘廣陵令劉詢，使燒城為應，詢以告南兗州刺史南康王會理。十二月，會理使詢帥步騎千人夜襲正表，大破之，正表走還鍾離。詢收其兵糧，歸就會理，與之入援。

癸巳❽，侍中、都官尚書羊侃卒，城中益懼。侯景大造攻具，陳於闕前，大車高數丈，一車二十輪。丁酉❾，復進攻城，以蝦蟇車❿運土填塹。

湘東王繹遣世子方等⓫將步騎一萬入援建康，庚子⓬，發公安。繹又遣竟陵太守王僧辯將舟師萬人，出自漢川⓭，載糧東下。方等有俊才，善騎射，每戰，親犯矢石，以死節自任。

壬寅⓮，侯景以火車焚臺城東南樓。材官⓯吳景有巧思，於城內構地為樓，火纔滅，新樓即立，賊以為神。景⓰因火起，潛遣人於其下穿城。城將崩，乃覺之。吳景於城內更築迂城，狀如卻月⑰以擬之，兼擲火，焚其攻具，賊乃退走。

太子遣洗馬⑱元孟恭將千人自大司馬門出盪⑲，孟恭與左右奔降於景。己酉⑳，景土山[1]稍逼城樓，柳津命作地道以取其土，外山崩，壓賊且盡。又於城內作飛橋㉑，懸罩㉒二土山。景眾見飛橋迥出㉓，崩騰㉔而走。城內擲雉尾炬，焚其東山，樓柵蕩盡，賊積死於城下。乃棄土山不復修，自焚其攻具。材官將軍宋嶷降於景，教之引玄武湖水以灌臺城，闕前皆為洪流。

上徵衡州㉕刺史韋粲㉖為散騎常侍，以都督長沙歐陽頠㉗監州事。粲，放㉘之子也。還至廬陵㉙，聞侯景亂，粲簡閱部下，得精兵五千，倍道赴援。至豫章㉚，聞景已出橫江，粲就內史劉孝儀㉛謀之，孝儀曰：「必如此，當有敕。豈可輕信人言，妄相驚動？或恐不然。」時孝儀置酒，粲怒，以杯抵地曰：「賊已度江，便逼宮闕，水陸俱斷，何暇有報？假令無敕，豈得自安？韋粲今日何情飲酒？」即馳馬出部分㉜。將發，會江州刺史當陽公大心遣使邀粲，粲乃馳往見大心曰：「上游藩鎮㉝，江州去京最近，殿下情計誠宜在前。但中流任重，當須應接，不可闕鎮。今宜且張聲勢，移鎮湓城，遣偏將賜隨㉞，於事便足。」大心然之，遣中兵㉟柳昕帥兵二千人隨粲，粲至南洲，外弟司州刺史柳仲禮亦帥步騎萬餘人至橫江，粲即送糧仗贍給之，并散私金帛以賞其戰士。

西豫州刺史裴之高自張公洲㊱遣船度仲禮，丙辰㊲夜，粲、仲禮及宣猛將軍㊳李孝欽㊴、前司州刺史羊鴉仁、南陵太守陳文徹㊵合軍屯新林㊶王遊苑㊷。粲議推仲禮為大都督，報下流眾軍㊸。裴之高自以年位，恥居其下，議累日不決，粲抗言於眾曰：「今者同赴國難，義在除賊。所以推柳司州㊹者，正以久捍邊疆，先為侯景所憚，且士馬精銳，無出其前。若論位次，柳在粲下，語其年齒，亦少於粲，直以社稷之計，不得復論。今日形勢，貴在將和，若人心不同，大事去矣。裴公朝之舊德，豈應復挾私情以沮大計？粲請為諸軍解之㊺。」乃單舸至之高營，切讓之曰：「今二宮危逼，猾寇滔天，臣子當戮力同心，豈可自相矛楯？豫州㊻必欲立異，鋒鏑便有所歸㊼。」之高垂泣致謝，遂推仲禮為大都督。

宣城內史楊白華㊽遣其子雄將郡兵繼至，援軍大集，眾十餘萬，緣淮樹柵，景亦於北岸樹柵以應之。

裴之高與弟之橫㊾以舟師一萬屯張公洲。景囚之高弟、姪、子、孫，臨水陳兵，連鎖列於陳前，以鼎鑊、刀鋸隨其後，謂曰：「裴公不降，今即烹之。」之高召善射者使射其子，再發，皆不中。

景帥步騎萬人於後渚[50]挑戰，仲禮欲出擊之。韋粲曰：「日晚我勞，未可戰也。」仲禮乃堅壁不出，景亦引退。

湘東王繹將銳卒三萬發江陵，留其子綏寧侯方諸[51]居守，諮議參軍劉之迡[52]等三上牋請留，答教不許。

鄱陽王範遣其將梅伯龍攻王顯貴於壽陽，克其羅城[53]，攻中城，不克而退，範益其眾，使復攻之。

東魏大將軍澄患民錢濫惡，議不禁民私鑄，但懸稱市門，錢不重五銖，毋得入市。朝議以為年穀不登，請俟它年，乃止。

魏太師泰殺安定國臣[54]王茂而非其罪[55]。尚書左丞柳慶[56]諫，泰怒曰：「卿黨罪人，亦當坐！」執慶於前。慶辭色不撓，曰：「慶聞君蔽於事為不明，臣知而不爭為不忠。慶既竭忠，不敢愛死，但懼公為不明耳。」泰寤，亟使赦茂，不及[57]，乃賜茂家錢帛，曰：「以旌吾過。」

丙辰晦[58]，柳仲禮夜入韋粲營，部分眾軍。旦日，會戰，諸將各有據守，令粲頓青塘[59]。粲以青塘當石頭中路，賊必爭之，頗憚之。仲禮曰：「青塘要地，非兄不可，若疑兵少，當更遣軍相助。」乃使直閤將軍劉叔胤助之。

【章　旨】以上為第六段，寫梁朝勤王之師大集，眾推柳仲禮為大都督，結營秦淮河。

【注　釋】❶世子嗣　鄱陽王蕭範的王位繼承人蕭嗣，字長胤，蕭範死後，他堅守晉熙，後被侯景將任約所殺。傳見《梁書》卷二十二、《南史》卷五十二。❷西豫州　州名，梁置，治所晉熙，在今湖北黃岡。❸建安　郡名，治所建安，在今福建建甌。然而胡三省以為是建寧郡之誤，在今湖北麻城西南，與治所晉熙的西豫州相近。胡說是。❹蔡洲　江心洲，在今江蘇南京西南。原為長江中沙洲，今已與江岸陸地相連。❺水北　秦淮河北岸。❻歐陽　戍所名，在今江蘇儀徵東北。❼廣陵　郡名，治所廣陵，在今江蘇揚州。❽癸巳　十二月七日。❾丁酉　十二月十一日。❿蝦蟇車　古戰車名，用來載土，因體積龐大，需三百人才能推動，用來填平塹壕。⓫世子方等　蕭繹長子蕭方等（西元五二八—五四九年），字實相，後在麻溪被河東王蕭譽攻殺。傳見《梁書》卷四十四、《南史》卷五十四。⓬庚子　十二月十四日。⓭漢川　即漢水，流經竟陵，王僧辯水師即順漢水而下。⓮壬寅　十二月十六日。⓯材官　即材官將軍，官名，少府卿屬官，負責宮中工匠和土木工程。梁二班。⓰景　此指侯景。⓱卻月　彎彎的月亮。⓲洗馬　官名，全稱太子洗馬，入同謁者掌出使和朝會，出則為太子作前導。⓳出盪　出外掃蕩。⓴己酉　十二月二十三日。㉑飛橋　凌空架設的高橋。㉒懸罩　懸空落向。㉓逈出　從遠處伸出。㉔崩騰　如土崩一般飛快地逃走。㉕衡州　州名，治所含洭，在今廣東英德西。㉖韋粲　（西元四九五—五四八年）字長蒨，京兆杜陵（今陝西西安東南）人，韋叡之孫。曾任步兵校尉，爵永昌縣侯。侯景攻建康，率軍進援京師，於青塘戰死。傳見《梁書》卷四十三、《南史》卷五十八。㉗歐陽頠　（西元四九八—五六三年）字靖世，長沙臨湘（今湖南長沙）人，以入援京師功，後被梁元帝任命為東衡州刺史。元帝死，轉投陳霸先。平定嶺南，任廣州刺史，改封陽山郡公。傳見《陳書》卷九、《南史》卷六十六。㉘放　韋放（西元四七五—五三三年），字元直，襲封永昌縣侯。普通八年（西元五二七年），於渦陽大捷中頗建戰功，遷通直散騎常侍。傳見《梁書》卷二十八、《南史》卷五十八。㉙廬陵　郡名，治所石陽，在今江西吉安東北。㉚豫章　郡名，治所南昌，在今江西南昌。㉛劉孝儀　即劉潛（西元四八四—五五〇年），字孝儀，彭城（今江蘇徐州）人。曾任太子洗馬、建康令、都官尚書。傳見《梁書》卷四十一、《南史》卷三十九。㉜部分　布置安排。㉝藩鎮　謂握有地方軍政大權的諸侯或地方刺史。㉞賜隨　派遣部下隨同。㉟中兵　即中兵參軍。㊱張公洲　即蔡洲。㊲丙辰　十二月三十日。㊳宣猛將軍　官名，與超武、鐵騎、樓船、平虜等九將軍同班。㊴李孝欽　平定侯景後，追隨王琳，被陳霸先部將周迪生擒。㊵陳文徹　原是廣州俚人首領，後被蘭欽收服。此時隨軍赴援京師。㊶新林　地名，在江蘇江寧西南長江邊。㊷王遊苑　梁朝宮廷園林名，在新林浦。㊸下流眾軍　駐紮在張公洲的裴之高、裴之橫等人率領的援軍。因韋粲從上游而來，所以稱裴軍為下流眾軍。㊹柳司州　即柳仲禮，時任司州刺史。㊺解之　和解此事。㊻豫州　指裴之高，時任西豫州刺史。㊼鋒鏑便有所歸　謂刀鋒箭矢要對準裴之高，將率軍奪了他的兵權。㊽楊白華　即楊華，武都仇池（今甘肅成縣）人，被北魏胡太后所逼，南投梁朝。官至太僕卿，封益陽縣侯。因妻子落在侯景手中，不得不降，因而憂憤死。傳見《梁書》卷三十九、《南史》卷六十三。㊾之橫　裴之橫（西元五一五—五五五年），字如岳，隨蕭範討伐侯景。蕭範死，投奔梁元帝，任東徐州刺史、中護軍，封豫寧侯。傳見《梁書》卷二十八、《南史》卷五十八。㊿後渚　地名，在建康中興寺前。(51)方諸　蕭方諸，字智相，封綏寧侯。善談玄學。被侯景部將宋子仙襲殺。傳見《梁書》卷四十四、《南史》卷五十四。(52)劉之迟　即劉之遲，南陽涅陽（今河南鎮平南）人。曾任荊州中從事史。傳見《南史》卷五十。(53)羅城　為增強防禦能力，在城牆外加修的突出的小城。(54)安定國臣　宇文泰封安定公，有封國，所以他的屬下可以稱作「國臣」。(55)非其罪　並非犯有死罪，罰不當罪。(56)柳慶　（西元五一七—五六六年）字更興，解（今山西解縣）人，善於斷案，抗直明辨，深得宇文泰信任，位驃騎大將軍。入周，封平齊縣公。傳見《周書》卷二十二、《北史》卷六十四。(57)不及　赦令下得晚，王茂已被處死。(58)丙辰晦　十二月三十日。(59)青塘　即青溪塘，發源於鍾山，在今江蘇南京東南秦淮河岸。

【校　記】[1]土山　據章鈺校，十二行本、乙十一行本、孔天胤本皆作「土山上」。按，《通鑑紀事本末》卷二三、《通鑑綱目》卷三三皆無「上」字。

【語　譯】這天夜晚，鄱陽王蕭範派他的世子蕭嗣與西豫州刺史裴之高、建安太守趙鳳舉各自領兵進京救援，駐紮在蔡洲，等待長江上游東下的各路援軍。蕭範派裴之高督領江西各路援軍的軍務。侯景驅趕秦淮河南岸的所有居民到北岸，燒毀他們的住房，大街以西一片灰燼。

北徐州刺史封山侯蕭正表鎮守鍾離，梁武帝徵召他入京師救援，蕭正表藉口舟船糧食沒有準備好，不進軍。侯景任命蕭正表為南兗州刺史，封南郡王。蕭正表就在歐陽設立柵寨阻斷援軍，自己率領一萬部眾，宣稱進京救援，實際是想偷襲廣陵。暗中寫了一封信誘惑廣陵縣令劉詢，讓他焚燒廣陵城作為內應，劉詢把這情況報告了南兗州刺史南康王蕭會理。十二月，蕭會理派劉詢率領步騎一千人在夜裡偷襲蕭正表，把蕭正表打得大敗，蕭正表逃回鍾離。劉詢收攏了蕭正表的兵士和糧食，歸屬蕭會理，和他一起進京救援。

十二月初七日癸巳，侍中、都官尚書羊侃去世，皇城中更加恐懼。侯景大造攻城器具，擺放在宮門前面，大車高達數丈，一輛車有二十個輪子。十一日丁酉，重新發動攻城，用蝦蟆車運土填塞護城河。

湘東王蕭繹派世子蕭方等率領步兵騎兵一萬人救援建康。十二月十四日庚子，從公安縣出發。蕭繹又派竟陵太守王僧辯率領水軍一萬人，從漢川出發，載運糧食東下。蕭方等有突出的才能，擅長騎馬射箭，每一次戰鬥，親自衝鋒陷陣，以獻身節義為己任。

十二月十六日壬寅，侯景用火車燒毀了宮城的東南城樓。材官將軍吳景有巧妙的思維，在城內地面上搭起城樓，火剛剛熄滅，新樓立即豎起，叛軍認為是神靈。侯景趁火燒起，暗中派人在城樓下挖空城牆。城牆快要崩塌，城內才發覺。吳景在城內另築一道彎曲的城牆，就像彎彎的月亮，加之扔火把燒毀了叛軍的攻城器械，叛軍才退走。

皇太子派洗馬元孟恭率領一千人從大司馬門出外衝擊叛軍，元孟恭卻帶領身邊的人跑去投降了侯景。

十二月二十三日己酉，侯景的土山漸漸逼近城樓，柳津命令挖地道來掏空土山下的土，城外的土山崩塌，敵軍幾乎全部被掩埋。柳津又在城內製作飛橋，懸罩在叛軍的兩座土山上。侯景的士兵看見飛橋高高地從城內牆上伸出來，如同土崩一樣飛快地逃走。城內拋擲雉尾火炬，焚燒叛軍城東面的土山，土山上的城樓和柵欄燒得乾乾淨淨，叛軍的屍體堆積在城牆下。叛軍這才丟棄了土山不再重修，自己燒毀了攻城器具。材官將軍宋嶷投降了侯景，教侯景引玄武湖水淹沒皇城，宮門前都是洪水。

梁武帝徵召衡州刺史韋粲為散騎常侍，任命都督長沙人歐陽頠為衡州監州事。韋粲，是韋放的兒子。韋粲在回京到達廬陵時，聽說侯景叛亂，韋粲整頓軍隊，有精兵五千人，兼程趕赴建康救援。到達豫章時，聽說侯景已出動到了橫江，韋粲到內史劉孝儀處商議大事，劉孝儀說：「果真是這樣，應當有皇帝敕令，怎麼可以輕信人們的傳言，隨意自相驚擾呢？恐怕情況不是這樣。」當時劉孝儀擺設酒宴，韋粲大怒，把酒杯扔到地上，說：「叛軍已經渡江，就要逼近宮闕，水陸交通都已斷絕，朝廷哪有閒暇向我們通報？即使沒有敕令，你怎能心安理得？韋粲今天哪有心情飲酒？」韋粲立即飛馬出來部署救援軍務。將要出發時，正碰上江州刺史當陽公蕭大心派使者邀請韋粲，韋粲就飛馬去見蕭大心，說：「長江上游的藩鎮，江州離京城最近，按情理，殿下應當進軍在前頭。但鎮守地處中游的江州責任重大，應當上接下應，不能不留守。現今你應當暫且大張聲勢，移鎮湓城，派副將隨我救援建康，這就足夠了。」蕭大心認為是應這樣，派中兵參軍柳昕率領二千兵士隨同韋粲，韋粲到達南洲，表弟司州刺史柳仲禮也率領步騎一萬多人到達橫江，韋粲立即派人送糧食器械供給他，還拿出個人的金帛賞賜柳仲禮的士兵。

西豫州刺史裴之高從張公洲派遣舟船擺渡柳仲禮的軍隊。十二月三十日丙辰夜晚，韋粲、柳仲禮，以及宣猛將軍李孝欽、前司州刺史羊鴉仁、南陵太守陳文徹合兵屯駐新林王遊苑。韋粲提議推舉柳仲禮為大都督，通報下游的各支軍隊。裴之高自己認為年長位高，恥於在柳仲禮之下，商議整天決定不下來。韋粲激昂地對各將領說：「如今我們是共同去解救國家的危難，大義在消滅叛賊。我之所以推舉柳司州，因為他長久捍衛邊疆，首先是侯景害怕他，並且他的兵馬精銳，沒有人超過他。如果講地位次序，柳仲禮在我韋粲之下，講年歲，柳仲禮也小於我韋粲，只是為了國家的大局，就不能再計較。今天的形勢，最要緊的是我們眾將領齊心協力，如果人心不一致，國家就危險了。裴公是朝中德高望重的老臣，怎能以個人的私心破壞解除國難的大計呢？我韋粲請求為眾將軍去勸解裴公。」於是韋粲乘一艘小船到裴之高軍營，坦率地責備裴之高說：「如今皇上太子危在旦夕，狡猾的敵人罪惡滔天，當臣子的應當合力同心，怎能互相鬧矛盾？裴豫州一定另搞一套，我們的刀鋒箭矢可就要對準你了。」裴之高流淚道歉，於是推舉柳仲禮為大都督。

宣城內史楊白華派遣他的兒子楊雄率領宣城郡的軍隊隨後趕到，各路援軍大量聚集，眾達十餘萬。援軍沿秦淮河豎起柵欄，侯景也在北岸豎起柵欄對抗他們。

裴之高和他弟弟裴之橫率領水軍一萬人屯駐張公洲。侯景囚禁了裴之高的弟弟、姪兒、兒子、孫子，面對江水部署軍隊，把他們鎖成一串，鼎鑊、刀鋸放在他們後面，對裴之高說：「裴公不投降，現在就煮殺他們。」裴之高召來善射的弓箭手，讓他先射自己的兒子，連發兩箭都沒射中。

侯景率領步騎一萬人在後渚挑戰，柳仲禮打算出兵攻擊他。韋粲說：「天黑了，我軍疲勞，不能夠交戰。」柳仲禮堅壁不出戰，侯景也把軍隊撤走。

湘東王蕭繹率領精鋭兵力三萬人從江陵出發，留下兒子綏寧侯蕭方諸守衛江陵，諮議參軍劉之迟等三次上書請求蕭繹留守，蕭繹作手令回覆不同意。

鄱陽王蕭範派他的將領梅伯龍在壽陽攻打王顯貴，攻下了壽陽外城，攻打壽陽中城，沒有攻下，撤退。蕭範增派兵力，讓他再次攻打壽陽。

東魏大將軍高澄憂慮民間私鑄的銅錢太多，質地粗劣，提議不禁止民間私鑄銅錢，但是要在城鎮市場門口懸掛公平秤，銅錢重量不足五銖，不得進入市場。朝廷會議認為當年穀物歉收，請求等到下一年實行，於是沒有執行。

西魏太師宇文泰處死安定國臣王茂，罪名不當，尚書左丞柳慶諫阻，宇文泰很生氣，說：「你阿附罪人，也應有罪！」當即逮捕柳慶。柳慶言辭面色都不屈服，說：「柳慶聽說，國君被事務蒙蔽叫不明，臣子知道事情的真象而不爭叫不忠。柳慶既然竭盡忠心，就不敢愛惜生命。只是擔心太師不明罷了。」宇文泰醒悟，趕緊派人去赦免王茂，沒有趕上。於是賞賜王茂家錢帛，說：「以此來表明我的過失。」

十二月最後一天三十日丙辰，柳仲禮夜晚進入韋粲軍營，商議部署各路援軍。第二天早晨與侯景會戰，諸將各有據守陣地，令韋粲屯駐青塘。韋粲因青塘正當石頭城中路，叛軍一定爭奪它，頗有些畏懼。柳仲禮說：「青塘要地，非兄長去不可，如果疑慮兵少，我將再派兵助你。」於是派直閤將軍劉叔胤協助韋粲。

【研　析】以王朝興衰為主要觀察對象的《通鑑》，在本卷終於將目光投向了南方。本卷及以下數卷，都將濃墨重彩地敘述南方的歷史過程，而動亂則是主題。就西元五四八年《通鑑》記事的主題來說，主要內容是：侯景為東魏平叛軍隊擊敗，在率數百人逃亡途中，利用梁將韋黯的怯懦與愚蠢，襲據淮南重鎮壽陽；東魏為了全力奪取西魏軍隊進佔的河南諸州鎮，主動向梁「示好」，梁武帝年老昏庸，一面縱容侯景在淮南發展勢力，一面積極與東魏講和，激起侯景起兵南攻建康；慘烈的建康「臺城」攻圍戰因而發生，梁朝各地軍隊紛紛馳援。下面我們就兩個問題予以深入的分析與介紹。

其一，侯景敗而復興的原因

侯景出於六鎮，其所統部眾雖勇敢善戰，卻因思鄉念親，不願隨其南下，陣前譁變。他在南方無任何政治基礎，竟能敗而復振，雖因梁武帝昏庸，仍有其必然性。

從當時國家之間關係上看，歷史進入南朝，南、北之間十六國時代那種嚴重的民族仇視情感逐漸消於無形，特別是北魏孝文帝遷都洛陽之後，南、北雙方邊界戰爭不斷，但使節往來頻繁，南、北之間各以華夏正統相標榜，文化上互爭勝負。在這種情況下，南、北政權內部政治鬥爭的失利者，往往逃往對方。如逃亡者是邊界軍政要員，接納一方既可以獲得土地、人口，又能充分顯示自己政治與文化上的號召力，因而對來奔者著力優撫。如北魏孝文帝時王肅北奔，孝文帝優待有加，讓其參與朝政；宣武帝時南齊宗室蕭寶夤北逃，亦得娶公主、封王，參與軍政。北魏宣武帝時之所以能夠在漢中、淮河一線對梁朝展開攻勢，正是因為裴叔業、夏侯道遷據地降附。同樣，梁朝也厚待北方南逃者，在北魏末動亂時，梁武帝即曾讓陳慶之率數千兵擁護北魏宗室元顥北返，一度佔據洛陽，後來賀拔勝、獨孤信等在河南與高歡敵對中失利，南逃梁朝，也得到梁武帝優撫，以至於賀拔勝因感其厚意，對南飛的大雁也不忍射殺。梁武帝甚至在侯景出言不遜的情況下，還讓朱異向侯景來使傳達自己的話：「譬如貧家，畜十客、五客，尚能得意，朕唯有一客，致有忿言，亦朕之失也。」之所以對侯景百般寵待，原因正在於此。梁武帝錯在沒認清侯景是一個具有野心的政治流浪者，但他安撫厚待北來降附者並非一無可取，我們知道，建康臺城保衛戰中，恪盡職守的統帥羊侃，也是在十多年前才從北魏逃亡而來。

梁武帝的寵待是侯景得以喘息並重新集聚勢力的原因之一。而他終能進入建康，攻圍臺城，除了另一個野心家蕭正德的接應之外，還因為梁朝內部嚴重的社會矛盾。南朝時期，作為統治上層的世家大族已與社會下層嚴重脫離，在安寧的外表下，積累了嚴重的社會問題，這裡可參考《通鑑》上卷所記賀琛所陳「四事」

所說的情況：梁境「戶口減落，關外彌甚。郡不堪州之控總，縣不堪郡之哀削，更相呼擾，惟事徵斂。民不堪命，各務流移」；建康城中「王侯益橫，或白晝殺人於都街，或暮夜公行剽掠，有罪亡命者，匿於王家，有司不敢搜捕。」可以說，這樣一個政權早已失去了民心。侯景舉兵，以「除君側之惡」為名，梁朝方面各種勢力並未同仇敵愾，甚至樂觀其成；前來解圍的各支軍隊，也多作壁上觀，任其攻圍臺城，拼死作戰者少。史書雖記錄了江子一兄弟前仆後繼，以死相拼，以示褒揚，但畢竟只是個別的事例，無關全局勝負。

侯景以散亡之餘數百人襲據壽春，渡江南下時有眾八千，大多是淮南原梁朝臣屬。進入建康後，為擴編部隊，「募人奴降者，悉免為良」，結果「三日之中，羣奴出就景者以千數，景皆厚撫以配軍，人人感恩，為之致死。」《南史》卷八十〈侯景傳〉則記：「於是奴僮競出，盡皆得志。」三日之中，「羣奴」可能只有千人附景，而三日以外，長期支持侯景的無疑是源源不斷前來的為數眾多的「奴僮」。其時王公貴族、高門大姓奴僮甚多，顏子推在《顏氏家訓》中稱，江東士大夫不少人在東晉初從北方過江南下，至此已歷八、九代人，未曾起一坯土，耘一株苗，而錦衣玉食，皆因役使僮僕。有人口史學者判定當時江南實際人口中，奴僕之類低賤人口佔了百分之七十五，他們成了侯景圍攻臺城最為積極的支持力量。從這一個角度說，侯景叛亂，也意味著南方社會結構的崩潰。侯景在告城中士民書中說：「今日國家池苑，王公第宅，僧尼寺塔，及在位庶僚，姬姜百室，僕從數千，不耕不織，錦衣玉食，不奪百姓，從何得之？僕所以趨赴闕庭，指誅權佞，非傾社稷。今城中指望四方入援，吾觀王侯、諸將，志在全身，誰能竭力致死，與吾爭勝負哉？」這當然不是侯景本人的認識，但為他撰寫這一公開信的人，確實抓住了問題的本質。

其二，建康城的狀況

侯景過江，攻圍六朝都城建康，這裡對當時建康城的面貌作一大致介紹，便於讀者瞭解戰爭過程。

建康城是孫吳時期才開始建設的一個城市。孫權最初在秦淮河入長江口修築城壘，六朝時此城一直以「石頭城」為名，後來孫權在秦淮河口上游約百里之地即今南京市區修建新的都城，名為建業。至東晉時，因避晉愍帝司馬鄴名諱，改稱建康。東晉南朝，建康歷經兵火，城區範圍卻不斷擴大，至梁時達到極盛，史稱當時方圓百里，居民多達二十八萬戶。有學者懷疑戶數不可靠，以為是二十八萬人之誤。但梁朝時，有人稱建康城區有佛寺五百餘所，僧尼十餘萬，如只二十八萬人，其中有如此多的僧尼，則更難想像。

梁末建康城究竟有多少人口，容可爭論，但可以肯定的是，當時建康城已是一個規模巨大、人口眾多，商業極其繁榮的都會。建康城同時也可以稱得上是一個不設防的城市，整個城市圍繞自西南向東北流入長江的秦淮河展開，各類人口不斷湧入，城區不斷擴張，並沒有一個完整的城牆防衛系統，只有竹籬笆標識城區範圍。在城區內，皇宮及重要中央機構在秦淮河南岸，有城牆圍繞，稱作臺城，官衙亦主要集中在南岸；秦淮河北岸還有一個小城，為揚州刺史府所在地，稱為東府城。歷史上稱今天南京為石頭城，其實當時秦淮河口的石頭城只是拱衛建康城的一個軍事堡壘。也就是說，當時建康城區內，有臺城、東府城兩個設防的區域，而整個建康城卻呈開放狀態。當時有民謠說：「白門六道關，籬笆穿不完。」白門為臺城正門。民謠之意是說，臺城城牆高大堅固，防衛嚴密，而整個建康城卻可以隨意進出，沒有防衛。因而侯景叛軍可以直接進入建康城區。東府城作為地方政府所在地，防衛相對薄弱，叛軍輕易將其攻下，臺城因防衛嚴固，卻久攻不下。南、北城區溝通主要依靠船隻，相對固定的交通則是利用船隻建造的浮橋，當時稱作「桁」，臺城朱雀門前通往北岸的朱雀桁為官民往來南、北城區的主要通道，當時亦稱「大桁」。撤去船隻，阻斷行旅，稱為「開桁」。如卷中所述，侯景軍抵達朱雀桁南，太子蕭綱命「開大桁以挫其鋒」。負責守衛朱雀門的庾信卻擔心百姓驚駭，而未聽從。當叛軍奪桁南渡時，「開桁」已來不及，叛軍遂順利地到達南岸，圍攻臺城。秦淮河同時也可以作為南、北城區間的天然屏障，當梁救援臺城的各路軍隊紛紛前來之際，侯景遂「悉驅南岸居民於水北，焚其廬舍，(南岸朱雀)大街已西，掃地俱盡。」援軍十餘萬「緣淮樹柵，景亦於北岸樹柵以應之。」

至於梁朝各路援軍各不相統，相互觀望，以至於坐觀臺城被攻下，結果瓦解四散，其中緣由，且待下卷解說。

# 古籍今注新譯叢書

## 【哲學類】

|  |  |
|---|---|
| 新譯四書讀本 | 謝冰瑩等編譯 |
| 新譯學庸讀本 | 王澤應注譯 |
| 新譯論語新編解義 | 胡楚生編著 |
| 新譯孝經讀本 | 賴炎元等注譯 |
| 新譯易經讀本 | 郭建勳注譯 |
| 新譯周易六十四卦經傳通釋 | 黃慶萱注譯 |
| 新譯乾坤經傳通釋 | 黃慶萱注譯 |
| 新譯易經繫辭傳解義 | 吳　怡著 |
| 新譯禮記讀本 | 姜義華注譯 |
| 新譯儀禮讀本 | 顧寶田等注譯 |
| 新譯孔子家語 | 羊春秋注譯 |
| 新譯老子讀本 | 余培林注譯 |
| 新譯帛書老子 | 趙　鋒注譯 |
| 新譯老子解義 | 吳　怡著 |
| 新譯莊子讀本 | 黃錦鋐注譯 |
| 新譯莊子讀本 | 張松輝注譯 |
| 新譯莊子本義 | 水渭松注譯 |
| 新譯莊子內篇解義 | 吳　怡著 |
| 新譯列子讀本 | 莊萬壽注譯 |
| 新譯管子讀本 | 湯孝純注譯 |
| 新譯墨子讀本 | 李生龍注譯 |
| 新譯公孫龍子 | 丁成泉注譯 |
| 新譯晏子春秋 | 陶梅生注譯 |
| 新譯鄧析子 | 徐忠良注譯 |
| 新譯荀子讀本 | 王忠林注譯 |
| 新譯尹文子 | 徐忠良注譯 |
| 新譯尸子讀本 | 水渭松注譯 |
| 新譯鶡冠子 | 趙鵬團注譯 |
| 新譯鬼谷子 | 王德華等注譯 |
| 新譯韓非子 | 傅武光等注譯 |
| 新譯呂氏春秋 | 朱永嘉等注譯 |
| 新譯韓詩外傳 | 孫立堯注譯 |
| 新譯淮南子 | 熊禮匯注譯 |
| 新譯春秋繁露 | 朱永嘉等注譯 |
| 新譯新書讀本 | 饒東原注譯 |
| 新譯新語讀本 | 王　毅注譯 |
| 新譯潛夫論 | 彭丙成注譯 |
| 新譯論衡讀本 | 蔡鎮楚注譯 |
| 新譯申鑒讀本 | 林家驪等注譯 |
| 新譯人物志 | 吳家駒注譯 |
| 新譯張載文選 | 張金泉注譯 |
| 新譯近思錄 | 張京華注譯 |
| 新譯傳習錄 | 李生龍注譯 |
| 新譯呻吟語摘 | 鄧子勉注譯 |
| 新譯明夷待訪錄 | 李廣柏注譯 |

## 【文學類】

|  |  |
|---|---|
| 新譯詩經讀本 | 滕志賢注譯 |
| 新譯楚辭讀本 | 林家驪注譯 |
| 新譯楚辭讀本 | 傅錫壬注譯 |
| 新譯文心雕龍 | 羅立乾注譯 |
| 新譯六朝文絜 | 蔣遠橋注譯 |
| 新譯世說新語 | 劉正浩等注譯 |
| 新譯昭明文選 | 周啟成等注譯 |
| 新譯古文觀止 | 謝冰瑩等注譯 |
| 新譯古文辭類纂 | 黃　鈞等注譯 |
| 新譯樂府詩選 | 溫洪隆注譯 |
| 新譯古詩源 | 馮保善注譯 |
| 新譯千家詩 | 邱燮友等注譯 |
| 新譯詩品讀本 | 成　林等注譯 |
| 新譯花間集 | 朱恒夫注譯 |
| 新譯南唐詞 | 劉慶雲注譯 |
| 新譯絕妙好詞 | 聶安福注譯 |
| 新譯唐詩三百首 | 邱燮友注譯 |
| 新譯宋詩三百首 | 陶文鵬注譯 |
| 新譯宋詞三百首 | 汪　中注譯 |
| 新譯宋詞三百首 | 劉慶雲注譯 |
| 新譯元曲三百首 | 賴橋本等注譯 |
| 新譯明詩三百首 | 趙伯陶注譯 |
| 新譯清詩三百首 | 王英志注譯 |
| 新譯清詞三百首 | 陳水雲等注譯 |
| 新譯唐人絕句選 | 卞孝萱等注譯 |
| 新譯唐才子傳 | 戴揚本注譯 |
| 新譯拾遺記 | 石　磊注譯 |
| 新譯搜神記 | 黃　鈞注譯 |
| 新譯唐傳奇選 | 束　忱等注譯 |
| 新譯宋傳奇小說選 | 束　忱注譯 |
| 新譯明傳奇小說選 | 陳美林等注譯 |
| 新譯容齋隨筆選 | 朱永嘉等注譯 |
| 新譯明散文選 | 周明初注譯 |
| 新譯明清小品文選 | 鄭　婷注譯 |

| | |
|---|---|
| 新譯人間詞話 | 馬自毅注譯 |
| 新譯白香詞譜 | 劉慶雲注譯 |
| 新譯幽夢影 | 馮保善注譯 |
| 新譯菜根譚 | 吳家駒注譯 |
| 新譯小窗幽記 | 馬美信注譯 |
| 新譯圍爐夜話 | 馬美信注譯 |
| 新譯郁離子 | 吳家駒注譯 |
| 新譯歷代寓言選 | 黃瑞雲注譯 |
| 新譯賈長沙集 | 林家驪注譯 |
| 新譯揚子雲集 | 葉幼明注譯 |
| 新譯曹子建集 | 曹海東注譯 |
| 新譯建安七子詩文集 | 韓格平注譯 |
| 新譯阮籍詩文集 | 林家驪注譯 |
| 新譯嵇中散集 | 崔富章注譯 |
| 新譯陸機詩文集 | 王德華注譯 |
| 新譯陶淵明集 | 溫洪隆注譯 |
| 新譯江淹集 | 羅立乾等注譯 |
| 新譯庾信詩文選 | 歸　青注譯 |
| 新譯初唐四傑詩集 | 李福標注譯 |
| 新譯駱賓王文集 | 黃清泉注譯 |
| 新譯王維詩文集 | 陳鐵民注譯 |
| 新譯孟浩然詩集 | 楊　軍注譯 |
| 新譯李白詩全集 | 郁賢皓注譯 |
| 新譯李白文集 | 郁賢皓注譯 |
| 新譯杜甫詩選 | 張忠綱等注譯 |
| 新譯杜詩菁華 | 林繼中注譯 |
| 新譯高適岑參詩選 | 孫欽善等注譯 |
| 新譯昌黎先生文集 | 周啟成等注譯 |
| 新譯劉禹錫詩文選 | 閻　琦注譯 |
| 新譯柳宗元文選 | 卞孝萱等注譯 |
| 新譯白居易詩文選 | 陶　敏等注譯 |
| 新譯元稹詩文選 | 郭自虎注譯 |
| 新譯李賀詩集 | 彭國忠注譯 |
| 新譯杜牧詩文集 | 張松輝注譯 |
| 新譯李商隱詩選 | 朱恒夫等注譯 |
| 新譯范文正公選集 | 王興華等注譯 |
| 新譯蘇洵文選 | 羅立剛注譯 |
| 新譯蘇軾文選 | 滕志賢注譯 |
| 新譯蘇軾詞選 | 鄧子勉注譯 |
| 新譯蘇軾詩選 | 鄧子勉注譯 |
| 新譯蘇轍文選 | 朱　剛注譯 |
| 新譯曾鞏文選 | 高克勤注譯 |
| 新譯王安石文選 | 沈松勤注譯 |
| 新譯唐宋八大家文選 | 鄧子勉注譯 |
| 新譯柳永詞集 | 侯孝瓊注譯 |
| 新譯李清照集 | 姜漢椿等注譯 |
| 新譯陸游詩文選 | 韓立平注譯 |
| 新譯辛棄疾詞選 | 聶安福注譯 |
| 新譯歸有光文選 | 鄔國平注譯 |
| 新譯唐順之詩文選 | 馬美信注譯 |
| 新譯徐渭詩文選 | 周　群等注譯 |
| 新譯袁宏道詩文選 | 孫立堯注譯 |
| 新譯薑齋文集 | 平慧善注譯 |
| 新譯顧亭林文集 | 劉九洲注譯 |
| 新譯納蘭性德詞 | 馮　乾注譯 |
| 新譯方苞文選 | 鄔國平等注譯 |
| 新譯閒情偶寄 | 馬美信注譯 |
| 新譯鄭板橋集 | 朱崇才注譯 |
| 新譯袁枚詩文選 | 王英志注譯 |
| 新譯李慈銘詩文選 | 潘靜如注譯 |
| 新譯聊齋誌異選 | 任篤行等注譯 |
| 新譯閱微草堂筆記 | 嚴文儒注譯 |
| 新譯浮生六記 | 馬美信注譯 |
| 新譯弘一大師詩詞全編 | 徐正綸編著 |

## 【歷史類】

| | |
|---|---|
| 新譯史記 | 韓兆琦注譯 |
| 新譯漢書 | 吳榮曾等注譯 |
| 新譯後漢書 | 魏連科等注譯 |
| 新譯三國志 | 吳樹平等注譯 |
| 新譯資治通鑑 | 韓兆琦等注譯 |
| 新譯史記—名篇精選 | 韓兆琦注譯 |
| 新譯尚書讀本 | 吳　璵注譯 |
| 新譯尚書讀本 | 郭建勳注譯 |
| 新譯周禮讀本 | 賀友齡注譯 |
| 新譯逸周書 | 牛鴻恩注譯 |
| 新譯左傳讀本 | 郁賢皓等注譯 |
| 新譯公羊傳 | 雪　克注譯 |
| 新譯穀梁傳 | 顧寶田注譯 |
| 新譯春秋穀梁傳 | 周　何注譯 |
| 新譯戰國策 | 溫洪隆注譯 |
| 新譯國語讀本 | 易中天注譯 |
| 新譯說苑讀本 | 左松超注譯 |
| 新譯說苑讀本 | 羅少卿注譯 |
| 新譯新序讀本 | 葉幼明注譯 |
| 新譯吳越春秋 | 黃仁生注譯 |
| 新譯西京雜記 | 曹海東注譯 |

新譯列女傳　黃清泉注譯
新譯越絕書　劉建國注譯
新譯燕丹子　曹海東注譯
新譯東萊博議　李振興等注譯
新譯唐六典　朱永嘉等注譯
新譯唐摭言　姜漢椿注譯

## 宗教類

新譯金剛經　徐興無注譯
新譯高僧傳　朱恒夫等注譯
新譯碧巖集　吳　平注譯
新譯百喻經　顧寶田注譯
新譯楞嚴經　賴永海等注譯
新譯梵網經　王建光注譯
新譯圓覺經　商海鋒注譯
新譯法句經　劉學軍注譯
新譯六祖壇經　李中華注譯
新譯禪林寶訓　李中華注譯
新譯維摩詰經　陳引馳等注譯
新譯經律異相　顏洽茂注譯
新譯阿彌陀經　蘇樹華注譯
新譯無量壽經　邱高興注譯
新譯無量壽經　蘇樹華注譯
新譯妙法蓮華經　張松輝注譯
新譯景德傳燈錄　顧宏義注譯
新譯大乘起信論　韓廷傑注譯
新譯釋禪波羅蜜　蘇樹華注譯
新譯八識規矩頌　倪梁康注譯
新譯永嘉大師證道歌　蔣九愚注譯
新譯華嚴經入法界品　楊維中注譯
新譯地藏菩薩本願經　李承貴注譯
新譯悟真篇　劉國樑等注譯
新譯无能子　張松輝注譯
新譯坐忘論　張松輝注譯
新譯列仙傳　張金嶺注譯
新譯抱朴子　李中華注譯
新譯神仙傳　周啟成注譯
新譯性命圭旨　傅鳳英注譯
新譯老子想爾注　顧寶田等注譯
新譯周易參同契　劉國樑注譯
新譯道門觀心經　王　卡注譯
新譯養性延命錄　曾召南注譯
新譯樂育堂語錄　戈國龍注譯
新譯冲虛至德真經　張松輝注譯
新譯長春真人西遊記　顧寶田等注譯
新譯黃庭經・陰符經　劉連朋等注譯

## 軍事類

新譯司馬法　王雲路注譯
新譯尉繚子　張金泉注譯
新譯三略讀本　傅　傑注譯
新譯六韜讀本　鄔錫非注譯
新譯吳子讀本　王雲路注譯
新譯孫子讀本　吳仁傑注譯
新譯李衛公問對　鄔錫非注譯

## 教育類

新譯爾雅讀本　陳建初等注譯
新譯顏氏家訓　李振興等注譯
新譯聰訓齋語　馮保善注譯
新譯曾文正公家書　湯孝純注譯
新譯三字經　黃沛榮注譯
新譯百家姓　馬自毅等注譯
新譯幼學瓊林　馬自毅注譯
新譯增廣賢文・千字文　馬自毅注譯
新譯格言聯璧　馬自毅注譯

## 政事類

新譯商君書　貝遠辰注譯
新譯鹽鐵論　盧烈紅注譯
新譯貞觀政要　許道勳注譯

## 地志類

新譯山海經　楊錫彭注譯
新譯水經注　陳橋驛等注譯
新譯佛國記　楊維中注譯
新譯大唐西域記　陳　飛等注譯
新譯洛陽伽藍記　劉九洲注譯
新譯徐霞客遊記　黃　珅注譯
新譯東京夢華錄　嚴文儒注譯

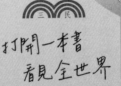

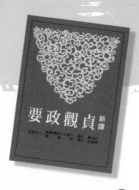